CURSO DE DIREITO CONSTITUCIONAL TRIBUTÁRIO

HUGO DE BRITO MACHADO

CURSO DE DIREITO CONSTITUCIONAL TRIBUTÁRIO

2ª edição

CURSO DE DIREITO CONSTITUCIONAL TRIBUTÁRIO
© Hugo de Brito Machado

1ª edição, 03.2012.

ISBN 978-85-392-0261-4

Direitos reservados desta edição por
MALHEIROS EDITORES LTDA.
Rua Paes de Araújo, 29, conjunto 171
CEP 04531-940 – São Paulo – SP
Tel.: (11) 3078-7205 – Fax: (11) 3168-5495
URL: www.malheiroseditores.com.br
e-mail: malheiroseditores@terra.com.br

Composição
PC Editorial Ltda.

Capa
Criação: Vânia Lúcia Amato
Arte: PC Editorial Ltda.

Impresso no Brasil
Printed in Brazil
01.2015

SUMÁRIO

Apresentação 15

Capítulo I – **CONCEITOS FUNDAMENTAIS**
1. **Importância dos conceitos**
   1.1   Os conceitos e a teoria 21
   1.2   Conceitos e definições 24
2. **Poder e Direito** 26
3. **Poder e competência** 28
4. **O Estado**
   4.1   Estado e tributo 30
   4.2   Estado de Direito 31
   4.3   A relação tributária
         4.3.1   Questionamento em torno de sua natureza 33
         4.3.2   Separação dos Poderes do Estado 36
         4.3.3   Aperfeiçoamento da separação das funções estatais   40
         4.3.4   Efetividade da jurisdição 41
   4.4   Manifestações de poder na relação tributária
         4.4.1   Manifestações na atividade legislativa 42
         4.4.2   Sanção pelo exercício de um direito fundamental 43
         4.4.3   Taxa inconstitucional 45
         4.4.4   Efetiva limitação do poder de tributar 45
5. **A Constituição**
   5.1   Finalidade essencial 47
   5.2   Evolução e aperfeiçoamento 49
6. **Direito constitucional tributário**
   6.1   Relações do direito tributário com o direito constitucional   50
   6.2   Supremacia constitucional 50
   6.3   Âmbito constitucional do tributo
         6.3.1   Hierarquia das normas no ordenamento jurídico 52
         6.3.2   Um conceito do direito positivo 53

6 CURSO DE DIREITO CONSTITUCIONAL TRIBUTÁRIO

   6.3.3 *Âmbito constitucional do tributo como gênero e como espécie* 54
   6.3.4 *Opção terminológica* 55
   6.3.5 *Âmbito constitucional do tributo e lei complementar* 56
  6.4 *Hipótese de incidência e fato gerador*
   6.4.1 *Prescrição normativa e realidade fática* 57
   6.4.2 *Hipótese de incidência tributária* 57
   6.4.3 *Fato gerador* 58

Capítulo II – OS PRINCÍPIOS DO SISTEMA TRIBUTÁRIO NACIONAL

1. *O tributo e suas espécies*
 1.1 *O tributo* 60
 1.2 *As espécies de tributo* 61
 1.3 *Os impostos*
  1.3.1 *Conceito de "imposto"* 63
  1.3.2 *As funções do imposto* 64
  1.3.3 *Classificação dos impostos* 67
   1.3.3.1 Impostos federais, estaduais e municipais ... 68
   1.3.3.2 Impostos fixos, graduados, proporcionais, progressivos e regressivos 69
   1.3.3.3 Impostos diretos e indiretos 70
   1.3.3.4 Impostos fiscais e extrafiscais 72
   1.3.3.5 Impostos cumulativos e não cumulativos .. 72
   1.3.3.6 Impostos ordinários e extraordinários 73
  1.3.4 *Competência para a instituição de impostos* 74
 1.4 *As taxas*
  1.4.1 *Âmbito constitucional das taxas* 75
  1.4.2 *Conceito e características essenciais da taxa* 76
  1.4.3 *As espécies de taxa* 81
  1.4.4 *A base de cálculo das taxas* 81
  1.4.5 *Competência para instituição* 82
  1.4.6 *Distinção entre taxa e preço público ou tarifa* 84
 1.5 *A contribuição de melhoria*
  1.5.1 *Conceito* 88
  1.5.2 *Função* 89
  1.5.3 *Âmbito constitucional da contribuição de melhoria* ... 90
  1.5.4 *Competência para instituir contribuição de melhoria* 91
  1.5.5 *Os limites da contribuição de melhoria* 92
  1.5.6 *Posturas doutrinárias sobre os limites* 93
  1.5.7 *Inadmissibilidade da supressão dos limites* 101

SUMÁRIO 7

    1.5.8   *Por que está em desuso no Brasil* 102
2. **O caráter pessoal dos impostos e a capacidade contributiva**
   2.1 *A previsão constitucional e as questões que suscita* 104
   2.2 *Alcance da expressão "sempre que possível"* 105
   2.3 *O caráter pessoal dos impostos* 106
   2.4 *Capacidade contributiva e capacidade econômica*
       2.4.1 *Capacidade contributiva como dever de solidariedade* 107
       2.4.2 *Capacidade contributiva e vantagem decorrente dos serviços públicos* 108
       2.4.3 *O princípio no direito positivo brasileiro* 108
   2.5 *Capacidade contributiva e consciência fiscal*
       2.5.1 *Limitações ao poder de tributar e consciência fiscal* 109
       2.5.2 *Preferência pelos impostos indiretos* 111
       2.5.3 *Conhecimento do ônus tributário por quem o suporta* 111
3. **Limitação quanto à base de cálculo das taxas**
   3.1 *O dispositivo expresso da Constituição* 112
   3.2 *Como se explica a regra constitucional* 113
4. **A lei complementar tributária**
   4.1 *O que é uma lei complementar*
       4.1.1 *Conceitos de lógica jurídica e conceitos de direito positivo* 114
       4.1.2 *Lei complementar como conceito de lógica jurídica* 116
       4.1.3 *Lei complementar como conceito jurídico-positivo* ... 117
       4.1.4 *Questão de direito intertemporal* 119
       4.1.5 *Quorum qualificado para aprovação da lei complementar* 122
       4.1.6 *Configuração como espécie normativa na Constituição Federal de 1967* 125
   4.2 *Lei Complementar na Constituição de 1988*
       4.2.1 *Elenco de espécies normativas resultantes do processo legislativo* 126
       4.2.2 *Matérias reservadas à lei complementar* 127
       4.2.3 *Reserva feita expressamente* 128
       4.2.4 *Admitindo a reserva às vezes implícita na referência à lei* 129
       4.2.5 *Reserva implícita mais ampla* 131
       4.2.6 *Regime especial de elaboração com exigência de* quorum *qualificado* 132
       4.2.7 *Identidade da lei complementar como conceito jurídico-positivo* 133
   4.3 *Caracterização da lei complementar*
       4.3.1 *Explicação para a tese que exige elemento material* . 135

4.3.2   Impossibilidade de caracterização pela matéria 138
4.3.3   Caracterização pelos elementos formais 142
4.4 Matérias próprias da lei complementar tributária
4.4.1   Conflitos de competência em matéria tributária 143
4.4.2   Limitações constitucionais ao poder de tributar 145
4.4.3   Normas gerais em matéria de legislação tributária . 147
5. **Regime único de arrecadação**
5.1   Lei Complementar 123/2006 149
5.2   Empresa individual de responsabilidade limitada 151
6. **Cumulação de competências tributárias**
6.1   A regra da Constituição 153
6.2   Pouca utilidade da regra 153
7. **Empréstimos compulsórios**
7.1   Considerações introdutórias 153
7.2   Importância dos conceitos e coerência da conclusão 156
7.3   Natureza jurídica e regime jurídico 156
7.4   Tributo e receita pública 157
7.5   Natureza jurídica do empréstimo compulsório
7.5.1   A tese afirmativa da natureza tributária 159
7.5.2   Fundamentação da tese na Teoria do Direito 160
7.5.3   Destinação e restituição 162
7.5.4   Empréstimo compulsório e receita pública 163
7.5.5   A doutrina estrangeira 164
7.6   Regime jurídico do empréstimo compulsório
7.6.1   Na Teoria Geral do Direito 165
7.6.2   No Direito Brasileiro 168
8. **Contribuições sociais**
8.1   Natureza tributária 171
8.2   O objetivo do art. 217 do CTN 172
8.3   A norma do art. 4º do CTN 173
8.4   Função das contribuições sociais 175
8.5   Espécies de contribuições sociais
8.5.1   Espécie ou subespécie 176
8.5.2   Contribuições de intervenção no domínio econômico 176
8.5.3   Seletividade e flexibilidade das contribuições 178
8.5.4   Contribuições de interesse de categorias profissionais
          ou econômicas 179
8.5.5   Contribuições de seguridade social 180
8.5.6   Contribuições especiais 182
8.5.7   Destinação como elemento essencial 183
9. **Contribuição de iluminação pública**
9.1   Incompatibilidade conceitual 183

SUMÁRIO 9

9.2 Outras incompatibilidades
 9.2.1 Destruição do sistema tributário 185
 9.2.2 Separação de Poderes 186
 9.2.3 Garantias individuais do contribuinte 187
 9.2.4 Compreensão dos limites ao poder reformador 188
9.3 Outras questões relevantes 188
 9.3.1 Forma de cobrança 189
 9.3.2 Direito à compensação 190

Capítulo III – LIMITAÇÕES AO PODER DE TRIBUTAR
1. *O Direito como sistema de limites* 192
2. *Legalidade tributária*
 2.1 O princípio e a norma 194
 2.2 Significados e origem do princípio 196
 2.3 Legalidade e tipicidade 199
 2.4 Legalidade tributária nas Constituições brasileiras
  2.4.1 Nas Constituições anteriores 202
  2.4.2 Na Constituição de 1988 204
  2.4.3 A teoria jurídica e a adequada compreensão do princípio da legalidade 205
  2.4.4 A expressão "exigir ou aumentar tributo" 206
  2.4.5 O significado da palavra "lei" 211
  2.4.6 As medidas provisórias 213
  2.4.7 Exceções ou restrições ao alcance do princípio da legalidade 214
3. *Isonomia tributária*
 3.1 Isonomia como princípio geral do Direito 216
 3.2 A isonomia como limitação ao poder de tributar 218
 3.3 Desigualdades regionais como critério de discrímen
  3.3.1 Interpretação sistêmica da Constituição Federal 219
  3.3.2 Redução das desigualdades como objetivo fundamental 219
  3.3.3 Outros dispositivos sobre a redução das desigualdades regionais 219
  3.3.4 Disputas entre as unidades federativas 220
  3.3.5 A denominada "guerra fiscal" 221
  3.3.6 Como a Constituição de 1988 pretendeu evitar a "guerra fiscal" 223
  3.3.7 A inconstitucionalidade de leis estaduais 223
  3.3.8 Uma possível justificativa para a "guerra fiscal" ... 224

		3.3.9	Caminho adequado para a superação das desigualdades regionais	225

		3.3.10 Respeito à Constituição Federal	227

4. Irretroatividade da lei tributária

	4.1	Preservação da segurança jurídica	227
	4.2	Irretroatividade das leis tributárias	
		4.2.1 Como limitação ao poder de tributar	230
		4.2.2 Retroatividade benéfica ao contribuinte	230
		4.2.3 A questão da lei interpretativa	231

5. Anterioridade da lei tributária

	5.1	Anterioridade e anualidade do tributo	232
	5.2	Anterioridade e irretroatividade da lei	234
	5.3	Anterioridade anual e nonagesimal	235
	5.4	O contribuinte como destinatário das garantias constitucionais	237

6. Vedação do confisco

	6.1	Questões relativas a conceitos	239
	6.2	Imposto real sobre o patrimônio	241
	6.3	Imposto sobre a renda e confisco	243
	6.4	Tributo confiscatório, direito de propriedade e empresa privada	244
	6.5	Proibição expressa do tributo confiscatório	245
	6.6	Tributo e carga tributária	
		6.6.1 Colocação da questão	246
		6.6.2 Carga tributária e efetividade da garantia constitucional	247
		6.6.3 Solução adequada para evitar o efeito confiscatório	249
		6.6.4 Vedação ao confisco e tributo extrafiscal	249
	6.7	Vedação do tributo confiscatório e multas	
		6.7.1 Extensão do princípio do não confisco	252
		6.7.2 Distinção essencial entre tributo e penalidade	252
		6.7.3 Sanção e tributo extrafiscal proibitivo	253
	6.8	Tributação nas atividades ilícitas	254
	6.9	A prática do tributo como sanção	261
	6.10	Ainda a distinção entre tributo e multa	262
	6.11	Multa sobre venda de mercadoria sem nota fiscal	263
	6.12	As multas e os princípios da proporcionalidade e da razoabilidade	265

7. Liberdade de tráfego 267

8. Imunidades

	8.1	Conceito e natureza jurídica	267

SUMÁRIO 11

8.2 Imunidade, isenção e não incidência 268
8.3 A imunidade no capítulo das limitações ao poder de tributar
  8.3.1 O enunciado das imunidades 269
  8.3.2 Imunidade recíproca 270
  8.3.3 Imunidade dos templos 271
  8.3.4 Imunidade dos partidos políticos 273
  8.3.5 Imunidade das entidades sindicais e das entidades de educação e de assistência social sem fins lucrativos 274
  8.3.6 Imunidade dos livros, jornais e periódicos 279
9. Consciência fiscal
  9.1 Como forma de limitação do poder de tributar 284
  9.2 Demonstração de consciência fiscal 286
  9.3 Importância da consciência fiscal como limitação do poder de tributar 286
10. Especificidade da lei de isenção ou outros incentivos fiscais
  10.1 Exigência da Constituição Federal 287
  10.2 Razão provável da exigência 287
  10.3 Lei revogadora de isenção 288
  10.4 A isenção da COFINS para sociedades de profissionais 288
  10.5 Alguns conceitos de Teoria Geral do Direito relativos ao assunto
    10.5.1 Distinção entre lei e norma 290
    10.5.2 A norma e a lei instituidora da isenção 291
    10.5.3 Especificidade da norma de isenção 292
    10.5.4 Isenção como dispensa do tributo 293
    10.5.5 Isenção como hipótese de não incidência 295
    10.5.6 Isenção como exceção à norma de tributação 295
11. Substituição tributária para a frente 296
12. Uniformidade dos tributos federais 300
13. Tributação da renda gerada pelo Poder Público 301
14. Isenções heterônomas
  14.1 Preservação da autonomia dos Estados e dos Municípios .. 301
  14.2 Isenção mediante tratados internacionais 303
15. Não discriminação em razão da procedência ou destino dos bens e serviços 308

Capítulo IV – ATRIBUIÇÃO CONSTITUCIONAL DE COMPETÊNCIAS TRIBUTÁRIAS
1. Supremacia constitucional e tributação
  1.1 Preservação da segurança na tributação 310
  1.2 Supremacia constitucional e os conceitos utilizados pelas normas 310

2. **Atribuição de competências e âmbito constitucional dos tributos**
   2.1 Atribuição constitucional de competência tributária 311
   2.2 Âmbito constitucional dos tributos 312
3. **Âmbito constitucional das taxas e das contribuições**
   3.1 O âmbito constitucional das taxas 313
   3.2 O âmbito constitucional da contribuição de melhoria 314
   3.3 O âmbito constitucional das contribuições sociais 314
4. **Âmbito constitucional dos impostos**
   4.1 Imposto de importação de produtos estrangeiros 315
   4.2 Imposto de exportação 316
   4.3 Imposto sobre renda e proventos de qualquer natureza
       4.3.1 A Constituição e a lei complementar 317
       4.3.2 O conceito legalista de "renda" 318
       4.3.3 Vaguidade ou ambiguidade das palavras 319
       4.3.4 Liberdade do legislador complementar 323
   4.4 Imposto sobre produtos industrializados
       4.4.1 A Constituição e a lei complementar 323
       4.4.2 Antes da Constituição de 1934 324
       4.4.3 Nas Constituição de 1934 e de 1937 325
       4.4.4 Na Constituição de 1946 e sua Emenda 18 325
       4.4.5 Nas Constituições de 1967, 1969 e 1988 326
       4.4.6 Conceito de "produto industrializado" 327
       4.4.7 A industrialização no exterior 328
       4.4.8 A alegada bitributação 330
       4.4.9 A superposição ou bis in idem 331
   4.5 Imposto sobre operações financeiras
       4.5.1 A Constituição e a lei complementar 332
       4.5.2 A função extrafiscal e as restrições a princípios constitucionais 334
       4.5.3 Fundamentação do ato do Poder Executivo que altera o imposto 334
   4.6 Imposto territorial rural
       4.6.1 A Constituição e a lei complementar 338
       4.6.2 Propriedade, domínio útil e posse 339
       4.6.3 A lei civil definidora do imóvel por natureza 340
       4.6.4 Distinção entre imóvel rural e imóvel urbano 343
   4.7 Imposto sobre grandes fortunas
       4.7.1 O âmbito constitucional e a lei complementar 345
       4.7.2 Competência tributária não exercitada 345
       4.7.3 Viabilidade técnica 345
       4.7.4 Razão da não criação 346

| | | 4.7.5 | Deformação do imposto .... | 347 |

	4.8	Impostos da competência residual	347
	4.9	Imposto extraordinário de guerra	348
5.	Âmbito constitucional dos impostos estaduais		
	5.1	Imposto sobre heranças e doações	349
	5.2	Imposto sobre operações relativas à circulação de mercadorias	
		5.2.1 A extrema complexidade	351
		5.2.2 A não cumulatividade do ICMS	354
		5.2.3 Deformação do ICMS	355
		5.2.4 Seletividade	357
		5.2.5 Produtos e serviços supérfluos	359
	5.3	Imposto sobre a propriedade de veículos automotores	359
6.	Âmbito constitucional dos impostos municipais		
	6.1	Imposto sobre propriedade predial e territorial urbana	
		6.1.1 A Constituição e a lei complementar	360
	6.2	Imposto sobre transmissão de bens imóveis	
		6.2.1 A Constituição e a lei complementar	362
		6.2.2 A imunidade e os dispositivos do Código Tributário Nacional	364
	6.3	Imposto sobre serviços de qualquer natureza	
		6.3.1 O âmbito constitucional e a delimitação feita pela lei complementar	364
		6.3.2 A questão das subempreitadas	366
		6.3.3 O caráter taxativo da Lista de Serviços	369
		6.3.4 Interpretação dos itens da Lista	370

Capítulo V – **DISTRIBUIÇÃO DAS RENDAS TRIBUTÁRIAS**

1.	Sistema tributário e Federação		
	1.1	Divisão dos Poderes	372
	1.2	Divisão dos recursos públicos	373
	1.3	Temática alheia ao direito tributário	374
2.	As técnicas de distribuição das rendas tributárias		
	2.1	Atribuição de competência e divisão de receitas	375
	2.2	Dependência política	376
	2.3	Os conflitos entre as entidades tributantes	376
	2.4	Reforma e simplificação do sistema tributário nacional	377
3.	A repartição das receitas tributárias		
	3.1	Repartição com os Estados	377
	3.2	Repartição com os Municípios	378

14 CURSO DE DIREITO CONSTITUCIONAL TRIBUTÁRIO

    3.3   *Os fundos de participação* 379
    3.4   *Outras formas de participação* 379
4. **Restrições relativas à repartição de recursos tributários**
    4.1   *Restrições à entrega de recursos* 380
    4.2   *Disciplina em lei complementar* 380
    4.3   *Divulgação obrigatória* 381

Capítulo VI – **REFORMA E SIMPLIFICAÇÃO DO SISTEMA TRIBUTÁRIO**

1. **Introdução** 382
2. **Federalização dos impostos**
    2.1   *Uniformidade da legislação* 384
    2.2   *Procedimentos de fiscalização* 384
    2.3   *Conflitos na relação Fisco/contribuinte* 385
    2.4   *Partilha da arrecadação dos impostos* 385
    2.5   *Os impostos* 386
3. **Outras espécies de tributos** 387
4. **Repartição das rendas dos impostos**
    4.1   *Preservação da forma federativa* 388
    4.2   *Partilha automática dos impostos* 388
    4.3   *Os Conselhos de Representantes* 389
5. **Os tributos**
    5.1   *Generalidades* 389
    5.2   *Impostos* 390
    5.3   *Taxas, contribuição de melhoria e empréstimos compulsórios* 392
    5.4   *Contribuições sociais* 392
    5.5   *Justiça tributária e impostos indiretos* 393

APÊNDICE
Constituição Federal (Título VI) 394

Bibliografia 406

APRESENTAÇÃO

A necessidade de estabelecer controle dos atos de governo talvez seja responsável pelo crescimento do número de dispositivos incluídos na Constituição Federal. Em face da supremacia constitucional, ela termina sendo um instrumento de controle do Poder Público, inclusive do Legislativo. E, embora no passado se tenha imaginado ser a lei um instrumento suficiente para o controle do poder, tantas têm sido as manifestações de abuso praticadas pelos legisladores que se tem chegado à conclusão de que a lei não basta. É necessário um instrumento que se impõe a todos quantos exercitam o poder estatal, inclusive os legisladores. E a Constituição termina sendo esse instrumento.

É assim no Brasil e em um grande número de outros Países, especialmente em matéria de tributação. Em rápida pesquisa que realizamos, pudemos constatar que a importância do direito constitucional tributário vem sendo destacada em diversos Países, entre os quais na Alemanha, na Bélgica, em Portugal, na Espanha e em Países na América Latina – o que de certa forma demonstra a universalidade do arbítrio em matéria de tributação. Há, todavia, referência expressa a essa universalidade em texto recente de Rubén O. Asorey,[1] que afirma, sem meias palavras:

> Este fenómeno no reconoce fronteras, ni identificación con organismos, ni personas, gozando de universalidad y comprendiendo por igual a organismos de recaudación impositivos, aduaneros y previsionales, federales o locales, de Países desarrollados o en vías de desarrollo.

Asorey demonstra a importância da supremacia constitucional como instrumento para o controle desse arbítrio. E idêntica demonstra-

---

1. Rubén O. Asorey, "Protección constitucional de los contribuyentes frente a la arbitrariedad de las Administraciones Tributarias", in Rubén O. Asorey (coord.), *Protección Constitucional de los Contribuyentes*, Madri/Barcelona, Educa/Marcial Pons, 2000, p. 26.

ção pode ser vislumbrada também em manifestações várias. Klaus Tipke analisa os princípios fundamentais da tributação em excelente estudo cujo título – "El derecho tributario constitucional en Europa"[2] – já está a indicar a importância da supremacia constitucional no trato das questões tributárias não apenas na Alemanha, mas também em toda a Europa.

Na Bélgica, Elisabeth Willemart começa uma excelente monografia sobre o tema, apoiando-se em consistente doutrina do moderno constitucionalismo, para afirmar:

> Le droit fiscal n'échappe pas au profond mouvement de constitutionnalisation que marque, depuis plusieurs années les différentes branches Du droit (sur ce thème, voy. not. F. Delperée, "La constitutionnalisation de l'ordre juridique belge", *R.B.D.C.*, 1998, pp. 219-243). La valorisation des dispositions que la Constitution consacre à la fiscalité s'impose même avec une évidence singulière. Instrument d'un pouvoir exercé sur les citoyens, le droit fiscal trouve en effet directement son assise dans la constitution (le droit fiscal partage notamment cette particularité avec le droit pénal. Voy. M. Verdussen, *Contours et enjeux du droit constitutionnel pénal*, Bruxelles, Bruylant, 1995): le pouvoir fiscal émane de la Nation; il est exercé de la manière établie par la Constitution (Cons., art. 35: 'Tous les pouvoirs émanent de la Nation. Ils sont exercés de la manière établie par la Constitution')".[3]

Em Portugal já de algum tempo podem ser anotadas manifestações a respeito da supremacia constitucional e sua importância em matéria tributária. É sabido que o fato gerador da obrigação tributária deve ser um *signo presuntivo* de capacidade contributiva. Deve ser um indício que autoriza a presunção de capacidade econômica para o pagamento do tributo. José Manuel M. Cardoso da Costa, embora afirme a liberdade do legislador para a escolha desse fato indício de capacidade contributiva, aponta o limite que a este se impõe.

Na Espanha e em Países da América Latina a situação não é diferente. Assim é que Jaramillo sustenta a colocação das questões fundamentais do direito tributário no plano da Constituição, questionando a posição da disciplina que estuda tais questões, se deve ser integrada ao direito tributário ou ao direito constitucional, ou se deve ser considerada uma disciplina autônoma. Para ele, os princípios fundamentais da ativi-

---

2. Na *Revista Euroamericana de Estudios Tributarios*, IET e EF, Madri, n. 5, Maio/Agosto 2000, pp. 19-20
3. Elisabeth Willemart, *Les Limites Constitutionnelles du Pouvoir Fiscal*, Centre d'Études Constitutionnelles et Administratives, Bruxelas, Bruylant, 1999.

dade financeira, por óbvias razões, estão nas Constituições Políticas – o que tem dado lugar a que se sustente a existência de um direito constitucional financeiro, ou ao menos do direito constitucional tributário. E assevera que "las Constituciones ecuatorianas han mostrado preocupación por los temas tributarios, los que hasta la fecha preponderan".[4]

São tantos os exemplos que podem ser citados de abusos do poder estatal praticados pela via legislativa, que ninguém mais pode ter dúvida quanto à insuficiência do princípio da legalidade como garantia do contribuinte. O legislador no mais das vezes submete-se às pressões do governo, que dispõe de numerosos instrumentos para exercer influência sobre o Parlamento. Por outro lado, em alguns Países o próprio governo legisla, como acontece no Brasil, com o decreto-lei do regime constitucional anterior e com as medidas provisórias do regime constitucional vigente.

A questão que se coloca, então, é a de saber qual o caminho mais adequado para a efetiva garantia do contribuinte contra abusos do poder de tributar: se a colocação, na Constituição, de regras de tributação minudentes ou se a utilização dos princípios constitucionais fundamentais, que se refletem também no âmbito das relações de tributação e podem ser desenvolvidos na doutrina e na jurisprudência, mediante uma interpretação consentânea com a finalidade desses princípios.

No Brasil o Constituinte optou pelo primeiro desses caminhos. Desde o regime constitucional anterior já tínhamos a Constituição mais rica do mundo em normas pertinentes à tributação.[5] Na vigente Constituição, então, foram albergadas normas que, a rigor, deveriam estar nos regulamentos de tributos. E ainda assim não se conseguiu controlar os abusos. Criou-se na mente de juristas os mais respeitáveis a ideia de que as normas da Constituição devem ser expressas mesmo quando se reportem a conceitos conhecidos, sem o quê o legislador ficará livre para o trato dos assuntos, sem as limitações decorrentes daqueles conceitos que, utilizados pela norma da Constituição, passaram a constituir elementos decisivos na determinação do significado desta. Exemplo desse grave equívoco em que incorrem alguns juristas é o da contribuição de melhoria, que mais adiante vamos examinar.

---

4. José Vicente Troya Jaramillo, "Finanzas públicas y derecho constitucional", *Revista Latinoamericana de Derecho Tributario* 5/9, 1998.
5. A Constituição mais rica no sentido de ser a Constituição que alberga maior número de normas, sem qualquer sentido valorativo, sem qualquer valoração da qualidade técnica dessas normas.

Problemas outros também já foram suscitados em torno do alcance de princípios constitucionais no que diz respeito a questões tributárias, e infelizmente se viu que o trato minudente talvez tenha tolhido a mente do intérprete e aplicador da Constituição. Temos visto, em consequência, serem amesquinhadas garantias fundamentais do cidadão contribuinte, em situações as mais diversas, entre as quais podem ser citadas a que diz respeito à irretroatividade das leis e o fato gerador do imposto de importação, a que diz respeito à exigência de fundamentação dos atos administrativos e os impostos com função extrafiscal e a que concerne aos limites da contribuição de melhoria – entre muitas outras.

Nesse contexto, cresce a importância da atividade jurisdicional, da qual dispõe o contribuinte para tolher o arbítrio estatal. Entretanto, o modo de provimento de cargos nos tribunais superiores faz com que o Judiciário muitas vezes se incline a favor da Fazenda. Além disto, muitos ainda acreditam que o Fisco deve ser protegido porque o Estado defende sempre o interesse público. Alguns juízes – especialmente os mais jovens – ainda acreditam que a Fazenda Pública deve ser por eles protegida contra a desonestidade do contribuinte. Visão repleta de ingenuidade, porque, na verdade, em matéria de tributação, os agentes da Fazenda Pública não têm o menor respeito pelo Direito. Agem motivados apenas pelo interesse na arrecadação. A propósito, merece transcrição trecho de excelente artigo de um Procurador da Fazenda Estadual de Minas Gerais,[6] a dizer que

> a dificuldade de se exercer o *munus* da Advocacia Pública está em conciliar os preceitos morais e éticos hauridos das leis e dos costumes e o cumprimento dos comandos e ordens provenientes dos exercentes do poder, às vezes previstos inclusive em normas grais. De um lado existe o poder hierárquico, que norteia a atividade administrativa, e do outro a força que nos impele à obediência de princípios legais, éticos e morais.

Seja como for, certo é que se desenvolveu, especialmente para os que lidam com questões tributárias, a necessidade de estudar melhor a Constituição, pois nela residem as principais regras pertinentes à tributação em nosso País. E esta foi a razão pela qual resolvemos escrever este *Curso de Direito Constitucional Tributário*.

---

6. Alberto Guimarães Andrade, "A Ética e a Advocacia Pública", *Revista Jurídica da Procuradoria-Geral da Fazenda Estadual* (de Minas Gerais) 39/66-69, julho-setembro/2000.

Já existem em nossa literatura jurídica, é certo, bons livros dedicados ao estudo do direito constitucional tributário, alguns inclusive portando esse título. E não nos moveu a pretensão de produzir algo de melhor qualidade. O que nos levou a produzir este livro foi a ideia de oferecer ao leitor um texto mais simples e sistematizado, tanto quanto possível, de acordo com a vigente Constituição Federal.

Assim, começamos estudando alguns conceitos que consideramos fundamentais para a compreensão da matéria ("Capítulo I – Conceitos Fundamentais").

Depois passamos a estudar os princípios que regem nosso sistema tributário ("Capítulo II – Os Princípios do Sistema Tributário Nacional"), onde examinamos o conceito de "tributo" e suas espécies, o caráter pessoal dos impostos e o princípio da capacidade contributiva, a limitação quanto à base de cálculo das taxas, o papel da lei complementar em matéria tributária, além de alguns problemas peculiares, como o regime único de arrecadação, a cumulação de competências tributárias, os empréstimos compulsórios, as contribuições sociais e a contribuição de iluminação pública.

Em seguida estudamos as limitações constitucionais ao poder de tributar ("Capítulo III – Limitações ao Poder de Tributar"), onde examinamos a ideia do Direito como um sistema de limites ao poder, a legalidade tributária, a isonomia em matéria tributária, a irretroatividade da lei tributária, a anterioridade da lei tributária, a vedação do confisco, a liberdade de tráfego, as imunidades, a questão da formação da consciência fiscal, além de algumas questões peculiares, como a exigência de lei específica para concessão de isenções e outros benefícios fiscais, a substituição tributária para frente, a uniformidade dos tributos federais, a tributação da renda gerada pelo Poder Público, as isenções heterônomas e a não discriminação em razão da procedência ou destino dos bens e serviços.

Mais adiante estudamos a atribuição constitucional das competências tributárias ("Capítulo IV – Atribuição Constitucional de Competências Tributárias"), onde examinamos a importância da supremacia constitucional na atividade de tributação, a atribuição de competência com a definição do âmbito constitucional dos tributos, o âmbito constitucional das taxas e da contribuição de melhoria e das demais contribuições, o âmbito constitucional de cada um dos impostos federais, estaduais e municipais.

Depois estudamos a distribuição das rendas tributárias ("Capítulo V – Distribuição das Rendas Tributárias"), onde examinamos a relação entre o sistema tributário e a forma de Estado, as técnicas de distribuição das rendas tributárias e a questão dos conflitos entre as entidades tributantes.

Por último formulamos uma proposta de simplificação do nosso sistema tributário ("Capítulo VI – Reforma e Simplificação do Sistema Tributário"), onde preconizamos a federalização dos impostos e uma forma de partilha automática do produto da arrecadação, com o propósito de evitar os conflitos entre as entidades tributantes – que, a nosso ver, constituem a causa preponderante da complexidade do nosso sistema tributário.

Certamente este *Curso* alberga muitas falhas, mas foi o melhor que pude produzir. E espero contar com a contribuição de meus leitores, que, com suas observações e questionamentos, certamente me ajudarão a melhorá-lo em futuras edições, se for o caso. Para tanto, fico à inteira disposição dos leitores, para tentar esclarecer eventuais dúvidas, por meio eletrônico ou por correspondência tradicional.

Fortaleza, 22 de dezembro de 2011
Hugo de Brito Machado
Rua Alfeu Aboin, 25 – Papicu – 60.155-375
Fortaleza/Ceará
hbm@hugomachado.adv.br

Capítulo I
CONCEITOS FUNDAMENTAIS

1. Importância dos conceitos: 1.1 Os conceitos e a teoria – 1.2 Conceitos e definições. 2. Poder e Direito. 3. Poder e competência. 4. O Estado: 4.1 Estado e tributo – 4.2 Estado de Direito – 4.3 A relação tributária: 4.3.1 Questionamento em torno de sua natureza – 4.3.2 Separação dos Poderes do Estado – 4.3.3 Aperfeiçoamento da separação das funções estatais – 4.3.4 Efetividade da jurisdição – 4.4 Manifestações de poder na relação tributária: 4.4.1 Manifestações na atividade legislativa – 4.4.2 Sanção pelo exercício de um direito fundamental – 4.4.3 Taxa inconstitucional – 4.4.4 Efetiva limitação do poder de tributar. 5. A Constituição: 5.1 Finalidade essencial – 5.2 Evolução e aperfeiçoamento. 6. Direito constitucional tributário: 6.1 Relações do direito tributário com o direito constitucional – 6.2 Supremacia constitucional – 6.3 Âmbito constitucional do tributo: 6.3.1 Hierarquia das normas no ordenamento jurídico – 6.3.2 Um conceito do direito positivo – 6.3.3 Âmbito constitucional do tributo como gênero e como espécie – 6.3.4 Opção terminológica – 6.3.5 Âmbito constitucional do tributo e lei complementar – 6.4 Hipótese de incidência e fato gerador: 6.4.1 Prescrição normativa e realidade fática – 6.4.2 Hipótese de incidência tributária – 6.4.3 Fato gerador.

1. Importância dos conceitos

1.1 Os conceitos e a teoria

Os conceitos são muito importantes para o conhecimento, pois a teoria nada mais é que o conjunto sistematizado de conceitos. É o que ensina Albuquerque Rocha,[1] ao escrever:

> Teoria é um corpo de *conceitos sistematizados* que nos permite conhecer um dado domínio da realidade. A teoria não nos dá um *conhecimento direto e imediato* de uma realidade concreta, mas nos proporciona

1. José de Albuquerque Rocha, *Teoria Geral do Processo*, 6ª ed., São Paulo, Malheiros Editores, 2002, p. 17.

os meios (os conceitos) que nos permitem conhecê-la. E os meios ou instrumentos que nos permitem conhecer um dado domínio da realidade são justamente os *conceitos* que, sistematizados, formam a teoria. Daí a definição de teoria como um corpo de conceitos sistematizados que nos permite conhecer um dado domínio da realidade.

Porque é expresso em palavras, o Direito exige muita atenção dos que o estudam para o significado de cada uma delas. E todo o cuidado no trato das palavras é de grande utilidade, como ensina Rafael Bielsa,[2] que escreve:

> Todo examen del vocabulario jurídico que contribuya a la aclaración y a la depuración de los conceptos debe estimarse como útil en algún grado. Si hay una disciplina en la cual conviene emplear la palabra adecuada o propia, ella es la del Derecho. Tanto en el orden legislativo como en el judicial – y no digamos en el administrativo – esta precaución es indispensable aunque sólo sea para evitar controversias o discusiones que surgen precisamente de la confusión y duda sobre un término.

Não podemos esquecer que o ordenamento jurídico é um sistema, e como tal não pode albergar antinomias. E, como é organizado em patamares hierárquicos, a atenção para os conceitos é extremamente necessária, para evitar que o elaborador de uma regra utilize uma palavra em sentido diverso daquele com o qual está utilizada em regra de patamar superior; e a falta de atenção para o significado das palavras utilizadas na elaboração das regras pode implicar invasão de um patamar por regras situadas em patamar inferior, em prejuízo do critério hierárquico como elemento de superação das antinomias entre as regras do sistema.

No âmbito do direito tributário a preocupação do legislador com a preservação dos conceitos enquanto elementos importantes na hierarquia normativa está evidenciada, por exemplo, no art. 110 do CTN, que, a rigor, é meramente explicitante. Tem natureza meramente didática, como já tivemos oportunidade de demonstrar.[3] Mesmo que ele não existisse, não poderia ser diferente. A lei tributária não pode alterar a definição, o

---

2. Rafael Bielsa, *Los Conceptos Jurídicos y su Terminología*, 3ª ed., Buenos Aires, Depalma, 1987, p. 9.
 3. Hugo de Brito Machado, "A importância dos conceitos jurídicos na hierarquia normativa – Natureza meramente didática do art. 110 do CTN", *Revista Dialética de Direito Tributário* 98/71-90, São Paulo, Dialética, novembro/2003.

conteúdo e o alcance de institutos, conceitos e formas de direito privado, ou de qualquer outra área do Direito, utilizados pela Constituição. Se pudesse, a lei estaria autorizada a subverter a hierarquia.

A Constituição é o conjunto de regras de hierarquia mais elevada no sistema; e, por isto mesmo, as palavras nela empregadas devem ser consideradas plenas de significado. Tem inteira razão Dahrendorf:[4] La respuesta al problema de la ley e el orden puede resumirse en una expresión: construcción de instituciones.

Construção de instituições mediante a consolidação dos conceitos utilizados nas normas do sistema jurídico, porque a criação de instituições é a criação e, muitas vezes, a recriação de normas plenas de significado a partir de seus princípios ("La construcción de instituciones es la creación y, a menudo, la recreación de normas llenas de significado a partir de sus principios"[5]).

Infelizmente, porém, pouco valor se tem dado aos princípios, preferindo-se o casuísmo, o Direito por regras, de sorte que é cada vez maior o número de divergências em sua interpretação e aplicação. E mesmo quando se chega a um consenso quanto a certos conceitos não se pode dizer que se chegou à verdade. É o que nos ensina Celso Antônio Bandeira de Mello,[6] que escreve:

> Vale notar que a pacificação doutrinária ou jurisprudencial – quando ocorra – em torno de um conceito, não significa, de modo algum, que este sucesso se deva ao fato de ter sido encontrado o conceito "verdadeiro", o "certo". Em verdade, dado o caráter *convencional* do conceito, terá havido simplesmente a imposição ou a difusão maior dele, em face do prestígio de quem o propôs ou, afinal, por qualquer outra razão que haja contribuído para a adoção daquele "padrão", daquele "modelo" representativo de um conjunto de elementos arrecadados nas indicações do direito positivo.

Talvez com o propósito de superar as dificuldades decorrentes da imprecisão dos conceitos, muitos apelam para as definições.

---

4. Ralf Dahrendorf, *Ley y Orden*, trad. de Luís María Díez-Picazo, Madri, Civitas, 1994, p. 153.
5. Ralf Dahrendorf, *Ley y Orden*, trad. de Luís María Díez-Picazo, Madri, Civitas, 1994, p. 157.
6. Celso Antônio Bandeira de Mello, *Curso de Direito Administrativo*, 30ª ed., São Paulo, Malheiros Editores, 2014, p. 384.

1.2 Conceitos e definições

Não devemos nos iludir com a possibilidade de definições. *Definir* é algo geralmente muito difícil. Praticamente impossível. Por isto mesmo, tudo que vamos dizer sobre o Direito há de ser entendido como simples enunciados provisórios, sujeitos a contestações.[7] Podemos, quando muito, formular conceitos. *Definição* e *conceito* não se confundem, embora muitos utilizem tais palavras como se fossem sinônimos. A definição, em lógica formal, é o conjunto de termos cuja combinação determina o conceito definido e representado por um termo único.[8]

A definição do Direito certamente fica a depender da postura filosófica que adotarmos. E com certeza não será possível uma definição ra-

---

7. É a lição de Gustav Radbruch (*Filosofia do Direito*, 5ª ed., Coimbra, Arménio Amado Editor, 1974, pp. 44-45): "Que o Direito é obra dos homens e que, como toda obra humana, só pode ser compreendido através da sua ideia é por si mesmo evidente. Reconheceremos isto mesmo se tentarmos definir qualquer obra humana, por mais simples que seja – por exemplo, *uma mesa* – sem tomarmos em consideração, primeiro que tudo, o fim para o qual ela foi feita. Uma mesa pode, sem dúvida, definir-se como uma prancha assente sobre quatro pernas. E, contudo, se dermos esta definição de mesa, logo surgirá a seguinte dificuldade: há mesas que não têm quatro pernas, mas tem três, duas, uma perna só, e há as até sem pernas, como as dobradiças, por forma que só vem afinal a constituir elemento essencial do conceito de mesa a ideia de prancha. Esta, porém, também não se distingue de qualquer outra tábua, ou grupo de tábuas reunidas, a não ser pela sua finalidade. E assim chegaremos à conclusão de que o respectivo conceito, o conceito de mesa, por último, só pode definir-se dizendo que mesa é um móvel que serve para sobre ele se colocarem quaisquer objetos destinados às pessoas que em torno dele podem vir a achar-se. Não pode, portanto, haver uma justa visão de qualquer obra ou produto humano se abstrairmos do fim para que serve e do seu valor. Uma consideração cega aos fins, ou cega aos valores, é pois aqui inadmissível, e assim também a respeito do Direito ou de qualquer fenômeno jurídico. Do mesmo modo, por exemplo, uma ciência natural do crime, como pretendeu construí-la a Antropologia Criminal, só é possível depois de se ter substituído a um conceito de crime, referido a valores jurídicos, um conceito naturalístico de crime. Seria um milagre extraordinário – produto duma espécie de harmonia preestabelecida entre dois modos totalmente diversos de contemplar a realidade, que ninguém suspeitaria possível – se um conceito formado com referência a valores, como o de Direito ou o de crime, pudesse coincidir com um conceito naturalístico obtido através duma contemplação não valorativa (*wertblind*) das coisas".

8. Cf. Rafael Bielsa, *Los Conceptos Jurídicos y su Terminología*, 3ª ed., Buenos Aires, Depalma, 1987, p. 24.

zoavelmente satisfatória se não levarmos em conta o fim a que o Direito se destina. Para o qual existe.

A rigor, *definição* é a delimitação de uma coisa para distingui-la das demais.[9] É o enunciado dos elementos que delimitam a coisa de sorte a que se possa vê-la diferente de todas as demais. E, sendo assim, na verdade, os enunciados geralmente tidos como definições não passam de simples conceitos do objeto ao qual se referem. São enunciados que apontam para delimitação da coisa, mas não são suficientes para demonstrar em que se distingue das demais.

O *conceito*, diversamente da *definição*, é formado pela percepção que de um objeto se pode ter, a partir de quaisquer meios de comunicação entre as pessoas. Percepção que não implica limites exatos do objeto. Nem diferenciação rigorosa entre ele e outros objetos.

Assim, ainda quando estabelecemos o que pode parecer uma definição, estamos certos de que, a rigor, de definição, propriamente, não se cuida. O que se pretende – e talvez isto já seja muito – é simplesmente a formulação de conceitos que nos permitam o estudo da área do conhecimento a que estamos dedicados.

Seja como for, não se pode negar a importância dos conceitos nos estudos do Direito. Por isto mesmo, seguimos lembrando a advertência de Paulo de Barros Carvalho[10] de que

> qualquer trabalho jurídico de pretensões científicas impõe ao autor uma tomada de posição no que atina aos conceitos fundamentais da matéria em que labora, para que lhe seja possível desenvolver seus estudos dentro de diretrizes seguras e satisfatoriamente coerentes.

E, por isto mesmo, a seguir, conscientes das dificuldades e de nossas limitações para enfrentá-las, examinaremos alguns conceitos que são da maior importância nos estudos que neste livro vamos fazer. Assim, examinaremos, a seguir, os conceitos e relações existentes entre *poder* e *Direito*, *poder* e *competência*, e os conceitos de *Estado*, *Constituição* e *direito constitucional tributário*.

---

9. Maria Helena Diniz, *Dicionário Jurídico*, vol. 2, São Paulo, Saraiva, 1998, p. 33.
10. Paulo de Barros Carvalho, *Teoria da Norma Tributária*, 2ª ed., São Paulo, Ed. RT, 1981, p. 19.

2. Poder e Direito

Sobre o significado da palavra "poder", eu e Schubert de Farias Machado[11] escrevemos:

> É a aptidão para decidir e fazer valer a decisão. Uma pessoa que decide como quer e consegue pôr em prática todas as suas decisões é uma pessoa poderosa, com toda certeza. O poder distingue-se da influência porque esta é a aptidão para obter de outro a decisão desejada e que se faz valer. A influência pertence a quem não decide, e por isto mesmo se diz que não é titular de poder, enquanto o poder pertence a quem decide e faz valer, põe em prática, o decidido.

No dizer de Bobbio,[12] a palavra "poder" designa a capacidade ou a possibilidade de agir, de produzir efeitos.

Diremos que o poder é a aptidão para decidir e fazer valer essa decisão. Em outras palavras, diremos que o poder é a aptidão para realizar a vontade. Quem consegue pôr em prática, quem consegue realizar, tudo o que tem vontade é, certamente, uma pessoa poderosa.

O poder tem diversos fundamentos, o mais forte e universal dos quais parece ser a riqueza. Mas não é o único. O poder, em certas circunstâncias, tem fundamentos diversos, entre os quais a força física, o carisma, a capacidade de argumentação. Entretanto, se todos fossem livres para exercitarem seus poderes não seria possível a vida em sociedade. Por isto o Direito se faz necessário.

O Direito é um sistema de limites ao qual nos submetemos para que nos seja possível a vida em sociedade. *Sistema*, porque é um conjunto completo e harmonioso de prescrições.[13] O sistema é *completo* porque nele não existem espaços vazios, desprovidos de regulação. E harmonioso, ou coerente, porque nele não podem existir prescrições contra-

---

11. Hugo de Brito Machado e Schubert de Farias Machado, *Dicionário de Direito Tributário*, São Paulo, Atlas, 2011, pp. 176-177.
12. Norberto Bobbio, Nicola Matteucci e Gianfranco Pasquino, *Dicionário de Política*, 7ª ed., vol. 2, trad. de Carmen C. Varrialle e outros, Brasília/DF, UnB, p. 933.
13. Em vez de dizermos que o Direito é um conjunto de normas, preferimos dizer que ele é um conjunto de *prescrições*. A *norma* jurídica, como nós a concebemos, é uma espécie de prescrição jurídica. Prescrição é o gênero. Por isto mesmo nos parece mais adequado falar do conjunto de prescrições, conceito no qual estão incluídas as normas.

ditórias, na medida em que estabelece mecanismo destinado a superar as contradições que eventualmente possam surgir na produção jurídica.

É um sistema de *limites*, porque sua finalidade essencial é limitar a liberdade de cada um, como forma de garantir a liberdade de todos. Em outras palavras, o Direito é o instrumento da partilha da liberdade.[14]

Maravilhoso instrumento, aliás. Seguramente o melhor, senão o único capaz de assegurar razoável grau de harmonia entre os seres humanos. O melhor, senão o único instrumento capaz de reduzir a níveis toleráveis os conflitos e de viabilizar a solução pacífica, civilizada, racional, daqueles que se mostraram inevitáveis.[15]

Em encontro social na residência de um amigo, um psiquiatra comentou a avaliação pouco lisonjeira que os médicos em geral fazem da Psiquiatria, dizendo que um colega seu, não psiquiatra, certa vez lhe perguntou se Psiquiatria é mesmo Medicina. Ao que respondeu, prontamente: "É, colega, é exatamente o ramo da Medicina que nos permite distingui-la da Veterinária".

Colho aquela afirmação, que aparentemente nada tem a ver com o estudo do Direito, para demonstrar que o Direito é o elemento que nos permite distinguir o ser humano dos animais irracionais.

Enquanto os animais irracionais resolvem seus problemas de convivência a partir dos instintos e das aptidões físicas de cada qual, os seres humanos procuram resolvê-los racionalmente. Por isto estabelecem normas reguladoras de suas condutas. O Direito é esse conjunto de normas. É esse sistema de limites, fruto da racionalidade humana.

A palavra "direito", porém – como, de resto, acontece com as palavras em geral –, é utilizada com vários significados. É plurissignificativa, porque se presta para designar não apenas uma, mas diversas

---

14. Neste sentido é a lição de Miguel Reale, a dizer que aos olhos do homem comum o Direito é lei e ordem, isto é, um conjunto de regras obrigatórias que garante a convivência social graças ao estabelecimento de limites à ação de cada um de seus membros (*Lições Preliminares de Direito*, 10ª ed., São Paulo, Saraiva, 1983, pp. 1-2).
15. Diz-se que o Direito reduz os conflitos a níveis toleráveis porque a observância das normas faz com que os conflitos não existam. Como, porém, não existem meios para fazer com que todos observem, sempre, as normas, diz-se que os conflitos são inevitáveis. Entretanto, exatamente por isto, o Direito estabelece os mecanismos para o equacionamento dos conflitos que inevitavelmente surgem entre as pessoas. Por isto se diz que o Direito é capaz de viabilizar a solução pacífica, civilizada, racional, de tais conflitos.

realidades, como já tivemos oportunidade de explicar.[16] Aqui utilizamos a palavra "Direito" para designar o conjunto de normas que é um sistema de limites, fruto e instrumento da racionalidade humana.

Pode parecer, em face do que acima foi dito, que o poder se opõe ao Direito enquanto sistema de normas. Embora isto às vezes aconteça, a rigor, não existe um antagonismo, em tese, entre o Direito e o poder, mas a independência deste em relação àquele. O poder é a aptidão para decidir e fazer valer suas decisões. O exercício do poder pode dar-se de conformidade com o Direito, ou não. Um titular de poder certamente pode ser fiel às prescrições jurídicas, embora isto geralmente não aconteça. O que se opõe ao Direito é o arbítrio, que significa o exercício do poder sem observância das normas jurídicas. Diz-se, por isto mesmo, que o titular de poder tende a ser arbitrário, tende a exercitar seu poder contrariando as normas jurídicas.

A distinção essencial entre o Direito e o arbítrio reside em que o Direito, sendo um sistema de normas, faz com que sempre exista uma norma prévia a ser observada, e assim constitui limite aos poderosos. Mesmo aquelas normas feitas pelo titular de poder podem, um dia, lhes ser colocadas como limite ao exercício deste. O arbítrio desconhece limites normativos. Desenvolve-se sem qualquer relação com a norma.

Na elaboração das normas jurídicas o uso do conhecimento jurídico a serviço do arbítrio é extremamente perigoso, porque permite que o artífice da norma a construa de modo a – salvando as aparências –, dar oportunidade para a prática do arbítrio. O artífice da norma que esteja a serviço dos poderosos elabora a norma utilizando conceitos vagos, gosta muito da expressão "interesse público" e de alguma forma deixa aberta a porta para o arbítrio praticado com a aparência de comportamento juridicamente autorizado.

3. Poder e competência

Considerando-se que *poder* e *Direito* não se confundem, coloca-se a questão de saber se existe um poder jurídico, isto é, saber se o Direito confere, ou não, poder.

Preferimos dizer que o Direito confere atribuição, ou competência. Não se pode, todavia, contestar que uma pessoa à qual o Direito confere

16. Hugo de Brito Machado, *Introdução ao Estudo do Direito*, 2ª ed., São Paulo, Atlas, 2004, pp. 24-27.

muitas atribuições termina por se tornar titular de poder, na medida em que suas atribuições envolvem interesses de pessoas diversas, cada uma delas titular de algum poder. Não é certo, porém, que o Direito confira poder. Ou, pelo menos, não é certo que o exercício das competências possa ocorrer independentemente de ser quem as exerce titular de poder, que não decorre da norma jurídica, mas de alguma circunstância de fato. Se não fosse assim, um governante não seria deposto de seu cargo, no qual é titular de competências as mais importantes.

Seja como for, *poder* e *Direito* são conceitos que se entrelaçam em diversos pontos. A aptidão para decidir a respeito de qual a regra jurídica a ser posta é, sem dúvida, poder. Mas também é Direito, ao menos na medida em que consubstancia o exercício de competência atribuída pelo Direito a alguém, a algum órgão. Assim também a aptidão para fazer valer, para pôr em prática, a prescrição consubstanciada na regra jurídica é expressão de poder, embora não decorra exclusivamente da regra que alberga a prescrição, mas de um conjunto de fatores, entre os quais a citada regra pode até nem ser o mais importante.

Na teoria do Direito as palavras "poder" e "competência", embora muitas vezes utilizadas como se fossem sinônimos, a rigor, designam coisas distintas. Enquanto o *poder* independe das normas do Direito e se exerce na conformidade dessas normas ou contra elas, a *competência* é sempre resultante de uma norma do Direito e se exerce, sempre, de conformidade com o Direito. Enquanto o *poder* é uma aptidão de fato, a *competência* é uma aptidão conferida a uma pessoa pela norma jurídica, que eventualmente pode não coincidir com a aptidão que aquela pessoa tenha, de fato. Isto, aliás, explica por que é possível um Presidente da República ser deposto de seu cargo por um movimento revolucionário. Configura-se, neste caso, uma situação na qual o poder como aptidão de fato prevalece sobre a competência. O Direito, como sistema de normas, é violado pelo movimento dito revolucionário.

No que mais diretamente interessa ao estudo do direito tributário coloca-se a questão de saber se é adequada a expressão "limitações ao *poder* de tributar", ou se mais adequada é a expressão "limitações da *competência* tributária". E a resposta certamente depende da distinção que se entenda haver entre *poder* e *competência*. A propósito, Schubert de Farias Machado e eu já escrevemos:[17]

---

17. Hugo de Brito Machado e Schubert de Farias Machado, *Dicionário de Direito Tributário*, São Paulo, Atlas, 2011, p. 179.

Poder tributário – É um aspecto da soberania estatal. É o poder, do qual o Estado é titular, de instituir e cobrar tributos. Distingue-se da competência tributária porque esta é juridicamente delimitada, enquanto o poder de tributar é um poder originário e cujo limite é apenas aquele ditado pelo próprio povo que o concedeu. Nos Estados de Direito Democráticos, o poder tributário é exercido pelo constituinte, que o delimita e, sendo o caso de federação ou confederação, divide. No Brasil, o poder tributário é delimitado pelos denominados princípios conhecidos como limitações constitucionais ao poder de tributar e dividido entre a União, os Estados, o Distrito Federal e os Municípios.

E, ainda:[18]

Competência tributária – É a aptidão, atribuída pela Constituição Federal, às pessoas jurídicas de direito público, para a instituição e cobrança de tributos. É o poder de tributar juridicamente delimitado e, nos Estados descentralizados, repartido entre as diversas pessoas jurídicas que o integram.

Como se vê, preferimos utilizar a palavra "poder" para designar a aptidão que não é atribuída nem delimitada pelo Direito, e a palavra "competência" para designar a aptidão que é a alguém atribuída pelo Direito. Não se pode, todavia, esquecer que essas palavras têm também outros significados, bem distintos, mas o contexto no qual são empregadas nos ajuda a identificar o significado de cada uma delas – com o quê se podem evitar equívocos.

4. O Estado

4.1 Estado e tributo

Embora se possa dizer que o Estado, como organização política de uma comunidade, começou no início da Idade Moderna,[19] certo é que o Estado, como titular do poder de tributar, é muito antigo. Por isto mesmo, Baleeiro[20] escreveu que:

---

18. Hugo de Brito Machado e Schubert de Farias Machado, *Dicionário de Direito Tributário*, São Paulo, Atlas, 2011, p. 41.
19. Agerson Tabosa, *Teoria Geral do Estado*, Fortaleza, Imprensa Universitária, 2002, p. 23.
20. Aliomar Baleeiro, *Limitações Constitucionais ao Poder de Tributar*, 7ª ed., Rio de Janeiro, Forense, 1997, p. 1.

O tributo é vetusta e fiel sombra do poder político há mais de 20 séculos. Onde se ergue um governante, ela se projeta sobre o solo de sua dominação. Inúmeros testemunhos, desde a Antiguidade até hoje, excluem qualquer dúvida.

Ao estudar o conceito de "Estado", escreve Sahid Maluf:[21]

Este conceito vem evoluindo desde a Antiguidade, a partir da *Polis* grega e da *Civitas* romana. A própria denominação de Estado, com a exata significação que lhe atribui o Direito moderno, foi desconhecida até o limiar da Idade Média, quando as expressões empregadas eram *rich, imperium, land, terrae* etc. Teria sido a Itália o primeiro País a empregar a palavra *Stato*, embora com uma significação muito vaga. A Inglaterra, no século XV, depois a França e a Alemanha, no século XVI, usaram o termo Estado com referência à ordem pública constituída. Foi Maquiavel, criador do direito público moderno, quem introduziu a expressão, definitivamente, na literatura científica.

Ocorre que nos estudos do direito tributário importa-nos a ideia de Estado como titular do poder de tributar juridicamente delimitado. Em outras palavras, o que nos interessa é o Estado de Direito, ou Estado que se submete ao Direito, ao menos teoricamente, enquanto sujeito da relação de tributação. E o estudo do Estado enquanto sujeito da relação de tributação interessa especialmente quando se coloca a questão de saber se essa relação é efetivamente uma relação jurídica, ou se ainda é uma relação de poder.

4.2 Estado de Direito

Há quem sustente que todo Estado é necessariamente um Estado de Direito, por ser regulado por normas. Na verdade, porém, somente se deve considerar Estado de Direito aquele dotado de regramento jurídico capaz de colocar limites ao poder, evitando as práticas arbitrárias dos governantes. Não basta a existência de um estatuto jurídico do poder, pois estatuto jurídico do poder e Estado de Direito, na verdade, não são sinônimos.

Estado de Direito, a rigor, é somente aquele que atende a determinadas exigências do Constitucionalismo moderno, no qual o poder é dividido e controlado. E esse controle é muito difícil, posto que as autoridades que corporificam o Estado, que nele exercitam o poder, ten-

---

21. Sahid Maluf, *Teoria Geral do Estado*, 26ª ed., São Paulo, Saraiva, 2003, pp. 19-20.

dem a fugir, de alguma forma, dos controles estabelecidos pelo ordem jurídica. Existem as normas delimitadoras do poder, mas essas normas geralmente não são observadas.

Para alcançarmos, então, um verdadeiro Estado de Direito, é indispensável seja aperfeiçoado o ordenamento jurídico, sob vários aspectos, dos quais dois se destacam. Primeiro, a divisão de Poderes, que precisa ser melhorada, evitando-se tantas incursões, diretas e indiretas, do Executivo no Legislativo e no Judiciário. Segundo, o que diz respeito à responsabilidade civil do Estado, onde se faz necessário eliminar a irresponsabilidade dos que exercem o poder. Toda autoridade há de ser pessoalmente responsável pelos desvios de conduta que praticar. A rigor, o Estado, pessoa jurídica, não viola a lei. Não pratica nenhuma ilegalidade. Quem pratica ilegalidades é a pessoa natural, pessoa humana, que o presenta.[22]

A propósito do Direito como limite de poder, Luís Recaséns Siches[23] afirma, com toda razão:

> El *Derecho* es un *término medio entre la anarquía y el despotismo*. El Derecho trata de crear y mantener un equilibrio entre esas dos formas extremas de la vida social. Para evitar la anarquía, el Derecho limita el poder de los individuos particulares. Para evitar el despotismo el Derecho frena el poder del gobierno, mediante unas normas generales de conducta. En suma, el Derecho intenta reducir al mínimo la posibilidad de abuso del poder, tanto por parte de los particulares como por parte del gobierno.

Embora o *Direito* e o *Estado* não sejam exatamente a mesma coisa – como chegou a afirmar Kelsen[24] –, certo é que são conceitos com implicações recíprocas inevitáveis. E como o Estado é o maior centro de poder existente no Planeta, fica difícil de admitir que o Direito possa limitar efetivamente o poder do Estado. Essa dificuldade é mencionada por Jorge Miranda,[25] que, depois de referir a estreita ligação entre Estado e Direito, ensina:

---

22. O verbo "presentar" está, aqui, por nós utilizado no sentido preconizado por Pontes de Miranda, para quem *representar* é fazer presente uma pessoa que poderia estar, ela própria, presente, enquanto *presentar* é fazer presente quem não tem corporalidade e, por isto, não pode estar presente por si mesmo.

23. Luís Recaséns Siches, *Introducción al Estudio del Derecho*, México, Editorial Porrúa, 2000, pp. 119-120.

24. Hans Kelsen, *Teoria Pura do Direito*, 3ª ed., trad. de João Baptista Machado, Coimbra, Arménio Amado Editor, 1974, pp. 386-387.

25. Jorge Miranda, *Manual de Direito Constitucional*, 2ª ed., t. III, Coimbra, Coimbra Editora, 1988, pp. 150-151.

O Estado não pode, pois, viver à margem do Direito (nunca é de mais insistir): pelo contrário, ele actua sempre através de actos formalmente jurídicos ou de operações materiais que remontam a competências jurídicas. Significa isto, porém, que o poder político se submete efectivamente ao Direito? Significa isto que os detentores do poder observam, na prática, a Constituição e a lei?

Mesmo que haja um ou mais órgãos encarregados de guardar a conformidade dos actos do Estado com o Direito, *quis custodiet custodes*?

A quem cabe a última palavra, em definitivo quem decide eventuais conflitos e declara as situações jurídicas recíprocas das entidades públicas e dos particulares?

E, declarado o direito, tem de se passar à execução. Admitindo que um tribunal profere uma sentença desfavorável ao Estado – o que, à primeira vista, oferece dificuldade, porquanto o tribunal funciona como órgão desse mesmo Estado –, será possível obrigar a Administração a prestar-lhe acatamento? Como explicar a execução das sentenças pelo Estado?

Por ser de homens, a autoridade está tão propensa a infringir as normas jurídicas como a liberdade humana individual. Tem então de se averiguar se é racional recorrer a um sistema de sanções. Pois, se algum indivíduo viola a lei, logo aquela autoridade, de regra, o vai ferir de uma sanção; ao passo que o Estado é o próprio titular do poder sancionatório e, como tal, insusceptível de a sofrer.

Recai-se, de novo, na controvérsia sobre o conceito de Direito. A opinião ainda dominante fala em coercibilidade. Mas, como não se descortina bem como pode o Estado ser objeto de sanção coactiva, de duas, uma: ou a coercibilidade é característica da norma jurídica, e então o direito público não é Direito na plena acepção do termo; ou a coercibilidade não é característica do Direito.

Este o problema de limitação jurídica do poder político, tal como habitualmente é posto.

Como o Estado que mais nos interessa estudar, neste livro, é o titular do poder de tributar, vamos estudar a relação que se estabelece entre o Estado e o contribuinte.

4.3 A relação tributária

4.3.1 Questionamento em torno de sua natureza

Talvez a mais importante relação que, no mundo inteiro, existe entre o Estado e o indivíduo, a *relação tributária* foi durante muito tempo uma relação simplesmente de poder. Hoje, porém, muitos afirmam que se trata de uma relação jurídica.

O poder é uma aptidão meramente factual. Prescinde de qualquer norma. É puro fato. Dito isto, fica fácil compreendermos a distinção que existe entre uma relação de poder e uma relação jurídica. *Relação de poder* é aquela que nasce, se desenvolve e se extingue em decorrência e nos termos da vontade do titular do poder, enquanto *relação jurídica* é aquela que nasce, se desenvolve e se extingue em decorrência e nos termos de uma norma jurídica preestabelecida.

Rubens Gomes de Sousa,[26] um dos mais eminentes cultores do direito tributário em nosso País, invoca a doutrina de Nawiaski para concluir que

> a aparente supremacia do Estado sobre o contribuinte no direito tributário não decorre de uma superioridade jurídica que seja inerente ao Estado simplesmente como Estado, mas decorre do princípio geral da prevalência do interesse público sobre o interesse particular e está condicionada e limitada pela noção de interesse público: não vai além do exigido por este. Dêsses princípios gerais, que podemos classificar como sendo de Filosofia do Direito, Nawiasky fixa a conclusão de que a relação tributária, em cada caso particular, não é uma decorrência da soberania: o que é uma decorrência da soberania é somente o direito do Estado de instituir o tributo; isso, evidentemente, só o Estado poderia fazer, porque só o Estado possui soberania. Entretanto, com a instituição do tributo esgota-se a função da soberania. Na aplicação do tributo em cada caso particular, as relações que surgem entre o Estado e o contribuinte não são mais relações de soberania, mas relações de Direito, relações jurídicas, isto é, regidas pela lei, que se aplica igualmente a ambas as partes, uma vez que, como já dissemos antes, o Estado não é superior ao seu próprio Direito.

Essa doutrina do mestre Rubens Gomes de Sousa é perfeita. No plano teórico realmente a relação de tributação é uma relação jurídica. Aliás, no Brasil, como em outros Países onde a Constituição estabelece limitações ao poder de tributar, mesmo na instituição do tributo tem-se uma atividade submetida ao Direito, de sorte que a relação tributária já nessa fase pode ser considerada uma relação jurídica.

Ocorre que na relação tributária o Estado muitas vezes viola a norma, fazendo prevalecer seu poder. Já na instituição do tributo o Estado muitas vezes legisla em desobediência às normas da Constituição. E na

---

26. Rubens Gomes de Sousa, "Curso de Introdução ao Direito Tributário, 5ª Aula, A Relação Jurídica Tributária", *Revista de Estudos Fiscais* 12/497-498, São Paulo, Centro de Estudos dos Agentes Fiscais do Imposto de Consumo em São Paulo, dezembro/1948.

aplicação da lei tributária também viola as regras, lançando e cobrando tributos indevidos. E, finalmente, na apreciação dos conflitos gerados pela resistência eventualmente oposta pelo contribuinte também o Estado, por seu Poder Judiciário, muitas vezes viola o Direito.

É importante registrarmos o equívoco consubstanciado na invocação do *interesse público*. Este é inegável, e constitui a causa primária do tributo; entretanto, uma vez disciplinada em lei a relação tributária, o interesse público mais relevante reside precisamente no cumprimento da lei.

Inegável, porém, é que a relação tributária tem peculiaridades que tornam difícil compreendê-la como uma relação jurídica e nos levam a ver nela uma relação de poder, pelo menos nos casos em que o agente do Estado deixa de submeter sua conduta às normas que existem para limitar a vontade.

Veja-se, a propósito do tema, a lição de Ramón Valdés Costa:[27]

> Por otra parte, la relación jurídica tributaria tiene la característica, que reiteradamente hemos señalado, de que el Estado es quien crea, mediante la ley, la obligación a su favor, la hace efectiva mediante la actividad administrativa y resuelve las controversias que se plantean, mediante sus órganos jurisdiccionales. La división de las tres funciones presenta en el derecho tributario, como lo destacó Hensel, una importancia mayor que en otras ramas, especialmente en lo que concierne a la independencia de los órganos jurisdiccionales en su función de declarar la inconstitucionalidad o la ilegalidad de los actos de los órganos legislativos y administrativos, y de esa manera proteger adecuadamente los derechos de los contribuyentes.

As peculiaridades da relação tributária, que nasce de fato previsto em regra feita pelo Estado, aplicada pelo Estado e que também resolve os conflitos eventualmente a seu respeito surgidos, mostram que se torna mais importante a separação dos Poderes do Estado, sem o quê nem se poderia falar de uma ralação jurídica.

Aliás, quando comecei a lecionar Direito Tributário na Faculdade de Direito da Universidade Federal do Ceará, meu ex-Professor de Direito Penal e então colega no Magistério, o Des. Antônio Banhos Neto, brincava comigo, dizendo: "Esse teu direito tributário não é Direito, porque a lei é feita pela parte interessada, o Estado, que também aplica a lei e ainda decide os conflitos que dessa aplicação surgem com os contribuintes".

27. Ramón Valdés Costa, *Instituciones de Derecho Tributario*, Buenos Aires, Depalma, 1992, p. 277.

Realmente, encarado o Estado em sua unidade, não há como se possa sustentar que a relação tributária é uma *relação jurídica*. Isto só é possível em face da necessária separação dos Poderes do Estado, que deixa de ter uma vontade capaz de fazer nascer, desenvolver-se e se extinguir uma relação com alguém. E tal separação, por isto mesmo, se deu na passagem do Absolutismo para o Liberalismo constitucionalista, como registra Nelson Saldanha,[28] nestes termos:

> O Estado moderno (que é a forma política onde mais caracteristicamente se localiza o problema dos 'Poderes'), definido desde seu surgimento como estrutura secularizada e unificada de poder, necessitou da separação dos Poderes em determinado momento de sua evolução, por motivos políticos: passagem do Absolutismo monárquico para o Liberalismo constitucionalista democratizante. Na imagem absolutista do Estado, construída na prática em termos de luta contra os feudos e o Império, e na teoria pela doutrinação que foi de Maquiavel a Hobbes, havia já um componente destinado a permanecer. Refiro-me ao conceito de uma "vontade" estatal, expressada em paralelo ao da soberania: assim como a soberania, se transferiu do soberano ao Estado (novo ente, nova realidade) uma vontade, um fundamento para a tomada de *decisões*, sem as quais não se governa. Este conceito, tratado durante o Barroco e o Iluminismo com o aparato burguês e leigo do Racionalismo, daria lugar, posteriormente, à ideia de órgãos estatais e das funções: aqui permaneceria a noção de vontade, possuindo cada órgão uma vontade.

Assim, não sendo o Estado titular de uma vontade única, não se poderia dizer que a relação tributária é uma relação de poder. Entretanto – como veremos adiante –, na verdade, não existe separação do poder, que continua uno. Temos a separação apenas das funções do Estado, e por isto mesmo em certas situações a relação tributária se manifesta como relação de poder.

4.3.2 Separação dos Poderes do Estado

A separação de Poderes do Estado, tal como idealizada por Montesquieu, é que nos permite ver na relação tributária uma relação jurídica. Quem tem interesse direto na arrecadação do tributo é o Executivo. Quem cria ou aumenta o tributo, todavia, é o Legislativo; e quem decide os conflitos surgidos na relação tributária é o Judiciário.

---

28. Nelson Saldanha, *O Estado Moderno e a Separação de Poderes*, 2ª ed., São Paulo, Quartier Latin, 2010, pp. 138-139.

Por isto mesmo, aliás, a separação dos Poderes do Estado tem sido considerada essencial para a construção do Estado Democrático de Direito. Sua importância é registrada por Paulo Bonavides, em cuja doutrina a Carta de 1937, por fazer exceção à plenitude desse princípio em nosso País, não chega a ser uma Constituição, mas simples ato de força de natureza institucional. Em suas palavras:[29]

> Nenhum princípio de nosso Constitucionalismo excede em ancianidade e solidez o princípio da separação de poderes. Inarredável de todas as Constituições e projetos de Constituição já formulados neste País, desde 1823, data de elaboração do célebre Projeto de Antonio Carlos oferecido à Constituição Imperial, ele atravessou o Império e a República, rodeado sempre do respeito e do prestígio que gozam as garantias constitucionais da liberdade. A única exceção veio a ser a Carta de 1937, mas esta em rigor não foi uma Constituição e sim um ato de força de natureza institucional, tanto que afastou, por inteiro, o País de toda a sua tradição de liberalismo e representatividade do poder. Veja-se que, depois do desastre de 1937, nem as Constituições outorgadas pela ditadura de 1964, sem embargo da violência de seu autoritarismo, ousaram tocar naquele princípio.

Os constitucionalistas em geral destacam a importância do princípio da separação de Poderes do Estado. Veja-se o que ensinam Gilmar Mendes, Inocêncio Coelho e Paulo Branco[30] a propósito desse princípio:

> Para avaliarmos a importância desse princípio, nada melhor que invocar as palavras de Montesquieu, um dos seus formuladores e, certamente, o maior responsável pela sua expansão na vaga do Constitucionalismo que tomou conta do Ocidente a partir do Século das Luzes: "Tudo estaria perdido se o mesmo homem ou o mesmo corpo de principais ou dos nobres, ou do povo, exercesse esses três poderes: o poder de fazer as leis, o de executar as resoluções públicas e o de julgar os crimes ou as divergências dos indivíduos".[30-A] A partir dessa enfática formulação, cujas origens são mais antigas do que se possa imaginar,[30-B] o princípio da separação dos Poderes adquiriu o status de uma forma que virou substância no curso do

---

29. Paulo Bonavides, *Curso de Direito Constitucional*, 29ª ed., São Paulo, Malheiros Editores, 2014, p. 567.
30. Gilmar Ferreira Mendes, Inocêncio Mártires Coelho e Paulo Gustavo Gonet Branco, *Curso de Direito Constitucional*, São Paulo, Saraiva, 2007, p. 145.
30-A. Montesquieu, *Do Espírito das Leis*, vol. I, São Paulo, Difusão Europeia do Livro, 1962.
30-B. Nuno Piçarra, *A Separação dos Poderes como Doutrina e Princípio Constitucional: um Contributo para o Estudo das suas Origens e Evolução*, Coimbra, Coimbra Editora, 1989.

processo de construção e de aprimoramento do Estado de Direito, a ponto de servir de pedra de toque para se dizer da legitimidade dos regimes políticos, como se infere do célebre art. XVI da Declaração dos Direitos do Homem e do Cidadão, de 1789, onde se declara que não tem Constituição aquela sociedade em que não estejam assegurados os direitos dos indivíduos, nem separados os Poderes estatais.

É exatamente por sua notável importância no que denominamos Estado Democrático de Direito que a separação de Poderes, em nosso sistema jurídico, ganhou a condição de cláusula de imodificabilidade, nos termos do art. 60, § 4º, III, da CF, segundo o qual não será objeto de deliberação a proposta de emenda tendente a abolir a separação dos Poderes.

É necessário, todavia, termos em vista que, na verdade, não ocorre a separação de Poderes no Estado. O que existe é a separação de suas funções, permanecendo o poder estatal como unidade indivisível. É o que explica Agerson Tabosa,[31] com inteira propriedade, escrevendo:

> Se dissemos, na unidade anterior, que o poder do Estado é uno e indivisível, seria uma grosseira contradição falarmos agora em pluralidade de poderes. Que significa, então, divisão ou separação de Poderes? Significa precisamente divisão ou separação das funções do poder estatal. O poder do Estado continua uno, indivisível, soberano. Suas funções e seus órgãos é que se dividem ou se separam porque são distintos. Assim, exemplificando, uma declaração de guerra, a votação de uma lei, o julgamento de um crime, são funções distintas por natureza, e exercidas por órgãos diferentes. A primeira é executiva e compete ao Presidente da República; a segunda é legislativa e confiada às casas do Congresso Nacional; a terceira é judiciária e da alçada dos órgãos julgadores; mas todas elas emanam do poder único do Estado, de que são agentes o presidente, o deputado ou senador, e o juiz ou tribunal. Portanto, quando falamos em divisão dos Poderes – Legislativo, Executivo e Judiciário – entenda-se divisão das funções; e quando dizemos que os Poderes são independentes e harmônicos a referência se faz aos órgãos que executam essas funções.

A divisão é simplesmente das funções ou órgãos do Estado que as exercem; é preciso que aos órgãos do Estado incumbidos do exercício de suas diferentes funções seja assegurada certa independência, de sorte a que um não possa fazer-se predominar sobre os outros. Daí ser importante o aperfeiçoamento dessa divisão dos órgãos aos quais são atribuídas as funções essenciais do Estado.

31. Agerson Tabosa, *Teoria Geral do Estado*, Fortaleza, Imprensa Universitária, 2002, pp. 51-52.

Há, todavia, quem explique que o poder político, embora uno e indivisível, desdobra-se em diversas funções para a realização de suas tarefas. E, sendo assim, a divisão das funções implica verdadeira divisão do poder estatal. Vejamos a lição de Pinto Ferreira,[32] que, escrevendo sobre a *separação de Poderes*, ensina:

Poder é a capacidade de impor a vontade própria nas relações sociais, mesmo contra a vontade alheira, como ensina Max Weber. É a capacidade de conseguir os resultados pretendidos, di-lo Bertrand Russell. O Estado possui a capacidade de decisão, e um poder político-social, sobretudo, decidindo em última instância.

No Estado de Direito opera-se uma divisão de Poderes e também de funções. O poder político é uno, indivisível, indelegável, porém se desdobra em diversas funções, para a realização de suas tarefas.

Os Poderes da União na República Federativa do Brasil são o Legislativo, o Executivo e o Judiciário.

Poder Legislativo é o que elabora, modifica, altera e emenda as leis, como ensina Watson. O referido Poder edita normas gerais, abstratas, impessoais, a que se dá genericamente o nome de leis, que regulam o comportamento das pessoas. O processo legislativo é rico e variado, comportando diversas espécies de atos normativos, várias espécies normativas.

Poder Executivo administra a coisa pública e resolve casos concretos de acordo com as leis, não se limita à simples execução delas. Por isso Carré de Malberg chega a falar de uma quarta função, a função política ou de governo, apontando o exercício do direito de graça ou o início do processo legislativo. Seria a nota distintiva da autoridade como política, a arte do governo. É melhor contudo proceder à distinção do Poder Executivo realizando duas funções básicas, como observa José Afonso da Silva: "A função executiva se distingue em *função de governo*, com atribuições políticas, colegislativa e de decisão, e *função administrativa*, com suas três divisões básicas: intervenção, fomento e serviços públicos".

O Poder Judiciário tem por finalidade aplicar a lei a casos concretos, decidindo os conflitos de interesses. Através de juízes e tribunais o Estado substitui-se às partes envolvidas em conflito, intervém de forma substitutiva à vontade dos litigantes em rota de colisão, decidindo o Direito a ser aplicado.

E, mais adiante, Pinto Ferreira[33] acrescenta:

---

32. Pinto Ferreira, *Comentários à Constituição Brasileira*, vol. I, São Paulo, Saraiva, 1989, pp. 37-38.
33. Pinto Ferreira, *Comentários à Constituição Brasileira*, vol. I, São Paulo, Saraiva, 1989, pp. 38-39.

A divisão ou separação de Poderes consiste em atribuir cada uma das funções governamentais (legislativa, executiva e/ou jurisdicional) a órgãos diferentes, independentes e especializados. Tais órgãos são denominados, pelos nomes de suas funções, órgão ou Poder Legislativo, órgão ou Poder Executivo e órgão ou Poder Judiciário. A divisão ou separação de Poderes, esta última é a expressão mais corrente, permite uma *independência orgânica*, uma *especialização funcional*, uma vez que cada órgão (Congresso, Parlamento, presidente, tribunais e juízes) exerce determinada função, com harmonia e fiscalização recíproca dos Poderes.

Seja como for, certo é que, para que seja efetiva a separação de Poderes ou de funções do Estado, ela deve evitar que um órgão tenha atribuições que lhe permitam impor ao outro, ou aos outros, a sua vontade.

4.3.3 Aperfeiçoamento da separação das funções estatais

Em nosso sistema jurídico é indiscutível que a separação das funções estatais está a exigir aperfeiçoamento. Em outras palavras, a independência dos órgãos do Estado ainda carece de aperfeiçoamento, para que a vontade de um não prevaleça sobre a dos demais. Existe, é certo, uma tendência no sentido do aperfeiçoamento da separação dos órgãos do Estado, para que possam exercer com independência as suas funções. Essa tendência, todavia, tem sofrido retrocessos em certos casos, como aconteceu com o exemplo citado por Agerson Tabosa,[34] a saber:

> Desde a abertura democrática, iniciada com o retorno às eleições diretas do presidente, governadores e prefeitos das Capitais, e a votação da Constituição de 1988 até as últimas emendas e alterações legislativas, nota-se claramente uma tendência no sentido de que os Poderes sejam "realmente independentes e harmônicos entre si" (Constituição brasileira de 1988, art. 2º). Como prova dessa tendência podemos citar a isenção de contribuições previdenciárias dos aposentados, garantida pela Constituição. Por mais força que tenha o Executivo, por mais ampla que seja sua base no Legislativo, formada pelos três maiores partidos políticos, o Governo não tem conseguido extingui-la, graças à resistência do Judiciário.

Realmente, com a Emenda Constitucional 41, de 19.12.2003, foram autorizadas as contribuições previdenciárias sobre proventos de aposentadorias e pensões, predominando, assim, a vontade do Poder Executivo.

34. Agerson Tabosa, *Teoria Geral do Estado*, Fortaleza, Imprensa Universitária, 2002, pp. 59-60.

Sabemos que são muitas as dificuldades que existem para se estabelecer qualquer forma de divisão das três principais funções estatais, capaz de conferir aos órgãos competentes para exercê-las a independência suficiente para evitar a influência de uns sobre os outros. Especialmente para evitar a influência do Poder Executivo sobre o Legislativo e o Judiciário. Aliás, muitos sustentam ser necessária a influência do Executivo sobre o Legislativo, que denominam *governabilidade*. E isto pode ser verdadeiro em face da atitude irresponsável, que muitos parlamentares adotam, de ser contra as propostas do Governo apenas por serem da Oposição, sem qualquer consideração relativamente ao mérito de tais propostas.

Mais importante para o controle do *poder* estatal no que concerne à tributação, para fazer com que a relação tributária seja efetivamente uma relação jurídica, e não uma relação simplesmente de *poder*, é a independência do Poder Judiciário. Na medida em que temos na Constituição estabelecidos os direitos e as garantias fundamentais do contribuinte, possíveis desvios do Poder Legislativo podem ser controlados e afastados pelo Poder Judiciário se este gozar da necessária independência. Assim, mesmo quando a distorção ou o abuso estejam situados na atividade legislativa, o funcionamento adequado e independente do Poder Judiciário termina por fazer com que o Estado se submeta ao Direito e a relação tributária seja realmente uma relação jurídica.

4.3.4 *Efetividade da jurisdição*

A questão essencial nesse contexto reside na *efetividade da jurisdição* – como temos sustentado[35] –, para o quê se fazem necessárias alterações nos critérios de provimento de cargos em órgãos do Poder Judiciário, especialmente no STJ e no STF.

O STJ é formado por magistrados oriundos de três segmentos diversos, a saber: (a) um terço de juízes de tribunais regionais federais; (b) um terço de desembargadores dos tribunais de justiça dos Estados; e (c) um terço, dividido em duas partes iguais, de advogados e membros do Ministério Público. Ocorre que na composição dos tribunais de justiça e dos tribunais regionais federais ingressam advogados e membros do Ministério Público, que passam, nesses tribunais, a ser magistrados para

---

35. Hugo de Brito Machado, *Direitos Fundamentais do Contribuinte e a Efetividade da Jurisdição*, São Paulo, Atlas, 2009, pp. 186-189.

os fins de acesso ao STJ. E como geralmente dispõem de maior relacionamento com os políticos, têm mais chance de conseguir tal acesso, em detrimento dos juízes de carreira, que ingressam na Magistratura pela via do concurso público.

A providência que preconizamos consiste em que, para fins de composição do STJ, sejam tratados como advogados e como membros do Ministério Público também os que, oriundos dessas categorias, já estejam exercendo a Magistratura nos tribunais regionais federais e nos tribunais de justiça. Não se justifica o ingresso de advogados e membros do Ministério Público nos tribunais de justiça e nos tribunais regionais federais no denominado quinto constitucional e a subida destes ao STJ nas vagas destinadas a magistrados. Além de reduzir as oportunidades para os magistrados de carreira, que ingressam na Magistratura mediante concurso público, isto fará com que o STJ se transforme em um tribunal político.

Quanto ao STF, o que nos parece inadequado é que seja o provimento feito mediante indicação livre e soberana do Presidente da República. Preconizamos que os cargos de ministro do STF sejam providos mediante eleição direta, realizada pelo próprio STF, para um mandato de 10 anos, e na qual seriam eleitores todos os magistrados do País.

A lei estabeleceria o número máximo de candidatos, e qualquer magistrado com ingresso na carreira mediante concurso público poderia pleitear sua candidatura, que seria deferida ou denegada pelo próprio STF.

4.4 Manifestações de poder na relação tributária

4.4.1 Manifestações na atividade legislativa

A instituição ou o aumento de um tributo, como exercício do poder de tributar, são formas de manifestação de poder. Entretanto, se a instituição ou o aumento do tributo se fazem mediante lei, e essa lei é substancial e formalmente constitucional – em estrita obediência, portanto, ao estabelecido na Constituição Federal –, essa manifestação de poder não descaracteriza a relação de tributação, que segue sendo uma relação jurídica, como tal considerada exatamente porque nasce, desenvolve-se e se extingue nos termos de norma preestabelecida.

Ocorre que o Direito é um *sistema* de normas, e estas, exatamente porque compõem um sistema, são organizadas logicamente. Assim, na elaboração de cada norma devem ser respeitados os conceitos jurídicos, aqueles que são definidos por normas, e também os conceitos de lógica jurídica, aqueles que resultam das relações existentes entre as normas que compõem o sistema.

As manifestações do poder estatal na atividade legislativa, que transbordam os limites estabelecidos pelo sistema jurídico, podem consistir na produção de lei que viola diretamente uma norma da Constituição, e podem consistir na edição de lei incompatível com o sistema jurídico por desconsiderar um conceito de lógica jurídica que é necessário na sua composição. Vamos, aqui, examinar dois exemplos de manifestação de poder estatal na atividade legislativa que, por serem incompatíveis com o sistema jurídico, qualificam a relação tributária como relação de poder e, por isto mesmo, exigem uma jurisdição efetiva para impedir que prevaleça essa qualificação indesejável.

4.4.2 Sanção pelo exercício de um direito fundamental

Exemplo típico de manifestação do poder estatal na atividade legislativa que, por desconsiderar conceito tranquilo em lógica jurídica, configura manifestação de poder que transborda os limites jurídicos temos na Lei 12.249, de 11.6.2010, que inseriu os §§ 15, 16 e 17 no art. 74 da Lei 9.430, de 27.12.1996. Nesses dispositivos é cominada pena de multa a quem pede o ressarcimento ou devolução de crédito formulando requerimento que é considerado indevido ou é indeferido. E a quem informa compensação a final não homologada.

Ninguém contesta seriamente a tese segundo a qual o ilícito é um pressuposto essencial da penalidade como espécie de sanção. Em outras palavras, sem que seja responsável pela prática de um ilícito ninguém pode ser compelido a suportar uma penalidade.

Em excelente monografia sobre as multas tributárias, Sacha Calmon Navarro Coelho[36] reporta-se à diferença entre *normas impositivas* e *normas sancionantes*, e afirma, com inteira propriedade:

> A diferença entre elas é simples. As impositivas têm hipótese de incidência compostas de fatos jurígenos lícitos e, por consequência, comandos que impõem *direitos* e *deveres* (relações jurídicas obrigacionais). As sancionantes são feitas de hipóteses de incidência que representam *fatos ilí-*

---

36. Sacha Calmon Navarro Coelho, *Teoria e Prática das Multas Tributárias*, Rio de Janeiro, Forense, 1992, p. 13.

citos e de consequências que consubstanciam, sempre, sanções (castigos, penas).

E, mais adiante, Sacha[37] esclarece:

> Sanção é pena. A norma jurídica estatuidora de sanção tem por hipótese a prática de um ato ilícito violador de dever legal ou contratual. Por hipótese uma infração, por consequência uma restrição à vida, liberdade ou direitos outros do homem. No caso da subespécie multa, a norma sancionante tem por hipótese a prática de um ilícito – o descumprimento de algum dever legal ou contratual – e, por consequência, preceito que obriga o infrator a dar dinheiro a título de castigo (sanção).

Resta-nos, então, saber em que consiste o *ilícito*. Sobre o assunto já escrevemos:[38]

> Embora no âmbito da Filosofia do Direito, e até no âmbito da Teoria Geral do Direito, existam controvérsias em torno do que seja o *ilícito*, prevalece entre os juristas a ideia de que no universo jurídico os comportamentos podem ser qualificados como *lícitos* ou *ilícitos*. Os primeiros são aqueles que estão de acordo, e os últimos aqueles contrários à ordem jurídica, ao direito objetivo.

Maria Helena Diniz[39] registra três significados para a palavra "ilícito", a saber:

> 1. O que é contrário à lei, à moral e aos bons costumes. 2. O que é vedado, defeso ou proibido por lei. 3. Ato praticado em desacordo com a ordem jurídica, a ponto de violar direito subjetivo individual.

O pedido dirigido pelo contribuinte à Fazenda Pública não pode, portanto, ser qualificado como ilícito. Muito pelo contrário, o pedido feito pelo contribuinte é, na verdade, o exercício de um direito fundamental constitucionalmente assegurado.

Realmente, ao cuidar "Dos Direitos e Garantias Fundamentais", nossa Constituição Federal diz que é assegurado a todos "o direito de

---

37. Sacha Calmon Navarro Coelho, *Teoria e Prática das Multas Tributárias*, Rio de Janeiro, Forense, 1992, p. 19.
38. Hugo de Brito Machado, *Curso de Direito Tributário*, 35ª ed., São Paulo, Malheiros Editores, 2014, p. 498.
39. Maria Helena Diniz, *Dicionário Jurídico*, vol. 2, São Paulo, Saraiva, 1998, p. 750.

petição aos Poderes Públicos em defesa de direito ou contra ilegalidade ou abuso de poder" (art. 5º, XXXIV, "a"). Se o contribuinte tem um crédito junto à Fazenda, tem um direito, e em defesa deste é que formula seu pedido. Da mesma forma, se, em vez de pedir o ressarcimento, o contribuinte utiliza seu crédito para compensar com débito seu junto à Fazenda, também está exercitando um direito, e não pode ser punido por isto.

4.4.3 Taxa inconstitucional

A Lei 7.947, de 22.3.2006, do Estado da Paraíba instituiu a *taxa de processamento da despesa pública*, que é flagrantemente inconstitucional, sendo mais um exemplo do exercício do poder de tributar capaz de configurar a relação tributária como uma relação de poder.

A referida lei definiu como fato gerador da referida taxa "o processamento do pedido de pagamento formalizado por credores do Estado em razão de contratos de obras públicas, prestação de serviços, de trabalhos artísticos e/ou fornecimento de máquinas, equipamentos, aparelhos, mobiliário, utensílios e instrumentos" (art. 3º, § 1º).

Extrapolou, portanto, o âmbito constitucional da taxa, que, nos termos do art. 145, II, da CF, é o exercício do poder de polícia ou a utilização, efetiva ou potencial, de serviços públicos específicos e divisíveis, prestados ao contribuinte ou postos à sua disposição.

O serviço de processamento do pedido de pagamento formalizado por credores não é serviço público. Os devedores – especialmente as empresas de médio e de grande porte, nas quais se faz necessária certa burocracia – realizam igual serviço ao que se desenvolve no âmbito da empresa privada. Nada o qualifica como serviço público. Na verdade, a "taxa" em questão é apenas mais uma demonstração de abuso do poder de tributar.

4.4.4 Efetiva limitação do poder de tributar

Embora não se possa negar que a Constituição é o instrumento jurídico de limitação dos poderes do Estado – entre eles o de tributar –, certo é que a efetiva limitação do poder de tributar depende da consciência social. Aliás, não apenas a eficácia da Constituição como a eficácia das regras jurídicas em geral dependem essencialmente da crença que se tenha no Direito. Neste sentido é a lição autorizada de Arnaldo Vasconcelos,[40] que conclui sua excelente *Teoria da Norma Jurídica* afirmando:

(...). A crença pressupõe o sentimento, nele se fundando. E o sentimento jurídico e a crença no Direito constituem os suportes insubstituíveis da noção de obrigatoriedade. Ninguém se obriga juridicamente senão por si, impelido por essa motivação. Sem medo, sem ameaça. Porque a obrigação há de ser responsável, isto é assumida livremente.

A falta de eficácia da Constituição e das leis em nosso País, portanto, não deve ser atribuída aos defeitos do ordenamento jurídico. Nem será jamais reduzida ou evitada com a produção normativa. Só um trabalho lento de conscientização das pessoas, capaz de fazê-las acreditar que obedecer às leis é o melhor caminho para a harmonia social, poderá fazer com que o ordenamento jurídico seja mais eficaz.

Pela mesma razão, tratando-se especificamente da limitação do poder de tributar, é da maior importância a conscientização das pessoas de que, mesmo sem terem a condição de sujeitos passivos da obrigação tributária, suportam o ônus dos tributos e, por isto mesmo, devem impor limites à tributação. A propósito, em meados de 2011 tivemos um notável exemplo de como a consciência social funciona neste sentido. Falou-se muito da necessidade de recursos financeiros para a saúde pública, mas nenhum político destacado assumiu o patrocínio da criação de um imposto para esse fim, exatamente porque sabiam todos eles que, se o fizessem, perderiam votos. É que aos poucos se vai formando entre nós a consciência de que o problema dos serviços públicos essenciais não reside nos recursos financeiros de que o Estado dispõe para tanto, mas na gestão desses recursos, que não consegue superar o descaso e a corrupção.

A consciência fiscal, que aos poucos vai se formando entre nós, leva as pessoas a não aceitarem a tributação acima de certos limites. Afinal, um sistema tributário que impõe carga excessiva aos indivíduos não é justo, e ainda quando venham a ser aprovadas leis que imponham tributos mais elevados a tendência é que ocorra evasão; ou, em outras palavras, a tendência será no sentido de que essas leis não sejam obedecidas. No final de sua excelente monografia a respeito da função do tri-

---

40. Arnaldo Vasconcelos, *Teoria da Norma Jurídica*, 6ª ed., São Paulo, Malheiros Editores, 2006, p. 272.

buto no Estado Social e Democrático de Direito, Juan Manuel Barquero Estevan[41] afirma, com toda razão:

> Y no se debe olvidar que sólo un sistema que se percibe como justo recibe la aceptación que es precisa para su eficaz aplicación; (...).

E não devemos esquecer que na avaliação do que seja um sistema tributário justo um dos critérios geralmente utilizados pela população consiste na qualidade dos serviços públicos. É que, a rigor, o tributo é o preço pago pelo contribuinte para ter os serviços essenciais do Estado. Nas palavras do grande romancista português Eça de Queiroz, segundo Sérgio Vasques:[42]

> O povo tem direito a autoridades que policiem, que velem, que diligenciem. Não quer saber se a sua abstenção vai do desleixo, da pressão de influentes, do sono, do cálculo, das inimizades etc. Não lhe importa isso. Paga para ser policiado; é necessário; é legal, é justo, é exigível que o seja. Doutro modo o imposto é um roubo fiscal. Um roubo porque o Estado não cumpre o contrato cívico; recebe a quota e não faz o serviço.
>
> Para que o povo não se recuse a contribuir com honradez, é necessário que o governo se não recuse a policiar com vigilância. Querem as contribuições? Deem-nos a polícia. Ou o governo nomeie outras autoridades, ou faça cumprir a estas o seu dever. A questão não é de nomes, é de factos.
>
> A relação social é uma permutação de dever: o povo cumpre o seu dever de contribuição; o governo, sob pena de desonestidade, deve cumprir o seu dever de polícia.

Seja como for, no contexto do direito constitucional tributário é essencial o conhecimento da Constituição. Por isto, vamos a seguir estudar esse importante instrumento de limitação do poder estatal, especialmente no que concerne às limitações ao poder de tributar.

5. A Constituição

5.1 Finalidade essencial

O Estado tem sido, desde as suas origens, o maior centro de poder no mundo. E o denominado Constitucionalismo surgiu exatamen-

---

41. Juan Manuel Barquero Estevan, *La Función del Tributo en el Estado Social y Democrático de Derecho*, Madri, Centro de Estudios Políticos y Constitucionales, 2002, p. 148.
42. Sérgio Vasques, *Eça e os Impostos*, Coimbra, Livraria Almedina, 2000, p. 70.

te do desejo de impor limitações a esse poder. Por isto podemos dizer que a Constituição existe para limitar o poder estatal. Como assevera Quintana:[43]

> La finalidad última de la Constitución es asegurar la libertad, la dignidad y el bienestar del hombre en la sociedad, mediante limitaciones a la acción del Poder Público.

No mesmo sentido, Fávila Ribeiro[44] escreveu:

> O principal objetivo da Constituição tem sido limitar o poder estatal, para que este não seja instrumento de opressão contra os indivíduos.

Na verdade, a Constituição é o instrumento jurídico de organização do Estado, que é – repita-se – o maior centro de poder existente no mundo, em nome do qual atuam as autoridades; e a Constituição é o limite para o poder a estas atribuído. Depois de se reportar à necessidade de conciliação entre o princípio da autoridade, essencial ao Estado, e o princípio da liberdade, essencial ao indivíduo, Humberto Theodoro Jr.[45] ensina que os

> impérios do velho regime absolutista e autoritário caíram para dar lugar ao surgimento do moderno Estado de Direito, fundado basicamente em estudos constitucionais redigidos com o objetivo de limitar os poderes de governo e proclamar objetivos a serem perseguidos pelo Estado, sempre a partir da declaração e garantia dos direitos fundamentais do homem.

E em seguida aquele eminente jurista[46] esclarece:

> É que, criado pela imperiosa necessidade de organizar a vida grupal, o Estado logo se transformou em instrumento de dominação e escravidão do homem pelo homem. Por isso, durante longos capítulos da História a trajetória da Humanidade não tem sido outra que a de uma permanente e dolorosa luta contra a opressão estatal, de cujas tenazes só a duras penas e mui lentamente se vem libertando nos últimos tempos.

43. Segundo V. Linares Quintana, *Tratado de Interpretación Constitucional*, Buenos Aires, Abeledo-Perrot, 1998, p. 430.
44. Fávila Ribeiro, *Determinantes Constitucionais sôbre as Execuções Contra o Estado*, Fortaleza, Imprensa Universitária do Ceará, 1961, p. 5.
45. Humberto Theodoro Jr., *O Cumprimento da Sentença*, 2ª ed., Belo Horizonte, Mandamentos, 2006, p. 37.
46. Humberto Theodoro Jr., *O Cumprimento da Sentença*, 2ª ed., Belo Horizonte, Mandamentos, 2006, p. 37.

5.2 Evolução e aperfeiçoamento

Tem sido constante a evolução do Constitucionalismo em busca do aperfeiçoamento da Constituição como instrumento de limitação do poder estatal. Aliás, como registra Léon Duguit, a eterna quimera dos homens é colocar nas Constituições a perfeição que neles mesmos não existe. Dito com as suas palavras:[47] "L'éternelle chimère des hommes est de chercher à mettre dans les constitutions la perfection qu'ils n'ont pas eux-même".

No Brasil essa busca de aperfeiçoamento tem ocorrido com a ampliação do texto, que se vem tornando cada vez mais casuístico e, por isto mesmo, mais extenso. Em livro escrito na vigência da Constituição Federal de 1946, cuja 1ª edição é de 1951, Aliomar Baleeiro[48] escreveu:

> Nos Países de Constituição rígida e de controle judiciário das leis e atos administrativos, os princípios que a Ciência das Finanças apurou em sua compósita formação política, moral, econômica ou técnica são integrados em regras estáveis e eficazes. Funcionam como *limitações ao poder de tributar*.
>
> Nenhuma Constituição excede a brasileira, a partir da redação de 1946, pelo zelo com que reduziu a disposições jurídicas aqueles princípios tributários. Nenhuma outra contém tantas limitações expressas em matéria financeira. Por isso mesmo, a interpretação e a aplicação daqueles dispositivos não podem dispensar as elaborações da Ciência das Finanças, velha fonte de onde afinal promanam.

Na Constituição Federal de 1988 cresceu muito o número de dispositivos que tratam de matéria tributária, e as emendas nela já inseridas fizeram ainda maior esse número. Tratando de matéria tributária em sentido estrito – vale dizer, tratando dos tributos e das limitações constitucionais ao poder de tributar – temos os arts. 145 a 156 e, ainda, os arts. 157 a 162, tratando da repartição das receitas tributárias e outras questões do âmbito do direito financeiro, além de diversos dispositivos entre os que compõem as disposições constitucionais transitórias.

Tem prevalecido a ideia de que se obtém estabilidade do Direito com a inserção de dispositivos na Constituição, mas tudo indica que, na verdade, não é assim, e em vez de se obter a estabilidade do Direito

---

47. Léon Duguit, *Traité de Droit Constitutionnel*, 3ª ed., vol. II, Paris, Fontemoing, 1928, p. 835.
48. Aliomar Baleeiro, *Limitações Constitucionais ao Poder de Tributar*, 7ª ed., Rio de Janeiro, Forense, 1997, p. 2.

tem-se instaurada a instabilidade da Constituição. Sempre que os governantes pretendem validar determinada conduta que não é admitida pela Constituição, cuidam de introduzir nesta uma emenda que a torna viável. Seja como for, tamanha é a quantidade de normas concernentes à tributação hoje colocadas no patamar constitucional que terminou surgindo na ciência jurídica um novo ramo, uma disciplina jurídica nova, que é o direito constitucional tributário.

6. Direito constitucional tributário

6.1 Relações do direito tributário com o direito constitucional

Muito antes da Constituição de 1988, ainda nos anos 60 do século passado, Geraldo Ataliba,[49] já um destacado estudioso da tributação em nosso País, ensinava:

> Como todos os ramos do Direito, o tributário subordina-se visceralmente ao direito constitucional. Nele encontra diretrizes, critérios e princípios informativos essenciais.
>
> O trato de quase todas as questões concretas de direito tributário, principalmente no Brasil – dado a feição rígida do sistema constitucional tributário –, exige, como preliminar, exame de aspectos constitucionais.
>
> Observação importante está em que o direito constitucional cuida precipuamente de limitar o poder tributário e condicionar seu exercício. Esta limitação tem dupla direção: é no sentido de fixar os lindes das competências entre as entidades tributantes (União, Estados e Municípios) e conter estas competências (ou seu exercício) diante de certos direitos individuais mínimos, protegidos eficazmente por meio do remédio constitucional que se erige em sua garantia (mandado de segurança).

Como se vê, em nosso País há muito tempo existem uma relação muito estreita entre o direito tributário e o direito constitucional e um número significativo de regras pertinentes à tributação albergadas pela Constituição. E com o advento da Constituição Federal de 1988 esse número cresceu exageradamente.

6.2 Supremacia constitucional

Assim, com a enorme quantidade de normas colocadas na Constituição Federal concernentes à tributação, tornou-se necessária uma dis-

---

49. Geraldo Ataliba, *Apontamentos de Ciência das Finanças, Direito Financeiro e Tributário*, São Paulo, Ed. RT, 1969, p. 103.

ciplina jurídica cujo objeto é precisamente o estudo dessas normas, que é o *direito constitucional tributário*, assim definido por Janczeski:[50]

Direito constitucional tributário é o conjunto de princípios e dispositivos constitucionais que orientam a tributação nacional, regulando as relações entre o Fisco e o contribuinte, especialmente seus direitos e garantias, limitando o poder de tributar do Estado e disciplinando seu conteúdo e alcance.

O primeiro aspecto a ser destacado no estudo do direito constitucional tributário é o da supremacia constitucional. Como o sistema jurídico é organizado em patamares hierárquicos, é importante ter em mente que a Constituição está no patamar mais elevado do sistema, pois dessa posição hierárquica decorrem limitações ao intérprete e aplicador e até ao elaborador das normas que o integram, entre as quais se destaca a impossibilidade de alteração de conceitos – vale dizer, a regra segundo a qual os conceitos utilizados em uma norma de hierarquia superior não podem ser alterados por norma de hierarquia inferior, porque isto implicaria a destruição da hierarquia normativa.

A propósito dessa limitação ao elaborador das normas, sustentando que a alteração de um conceito, utilizado em uma norma, por uma norma de hierarquia inferior implica agressão à hierarquia normativa, utilizamos o conceito "casa", que a Constituição emprega ao assegurar a inviolabilidade do domicílio. Sustentamos que, se o legislador ordinário pudesse definir livremente "casa", poderia com essa definição destruir a referida garantia constitucional. Bastaria definir casa como a edificação com pelo menos 2.000m^2 de área construída, com piso de mármore ou de granito.

Fomos severamente censurados por um eminente constitucionalista, que afirmou estarmos utilizando um exemplo *ad terrorem*. Entretanto, depois constatamos que o conceito "casa" é citado por Luís Legaz y Lacambra, eminente jusfilósofo, como um conceito apriorístico, vale dizer, um conceito que precede à norma:

> Una "casa", por ejemplo, es un espacio habitable destinado a resguardar al hombre de la intemperie y proporcionarle un lugar de reposo, expansión y recogimiento y en el que pueda desarrollar su vida íntima y familiar.

---

50. Célio Armando Janczeski (coord.), *Constituição Federal Comentada*, Curitiba, Juruá, 2010, p. 443.

Podríamos decir que el concepto de la casa es un concepto necesario y apriorístico desde el punto de vista de la existencia humana.

Como se vê, o exemplo por mim utilizado é, na verdade, muito eloquente. O conceito "casa" não pode ser definido sem que se leve em conta a finalidade. Essa finalidade, aliás, demonstra de forma irrefutável o sentido no qual está empregado em nossa Constituição, como asilo inviolável do indivíduo. Pela mesma razão justifica-se a doutrina segundo a qual, como assevera, com toda razão, Adriano Soares da Costa,[51]

> as normas constitucionais possuem uma densidade semântica mínima, que deve ser ciosamente respeitada, porque a vivência republicana impõe cada vez mais uma crescente redução do *quantum* despótico (Pontes de Miranda) em favor de uma sociedade aberta de intérpretes que constroem historicamente um Estado Democrático de Direito.

No estudo do direito constitucional tributário, portanto, devemos estar sempre atentos a essa densidade semântica mínima das normas que o compõem, posto que a não ser assim estaremos desconsiderando a posição ocupada pela Constituição na hierarquia do sistema jurídico. Em outras palavras, não podemos de nenhum modo admitir que, a pretexto de definir um conceito utilizado na Constituição, o legislador altere o alcance de suas normas.

Da maior importância, nesse contexto, é o estudo do que denominamos *âmbito constitucional do tributo*, como a seguir se verá.

6.3 Âmbito constitucional do tributo

6.3.1 Hierarquia das normas no ordenamento jurídico

Quando um ordenamento jurídico refere-se ao tributo em normas de diferentes posições hierárquicas, devemos ter o cuidado de examinar com atenção as referências contidas em cada norma, levando em consideração a respectiva posição na hierarquia do sistema. Se o ordenamento jurídico tem uma Constituição – como tal entendido o conjunto de normas de máxima hierarquia – e esta faz referências aos tributos, essas referências devem ser entendidas como limitações aos que elaboram

---

51. Adriano Soares da Costa, "Breves notas sobre a Lei Complementar 116/2003 e as cláusulas gerais: os limites da taxatividade", in Ives Gandra da Silva Martins e Marcelo Magalhães Peixoto (coords.), *ISS – Lei Complementar 116/2003 à Luz da Doutrina e da Jurisprudência*, 2ª edição, São Paulo, MP Editora, 2008, p. 443.

normas de hierarquia inferior, em razão da superioridade hierárquica da norma em que estão albergadas.

Em alguns Países a Constituição não alberga normas específicas de limitação ao poder de tributar. Em outros alberga norma que apenas condiciona o exercício do poder de tributar à disciplina legislativa, afirmando que "todos pagarão impostos de conformidade com a lei".[52] Em outros, ainda, a Constituição alberga diversas normas limitativas do exercício do poder de tributar. No Brasil, a Constituição Federal é, sem dúvida, a mais rica do mundo em normas a respeito da tributação.

Se a Constituição partilha o poder de tributar entre pessoas jurídicas de direito público interno, e assim refere-se aos tributos de uma e aos das outras, com certeza estabelece a matéria de fato que o legislador de cada uma delas poderá utilizar para definir a hipótese de incidência do tributo de sua competência, isto é, o tributo que pode ser criado e cobrado por cada uma delas. A essa matéria de fato, constitucionalmente definida como limite da competência para a instituição do tributo, denominamos *âmbito constitucional do tributo*.

Da supremacia constitucional, que coloca a normas pela Constituição albergadas fora do alcance do legislador ordinário, decorre a importância do conceito de "âmbito constitucional do tributo", que pode ser tratado como um conceito da Teoria Geral do Direito, na medida em que não se esteja a considerar determinado ordenamento jurídico, mas todos os ordenamentos jurídicos em que a Constituição estabeleça normas limitativas da competência para instituir e cobrar tributos, a serem obedecidas pelo legislador. E pode ser tratado como um conceito de direito positivo, na medida em que esteja sendo considerado determinado ordenamento jurídico e se esteja a estudar especificamente as limitações dele resultantes.

6.3.2 *Um conceito do direito positivo*

O *âmbito constitucional do tributo*, como um conceito de direito positivo, é a delimitação da competência para instituir o tributo vista em determinadas normas de determinado ordenamento jurídico. Assim, se estamos a examinar o âmbito constitucional do imposto sobre renda

---

52. Constituição do Japão, promulgada em 3.11.1946, como está em *Constituição do Brasil e Constituições Estrangeiras*, Brasília, Senado Federal/Subsecretaria de Edições Técnicas, 1987, p. 553.

e proventos de qualquer natureza à luz da nossa Constituição Federal de 1988, podemos dizer que se trata de um conceito de direito positivo.

O conhecimento do que se deve entender por *âmbito constitucional do tributo* é da maior importância para que se possa questionar a efetividade das limitações da competência tributária em determinada situação concreta. Assim, se estamos em face de uma Constituição que atribui a uma pessoa jurídica de direito público interno competência para instituir e cobrar imposto sobre *serviços*, temos de examinar o que significa, nesse ordenamento jurídico, a palavra "serviços", pois desse significado dependerá a delimitação da competência para a instituição do imposto em questão, vale dizer, seu âmbito constitucional. Se a competência que a Constituição atribui é para instituir imposto sobre *produtos industrializados*, o significado da expressão "produtos industrializados", compondo a delimitação da competência atribuída, delimita o âmbito constitucional desse imposto – e assim por diante.

6.3.3 Âmbito constitucional do tributo como gênero e como espécie

Quando falamos de *âmbito constitucional do tributo* podemos estar a nos referir ao tributo como gênero e a cada um dos diversos tributos eventualmente existentes no sistema. No item precedente nos referimos ao âmbito constitucional de determinados tributos do sistema. Neste caso, o âmbito constitucional do tributo é definido pela norma que atribui competência para sua instituição e, eventualmente, por outras normas da Constituição especificamente atinentes a esse tributo. Entretanto, quando nos referimos ao âmbito constitucional do tributo como gênero, temos de considerar todas as normas limitativas do exercício do poder de tributar.

Quando nos referimos ao âmbito constitucional de um tributo especificamente considerado, a definição desse âmbito de incidência há de levar em conta apenas as normas da Constituição aplicáveis a esse tributo. Assim, quando nos referimos ao âmbito de incidência do *imposto de importação*, ou do *imposto de exportação*, devemos considerar as normas da Constituição que atribuem competência para a instituição desses impostos.

Embora as normas aplicáveis aos tributos em geral façam parte do regime constitucional de determinado tributo, quando falamos de seu âmbito constitucional estamos nos referindo apenas àquela norma que define a competência para sua instituição, pois é essa norma que delimi-

CONCEITOS FUNDAMENTAIS 55

ta a matéria de fato da qual pode dispor o legislador, em princípio, para definir sua hipótese de incidência.

6.3.4 Opção terminológica

Não podemos, todavia, dizer que nossa opção terminológica seja pacífica. Há tributaristas de grande expressão que preferem a locução "perfil constitucional". É o que ocorre, por exemplo, com Roque Carrazza e Domingos Bottallo, que, em excelente artigo a respeito da não incidência do IPI sobre operações internas com mercadorias importadas por comerciantes, utilizam a expressão "o perfil constitucional do IPI"[53] para dizerem o que preferimos denominar "o âmbito constitucional do IPI".

Roque Antônio Carrazza utiliza também a expressão "norma-padrão de incidência". Depois de explicar que a Constituição delimita o campo tributável e dá uma parte dele à União, outra a cada um dos Estados e ainda outra a cada um dos Municípios e ainda, ao Distrito Federal, explica o eminente Professor:[54]

> A Constituição, por assim dizer, delimitou o *campo tributável* e deu, em caráter privativo, uma parte dele à União; outra, a cada um dos Estados; ainda outra, a cada um dos Municípios; e a última, ao Distrito Federal. (...).

E, adiante:[55]

> É evidente que a lei ordinária que cria, *in abstracto*, o tributo (como a que descreve os crimes, cominando-lhes as penas cabíveis) só é lídima na medida em que consoa com os superiores preceitos constitucionais, máxime com a *norma-padrão de incidência* de cada uma das exações. Mas daí entendermos que o tributo nasce no seio da própria Constituição, vai uma distância insuperável.

Cita a doutrina de Souto Maior Borges a afirmar que a criação do tributo opera-se na Constituição. Cita a doutrina de Paulo de Barros Car-

---

53. Roque Antônio Carrazza e Eduardo Domingos Bottallo, "A não incidência do IPI nas operações internas com mercadorias importadas por comerciantes (um falso caso de equiparação legal)", *Revista Dialética de Direito Tributário* 140/92, São Paulo, Dialética, maio/2007.
54. Roque Antônio Carrazza, *Curso de Direito Constitucional Tributário*, 29ª ed., São Paulo, Malheiros Editores, 2013, p. 582.
55. Roque Antônio Carrazza, *Curso de Direito Constitucional Tributário*, 29ª ed., São Paulo, Malheiros Editores, 2013, pp. 583-584.

valho contestando a de Souto e afirmando que a criação do tributo ocorre com a lei ordinária. E adiante afirma:[56]

> A Constituição, ao discriminar as competências tributárias, estabeleceu – ainda que, por vezes, de modo implícito e com uma certa margem de liberdade para o legislador – a *norma-padrão de incidência* (o *arquétipo*, a *regra-matriz*) de cada exação. (...).
>
> Seja como for, certo é que nossa Constituição Federal, quando atribui competências à União, aos Estados, aos Municípios e ao Distrito Federal para instituírem impostos, indica – e, assim, delimita – os fatos que podem ser utilizados pelo legislador de cada uma dessas pessoas jurídicas de direito público para definir as respectivas hipóteses de incidência tributária. E quando se refere às taxas, à contribuição de melhoria, indica também quais são os fatos que podem ser utilizados pelas pessoas jurídicas titulares de competência tributária para a definição das hipóteses de incidência desses tributos. Em outras palavras, a Constituição define sempre o âmbito de incidência dos tributos – vale dizer, delimita a liberdade do legislador na escolha dos fatos que vai definir como hipóteses de incidência tributária.

6.3.5 Âmbito constitucional do tributo e lei complementar

Nos termos da vigente Constituição Federal, cabe à lei complementar, entre outras coisas, estabelecer normas gerais em matéria de legislação tributária, especialmente sobre a definição de tributos e de suas espécies, e em relação aos impostos nela discriminados a dos respectivos fatos geradores, bases de cálculo e contribuintes (art. 146, III, "a").

O papel da lei complementar se faz mais importante no que concerne aos impostos da competência dos Estados e dos Municípios, para evitar que a definição do âmbito de incidência dos mesmos seja entendida de forma diversa pelos respectivos legisladores e se tenham, em decorrência disto, impostos que deveriam ser iguais com hipóteses de incidência diversas.

Como esclarece Gilberto de Ulhôa Canto, referindo-se ao art. 43 do CTN, a lei complementar não cria o tributo – vale dizer, não define sua hipótese de incidência. Isto é tarefa da lei ordinária. Mas esta não há

---

56. Roque Antônio Carrazza, *Curso de Direito Constitucional Tributário*, 29ª ed., São Paulo, Malheiros Editores, 2013, p. 587.

de utilizar todo o espaço estabelecido pela lei complementar. Em suas palavras,[57] do que estabelece o art. 43 do CTN

não resulta, evidentemente, que ao instituir o imposto sobre a renda e proventos de qualquer natureza tenha a lei federal de esgotar todo o campo impositivo que a Constituição Federal lhe outorga, já que pode exercer apenas parcialmente o seu poder tributário.

Pode utilizar menos, evidentemente. Não pode, todavia, utilizar mais fatos do que aqueles que lhe foram atribuídos.

6.4 Hipótese de incidência e fato gerador

6.4.1 Prescrição normativa e realidade fática

A distinção entre as expressões "hipótese de incidência tributária" e "fato gerador do tributo" revela-se muito fácil se nos afastarmos da polêmica estabelecida em torno das mesmas pelos tributaristas e fizermos uma incursão nos conceitos da Teoria Geral do Direito. Nesta nos deparamos com o Direito-norma, situado no momento da abstração jurídica. E com o fato, situado no momento da concretização jurídica. Na norma temos a prescrição daquilo que deve ser. No fato temos o pressuposto essencial para que o prescrito na norma aconteça.

A norma contém a descrição de uma situação de fato. E uma prescrição daquilo que deve ser, se a situação de fato antes referida se concretizar. Essas descrições estão sempre no plano da abstração jurídica. São *prescrições normativas*, e delas tomamos conhecimento no estudo das leis, vale dizer, no estudo das normas jurídicas. Já, a *realidade fática* é algo que está no denominado *mundo fenomênico*. Dela tomamos conhecimento no dia a dia dos fatos. Independentemente de examinarmos as leis.

6.4.2 Hipótese de incidência tributária

Estabelecida a distinção entre *prescrição normativa* e *realidade fática*, podemos dizer que a hipótese de incidência tributária está no plano das prescrições normativas. Hipótese de incidência tributária é a descri-

---

57. Gilberto de Ulhôa Canto, "Lei complementar", in Ives Gandra da Silva Martins (coord.), *Lei Complementar Tributária*, São Paulo, Resenha Tributária/Centro de Estudos de Extensão Universitária, 1990, p. 18.

ção, contida na norma de tributação, de uma situação de fato que, se e quando ocorre, faz nascer o dever jurídico de pagar o tributo.

Pode ser a descrição de um fato, de uma situação de fato, de um ato ou negócio jurídico. Em qualquer caso, deve ser sempre entendida como fato, no sentido de que não importa sua apreciação jurídica. Assim, se a hipótese de incidência de um imposto é um contrato, não importa saber se quem o celebrou tem, ou não, capacidade jurídica para contratar. Importa o contrato como realidade fática.

6.4.3 *Fato gerador*

Entendido o que significa a expressão "hipótese de incidência" tributária, fica muito fácil saber o que significa a expressão "fato gerador" do tributo. São expressões que designam coisas distintas, embora a doutrina dos tributaristas geralmente utilize uma pela outra. A expressão "hipótese de incidência" tributária designa, em linguagem rigorosa da Teoria Geral do Direito Tributário, uma descrição, como acima restou explicado. Já, a expressão "fato gerador" do tributo designa o fato, que ocorre no mundo fenomênico, descrito na hipótese de incidência do tributo. Fato do qual decorre o nascimento da obrigação tributária. Diz-se que é *gerador* do tributo exatamente porque gera o dever jurídico de pagar o tributo.

A falta de atenção para a distinção existente entre *hipótese de incidência* tributária e *fato gerador* do tributo tem suscitado persistentes equívocos no trato da questão de saber se um ato ilícito pode ensejar a cobrança de tributo. E a resposta adequada a essa questão exige que se parta da distinção entre *hipótese de incidência* e *fato gerador* do tributo, para responder que o ilícito não pode estar presente na *hipótese de incidência*, embora seja possível que um *fato gerador* de tributo aconteça em circunstâncias que o fazem ilícito. Isto, porém, não quer dizer que esse tributo tenha como fato gerador um ilícito.[58]

---

58. V., a propósito do tema, o que escrevemos em *Comentários ao Código Tributário Nacional*, 2ª ed., vol. II, São Paulo, Atlas, 2007, pp. 95-108.

Capítulo II
OS PRINCÍPIOS
DO SISTEMA TRIBUTÁRIO NACIONAL

1. O tributo e suas espécies: 1.1 O tributo – 1.2 As espécies de tributo – 1.3 Os impostos: 1.3.1 Conceito de "imposto" – 1.3.2 As funções do imposto – 1.3.3 Classificação dos impostos: 1.3.3.1 Impostos federais, estaduais e municipais – 1.3.3.2 Impostos fixos, graduados, proporcionais, progressivos e regressivos – 1.3.3.3 Impostos diretos e indiretos – 1.3.3.4 Impostos fiscais e extrafiscais – 1.3.3.5 Impostos cumulativos e não cumulativos – 1.3.3.6 Impostos ordinários e extraordinários – 1.3.4 Competência para a instituição de impostos – 1.4 As taxas: 1.4.1 Âmbito constitucional das taxas – 1.4.2 Conceito e características essenciais da taxa – 1.4.3 As espécies de taxa – 1.4.4 A base de cálculo das taxas – 1.4.5 Competência para instituição – 1.4.6 Distinção entre taxa e preço público ou tarifa – 1.5 A contribuição de melhoria: 1.5.1 Conceito – 1.5.2 Função – 1.5.3 Âmbito constitucional da contribuição de melhoria – 1.5.4 Competência para instituir contribuição de melhoria – 1.5.5 Os limites da contribuição de melhoria – 1.5.6 Posturas doutrinárias sobre os limites – 1.5.7 Inadmissibilidade da supressão dos limites – 1.5.8 Por que está em desuso no Brasil. 2. O caráter pessoal dos impostos e a capacidade contributiva: 2.1 A previsão constitucional e as questões que suscita – 2.2 Alcance da expressão "sempre que possível" – 2.3 O caráter pessoal dos impostos – 2.4 Capacidade contributiva e capacidade econômica: 2.4.1 Capacidade contributiva como dever de solidariedade – 2.4.2 Capacidade contributiva e vantagem decorrente dos serviços públicos – 2.4.3 O princípio no direito positivo brasileiro – 2.5 Capacidade contributiva e consciência fiscal: 2.5.1 Limitações ao poder de tributar e consciência fiscal – 2.5.2 Preferência pelos impostos indiretos – 2.5.3 Conhecimento do ônus tributário por quem o suporta. 3. Limitação quanto à base de cálculo das taxas: 3.1 O dispositivo expresso da Constituição – 3.2 Como se explica a regra constitucional. 4. A lei complementar tributária: 4.1 O que é uma lei complementar: 4.1.1 Conceitos de lógica jurídica e conceitos de direito positivo – 4.1.2 Lei complementar como conceito de lógica jurídica – 4.1.3 Lei complementar como conceito jurídico-positivo – 4.1.4 Questão de direito intertemporal – 4.1.5 Quorum qualificado para aprovação da lei complementar – 4.1.6 Configuração como espécie normativa na Constituição Federal de 1967 – 4.2 Lei Complementar na Constituição de 1988: 4.2.1 Elenco de espécies normativas resultantes do processo legislativo – 4.2.2 Matérias reservadas à lei com-

plementar – 4.2.3 Reserva feita expressamente – 4.2.4 Admitindo a reserva às vezes implícita na referência à lei – 4.2.5 Reserva implícita mais ampla – 4.2.6 Regime especial de elaboração com exigência de quorum qualificado – 4.2.7 Identidade da lei complementar como conceito jurídico-positivo – 4.3 Caracterização da lei complementar: 4.3.1 Explicação para a tese que exige elemento material – 4.3.2 Impossibilidade de caracterização pela matéria – 4.3.3 Caracterização pelos elementos formais – 4.4 Matérias próprias da lei complementar tributária: 4.4.1 Conflitos de competência em matéria tributária – 4.4.2 Limitações constitucionais ao poder de tributar – 4.4.3 Normas gerais em matéria de legislação tributária. 5. Regime único de arrecadação: 5.1 Lei Complementar 123/2006 – 5.2 Empresa individual de responsabilidade limitada. 6. Cumulação de competências tributárias: 6.1 A regra da Constituição – 6.2 Pouca utilidade da regra. 7. Empréstimos compulsórios: 7.1 Considerações introdutórias – 7.2 Importância dos conceitos e coerência da conclusão – 7.3 Natureza jurídica e regime jurídico – 7.4 Tributo e receita pública – 7.5 Natureza jurídica do empréstimo compulsório: 7.5.1 A tese afirmativa da natureza tributária – 7.5.2 Fundamentação da tese na Teoria do Direito – 7.5.3 Destinação e restituição – 7.5.4 Empréstimo compulsório e receita pública – 7.5.5 A doutrina estrangeira – 7.6 Regime jurídico do empréstimo compulsório: 7.6.1 Na Teoria Geral do Direito – 7.6.2 No Direito Brasileiro. 8. Contribuições sociais: 8.1 Natureza tributária – 8.2 O objetivo do art. 217 do CTN – 8.3 A norma do art. 4º do CTN – 8.4 Função das contribuições sociais – 8.5 Espécies de contribuições sociais: 8.5.1 Espécie ou subespécie – 8.5.2 Contribuições de intervenção no domínio econômico – 8.5.3 Seletividade e flexibilidade das contribuições – 8.5.4 Contribuições de interesse de categorias profissionais ou econômicas – 8.5.5 Contribuições de seguridade social – 8.5.6 Contribuições especiais – 8.5.7 Destinação como elemento essencial. 9. Contribuição de iluminação pública: 9.1 Incompatibilidade conceitual – 9.2 Outras incompatibilidades: 9.2.1 Destruição do sistema tributário – 9.2.2 Separação de Poderes – 9.2.3 Garantias individuais do contribuinte – 9.2.4 Compreensão dos limites ao poder reformador – 9.3 Outras questões relevantes: 9.3.1 Forma de cobrança – 9.3.2 Direito à compensação.

1. O tributo e suas espécies

1.1 O tributo

Ao cuidar dos princípios gerais do sistema tributário nacional, a Constituição Federal de 1988 estabelece que a União, os Estados, o Distrito Federal e os Municípios poderão instituir os tributos que indica – a saber: impostos, taxas e contribuição de melhoria. Vamos iniciar este capítulo, portanto, examinando sumariamente o conceito de "tributo" como gênero e das espécies que o compõem. Adiante voltaremos a examinar esses conceitos.

Não obstante o tributo possa ser encarado como um conceito de lógica jurídica, válido em qualquer ordenamento jurídico, importa-nos, aqui, examinar o conceito de "tributo" no contexto do sistema tributário nacional. Assim, neste *Curso* o termo "tributo" designa uma categoria de direito positivo, e não um conceito de lógica jurídica. É um conceito jurídico-dogmático, pura formulação do legislador.[1] Segundo o art. 3º do CTN: "Tributo é toda prestação pecuniária compulsória, em moeda ou cujo valor nela se possa exprimir, que não constitua sanção de ato ilícito, instituída em lei e cobrada mediante atividade administrativa plenamente vinculada".

Para os fins da análise que pretendemos fazer, destacamos, desta definição legal, as seguintes expressões: (a) "prestação pecuniária compulsória"; (b) "em moeda ou cujo valor nela se possa exprimir"; (c) "que não constitua sanção de ato ilícito"; (d) "instituída em lei"; (e) "atividade administrativa plenamente vinculada".

A Lei 4.320, de 17.3.1964, que estatui normas gerais de direito financeiro para elaboração e controle dos orçamentos e balanços da União, dos Estados, dos Municípios e do Distrito Federal, também alberga, em seu art. 9º, uma definição de tributo, e não nos parece haver conflito entre essas duas definições, que, na verdade, se completam, de sorte que na análise dos elementos do art. 3º do CTN deve ser considerado o disposto no art. 9º da Lei 4.320/1964.

Na definição de tributo do art. 3º do CTN não está dito que o tributo é uma receita derivada. Nem se diz a que se destina o produto da arrecadação. Já, no art. 9º da Lei 4.320/1964 está dito que tributo é a receita derivada instituída pelas entidades de direito público, destinando-se o seu produto ao custeio de atividades gerais ou específicas exercidas por essas entidades. Como se vê, são definições que, de certa forma, se completam.

1.2 As espécies de tributo

São espécies de tributo os *impostos*, as *taxas*, a *contribuição de melhoria* e *outras contribuições*. O imposto é, certamente, a espécie mais importante de tributo, ao menos se levarmos em consideração os valores arrecadados.

O *imposto* caracteriza-se por ter como fato gerador um fato ou uma situação de fato independente de atividade estatal. É um fato da vida

---

1. José Souto Maior Borges, *Lançamento Tributário*, 4º vol. da coleção "Tratado de Direito Tributário", Rio de Janeiro, Forense, 1981, p. 210.

econômica que de algum modo expressa capacidade contributiva – vale dizer, indica a existência de riqueza da qual o Estado retira uma parte, com o imposto.

A Constituição refere-se a impostos. Diz que a União, os Estados, o Distrito Federal e os Municípios poderão instituir impostos – o que indica a existência de vários impostos em nosso sistema tributário. A individualização de cada imposto é feita mais adiante, quando é atribuída competência a cada uma dessas pessoas jurídicas de direito público para a instituição dos seus impostos. Assim, vamos estudar cada um dos impostos quando estudarmos a atribuição de competência para a correspondente instituição, feita nos arts. 153 a 156.

A *taxa* é uma outra espécie de tributo, que se caracteriza por ter como fato gerador uma atividade estatal específica relativa ao contribuinte. Em seu art. 145, II, a CF indica as duas atividades estatais que o legislador pode considerar fato gerador de taxas, a saber: (a) o exercício do poder de polícia e (b) serviços públicos específicos e divisíveis, prestados ao contribuinte ou postos à sua disposição. Adiante voltaremos ao tema, para explicar alguns aspectos importantes dessa espécie de tributo.

A *contribuição de melhoria* é mais uma das espécies de tributo constitucionalmente previstas. Em seu art. 145, III, a CF diz simplesmente que a União, os Estados, o Distrito Federal e os Municípios podem instituir contribuição de melhoria, decorrente de obras públicas. Adiante examinaremos os aspectos que nos parecem mais relevantes dessa espécie de tributo, que não deixa de ser importante, embora esteja em franco desuso em nosso País.

Existem ainda outras contribuições em nosso sistema tributário que constituem verdadeira válvula de escape, especialmente para o Governo Federal, posto que em relação a elas as limitações constitucionais ao poder de tributar mostram-se praticamente desprovidas de efetividade.

Salvo no que se refere às contribuições, podemos afirmar que as espécies de tributo estão muito bem-caracterizadas em nosso sistema tributário, e podemos apontar a característica específica de cada uma delas, que nos permite identificar com segurança cada espécie. Temos, assim, que: (a) o imposto caracteriza-se por ter como fato gerador um fato ou situação de fato independente de atuação estatal específica relativa ao contribuinte; (b) a taxa tem como fato gerador uma atividade estatal específica, relativa ao contribuinte, que pode ser o exercício regular do poder de polícia ou a utilização efetiva ou potencial de serviços públicos específicos e divisíveis; e (c) a contribuição de melhoria tem como fato gerador a valorização de imóvel decorrente de obra pública.

1.3 Os impostos

1.3.1 Conceito de "imposto"

O imposto é uma espécie de tributo, e está, portanto, albergado pela definição deste. E o CTN, que em seu art. 3º define "tributo", conforme já vimos, em seu art. 16 diz: "Imposto é o tributo cuja obrigação tem por fato gerador uma situação independente de qualquer atividade estatal específica, relativa ao contribuinte".

O que confere especificidade ao imposto é o ser seu fato gerador uma situação alheia ao agir do Estado. Uma situação que concerne ao contribuinte, um fato-signo presuntivo de capacidade contributiva deste.

O tributo pode ter como fato gerador uma situação que é ou se liga a uma atuação estatal específica relativa ao contribuinte. Ou, então, uma situação independente de qualquer atividade estatal específica relativa ao contribuinte. Por isto, a doutrina brasileira, inspirada em Giannini[2] e liderada pelo professor Geraldo Ataliba,[3] classifica os tributos em *vinculados* (taxa e contribuição de melhoria) e *não vinculados* (impostos).

A obrigação tributária referente ao imposto – vale dizer, a obrigação de pagar imposto – não se origina de nenhuma atividade específica do Estado relativa ao contribuinte. O fato gerador do dever jurídico de pagar imposto é uma situação da vida do contribuinte, relacionada à sua atividade ou a seu patrimônio, e sempre independente do agir do Estado. Recorde-se que a obrigação tributária em geral – vale dizer, a obrigação de pagar tributo – tem como fato gerador a situação prevista em lei como necessária e suficiente à sua ocorrência; isto é, uma situação que basta, e é indispensável, ao nascimento dessa obrigação.

Tratando-se de *imposto*, a situação prevista em lei como necessária e suficiente ao nascimento da obrigação tributária não se vincula a nenhuma atividade específica do Estado relativa ao contribuinte. Assim,

---

2. A. D. Giannini, *Istituzioni di Diritto Tributario*, Milão, Dott. A. Giuffrè Editore, 1948, pp. 38/39.

3. Geraldo Ataliba, *Apontamentos de Ciência das Finanças, Direito Financeiro e Tributário*, São Paulo, Ed. RT, 1969, p. 195.

quando o Estado cobra o *imposto de renda*, por exemplo, toma em consideração, exclusivamente, o fato de alguém auferir renda. Não importa que o Estado tenha, ou não, prestado algum serviço, executado alguma obra ou desenvolvido alguma atividade relacionada com aquele de quem vai cobrar imposto.

O exame das várias hipóteses de incidência de impostos deixa evidente que em nenhuma delas está presente a atuação estatal. Pelo contrário, em todas elas a situação descrita pela lei como necessária e suficiente ao surgimento da obrigação tributária é sempre relacionada ao agir, ou ao ter, do contribuinte, e inteiramente alheia ao agir do Estado.

1.3.2 As funções do imposto

O imposto tem duas funções importantes, a saber: a função *fiscal* e a função *extrafiscal*. A *função fiscal*, certamente essencial nos tributos em geral, é aquela em que o imposto se presta como instrumento para arrecadar os recursos financeiros de que o Estado necessita. A *função extrafiscal*, que pode ser considerada excepcional, é aquela em que o imposto se presta como instrumento de intervenção nas atividades dos cidadãos, especialmente na atividade econômica, para estimular aquelas consideradas desejáveis e desestimular aquelas consideradas inconvenientes à sociedade.

A rigor, os impostos têm, todos eles, função fiscal e extrafiscal. Assim, quando se diz que um imposto tem função *fiscal*, isto significa que ele tem função predominantemente fiscal; ou, em outras palavras, diz-se que nesse imposto o que importa, mesmo, é a função fiscal ou arrecadatória. E quando se diz que um imposto tem função *extrafiscal*, isto significa que nesse imposto predomina a função extrafiscal, ou de intervenção em atividades econômicas.

Como a necessidade de recursos financeiros é permanente, os impostos de função predominantemente fiscal são ou, ao menos, deveriam ser mais estáveis. Já, os impostos de função predominantemente extrafiscal podem ter suas alíquotas alteradas por ato do Poder Executivo exatamente porque a intervenção na atividade econômica pode ter de ser feita imediatamente ou em prazo menor que o necessário para a aprovação de uma lei.

É certo que o Estado tem outras formas para praticar uma intervenção na atividade econômica. Pode fazer isto especialmente de três formas, a saber: (a) *por participação*, atuando como agente da atividade que entende conveniente desenvolver; (b) *por determinação*, ditando as normas reguladoras da atividade, ordenando o que deve ser feito e proibindo o que entende inconveniente; e, finalmente, (c) *por indução*, estimulando a atividade que entende conveniente e desestimulando a que entende indesejável.

O imposto é instrumento fartamente utilizado pelo Estado na intervenção por indução, quer para estimular, com tratamento tributário favorecido, quer para desestimular, com tratamento tributário mais oneroso.

A função extrafiscal do imposto é geralmente apontada como algo moderno, ligado ao pensamento keynesiano, que atribui ao Estado o papel de propulsor da economia, mediante os investimentos que suprem a insuficiência do investimento privado, e trata as finanças públicas, fonte de financiamento de serviços públicos, como corretoras do nível de emprego e de crescimento da renda nacional. O uso do imposto com função extrafiscal, todavia, é fenômeno antigo, embora sua teorização só modernamente tenha sido desenvolvida por economistas e financistas.[4]

Já na Antiguidade, no segundo Império Persa, existiu sistema tributário tendo como elemento central um imposto sobre a terra, com alíquotas graduadas segundo as distintas espécies de cultivo. Ali, o proprietário de uma vinha, por exemplo, pagava oito vezes mais que o proprietário de um terreno idêntico dedicado ao cultivo de trigo.[5]

Seja como for, inegável é que a função extrafiscal do imposto tem sido exercitada na medida em que o Estado se propõe a intervir na atividade econômica e até a praticar outras intervenções buscando realizar os valores que adota. É mais intensa, portanto, no Estado dito Social, e menos intensa, ou não ocorre, no Estado Liberal.

O extremo do intervencionismo termina sendo a estatização total da atividade econômica, que na prática nunca ocorreu, e por isto só no plano teórico pode ser avaliada. Mesmo nos Países onde o Socialismo – ou o Comunismo – dominou durante muito tempo, restou sempre alguma atividade econômica desenvolvida por particulares. Também o extremo oposto, o total liberalismo, jamais foi praticado.

4. Dino Jarach, *Finanzas Públicas y Derecho Tributario*, 2ª ed., Buenos Aires, Abeledo-Perrot, 1996, pp. 3-36.
5. Günter Schmölders, *Teoria General del Impuesto*, trad. de Luís A. Martín Merino, Madri, Editorial de Derecho Financiero, 1962, p. 11.

Importante é ter-se presente a ideia de que a função extrafiscal do imposto está diretamente ligada aos fins do Estado – vistos, é claro, na ótica da ideologia que em cada época inspira seus dirigentes. Quando se fala de redistribuição da riqueza, tanto se pode ter em vista a redistribuição entre as pessoas como a redistribuição entre localidades, sejam Regiões, Estados ou Municípios. E o imposto pode ser utilizado como instrumento para ensejar qualquer dessas formas de redistribuição.

Tem sido comum nos últimos anos ouvir-se falar que no Brasil é cada vez maior a concentração da riqueza. Contra esse fenômeno, porém, nada tem sido feito. Nosso sistema tributário tem sido deixado à margem dessa questão. Temos, aliás, um exemplo raro de competência tributária não exercitada, que revela o absoluto descaso pelo imposto como instrumento de redistribuição da riqueza. O imposto sobre grandes fortunas, atribuído à União pela Constituição Federal de 1988, não chegou a ser criado, e tudo indica que não o será, porque os titulares do poder de decidir sobre a criação de impostos são seguramente os titulares de grandes fortunas, e seria ingenuidade acreditar nessa autofagia.

A respeito do imposto sobre grandes fortunas é oportuno registrar a existência, no Congresso Nacional, de anteprojeto apresentado pelo então senador Fernando Henrique Cardoso, que, depois de guindado à Presidência da República, parece dele se haver esquecido completamente. Aliás, aquele projeto já foi praticamente inutilizado por um substitutivo oferecido pelo professor Roberto Campos. Dizemos "praticamente inutilizado" porque o anteprojeto alberga um dispositivo, na disciplina da base de cálculo do imposto, a dizer que, tratando-se de bens adquiridos mediante doação, o valor, para os fins do imposto, será o que lhe houver atribuído o doador. Assim, o contribuinte mais rico do País poderá, facilmente, passar a ser não contribuinte. Basta que faça a doação de seus bens a seus futuros herdeiros, gravando a doação com uma cláusula de usufruto vitalício, e no ato atribua valor simbólico a todos os bens doados.

Também a redistribuição da riqueza entre localidades tem sido extremamente negligenciada, de sorte que tem prevalecido a lei natural da ciência das finanças, segundo a qual a riqueza tende a dirigir-se para onde existe riqueza. Assim, fazendo-se letra morta dos dispositivos da Constituição Federal que preconizam providências para a redução das desigualdades regionais, estas se mostram cada dia mais acentuadas.

Temos em nossa CF pelo menos cinco dispositivos que preconizam providências para a redução das desigualdades regionais: o art. 3º, III;[6] o art. 43;[7] o art. 151, I;[8] o art. 165, § 7º;[9] e o art. 170, VII.[10] Não obstante, nada tem sido feito no sentido de reduzir as desigualdades sociais nem as regionais do País, que a cada dia mais se agravam. E, embora exista consenso nacional no sentido de que a educação é o melhor caminho para a redução das desigualdades sociais e o direito à educação seja enfaticamente preconizado pela Constituição, o que se observa é o descaso com as instituições de ensino público, cuja qualidade deixa muito a desejar, e o uso do imposto como instrumento de desestímulo em relação às entidades educacionais privadas.

1.3.3 Classificação dos impostos

As classificações não são verdadeiras nem falsas, mas úteis ou inúteis. Neste sentido as lições de Genaro Carrió e de Eduardo García Maynez, colhidas por Marco Aurélio Greco.[11] No mesmo sentido, invocando lição de Gordilho, ensina Carrazza que as classificações não são certas, nem erradas, mas *"mais úteis* ou *menos úteis"*. Para o eminente Professor da PUC/SP:[12]

> Nada nos impede, por exemplo, de classificarmos os tributos em *muito rendosos* e *pouco rendosos* para a Fazenda Pública, de acordo com

---

6. "Art. 3º. Constituem objetivos fundamentais da República Federativa do Brasil: (...) III – erradicar a pobreza e a marginalização e reduzir as desigualdades sociais e regionais; (...)".
7. "Art. 43. Para efeitos administrativos, a União poderá articular sua ação em um mesmo complexo geoeconômico e social, *visando a seu desenvolvimento e à redução das desigualdades regionais*" (grifamos).
8. "Art. 151. É vedado à União: I – instituir tributo que não seja uniforme em todo o território nacional ou que implique distinção ou preferência em relação a Estados, ao Distrito Federal ou a Município, em detrimento de outro, admitida a concessão de *incentivos fiscais destinados a promover o equilíbrio do desenvolvimento socioeconômico entre as diferentes regiões do País*" (grifamos).
9. "§ 7º. Os orçamentos (...) terão entre suas funções a de *reduzir desigualdades inter-regionais*, segundo critério populacional" (grifamos).
10. "Art. 170. A ordem econômica (...) observados os seguintes objetivos: (...) VII – *redução das desigualdades regionais e sociais*; (...)" (grifamos).
11. Marco Aurélio Greco, *Contribuições (Uma Figura **Sui Generis**)*, São Paulo, Dialética, 2000, p. 88.
12. Roque Antônio Carrazza, *Curso de Direito Constitucional Tributário*, 29ª ed., São Paulo, Malheiros Editores, 2013, p. 599, nota de rodapé 36.

critérios prefixados. Classificação deste feitio não seria errada; seria, sim, pouco útil, pelo menos nos patamares do Direito.

Uma classificação é útil na medida em que se presta à sistematização do assunto pertinente a seu objeto, permitindo que se faça referência a cada uma de suas espécies sem que seja necessária a referência aos elementos que o caracterizam, distinguindo-o das demais espécies do gênero. Assim, por exemplo, uma correta classificação dos impostos será útil na medida em que permitir que a referência a um imposto federal, proporcional, indireto, seletivo, não cumulativo, predominantemente extrafiscal, identifique perfeitamente o imposto sobre produtos industrializados, e assim dispense a descrição das características específicas desse imposto.

O importante na classificação dos impostos é a indicação do critério lógico em que se funda, porque é este que nos permite verificar sua correção. Nas classificações que a seguir faremos, tomaremos em consideração: (a) a entidade a cuja competência o imposto pertence; (b) a relação entre o valor do imposto e a expressão de riqueza sobre a qual este incide; (c) a relação entre o dever de pagar e a capacidade contributiva; (d) a função que o imposto exerce predominantemente; (e) a relação entre os critérios de determinação do valor respectivo e as características do sujeito passivo da obrigação; (f) a cumulação do encargo nas diversas etapas em que o imposto incide; (g) a expressão de riqueza tomada em consideração na definição de sua hipótese de incidência; e, finalmente, (h) a permanência ou eventualidade de sua existência.

Essas classificações nos parecem úteis porque nos permitem entender melhor a doutrina e a jurisprudência, na medida em que se referem a impostos de umas e de outras das várias categorias.

Deixando que o leitor avalie a utilidade de cada uma dessas classificações, passemos a examiná-las, ainda que sumariamente:

1.3.3.1 Impostos federais, estaduais e municipais

Quanto à entidade a cuja competência pertence, o imposto, no sistema tributário brasileiro, pode ser federal, estadual e municipal, conforme seja da competência da União, dos Estados e dos Municípios.

Federais são os impostos atribuídos à competência da União. São impostos federais: o de importação de produtos estrangeiros; o de exportação para o exterior de produtos nacionais ou nacionalizados; o de renda e proventos de qualquer natureza; o de produtos industrializados; o de operações de crédito, câmbio e seguro, ou relativas a títulos ou valores mobiliários; o de propriedade territorial rural; e o de grandes fortunas (CF/1988, art. 153). São, ainda, de competência da União – e, portanto, federais – os impostos da denominada competência residual e o imposto extraordinário de guerra (CF/1988, art. 154).

Estaduais são os impostos atribuídos à competência dos Estados e do Distrito Federal. São estaduais os seguintes: o imposto sobre heranças e doações de quaisquer bens ou direitos; o imposto sobre operações relativas à circulação de mercadorias e sobre prestações de serviços de transporte interestadual e intermunicipal e de comunicação; e o imposto sobre a propriedade de veículos automotores (CF/1988, art. 155).

Municipais são os impostos atribuídos à competência dos Municípios. São municipais os seguintes: o imposto sobre a propriedade predial e territorial urbana; o imposto de transmissão entre vivos, a qualquer título, por ato oneroso, de bens imóveis, por natureza ou acessão física, e de direitos reais sobre imóveis, exceto os de garantia, bem como sobre a cessão de direitos à sua aquisição; e o imposto sobre serviços de qualquer natureza (CF/1988, art. 156).

A propósito da classificação dos impostos em federais, estaduais e municipais, é importante deixarmos claro que em nosso sistema tributário a competência para a instituição de impostos é feita sempre em caráter privativo. Em outras palavras, a regra da Constituição Federal que atribui competência à União para instituir determinado imposto descreve a situação de fato que pode ser colhida pelo legislador federal para a definição da hipótese de incidência desse imposto, de sorte que nem os Estados nem os Municípios podem tributar fatos incluídos naquela descrição.

1.3.3.2 Impostos fixos, graduados, proporcionais, progressivos e regressivos

Levando-se em conta a relação existente entre o valor do imposto e a expressão de riqueza sobre a qual este incide, os impostos podem ser classificados em fixos, graduados, proporcionais, progressivos e regressivos.

Fixo é o imposto cujo valor é estabelecido pela lei, diretamente, sem que se faça necessário qualquer cálculo para sua determinação. Exemplo desse imposto é o ISS dos profissionais autônomos.

Graduado é o imposto cujo valor é estabelecido pela lei, diretamente, mas com variações ou graduações em razão de alguma característica do contribuinte, que em geral expressa maior ou menor capacidade contributiva. O ISS das sociedades civis de prestação de serviços é exemplo dessa espécie de impostos.

Proporcional é o imposto cujo valor varia em razão diretamente proporcional à sua base de cálculo. Ele é sempre uma quantia proporcional à expressão de riqueza sobre a qual incide, porque tem alíquota constante. É a espécie mais comum de impostos, à qual pertencem o de importação, o de exportação, o IPI, o ICMS, o ISS das empresas prestadoras de serviço, entre outros.

Progressivo é o imposto cujo valor cresce mais que proporcionalmente quando aumenta sua base de cálculo, porque sua alíquota aumenta na medida em que aumenta a base de cálculo. Pode também o imposto ser progressivo em razão de outro fator especialmente indicado pela lei.

Regressivo é o imposto cujo valor, embora crescente em razão do aumento da expressão de riqueza sobre a qual incide, tem esse crescimento menor que o crescimento daquela expressão de riqueza, porque sua alíquota diminui na medida em que aumenta sua base de cálculo.

Há também a progressividade em razão do tempo, introduzida em nosso direito positivo pelo art. 182, § 4º, II, da CF/1988, que examinaremos ao cuidarmos do IPTU, no comentário ao art. 32 do CTN.

Não se deve confundir *progressividade* com *seletividade*, como adiante será explicado, ao cuidarmos da classificação dos impostos em *neutros* e *seletivos*.

1.3.3.3 Impostos diretos e indiretos

Se levarmos em conta a ocorrência de repercussão econômica – vale dizer, a transferência do ônus do imposto, daquela a quem a lei atribui o dever de pagar, para outra pessoa –, os impostos podem ser classificados em diretos e indiretos. Em outras palavras, se considerarmos que podem ser diferentes a pessoa que suporta o ônus do imposto e aquela a quem a lei atribui o dever de fazer o correspondente pagamento, podemos classificar os impostos em diretos e indiretos.

Diretos são impostos cujo ônus é suportado pela própria pessoa a quem a lei atribui o dever de pagar. Os mais citados são os impostos sobre o patrimônio e sobre a renda.

Indiretos são impostos cujo ônus é em geral transferido, pela pessoa a quem a lei atribui o dever de pagar, a uma terceira pessoa com a qual mantém uma relação envolvendo o correspondente fato gerador. Os melhores exemplos de impostos indiretos em nosso sistema tributário são o imposto sobre produtos industrializados/IPI e o imposto relativo à circulação de mercadorias e prestação de serviços/ICMS.

Trata-se de classificação extremamente problemática, havendo quem a recuse terminantemente, com o argumento de que a mesma não se funda em um critério científico. Alfredo Augusto Becker,[13] por exemplo, embora reconheça que se trata da mais divulgada classificação dos tributos, afirma que:

> A erronia das decisões dos tribunais em matéria tributária e a irracionalidade das leis tributárias são devidas, em grande parte, à classificação dos tributos em diretos e indiretos segundo o critério da repercussão econômica. Hoje, praticamente a totalidade da doutrina condena o critério da repercussão, considerando-o absolutamente artificial e sem qualquer fundamento científico. A ciência das finanças e a política fiscal têm demonstrado que aquele critério repousa na simplicidade da ignorância.

E conclui sua crítica a essa classificação afirmando:[14]

> A verdade é que não existe nenhum critério científico para justificar a classificação dos tributos em diretos e indiretos e, além disto, esta classificação é impraticável.

Hugo de Brito Machado Segundo estuda o assunto e examina as diversas questões que têm sido suscitadas em torno dessa antiga classificação, começando com advertência que coloca desde logo as dificuldades envolvidas no tema. Em suas palavras:[15]

> Não é de hoje que os tributos conhecidos como indiretos suscitam questão em torno delas dividem-se os estudiosos do Direito Tributário, da Economia e da Ciência das Fianças. Apesar disso, pode-se dizer que o tema ainda é carente de atenção, sobretudo no que diz respeito ao tratamento que lhe é dado no Brasil. Na doutrina, quando não é examinado de

---

13. Alfredo Augusto Becker, *Teoria Geral do Direito Tributário*, São Paulo, Saraiva, 1963, p. 489.
14. Alfredo Augusto Becker, *Teoria Geral do Direito Tributário*, São Paulo, Saraiva, 1963, p. 491.
15. Hugo de Brito Machado Segundo, *Repetição do Tributo Indireto: Incoerências e Contradições*, São Paulo, Malheiros Editores, 2011, p. 9.

forma superficial e simplista, é objeto de exame que, conquanto profundo, dá pouca atenção a alguns dispositivos da Constituição e ao que têm decidido os tribunais. Por sua vez, ao ser disciplinado na legislação e pela jurisprudência, recebe tratamento fragmentado e, o que é pior, desprovido de coerência.

Essa classificação, na verdade, tem dado ensejo a decisões judiciais inteiramente inaceitáveis, especialmente tratando-se de ação de repetição do indébito, podendo-se afirmar que, a prevalecer a jurisprudência atualmente predominante no STJ, não existe o direito à restituição do que seja pago indevidamente, tratando-se de impostos indiretos. Tal anomalia, porém, pode ser facilmente superada com a revogação do art. 166 do CTN e a inserção, em seu lugar, de regra atribuindo expressamente o direito à repetição do indébito ao contribuinte.

1.3.3.4 Impostos fiscais e extrafiscais

Ao cuidarmos das funções do imposto, no item 1.3.2, acima, nos referimos aos impostos ficais e extrafiscais. Realmente, podemos considerar também como critério para uma classificação dos impostos a função que exercem no contexto da economia. Por esse critério – repita-se –, temos os impostos *fiscais* e os denominados *extrafiscais*. Ou, em outras palavras, *impostos com função fiscal* e *impostos com função extrafiscal*.

São *fiscais*, ou têm função fiscal, os impostos que se destinam apenas a propiciar a transferência de recursos financeiros dos particulares para os cofres públicos.

São *extrafiscais* os impostos cuja função predominante consiste em interferência no mundo econômico. Quando são instituídos ou aumentados, o que se pretende com a instituição ou com o aumento desses impostos não é melhorar a arrecadação de recursos financeiros, mas induzir determinado comportamento por parte dos agentes econômicos.

1.3.3.5 Impostos cumulativos e não cumulativos

Outro critério que pode ser levado em conta na classificação dos impostos diz respeito à cumulação, ou não, do imposto nas diversas etapas de uma atividade econômica. Essa classificação diz respeito especialmente aos impostos que incidem sobre a atividade de circulação da riqueza, atividade na qual ocorrem operações como as de compra e venda de mercadorias.

Cumulativo é o imposto que incide em cada etapa da circulação, acumulando-se sempre, sem qualquer preocupação com o número maior ou menor de operações pelas quais passe o produto.

Não cumulativo é o imposto que incide em todas as operações mas em cada uma delas se deduz do valor do imposto devido o valor daquele que incidiu nas operações anteriores. O IPI e o ICMS são exemplos dessa espécie de imposto em nosso sistema tributário.

A não cumulatividade é uma característica inadequada para impostos de ampla incidência, como o ICMS, porque de difícil controle e, portanto, de administração excessivamente onerosa, tanto para o Fisco como para o contribuinte. Além disto, em País com a extensão territorial e as enormes diferenças econômicas e culturais do Brasil, enseja práticas fraudulentas incontroláveis, em face das quais a Administração se vê obrigada a adotar práticas no mais das vezes exageradamente rigorosas e injustas para os contribuintes em geral.

A demonstrar a inadequação da não cumulatividade do ICMS entre nós, tem-se o exagerado número de litígios que provoca, sobrecarregando os órgãos de julgamento administrativo e o Poder Judiciário.

Seja como for, certo é que a não cumulatividade adotada para o imposto sobre circulação de mercadorias e prestação de serviços de transportes e comunicações – que, além dos conflitos naturais da relação Fisco/contribuinte, enfrenta, por ser da competência dos Estados, também os conflitos entre as entidades tributantes – fez dele o tributo de legislação mais complexa de nosso sistema tributário. Complexidade que, a rigor, descaracterizou inteiramente esse imposto.

1.3.3.6 Impostos ordinários e extraordinários

Mais um critério que pode ser utilizado na classificação dos impostos reside na permanência ou eventualidade da correspondente existência. Com base nesse critério, os impostos podem ser classificados em ordinários e extraordinários. Esta classificação leva em conta o fato de ser a existência do imposto permanente ou eventual. Não se considera, para esse fim, a ocorrência do fato gerador, mas a própria existência do imposto.

Ordinário é o imposto de existência permanente. Os impostos em geral são ordinários, mesmo aqueles de incidência eventual, como é o caso do imposto sobre transmissão de bens imóveis para os que não praticam habitualmente essas operações.

Extraordinário é o imposto cuja existência é eventual – como o imposto de guerra, por exemplo.

1.3.4 Competência para a instituição de impostos

A competência para a instituição de impostos em nosso sistema constitucional tributário é privativa de cada uma das pessoas jurídicas de direito público que integram a Federação; vale dizer, é privativa da União, ou dos Estados e do Distrito Federal e dos Municípios.

O dispositivo da Constituição Federal que atribui competência para a instituição de um imposto define a situação de fato que o legislador da entidade pública à qual a competência é atribuída poderá utilizar na definição da hipótese de incidência desse imposto. Assim, um mesmo fato não pode servir de base para a cobrança de mais de um imposto por mais de uma das pessoas jurídicas – salvo, é claro, nas situações autorizadas pela própria Constituição, como acontece, por exemplo, com o imposto de importação, da União, e o ICMS, dos Estados.

Ocorre que as autoridades da Administração Tributária, em todos os seus segmentos, não têm o menor respeito pelo Direito, importando-lhes somente a arrecadação. Por isto é que terminou surgindo manifestação oficial do Fisco consubstanciando o entendimento de que o IPI e o ISS podem incidir sobre o mesmo fato. Foi na Solução de Consulta 350, da 10ª Região Fiscal de Tributação, órgão da Administração Tributária da União Federal, que assevera:[16]

> As operações de restauração, conserto e beneficiamento de produtos realizadas mediante galvanoplastia classificam-se como industrialização, consoante o art. 4º do RIPI/2002, somente escapando ao campo de incidência do IPI nos casos em que restar configurada alguma das hipóteses plasmadas no art. 5º do mesmo Regulamento. O fato de uma operação constar da Lista anexa à Lei Complementar n. 116, de 2003, caracterizando, dessarte, prestação de serviço para efeito de incidência do ISS, não impede que essa mesma operação seja enquadrada como industrialização, estando incluída, também, no campo de incidência do IPI.

Com isto a Administração Tributária federal está afirmando a incidência simultânea do IPI e do ISS sobre o mesmo fato, e, assim, revelando seu inteiro descaso pelo Direito, posto que em nosso sistema jurí-

---

16. *DOU*-I, 23.11.2004, p. 15.

dico é inteiramente inadmissível essa dupla incidência tributária. Neste estudo, porém, deixaremos de lado, porque impertinente, a questão da competência para a instituição dos denominados *tributos vinculados*, e cuidaremos apenas da competência para a instituição de impostos.

A simultânea incidência de dois impostos de competências diversas sobre o mesmo fato – salvo, é claro, nos casos em que a Constituição descreve como âmbito de incidência desses dois impostos situações de fato que se sobrepõem parcialmente – é inadmissível em nosso sistema tributário, porque: (a) temos na Constituição Federal de 1988 um sistema tributário rígido, no qual cada uma das pessoas jurídicas de direito público que integram a Federação é dotada de competências privativas; (b) ao atribuir competência para a instituição de impostos a Constituição Federal estabelece desde logo o âmbito de incidência de cada um deles; e, assim, salvo nos casos excepcionais, em que a superposição decorre dos próprios conceitos utilizados na definição dos âmbitos de incidência, é inadmissível que um fato reste incluído em mais de um desses âmbitos constitucionais e, assim, possa ocorrer a cobrança de dois ou mais impostos sobre o mesmo fato.

No Capítulo IV deste *Curso* estudaremos o âmbito constitucional de cada um dos impostos que integram nosso sistema tributário, como definidos nos arts. 153 a 156 da CF.

1.4 As taxas

1.4.1 Âmbito constitucional das taxas

A vigente Constituição Federal estabelece que: "Art. 145. A União, os Estados, o Distrito Federal e os Municípios poderão instituir: (...) II – taxas, em razão do exercício do poder de polícia ou pela utilização, efetiva ou potencial, de serviços públicos específicos e divisíveis, prestados ao contribuinte ou postos à sua disposição; (...)". E, desta forma, estabelece para essa espécie de tributo o que temos denominado *âmbito constitucional*.

Assim, o legislador da União, dos Estados, do Distrito Federal e dos Municípios, ao instituir uma taxa, só poderá utilizar, para definir a correspondente hipótese de incidência, fato que caiba no conceito de "exercício do poder de polícia" ou de "utilização efetiva ou potencial de serviços públicos específicos e divisíveis prestados ao contribuinte ou postos à sua disposição".

1.4.2 Conceito e características essenciais da taxa

O conceito de "taxa" deve ser extraído dos dispositivos constitucionais que estabelecem o âmbito de incidência dessa espécie tributária.

Não obstante se possa falar de um conceito de "taxa" no plano universal da ciência das finanças públicas, o conceito jurídico de "taxa" está indiscutivelmente ligado ao direito positivo de cada País, e deve ser estabelecido, portanto, à luz de cada ordenamento jurídico.[17]

Ressalte-se que a maior parte das divergências doutrinárias a respeito do assunto decorre exatamente da diversidade de ordenamentos jurídicos aos quais se reporta cada doutrinador, embora as divergências possam ser constatadas mesmo entre doutrinadores de um mesmo País. Berliri, por exemplo, nega as características da taxa sustentadas por outros doutrinadores italianos e sustenta que a distinção essencial entre imposto e taxa reside no caráter voluntário desta[18] – tese que, evidentemente, não se pode aceitar, especialmente no Direito Brasileiro, posto que a ausência da vontade é característica do gênero "tributo", do qual a taxa é espécie.

Realmente, a taxa é uma espécie do gênero "tributo" (CF/1988, art. 145, II, e CTN, art. 5º). É, portanto, uma prestação pecuniária compulsória, instituída em lei, que não constitua sanção de ato ilícito e cobrada mediante atividade administrativa plenamente vinculada. A este conceito genérico devem ser agregadas as características específicas, vale dizer, as características que distinguem a taxa das demais espécies de tributo – a saber: o imposto, a contribuição de melhoria e as contribuições sociais.

Enquanto o imposto é uma espécie de tributo cujo fato gerador não está vinculado a nenhuma atividade estatal específica relativa ao contribuinte (CTN, art. 16), a taxa, pelo contrário, tem seu fato gerador vinculado a uma atividade estatal específica relativa ao contribuinte. Por isto é que se diz – reproduzindo ideia de A. D. Giannini[19] – que a taxa é um tributo *vinculado*. A primeira característica da taxa, portanto, é ser um

---

17. Antonio Berliri, *Principios de Derecho Tributario*, vol. I, trad. de Fernando Vicente-Arche Domingo, Madri, Editorial de Derecho Financiero, 1964, p. 350, nota de rodapé 9.

18. Antonio Berliri, *Principios de Derecho Tributario*, vol. I, trad. de Fernando Vicente-Arche Domingo, Madri, Editorial de Derecho Financiero, 1964, pp. 314-315.

19. A. D. Giannini, *Istituzioni di Diritto Tributario*, Milão, Dott. A. Giuffrè Editore, 1948, p. 39.

tributo cujo fato gerador é vinculado a uma atividade estatal específica relativa ao contribuinte. Aliás, mais adequado seria dizermos que a taxa é um tributo que tem como fato gerador uma atividade estatal específica, em vez de dizermos que ela tem fato gerador vinculado a uma atividade estatal específica. O fato gerador da taxa realmente não é vinculado a uma atividade estatal. Ele é uma atividade estatal.

Quando dizemos que uma das características da taxa é ter fato gerador vinculado a uma atividade estatal específica, temos aí uma característica que a distingue do imposto mas não basta para sua identificação específica, porque também a contribuição de melhoria tem seu fato gerador vinculado a atividade estatal específica. Por isto é que nos parece melhor dizer que a taxa se caracteriza especificamente por ter como fato gerador uma atividade estatal específica, que pode ser um serviço público específico e divisível, prestado ou posto à disposição do contribuinte, ou o exercício regular do poder de polícia.

Bastante divulgada é a ideia de que a taxa é um tributo *contraprestacional*, vale dizer, seu pagamento corresponde a uma contraprestação do contribuinte ao Estado, pelo serviço que lhe presta ou pela vantagem que lhe proporciona.

Em Portugal a ideia de contraprestação é colocada para distinguir os impostos de outras receitas públicas, sem indicação específica de taxas, mas deixando entender que a ideia de contraprestacionalidade envolve a vantagem recebida por quem paga. Veja-se, a propósito, a lição de José Manuel M. Cardoso da Costa:[20]

> Simplesmente, as receitas coactivas do Estado não têm todas a mesma natureza: aí nos aparecem receitas que são a contrapartida duma especial vantagem ou serviço prestado pelo Estado aos contribuintes, ao lado de outras que afluem aos cofres públicos sem que tenham a justificá-las qualquer contraprestação específica por parte do Estado. Estas últimas – os impostos – são, pelo seu montante, as mais importantes não só das receitas coactivas, mas de todas as receitas públicas, e constituem, por outro lado, um domínio em que o poder de supremacia do Estado se manifesta de um modo bem peculiar e inconfundível.

Pelo menos não nos parece que exista necessariamente uma correlação entre o valor da taxa cobrada e o valor do serviço prestado ou

---

20. José Manuel M. Cardoso da Costa, *Curso de Direito Fiscal*, Coimbra, Livraria Almedina, 1972, pp. 2-3.

posto à disposição do contribuinte ou, ainda, a *vantagem* que o Estado lhe proporcione. Entendemos até que a instituição e a cobrança de uma taxa não têm como pressuposto essencial um *proveito* ou *vantagem* para o contribuinte, individualmente. O essencial na taxa é a referibilidade da atividade estatal ao obrigado. A atuação estatal que constitui fato gerador da taxa há de ser relativa ao sujeito passivo desta, e não à coletividade em geral. Por isto mesmo, o serviço público cuja prestação enseja a cobrança da taxa há de ser específico e divisível, posto que somente assim será possível verificar uma relação entre esses serviços e o obrigado ao pagamento da taxa. Não é necessário, porém, que a atividade estatal seja vantajosa ou resulte em proveito do obrigado.

Assim a menos que se entenda que a contraprestação não alberga a ideia de retribuição de uma vantagem por outra mais ou menos equivalente, pois, como assevera Carrazza,[21]

> a taxa é uma obrigação *ex lege* que nasce da realização de uma atividade estatal relacionada, de modo específico, ao contribuinte, embora muitas vezes por ele não requerida ou, até mesmo, sendo para ele desvantajosa. (...).

A atividade estatal que constitui fato gerador da taxa não consubstancia necessariamente uma *vantagem* para o contribuinte. Por isto temos sustentado que a contraprestacionalidade não é uma característica essencial dessa espécie tributária. Não só no Brasil como em muitos outros Países está bem claro que a atividade estatal que constitui fato gerador da taxa há de ser especificamente referida ao contribuinte, mas não necessariamente uma vantagem para este.[22] Talvez seja a esta referibilidade que se reporta Nuno de Sá Gomes,[23] ilustre Professor da Universidade de Lisboa, ao dizer que

> a única característica distintiva das taxas em face do imposto não está na utilidade, nem na voluntariedade, nem na solicitação dos serviços pelos

---

21. Roque Antônio Carrazza, *Curso de Direito Constitucional Tributário*, 29ª ed., São Paulo, Malheiros Editores, 2013, p. 608.
22. Na Espanha, a Lei 23, de 13.7.1998, estabelece: "Las tasas son aquellos tributos cuyo hecho imponible consiste en la utilización privativa o aprovechamiento especial del dominio público, en la prestación de servicios o en la realización de actividades en régimen de derecho público que se refieran, afecten o beneficien de modo particular al sujeto pasivo", nas circunstâncias que indica.
23. Nuno de Sá Gomes, *Manual de Direito Fiscal*, vol. 1, Lisboa, Centro de Estudos Fiscais, 1993, p. 76.

particulares, mas apenas no caráter bilateral ou sinalagmático das primeiras, em termos de equivalência jurídica, mas não também econômica, da prestação devida.

Essa equivalência jurídica, mas não também econômica, bem pode ser entendida como uma contraprestação desprovida da equivalência econômica ou, mesmo, de utilidade ou benefício para o sujeito passivo, tal como expressa por tributaristas espanhóis. Assim é que Ayala e Becerril,[24] comentando a Lei 23, de 13.7.1998, embora coloquem como elemento da taxa a contraprestacionalidade, asseveram que, "en definitiva, la figura de la tasa debe vincularse al pago de una prestación o de un servicio, sea beneficioso o no para el contribuyente".

Esta é também a doutrina de Giannini,[25] que, reportando-se à taxa, ensina:

> Non è esatto che il fondamento giuridico di essa risieda in un servizio reso dallo Stato *a favore* dell'obbligato, o comunque in una qualche *utilità* che egli risenta in conseguenza della esplicazione dell'attività amministrativa o giuridica dello Stato stesso, perchè, se questo elemento del beneficio, del vantaggio del singolo, tenuto al pagamento della tassa, effettivamente sussiste in molti casi, e può in altri con un po' di buona volontà raffigurarsi, alcune volte manca assolutamente, come nelle tasse dovute per l'attuazione della legge penale, o è solo apparente, avendo la sua base in una situazione artificiosa: lo Stato pone un limite all'attività del singolo e poi stabilisce che questi, per ottenere il beneficio della rimozione del limite, deve pagare una tassa.

O critério da voluntariedade, sustentado por Berliri, além de ser absolutamente inaceitável em nosso sistema jurídico, também não deve ser aceito mesmo no Direito Italiano, como bem observou Ramón Valdés Costa[26] ao optar, acertadamente, pela tese de Giannini, concluindo que:

> La opinión de Giannini aparece como irrefutable: "Si bien es cierto que este elemento del beneficio o ventaja del particular que viene obligado

---

24. José Luís Pérez de Ayala e Miguel Pérez de Ayala Becerril, *Fundamentos de Derecho Tributario*, 3ª ed., Madri, Edersa, 1999, p. 54.
25. A. D. Giannini, *Istituzioni di Diritto Tributario*, Milão, Dott. A. Giuffrè Editore, 1948, p. 39.
26. Ramón Valdés Costa, *Curso de Derecho Tributario*, Buenos Aires/Santa Fé de Bogotá/Madri, Depalma/Temis/Marcial Pons, 1996, pp. 154-155.

al pago de la tasa se da efectivamente en muchos casos y puede en otros imaginarse con un poco de buena voluntad, también es verdad que algunas veces falta en absoluto, como acontece en las tasas debidas por aplicación de la ley penal, o es solo aparente, por basarse en una situación artificiosa, como ocurre cuando el Estado señala un límite a la actividad del particular y después establece que este debe pagar una cantidad para obtener el beneficio de la remoción de esa traba". El manido ejemplo del tributo que se paga por el funcionamiento de la Justicia Penal, que para Berliri no es una tasa y por el contrario es un impuesto, ha dado lugar a que ambos autores acusen a sus razonamientos del vicio de petición de principios.

Nos termos como está a taxa disciplinada em nosso ordenamento jurídico, não se pode admitir seja a contraprestacionalidade uma característica dessa espécie de tributo. A menos, é claro, que se entenda por "contraprestação" a simples referibilidade do agir do Estado, vale dizer, da atividade administrativa, ao legalmente obrigado ao pagamento da taxa. Ou, como prefere dizer Nuno de Sá Gomes, uma equivalência jurídica mas não também econômica.

Para nós, a palavra "contraprestação" é mais adequada para indicar uma equivalência jurídica e também econômica, ainda que em termos práticos não seja exata. Por isto mesmo preferimos afastar a ideia de contraprestacionalidade, substituindo-a pela ideia de referibilidade ou de vinculação jurídica, que consideramos ser, na verdade, a característica que distingue a taxa do imposto.

Essa característica está de certo modo presente também na contribuição de melhoria. Por isto, adiante cuidaremos da distinção entre essas duas espécies; mas adiantamos desde logo que na taxa a própria atividade administrativa consubstancia diretamente o fato gerador da obrigação tributária, enquanto na contribuição de melhoria a atividade administrativa consubstancia apenas a causa do fato gerador da obrigação tributária. Em outras palavras, na taxa a atividade administrativa constitui, ela mesma, o fato gerador, enquanto na contribuição de melhoria a atividade administrativa consubstancia simplesmente uma causa de um fato econômico que é – este, sim – o fato gerador da obrigação tributária.

Assim, concluímos que *a taxa é a espécie de tributo cujo fato gerador é uma atividade estatal ou atividade administrativa, vale dizer, é o exercício regular do poder de polícia, ou o serviço público, prestado ou posto à disposição do contribuinte*. Isto é o que se pode extrair do disposto no art. 145, II, da CF e no art. 77 do CTN.

1.4.3 As espécies de taxa

Dizer quais são as espécies de taxa certamente depende de qual seja o critério adotado para sua classificação. Se tivermos em vista a competência, por exemplo, diremos que existem três espécies de taxa, a saber: a *federal*, a *estadual* e a *municipal*.

Parece-nos mais útil, porém, uma classificação a partir de um critério relacionado com o fato gerador das taxas – vale dizer, o exercício do poder de polícia e a prestação de serviços públicos específicos e divisíveis. Por isto, preferimos classificar as taxas em duas espécies, a saber: as *taxas de polícia* e as *taxas de serviço*.

1.4.4 A base de cálculo das taxas

A rigor, a base de cálculo é apenas um aspecto do fato gerador do tributo. Seu aspecto dimensível. Por isto mesmo, fato gerador e base de cálculo são inseparáveis. No dizer de Royo, podemos definir a base de cálculo como expressão numérica do fato gerador. Trata-se de uma magnitude definida na lei e que expressa a medição do fato imponível ou, mais exatamente, de seu elemento material, o critério para mensurar cada fato imponível real ou concreto.[27]

A atividade estatal relativa ao contribuinte – o serviço público de coleta de lixo domiciliar, por exemplo – pode ser considerada em sua totalidade, para que se possa estimar o valor total de que o ente público prestador do serviço necessita para seu custeio. Em seguida, partindo-se daí, divide-se aquele montante entre os que se ligam diretamente a essa atividade estatal. O difícil, na verdade, é saber qual deve ser o critério adequado para a definição da parcela a ser cobrada de cada um.

A rigor, podemos afirmar que em relação às taxas, em regra, não se tem propriamente uma base de cálculo, pois é comum nessa espécie de tributo a fixação do valor correspondente diretamente na lei, sendo possível a adoção de tabelas ou outros critérios de determinação, sem que se tenha uma alíquota e uma base de cálculo, no sentido em que tais expressões são utilizadas tratando-se de impostos.

---

27. Fernando Pérez Royo, *Derecho Financiero y Tributario – Parte General*, 7ª ed., Madri, Civitas, 1997, p. 170.

1.4.5 Competência para instituição

Entende-se por *competência tributária* a aptidão para instituir e cobrar tributos. Tal competência nada mais é que o *poder de tributar*, aspecto da soberania estatal, juridicamente delimitado e eventualmente dividido.

Em País de organização federativa, como o nosso, é possível, em princípio, a atribuição de competência corrente. Mas não foi esse o modelo adotado pela vigente Constituição, que preferiu atribuir competências privativas. Pelo menos assim é, indiscutivelmente, em relação aos impostos. Em relação às taxas a Constituição atribuiu competência igualmente a todas as pessoas jurídicas de direito público interno, e por isto mesmo muitos afirmam que temos, em relação a essas duas espécies tributárias, competência comum.

Celso Ribeiro Bastos,[28] por exemplo, depois de se reportar à partilha constitucional dos impostos, assevera que em relação à taxa "competência outorgada pela Constituição é comum a todas as pessoas políticas".

Entretanto, aquele eminente constitucionalista deu-se conta de que admitir tratar-se de competência comum poderia parecer admitir a possibilidade de taxas sobrepostas, instituídas por duas ou mais entidades tributantes, tendo como hipótese de incidência o mesmo fato. Por isto mesmo, cuidou de explicar:[29]

> Restaria, ainda, a indagar-se a razão que impede a existência de taxas e contribuições de melhoria sobrepostas. Sim, a hipótese em tese seria passível de ocorrência, visto que, sendo a competência genérica, poderíamos em dado momento confrontarmo-nos com uma taxa municipal e outra estadual, por exemplo, fundadas no poder de polícia, ou com duas contribuições de melhoria decorrentes da realização da mesma obra. Essa suposta sobreposição não é passível de verificação porque a Carta Constitucional distribui a competência para o exercício do poder de polícia, assim como para a prestação de serviços públicos. Destarte, só é regulável juridicamente a taxa cobrada com fundamento no poder de polícia próprio de quem a institui. A realização de obras também resulta de certa forma partilhada pela Constituição, uma vez que deverão manter afinidade com as competências de que ela investe as diversas pessoas de direito público.

---

28. Celso Ribeiro Bastos, *Curso de Direito Financeiro e de Direito Tributário*, São Paulo, Saraiva, 1991, p. 126.

29. Celso Ribeiro Bastos, *Curso de Direito Financeiro e de Direito Tributário*, São Paulo, Saraiva, 1991, p. 127.

É certo que em relação à taxa, diversamente do que fez em relação aos impostos, a Constituição referiu-se genericamente ao fato que pode o legislador tomar como suporte para a incidência da regra de tributação. Isto, porém, não nos parece deva ser compreendido como atribuição de competência tributária *comum* a todos as pessoas políticas, a menos que se entenda que podem ser cobradas indistintamente por mais de uma dessas pessoas políticas, como já ocorreu no passado.

No regime da Constituição de 1946 entendeu-se que as taxas podiam ser cobradas por mais de uma pessoa política. Por isto mesmo eram consideradas tributos de competência comum ou, como nos ensinou Rubens Gomes de Sousa, tributos comuns. Como escreveu o pioneiro e Mestre do nosso direito tributário,[30] tributos comuns

> são os que a Constituição prevê expressamente como podendo ser criados tanto pela União, como pelos Estados ou pelos Municípios, porém não em concorrência uns com os outros, isto é, sem que o tributo de uma entidade exclua o de outra.

Aliás, Rubens Gomes de Sousa, ao indicar as taxas como exemplos de tributos comuns, deixou clara a possibilidade de cobrança simultânea por mais de uma pessoa política. Em suas palavras:[31]

> *Tributos comuns:* Finalmente, diz a Constituição, no art. 30, que tanto a União como os Estados, o Distrito Federal e os Municípios (...) podem ainda criar taxas e contribuições de melhoria. Estes tributos são comuns, isto é, podem ser criados e cobrados ao mesmo tempo pela União, pelo Estado, pelo Distrito Federal e pelo Município (ou Território Federal): quanto a êles não tem aplicação o princípio da bitributação.

Tal lição do Mestre, porém, há de ser entendida em termos. A propósito do assunto, já escrevemos:[32]

> Na verdade, ao direito tributário pertence apenas a questão de saber que a pessoa jurídica de direito público (União, Estado, Distrito Federal ou Município) que exercita a atividade estatal (serviço, poder de polícia ou

---

30. Rubens Gomes de Sousa, *Compêndio de Legislação Tributária*, 4ª ed., Rio de Janeiro, Edições Financeiras, 1964, pp. 143-144.
31. Rubens Gomes de Sousa, *Compêndio de Legislação Tributária*, 4ª ed., Rio de Janeiro, Edições Financeiras, 1964, pp. 147-148.
32. Hugo de Brito Machado, *Curso de Direito Tributário*, 35ª ed., São Paulo, Malheiros Editores, 2014, p. 301.

obra pública) que pode instituir e cobrar o tributo respectivo. Mas não pertence ao direito tributário a questão de saber qual daquelas pessoas é competente para o exercício da atividade estatal a que se vincula a instituição do tributo. Essa questão situa-se no âmbito do direito administrativo. Mas é relevante indagar-se a respeito da validade da instituição de uma taxa, ligada a determinada atividade estatal, por parte de uma pessoa jurídica de direito público que não disponha de competência para o exercício daquela atividade. O STF tem entendido que a competência para a instituição e cobrança de taxa depende de ter a entidade estatal competência para exercer a atividade que constitua o respectivo fato gerador (RE 100.033-RS, rel. Min. Francisco Rezek, *RTJ* 107/1.295-1.298).

Só a pessoa jurídica de direito público que exercita a atividade estatal específica pode instituir o tributo vinculado a essa atividade. A competência tributária, assim, é *privativa* do ente estatal que exercita a atividade respectiva. Indicar-se como de competência *comum* os tributos vinculados não nos parece adequado. Preferimos dizer que esses tributos são privativos de quem exerce a atividade estatal a que se ligam, sendo a competência para o exercício dessa atividade estatal matéria estranha ao direito tributário.

Em síntese, portanto, temos que a competência para a instituição da taxa é privativa da entidade pública que realiza a atividade estatal que constitui o correspondente fato gerador.

1.4.6 *Distinção entre taxa e preço público ou tarifa*

Quanto à remuneração pelo uso ou pela aquisição da propriedade de bens do Estado, é pacífico o entendimento: a receita é um *preço*. Nunca uma *taxa*. O problema situa-se na área dos serviços, onde diversos critérios têm sido apontados pelos estudiosos da ciência das finanças e do direito financeiro para estabelecer a distinção entre *taxa* e *preço*. Um desses critérios seria a compulsoriedade, sempre presente em relação à taxa e ausente em relação ao preço, que seria facultativo. Há, porém, quem sustente a existência de preços obrigatórios, assim como há quem afirme a existência de taxas facultativas. O STF[33] já fixou entendimento pelo qual:

> Preços de serviços públicos e taxas não se confundem, porque estas, diferentemente daqueles, são compulsórias e têm sua cobrança condicionada à prévia autorização orçamentária, em relação à lei que as instituiu.

33. STF, Súmula 545.

A maioria dos autores ensina que a taxa corresponde ou está ligada a uma atividade estatal *específica* relativa ao contribuinte. Justifica-se, assim, a taxa pelo exercício do poder de polícia ou pela prestação de serviço público – atividades privativas, próprias, do Estado. Nem todo serviço público, porém, seria atividade especificamente estatal. O preço público, assim, seria a remuneração correspondente a um serviço público não especificamente estatal, vale dizer, uma atividade de natureza comercial ou industrial.

Acontece que a definição do que seja *atividade específica do Estado* enseja divergências insuperáveis. Aquilo que em determinado lugar se considera atividade própria do Estado em outros lugares pode não ser assim considerado. E até em um mesmo lugar, hoje, pode ser considerado atividade própria do Estado aquilo que o não era ontem.

Não é fácil, nos domínios da ciência das finanças, estabelecer a diferença entre taxa e preço público. No âmbito jurídico, porém, a questão se resolve em admitir-se que a distinção entre atividade própria do Estado e atividades que podem ser exercidas por particulares há de ser formulada no plano político, vale dizer, há de ser fixada pelo Legislativo. Assim, admite-se que a lei estabeleça a fronteira entre a taxa e o preço, instituindo o que se pode entender como *taxa por definição legal*.

Assim, temos que: (a) se a atividade estatal se situa no terreno próprio, específico, do Estado, a receita que a ela se liga é uma *taxa*; (b) se a atividade estatal se situa no âmbito privado, a receita a ela vinculada deve ser um *preço*; (c) havendo dúvida, pode a lei definir a receita como *taxa* ou como *preço*.

O importante é entender-se que, se a lei denominou a receita como *taxa*, vinculou esta ao regime jurídico tributário. Tal receita ficará, portanto, sujeita aos princípios constitucionais da tributação, entre os quais se destacam os *princípios da legalidade e da anterioridade da lei ao exercício financeiro correspondente*.

O *tributo*, por sua própria definição legal, é prestação pecuniária *compulsória* (CTN, art. 3º). Logo, sendo a taxa uma espécie de tributo, é também compulsória. Não tem sentido, pelo menos no direito positivo brasileiro, falar-se em taxa facultativa. Isto, porém, há de ser entendido em seus devidos termos. Sendo o fato gerador da taxa um serviço daqueles que, no dizer do art. 79, I, "b", do CTN, são de utilização compulsória, então, o pagamento da taxa efetivamente é simples decorrência de encontrar-se o contribuinte em condições de poder utilizar o serviço, ainda que não o faça. Se, porém, o fato gerador da taxa for a efetiva utilização do serviço, aí, o contribuinte poderá fugir ao respectivo pagamento, bastando que não o utilize. Daí não se poderá concluir que a taxa é facultativa. Também do imposto se pode fugir, bastando que se evite a situação que configura o respectivo fato gerador.

Ocorre que a fuga ao pagamento da taxa, pela não utilização do serviço, deixa desatendida a necessidade respectiva, que por outro meio não poderá ser satisfeita. Em outras palavras, o uso de outro meio para a satisfação daquela necessidade é juridicamente proibido.

O que caracteriza a remuneração de um serviço público como taxa ou como preço público é a compulsoriedade, para a taxa, e a facultatividade, para o preço, conforme já decidiu o STF. Importante, porém, é a compreensão adequada do que sejam essa *compulsoriedade* e essa *facultatividade*.

A título de exemplo, imaginemos a necessidade que se tem de energia elétrica. Se o ordenamento jurídico nos permite atender a essa necessidade com a instalação de um grupo gerador em nossa residência ou estabelecimento industrial ou comercial, então, a remuneração que o Estado nos cobra pelo fornecimento de energia é um preço público, pois não somos juridicamente obrigados a utilizar o serviço público para a satisfação de nossa necessidade. Embora nos seja mais conveniente a utilização do serviço público do ponto de vista econômico ou por outra razão qualquer, do ponto de vista rigorosamente jurídico nada nos impede de por outro meio atender à necessidade de energia elétrica. A remuneração que pagamos pelo serviço de fornecimento de energia elétrica, portanto, não é compulsória. Por outro lado, se há norma jurídica proibindo a instalação de grupo gerador ou unidade de captação de energia solar em residências ou estabelecimentos comerciais ou industriais, de sorte que o atendimento da necessidade de energia elétrica por qualquer outro meio que não seja o serviço público se torna impossível *sem violação da ordem jurídica*, tem-se que a utilização do serviço – e, por isto mesmo, o pagamento da remuneração correspondente – é compulsória. Neste caso, essa remuneração correspondente é taxa.

O mesmo pode ser dito do serviço de água e esgoto. Se há norma proibindo o atendimento da necessidade de água e de esgoto por outro meio que não seja o serviço público, a remuneração correspondente é taxa. Se a ordem jurídica não proíbe o fornecimento de água em pipas, nem o uso de fossas, nem o transporte de dejetos em veículos de empresas especializadas, nem o depósito destes em locais para esse fim destinados pelo Poder Público ou adequadamente construídos pela iniciativa privada, então, a remuneração cobrada pelo serviço público de fornecimento de água e esgoto é preço público. Se, pelo contrário, existem tais proibições, de sorte a tornar o serviço público o único meio de que se dispõe para o atendimento da necessidade de água e de esgoto, então, a remuneração respectiva será taxa.

Essa é a conclusão a que se chega da análise de memorável acórdão do STF que apreciou questão relativa à cobrança de remuneração pela coleta de lixo do então Estado da Guanabara. Como a legislação daquele Estado proibia o uso de todo e qualquer meio para o atendimento da necessidade de livrarem-se as pessoas do lixo produzido em suas residências ou em suas atividades profissionais, tornando obrigatório, assim, o uso do serviço prestado pela empresa estatal criada para esse fim, a remuneração que vinha sendo cobrada como preço público foi considera como taxa pela Corte Maior.

É importante compreender o fundamento dessa ideia.

Se a ordem jurídica obriga a utilização de determinado serviço, não permitindo o atendimento da respectiva necessidade por outro meio, então, é justo que a remuneração correspondente, cobrada pelo Poder Público, sofra as limitações próprias dos tributos. O contribuinte estará seguro de que o valor dessa remuneração há se ser fixado por critérios definidos em lei. O princípio da legalidade tributária será preservado, pois o valor a ser cobrado do cidadão, pelo serviço público de uso obrigatório, será estabelecido por lei.

Por outro lado, se a ordem jurídica não obriga a utilização do serviço público, posto que não proíbe o atendimento da correspondente necessidade por outro meio, então, a cobrança da remuneração correspondente não ficará sujeita às restrições do sistema tributário. Pode ser fixada livremente pelo Poder Público, pois seu pagamento resulta de simples conveniência do usuário do serviço.

À liberdade que tem o Poder Público na fixação do *preço público* corresponde a liberdade do cidadão de utilizar, ou não, o serviço correspondente. Se o cidadão não tem essa liberdade, o Poder Público deve estar igualmente limitado pela ordem jurídica no pertinente aos critérios para fixação do valor a ser cobrado, que será um tributo.

Finalmente, ressaltamos que as mesmas razões pelas quais o serviço público cuja prestação enseja a cobrança de taxa é de uso obrigatório

– no sentido de que o usuário não dispõe de outro meio para o atendimento de sua necessidade – ensejam consequências, entre as quais a de não poder a Administração deixar de prestar o serviço pelo fato de não ter o usuário feito o correspondente pagamento.

Voltaremos ao assunto ao estudarmos a atribuição constitucional de competências tributárias.

1.5 A contribuição de melhoria

1.5.1 Conceito

A contribuição de melhoria é um tributo com qualificações muito especiais, a partir de sua finalidade. Enquanto os tributos em geral têm por finalidade a arrecadação de recursos financeiros, a finalidade da contribuição de melhoria é a realização da justiça, impedindo que o proprietário de imóvel valorizado com uma obra pública tenha proveito maior do que aquele que resulta das obras públicas para as pessoas em geral.

A compreensão dessa finalidade, aliás, é da maior importância para que possamos entender por que são essenciais, nessa espécie de tributo, os limites dos valores a serem cobrados, que subsistem mesmo já não estando expressamente consignados na Constituição Federal.

Outro aspecto peculiar da contribuição de melhoria no sistema tributário brasileiro reside no estímulo que de sua cobrança decorre para o contribuinte exercer a fiscalização dos gastos com as obras públicas, que temos apontado como causa do desinteresse dos governantes por essa espécie de tributo.

Em síntese, podemos dizer que a contribuição de melhoria é a espécie de tributo cuja obrigação tem como fato gerador a valorização de imóveis decorrente de obra pública. Distingue-se do imposto porque depende de atividade estatal específica, e da taxa porque a atividade estatal de que depende é diversa. Enquanto a taxa está ligada ao exercício regular do poder de polícia, ou a *serviço* público, a contribuição de melhoria está ligada à realização de *obra* pública.

Na doutrina de Giannini,[34] os tributos dividem-se em duas categorias, tendo-se como critério de classificação a relação existente entre a atividade estatal e o fato tomado em consideração pelo legislador para

---

34. A. D. Giannini, *Istituzioni di Diritto Tributario*, Milão, Dott. A. Giuffrè Editore, 1948, pp. 38-39.

determinar o surgimento da obrigação tributária respectiva. Segundo essa doutrina, divulgada no Brasil pelo mestre Geraldo Ataliba,[35] os tributos têm como fato gerador uma situação independente de qualquer atividade estatal específica relativa ao contribuinte, e estes são os impostos, ou então têm como fato gerador uma atividade estatal específica relativa ao contribuinte, e estes são as taxas e a contribuição de melhoria. Classificam-se, pois, em *não vinculados* – os impostos – e *vinculados* – as taxas e a contribuição de melhoria.[36]

O conceito dessa espécie tributária pode ser também formulado em atenção à sua finalidade, ou razão de ser, como instrumento de realização do ideal de justiça. Todos devem contribuir para o atendimento das necessidades públicas, na medida da capacidade econômica de cada um. Para tanto, o Poder Público arrecada os tributos e aplica os recursos correspondentes. Nestas aplicações são incluídos os investimentos em obras públicas, e destas muita vez decorre valorização de imóveis. Não é justo, então, que o proprietário do imóvel valorizado em decorrência da obra pública aufira sozinho essa vantagem, para a qual contribuiu toda a sociedade. Por isto, o proprietário do imóvel cujo valor foi acrescido é chamado a pagar a contribuição de melhoria, com a qual, de certa forma, repõe no Tesouro Público o valor ou parte do valor aplicado na obra.

Considerado este aspecto, podemos formular um conceito que, sem deixar de ser jurídico, pode ser considerado mais adequado no âmbito da ciência das finanças públicas, dizendo que *a contribuição de melhoria é o tributo destinado a evitar uma injusta repartição dos benefícios decorrentes de obras públicas*.

1.5.2 Função

Pode parecer que a contribuição de melhoria tem apenas função fiscal. Ela seria destinada simplesmente à obtenção de recursos financeiros para a realização de obras públicas. Já afirmamos que essa espécie tributária tem função tipicamente fiscal, porque a arrecadação de recursos

---

35. Geraldo Ataliba, *Apontamentos de Ciência das Finanças, Direito Financeiro e Tributário*, São Paulo, Ed. RT, 1969, p. 195.
36. A expressão "atividade vinculada", aqui, nada tem a ver com a mesma expressão utilizada no art. 3º do CTN. Ali tal expressão refere-se à natureza da atividade administrativa de cobrança do tributo.

financeiros para cobrir os custos da obra é seu objetivo, mas tivemos o cuidado de esclarecer que não estávamos afirmando ser a função fiscal elemento definidor da contribuição de melhoria.[37]

Na doutrina de vários Países encontra-se também a afirmação de que o objetivo dessa espécie tributária é a arrecadação de recursos para o custeio de obras públicas. É preciso, porém, deixar claro que este não é o objetivo específico da contribuição de melhoria, até porque tal objetivo pode ser alcançado com os impostos.

O objetivo específico da contribuição de melhoria, que, a rigor, lhe confere especificidade como tributo, é o de realizar justiça, evitando que os proprietários de imóveis valorizados em decorrência de uma obra pública aufiram benefício maior que o auferido pela comunidade em geral. Por isto, ao se falar da função da contribuição de melhoria é importante esclarecer que, ao lado da função arrecadatória, tem ela uma importantíssima função, que lhe confere especificidade. Não fora sua especial função como instrumento destinado a retirar dos proprietários de imóveis o incremento de valor destes, decorrente da obra pública, ela não teria razão de ser no sistema tributário.

1.5.3 Âmbito constitucional da contribuição de melhoria

A Constituição Federal estabelece que a União, os Estados, o Distrito Federal e os Municípios poderão instituir os tributos que indica, entre os quais "contribuição de melhoria, decorrente de obras públicas" (art. 145, III). Define, assim, o âmbito constitucional da contribuição de melhoria, que é a *valorização de imóvel decorrente de obra pública*.

Essa definição é da maior importância, especialmente no que diz respeito à subsistência dos limites dessa espécie de tributo. Seu limite total, que é o custo da obra da qual decorre a valorização de imóveis. E seu limite individual, vale dizer, o limite do valor a ser cobrado de cada contribuinte, que é a valorização experimentada por seu imóvel.

Como a subsistência desses limites é ponto de conflito doutrinário, dele vamos tratar mais adiante, em item específico, com o destaque necessário, em face da importância que atribuímos aos que defendem teses opostas à nossa.

---

37. Hugo de Brito Machado, *Curso de Direito Tributário*, 35ª ed., São Paulo, Malheiros Editores, 2014, p. 450.

1.5.4 Competência para instituir contribuição de melhoria

A competência para instituir contribuição de melhoria pode ser considerada comum, pois tanto a União como os Estados e os Municípios podem instituir essa espécie de tributo. Entretanto, se considerarmos suas características específicas, veremos que não é bem assim, e que se faz necessária uma explicação a respeito da competência para instituir a contribuição de melhoria.

Quando cogitamos da competência para instituir um tributo, é importante que tenhamos em mente a distinção entre o tributo cujo fato gerador independe de atividade estatal específica relativa ao contribuinte (imposto) e o tributo cujo fato gerador é ou se liga necessariamente a uma atividade estatal específica relativa ao contribuinte (taxas e contribuição de melhoria). Nestes últimos a questão da competência tributária não se coloca no campo do direito tributário. Em outras palavras, a questão da competência diz respeito diretamente à atividade administrativa que constitui ou se liga necessariamente ao fato gerador do tributo. É, portanto, uma questão de direito constitucional, ou de direito administrativo, antes de ser uma questão de direito tributário.

Há quem afirme – desatento a tão importante distinção – ser a contribuição de melhoria um tributo de competência comum. Na verdade, pode ser comum, ou não, a competência para a realização da atividade à qual necessariamente se liga o fato gerador da contribuição de melhoria – vale dizer, a realização da obra pública. Mas isto – repita-se – é questão alheia ao direito tributário. O que a este importa é a competência para instituir a contribuição de melhoria, e esta, inegavelmente, é privativa do ente que realiza a obra pública.

Já nos anos 40 do século passado afirmou Castro Nunes, com inteira propriedade, que a contribuição de melhoria poderá parecer, à primeira vista, um tributo de competência concorrente; e afirmou também que não se trata de tributo de competência comum, porque esta supõe o tributo sem destinatário prefixado na Constituição, enquanto a contribuição de melhoria compete ao ente público que houver valorizado, por efeito da obra pública, o imóvel.[38]

Na verdade, as ideias de competência privativa, comum e concorrente não se harmonizam com os tributos ditos vinculados – vale dizer,

---

38. Cf. Castro Nunes, "Problemas da partilha tributária", *RDA* I/7, Rio de Janeiro, FGV, janeiro/1945.

tributos cujo fato gerador é ou se liga necessariamente a uma atividade estatal específica relativa ao contribuinte. Essas ideias foram elaboradas tendo-se em vista os impostos, posto que em relação a estes é que o direito tributário tem de cuidar da questão da competência. Seja como for, se tivermos de definir a competência para instituir a contribuição de melhoria como privativa, comum ou concorrente, diremos que ela é privativa, esclarecendo que ela é privativa do ente público que realiza a atividade à qual necessariamente se liga o fato gerador respectivo.

1.5.5 Os limites da contribuição de melhoria

Os limites da contribuição de melhoria constituem características essenciais dessa espécie tributária. Quando a Constituição, explicitamente, limitava a arrecadação total da contribuição de melhoria ao custo da obra e a quantia a ser cobrada de cada proprietário ao incremento de valor do respectivo imóvel, dúvida nenhuma podia haver: fossem ou não aqueles limites essenciais à espécie tributária em tela, eles tinham de prevalecer, por imposição constitucional.

A vigente Constituição Federal, todavia, atribui à União, aos Estados, ao Distrito Federal e aos Municípios competência para instituir, entre outros tributos, "contribuição de melhoria, decorrente de obras públicas" (art. 145, III). Não se refere aos limites *total* e *individual*, e essa omissão tem ensejado divergências.

Valdir de Oliveira Rocha analisa com propriedade as manifestações doutrinárias a respeito. Reporta-se à opinião de José Afonso da Silva, segundo a qual a questão ficou melhor colocada na Constituição de 1988, deixando livre o legislador de cada entidade para disciplinar a espécie tributária segundo sua realidade. Invoca Aires Barreto e Roque Carrazza, a sustentarem extinto o limite total mas persistente o limite individual – postura doutrinária que a final adota, refutando Ives Gandra da Silva Martins, para quem ambos os limites persistem implícitos e a cobrança da quantia acima deles representa imposto da competência residual.[39]

Na verdade, os limites da contribuição de melhoria, tanto o global como o individual, são da essência dessa espécie tributária. Tais limites lhe conferem especificidade. Considerar necessária a referência explícita na Constituição é o mesmo que exigir figure na Constituição norma

---

39. Valdir de Oliveira Rocha, *Determinação do Montante do Tributo*, 2ª ed., São Paulo, Dialética, 1995, pp. 144-145.

explicitamente determinando que o imposto sobre a renda há de ser calculado sobre a renda, que o imposto sobre a propriedade imobiliária não pode ser calculado sobre a totalidade do patrimônio, mas somente sobre os imóveis, que o imposto sobre serviços há de ser calculado apenas sobre o preço destes – e assim por diante.

1.5.6 Posturas doutrinárias sobre os limites

Diante da Constituição de 1988 são possíveis, em princípio, entre outros, os seguintes entendimentos: (a) foram revogadas todas as normas que estabeleciam aqueles limites; (b) tais limites subsistem, em virtude do Código Tributário Nacional, mas pode o legislador complementar excluí-los; (c) só o limite total está ou poderá ser excluído, porque o limite individual é da essência da espécie tributária em estudo; e, finalmente, (d) nenhum dos dois limites foi nem pode ser excluído, porque ambos participam da essência da contribuição de melhoria.

O primeiro desses entendimentos já foi adotado pela 1ª Câmara, do 1º TACivSP,[40] por exemplo, que decidiu:

> Com a edição da Emenda Constitucional n. 23, o fato gerador do aludido tributo deixou de ser a valorização experimentada pelo imóvel em razão da obra executada, para ser a realização da obra pública, em si mesma, ao mesmo tempo em que era eliminado o limite individual relativo ao lançamento do tributo, o que também veio a ocorrer com o limite total, quando da promulgação da vigente ordem constitucional (CF, art. 145, III). Em outras palavras, a contribuição de melhoria, atualmente, pode ser exigida pelo Município pela só realização da obra pública, desamarrada de qualquer limite total ou individual no seu lançamento e sem limitação constitucional a determinado rol de contribuintes.

Não nos parece, porém, deva ser acolhido. A Constituição não cria tributo. Não define hipótese de incidência tributária. Apenas atribui competência, define o âmbito no qual o legislador poderá laborar na criação do tributo.

Por outro lado, a Constituição não revoga automaticamente as leis anteriores a ela. Editada uma nova Constituição, esta recepciona todas as normas que não se mostrem com ela incompatíveis, e de modo nenhum se pode ver incompatibilidade entre a legislação anterior pertinente

---

40. 1º TACivSP, 1ª Câmara, AEO 525.756-3, rel. Juiz Ary Bauer, j. 30.11.1992, *Repertório IOB de Jurisprudência* 5/84, 1993, texto 1/5.980.

à contribuição de melhoria e a vigente Constituição Federal. O Código Tributário Nacional reportou-se aos limites *total* e *individual*, e o dispositivo da vigente Constituição, silenciando a respeito, nada estabelece em contrário – operando-se, portanto, a recepção do dispositivo do Código. O segundo daqueles entendimentos é correto em parte. O Código Tributário Nacional foi, neste ponto, recepcionado pela atual Constituição. É incorreto, porém, quanto à possibilidade de exclusão dos questionados limites pelo legislador complementar, como será explicado adiante.

Não parece haver mais dúvida quanto à prevalência do limite individual – vale dizer, a valorização do imóvel –, até porque este integra a própria situação de fato geradora da relação jurídica tributária pertinente à contribuição de melhoria. Significativas manifestações doutrinárias, porém, preconizam a não subsistência do limite total – vale dizer, o custo da obra –, de sorte que é relevante a questão de saber se pode tal limite ser excluído pelo legislador complementar.

O entendimento segundo o qual não subsiste o limite total – o terceiro daqueles entendimentos acima referidos – é sustentado por ilustres doutrinadores, entre os quais Aires Barreto, Roque Carrazza e Valdir de Oliveira Rocha – sustentando este último, com apoio na doutrina dos dois primeiros, que não há mais qualquer vinculação do custo da obra ao total da imposição. Segundo Valdir de Oliveira Rocha, entender que o limite total continua *é aceitar que a Constituição mudou para nada mudar a respeito*. A seu ver, cobrar mais que o custo da obra não transforma a contribuição em imposto, *pois a melhoria que permite a imposição atua na direção da ideia de justiça, erigida desde o "Preâmbulo" da Constituição como um valor supremo, e favoreceria as desigualdades sociais, que a Constituição quer ver reduzidas.*[41]

Ataliba,[42] refutando Rubens Gomes de Sousa, ainda na vigência da Constituição de 1946, também sustentava não ser o limite total uma característica essencial da contribuição de melhoria, porque, se ela tem *nítido caráter apropriatório dos sobrevalores imobiliários oriundos de obra pública – e se tal caráter lhe é essencial –, a exação manterá sua identidade, enquanto onerá-lo.*

---

41. Valdir de Oliveira Rocha, *Determinação do Montante do Tributo*, 2ª ed., São Paulo, Dialética, 1995, p. 145.

42. Geraldo Ataliba, *Natureza Jurídica da Contribuição de Melhoria*, São Paulo, Ed. RT, 1964, p. 127.

Não nos parecem aceitáveis, *data maxima venia*, as teses sustentadas por tão eminentes Mestres. Cobrar mais que o custo da obra a título de contribuição de melhoria, tendo-se como limite apenas a valorização imobiliária, é cobrar imposto sobre aquela valorização, sem previsão constitucional. Só a União poderia fazê-lo, atendidos os requisitos constitucionais para o exercício de sua competência residual. Com inteira razão, portanto, Ives Gandra da Silva Martins.[43]

O argumento de Valdir de Oliveira Rocha – segundo o qual a Constituição não pode ter mudado para nada mudar – é de validade apenas aparente. Na verdade, a modificação do texto constitucional operou-se apenas para excluir o que era desnecessário, porque implícito, em virtude da própria especificidade da exação em tela, como adiante será demonstrado. O argumento do mesmo ilustre Professor de que a cobrança da contribuição até o limite da valorização imobiliária realiza o princípio da justiça e evita que se tornem mais agudas as desigualdades também é válido apenas à primeira vista, pelo apelo emocional à ideia de justiça. Não pode, porém, subsistir quando se leva em conta que a justiça há de ser praticada sem prejuízo da segurança, que se expressa na legalidade.

A realização da justiça, que todos almejamos e a Constituição preconiza, não autoriza violência ao sistema jurídico. Há de ocorrer pelos caminhos que a própria Constituição estabelece. Nada impede seja criado um imposto que tenha por fato gerador a valorização imobiliária, seja ou não decorrente de obras públicas. Por outro lado, se alguém é proprietário de um imóvel e este se valoriza em função de uma obra pública, a justiça está realizada na medida em que o proprietário do imóvel valorizado faz retornar aos cofres públicos a quantia por estes despendida na obra pública. Nada justifica tenha de pagar mais que o despendido pelo Tesouro. No momento em que o aumento de valor for realizado pelo proprietário do imóvel, na venda deste, será devido e deve ser pago o imposto de renda. Altamente injusto seria admitir-se a incidência de contribuição de melhoria sobre acréscimo patrimonial superior ao valor despendido pelo Tesouro, e que nem ao menos se realizou.

Quanto ao argumento de Ataliba, o equívoco consiste em afirmar o caráter apropriatório dos sobrevalores imobiliários decorrentes de obra pública como essencial na contribuição de melhoria. O que, na verdade, constitui característica essencial dessa espécie tributária é a recuperação

---

43. Ives Gandra da Silva Martins, cit. por Valdir de Oliveira Rocha, *Determinação do Montante do Tributo*, 2ª ed., São Paulo, Dialética, 1995, p. 145.

do gasto público do qual decorreram os sobrevalores imobiliários. Ela não tem caráter apropriatório, mas recuperatório do gasto público.

Aires Barreto discorda de minhas conclusões, afirmando que elas estão em desconformidade com os próprios pressupostos que invoco, vale dizer, dessa valorização, o Tesouro tem o direito de recuperar o que gastou com a obra respectiva.

E justifica sua discordância asseverando que adotar a minha conclusão equivale a admitir que a valorização causada pela obra pública deve reverter à sociedade, mas o valor a retornar deve limitar-se ao custo da obra, e que a valorização excedente pertence ao titular do imóvel valorizado, que deve enriquecer, sem causa, às custas dos demais contribuintes que, com impostos, suportaram as obras em geral.

Minha conclusão, para o professor Aires Barreto,[44] implica "permitir que o particular – aquele privilegiado, que tem imóvel junto à obra – enriqueça (sem causa), mas não vamos permitir que enriqueça totalmente; vamos entregar um pedacinho dessa riqueza (sem causa) à sociedade".

Em primeiro lugar, não há qualquer desconformidade entre o pressuposto segundo o qual da valorização imobiliária decorrente de obra pública o Tesouro tem o direito de recuperar o que gastou com a obra respectiva e a tese que sustento, da prevalência do custo da obra como limite total da contribuição de melhoria. O Tesouro certamente tem o direito de *recuperar* o que gastou. Não o direito de se apropriar do incremento de valor do imóvel do particular.

A valorização da obra deve reverter à sociedade, mas "reverter" quer dizer "retornar",[45] e só retorna o que antes estava. Devem, por certo, reverter à sociedade – vale dizer, ao Tesouro – os recursos financeiros que saíram dele, cujo total é o custo da obra. A arrecadação além desse custo não seria um *retorno*.

O enriquecimento do proprietário do imóvel valorizado, no que excede o custo da obra, realmente a este pertence, como também lhe pertence a valorização decorrente de quaisquer outros fatores, tais como uma obra particular, o próprio crescimento urbano, entre outros. Se, a

---

44. Aires Barreto, in Ives Gandra da Silva Martins (coord.), *Comentários ao Código Tributário Nacional*, vol. 1, São Paulo, Saraiva, 1998, pp. 593-594.
45. Cf. Pedro Nunes, *Dicionário de Tecnologia Jurídica*, 8ª ed., vol. I, Rio de Janeiro/São Paulo, Freitas Bastos, 1974, p. 273.

pretexto de cobrar contribuição de melhoria, o Poder Público retirar do proprietário de um imóvel o incremento do valor deste além daquilo que despendeu, não se pode falar de *recuperação* de gastos públicos, nem de *retorno*, nem de *reversão*. O que haverá, em situação tal, será puro confisco, vedado expressamente pela Constituição, que não tolera o tributo com efeito de confisco (CF/1988, art. 150, IV).

O argumento de que a contribuição de melhoria limitada ao custo da obra implica fazer retornar à sociedade apenas um pedacinho da riqueza auferida pelo proprietário do imóvel tem valor apenas aparente, sentimental, como apelo à realização da justiça. Na verdade, só poderá retornar à sociedade o que da mesma saiu. O incremento de valor do imóvel superior ao custo da obra não saiu da sociedade. É evento fortuito – aliás, de raríssima ocorrência, porque em geral as obras públicas custam muito mais que o incremento de valor imobiliário delas decorrente.

Vejamos, finalmente, o quarto e último daqueles entendimentos, vale dizer, o de que nenhum dos limites foi ou pode ser excluído, porque inerentes à natureza jurídica específica da contribuição de melhoria.

Os equívocos a esse respeito decorrem especialmente de dois fatores. Primeiro, a ideia de que a Constituição há de ser explícita – ideia em virtude da qual temos uma das Constituições mais minudentes do mundo, com enorme quantidade de dispositivos, sendo a Constituição mais rica do mundo em normas versando matéria tributária. Segundo, a desconsideração das características específicas da contribuição de melhoria.

A primeira referência à contribuição de melhoria nas Constituições brasileiras está na Constituição de 1934. Nela estava dito: "Art. 124. Provada a valorização do immovel por motivo de obras públicas, a Administração que as tiver efectuado poderá cobrar dos beneficiados contribuição de melhoria".

A Carta de 1937 omitiu qualquer referência à contribuição de melhoria, tratando apenas de impostos e taxas (arts. 20-28). Na Constituição de 1946 foi atribuída competência à União, aos Estados e ao Distrito Federal e aos Municípios para a cobrança de *contribuição de melhoria, quando se verificar a valorização do imóvel, em consequência de obras públicas* (art. 30, I). E foi estabelecido que *a contribuição de melhoria não poderá ser exigida em limites superiores à despesa realizada, nem ao acréscimo de valor que da obra decorrer para o imóvel beneficiado* (CF/1946, art. 30, parágrafo único). Em sua Emenda 18, que inaugurou no Brasil um sistema constitucional tributário, tais disposições não foram alteradas, a não ser formalmente, colocando-se no mesmo dispositivo a atribuição de competência e a referência aos limites. Continuou, portanto, competindo à União, aos Estados, ao Distrito Federal e aos Municípios, no âmbito de suas respectivas atribuições, cobrar *contribuição de melhoria para fazer face ao custo de obras públicas de que decorra valorização imobiliária, tendo como limite total a despesa realizada e como limite individual o acréscimo de valor que da obra resultar para cada imóvel beneficiado* (EC 18, de 1.12.1965, art. 19).

Na Constituição de 1967 a matéria recebeu tratamento diferente. Foi atribuída competência aos entes públicos para arrecadar "contribuição de melhoria dos proprietários de imóveis valorizados pelas obras públicas que os beneficiaram" (CF/1967, art. 19, III). E estabelecido que: "A lei fixará os critérios, os limites e a forma de cobrança da contribuição de melhoria a ser exigida sobre cada imóvel, sendo que o total da arrecadação não poderá exceder o custo da obra pública que lhe der causa" (art. 19, § 3º). Ficou mantido expressamente, assim, o limite total, não podendo ser arrecadado, a título de contribuição de melhoria, mais que o custo da obra respectiva; mas o limite individual foi deixado a critério do legislador.

A Constituição de 1969, ou Emenda 1 à Constituição de 1967, estabeleceu que, além dos impostos nela previstos, a União, os Estados, o Distrito Federal e os Municípios tinham competência para instituir "contribuição de melhoria, arrecadada dos proprietários de imóveis valorizados por obras públicas, que terá como limite total a despesa realizada e como limite individual o acréscimo de valor que da obra resultar para cada imóvel beneficiado" (art. 18, II).

A Emenda 23 alterou a redação daquele dispositivo, estabelecendo que a competência das três entidades públicas era para instituir "contribuição de melhoria, arrecadada dos proprietários de imóveis beneficiados por obras públicas, que terá como limite total a despesa realizada". Nenhuma referência fez ao limite individual.

Na Constituição de 1988, finalmente, o dispositivo equivalente refere-se simplesmente a "contribuição de melhoria decorrente de obra pública" (art. 145, III). Não faz referência a nenhum dos dois limites, nem autoriza o legislador a dispor a respeito deles. Deixou, portanto, implícitos os limites em questão.

Do ponto de vista da técnica de elaboração constitucional o dispositivo é perfeito. Aliás, poderia ser melhor, referindo-se simplesmente a *contribuição de melhoria*, porque esta é sempre *decorrente de obra pública*. Do ponto de vista de política legislativa, porém, a omissão, com certeza, não era recomendável, pois, embora sendo os mencionados limites inerentes à contribuição de melhoria, tal como a ela é inerente o ser a valorização imobiliária decorrente de obra pública, as deturpações são previsíveis – quanto mais que contam com o apoio de ilustres doutrinadores.

Tem inteira pertinência o registro de Baleeiro,[46] a propósito da Constituição de 1946:

> A Constituição, indicando expressamente as características e os limites da contribuição de melhoria, desconfiadamente previa a adulteração do instituto que ela pretendeu introduzir para recuperação do locupletamento que a obra pública pode trazer ao proprietário.

No regime constitucional anterior a explicitação – está visto – deu-se apenas por cautela do constituinte de 1946. O argumento de Valdir de Oliveira Rocha quanto à alteração da norma da Constituição, que seria "para nada mudar", seria consistente se a necessidade de referência a tais limites fosse de ordem teórica. Não é assim, porém. A necessidade de referência aos limites da contribuição em tela foi apenas de ordem prática, e podia tal referência ser retirada do texto sem nenhum prejuízo para o seu alcance, desde que consolidada a consciência jurídica em torno da natureza jurídica da contribuição de melhoria.

O que deixou de constar da Constituição, é evidente, foi simplesmente a explicitação do limite. Por isto mesmo, assevera Ives Gandra da Silva Martins:[47]

> Para mim, entendo que o limite deixou de ser princípio explícito e passou a ser princípio implícito, visto que na cobrança de contribuição, além dos custos da obra, à evidência, o excesso não guardaria relação com a exigência, perdendo sua natureza de contribuição, posto que afastado de sua exigência o elemento essencial que a justificaria, qual seja, o custo da obra pública.

---

46. Aliomar Baleeiro, *Uma Introdução à Ciência das Finanças*, vol. I, Rio de Janeiro, Forense, 1955, p. 342.
47. Ives Gandra da Silva Martins, *Sistema Tributário na Constituição de 1988*, 3ª ed., São Paulo, Saraiva, 1991, p. 73.

Embora pareça haver aderido à tese que reconhece a subsistência apenas do limite individual,[48] referindo-se à alteração do dispositivo constitucional em tela, o mestre Paulo de Barros Carvalho[49] doutrinou, com inteira propriedade:

> Cremos que a alteração foi simplesmente na expressão linguística do texto, pois não podemos conceber que alguém seja compelido a pagar, a título de contribuição de melhoria, uma importância que extrapasse o *plus* de valor originado pela concretização da obra pública. Preferimos entender que existe um limite global, coincidente com os gastos totais, necessários para a realização da obra, e outro individual, circunscrito ao quantum de valor, determinado pela atuação do Estado, promotor da obra pública.

Com efeito, em face da Emenda 23, porque omitida referência ao limite individual, já o Poder Público pretendeu avançar além do que lhe é permitido, mas foi contido, pois o STF[50] decidiu:

> Não obstante alterada a redação do inciso II do art. 18 pela Emenda Constitucional n. 23, a valorização imobiliária decorrente de obra pública – requisito ínsito à contribuição de melhoria – persiste como fato gerador dessa espécie tributária.

Autorizando a instituição de *contribuição de melhoria*, o legislador constituinte autorizou a instituição de uma espécie de tributo que tem seus contornos conhecidos, resultantes da própria razão de ser, de sua finalidade essencial.

A contribuição de melhoria – doutrina, com propriedade, Aliomar Baleeiro[51] – consubstancia

> a recuperação do enriquecimento ganho por um proprietário em virtude de obra pública concreta no local da situação do prédio.

---

48. Paulo de Barros Carvalho, *Curso de Direito Tributário*, 7ª ed., São Paulo, Saraiva, 1995, pp. 34-35.
49. Paulo de Barros Carvalho, *Curso de Direito Tributário*, 3ª ed., São Paulo, Saraiva, 1988, p. 31.
50. STF, 2ª Turma, RE 115.863-8-SP, rel. Min. Célio Borja, j. 29.10.1991, v.u., *DJU*-I 8.5.1992, p. 6.268, e *Repertório IOB de Jurisprudência* 11/207, 1992, texto 1/5.189. No mesmo sentido: STF, 1ª Turma, RE 116.148-5- SP, rel. Min. Octávio Gallotti, v.u., *DJU* 21.5.1993, e *RDP* 93/270-279.
51. Aliomar Baleeiro, *Direito Tributário Brasileiro*, 10ª ed., Rio de Janeiro, Forense, 1981, p. 359.

E, se é recuperação, não pode ter valor mais elevado que o desembolso a ser recuperado.

Da obra pública resultam vantagens gerais para toda a comunidade, mas resulta uma vantagem especial para os proprietários de imóveis no local em que se encarta. Não é justo que estes proprietários usufruam dessa valorização, decorrente de obra realizada com o dinheiro do Tesouro Público. Não é justo que os contribuintes em geral paguem impostos e do emprego dos recursos públicos resulte valorização imobiliária para determinadas pessoas. Dessa valorização o Tesouro tem o direito de recuperar o que gastou com a obra respectiva. Por isto é que os financistas imaginaram um tributo capaz de fazer retornar ao Tesouro o valor despendido em obras públicas, até o limite da valorização imobiliária decorrente.

A não ser para cumprir essa finalidade, a contribuição de melhoria não tem nenhuma razão de ser. Por isto mesmo, aliás, a CF/1988 poderia, em seu art. 145, III, ter feito referência, simplesmente, a "contribuição de melhoria". Isto não poderia ser tido como autorização ao legislador para instituí-la sem os contornos que a distinguem das demais espécies de tributo.

Em excelente monografia a respeito dessa espécie de tributo, assevera Cadavid,[52] com inteira propriedade:

> Como imposición fiscal de finalidad, el destino de la contribución no puede ser otro que atender a los costos de la obra de interés público o, subsidiariamente, para los casos en que la obra se haya construido con anterioridad a la contribución, recuperar para la entidad pública los dineros invertidos en su ejecución.

1.5.7 Inadmissibilidade da supressão dos limites

Os limites da contribuição de melhoria subsistem, e não se pode admitir sejam suprimidos, porque decorrem das características específicas dessa espécie de tributo. Não é razoável contribuição *de melhoria* se não há *melhoria* alguma. E não se trata – como poderia parecer aos menos informados – de simples questão terminológica. O nome da espécie tributária em questão está intimamente ligado à sua finalidade específica, que, como já foi demonstrado, é a de evitar a injusta apropriação individual de valorização imobiliária decorrente de obra pública,

---

52. Alberto Fernández Cadavid, *La Contribución de Valorización en Colombia*, 2ª ed., Bogotá, Temis, 1981, p. 23.

que, por ser pública, foi realizada com os recursos do Tesouro Público e deve beneficiar a todos, sem privilégios. A contribuição de melhoria é precisamente o instrumento adequado para que o proprietário do imóvel valorizado reponha, em favor da coletividade, no Tesouro Público, o que foi por este gasto na obra, na medida, tanto quanto possível, exata do incremento de valor auferido.

É induvidosa, portanto, a impossibilidade jurídica de contribuição de melhoria sem valorização imobiliária. Um tributo que com esse nome seja instituído independentemente de *melhoria* será verdadeiro *imposto*, e, assim – salvo o exercício da denominada *competência residual*, com as limitações a ela inerentes –, será inconstitucional.

Paulo de Barros Carvalho assevera que a competência para a instituição e cobrança da contribuição de melhoria está, hoje, na Constituição Federal de 1988, posta em termos amplos e genéricos, bastando que a obra pública acarrete *melhoria* para o imóvel do contribuinte. E assevera[53] ser

> óbvio que à lei complementar mencionada no art. 146 caberá estabelecer de que modo, dentro de que limites e debaixo de que condições específicas a contribuição de melhoria poderá ser criada.

Esclarece, porém, que o legislador complementar tem de respeitar o *quantum* de acréscimo patrimonial individualmente verificado.[54]

Não há, todavia, razão alguma para admitir-se possa o legislador complementar estabelecer a possibilidade de cobrança de contribuição de melhoria cujo valor total arrecadado seja superior ao custo da obra pública. Se ele deve respeitar o limite individual – a valorização do imóvel –, que não está explícito na Constituição, pela mesma razão deve respeitar também o limite global – o custo total da obra. Esses limites, tanto o individual como o geral, não podem ser eliminados, porque fazem parte da própria identidade específica dessa espécie de tributo.

1.5.8 *Por que está em desuso no Brasil*

Diante da permanente voracidade do Fisco, é estranho que a contribuição de melhoria permaneça praticamente sem utilização. Raras vezes

---

53. Paulo de Barros Carvalho, *Curso de Direito Tributário*, 7ª ed., São Paulo, Saraiva, 1995, p. 34.
54. Paulo de Barros Carvalho, *Curso de Direito Tributário*, 7ª ed., São Paulo, Saraiva, 1995, p. 35.

sua cobrança tem sido tentada, e geralmente sem sucesso, em face da inobservância, pela Administração, das exigências legais pertinentes.

Na doutrina estrangeira há quem afirme que a não aplicação da contribuição de melhoria no Brasil decorre do fato de se haver entendido que sua cobrança somente é possível depois de concluída a obra. Tal interpretação impede que ela cumpra sua finalidade como instrumento para o financiamento de obras públicas, além de causar problemas de ordem prática nos frequentes casos de alienação de imóveis antes do lançamento do tributo. Nas palavras de Alberto Fernández Cadavid:[55]

> Con una abundante literatura jurídica y muy pocas publicaciones técnicas, la contribución de mejoras en Brasil no ha encontrado una eficaz aplicación y se halla muy restringida por las interpretaciones legales que han prevalecido, de que la obra debe estar ya construida para que pueda exigirse la contribución. Este criterio limita grandemente la aplicación de la contribución, le quita su finalidad como instrumento financiero para la ejecución de las obras, y origina difíciles problemas de orden práctico en los frecuentes casos de enajenaciones de inmuebles antes de la determinación del tributo, cuando las obras ya están construidas o al menos adelantadas en su ejecución, hasta el punto de que establecer como condición previa para el cobro de las contribuciones la de que la obra ya esté ejecutada es crear una base segura para la ineficacia y la inaplicación del sistema.

É certo que a conclusão da obra como condição para a cobrança da contribuição de melhoria poderia dificultar seu uso como instrumento para o financiamento de obras públicas. Nada impede, porém, que a Fazenda Pública adiante os recursos, para posterior reembolso, ou os obtenha em instituições financeiras. Seja como for, é importante ressaltar que essa condição não resulta apenas de interpretações doutrinárias. Resulta do que expressamente estabelece o art. 9º do Decreto-lei 195, de 24.2.1967.

Não descartamos a explicação daquele Mestre, que "ha dedicado la mayor parte de su ejercicio profesional durante más de 30 años al estudio y aplicación de la contribución de la valorización" na Colômbia. Sua explicação nos parece razoável. Mesmo assim, preferimos acreditar que a verdadeira razão para a não cobrança da contribuição de melhoria no Brasil é a exigência legal de publicação do orçamento da obra e o direito do contribuinte de impugnar o respectivo valor, porque as obras públicas

---

55. Alberto Fernández Cadavid, *La Contribución de Valorización en Colombia*, 2ª ed., Bogotá, Temis, 1981, p. 47.

em nosso País, desgraçadamente, são quase todas objeto de vergonhoso superfaturamento. Por isto mesmo, a Administração Pública prefere não fazer as coisas com a transparência que a lei exige, como condição para a cobrança da contribuição de melhoria.

A explicação oferecida por Cadavid para a não utilização da contribuição de melhoria no Brasil deve ser rejeitada, especialmente pelo fato de que as obras públicas de maior porte são geralmente realizadas com recursos obtidos junto a instituições financeiras, inclusive internacionais. A exigência de prévia conclusão da obra, portanto, não chega a ser um obstáculo efetivo, porque a arrecadação da contribuição de melhoria pode ser utilizada adequadamente para o pagamento do empréstimo. E o custo financeiro – vale dizer, o custo do financiamento – integra o custo da obra, de sorte que a entidade realizadora da obra pública será ressarcida desse custo, porque o mesmo integra o valor da contribuição de melhoria.

Por outro lado, não se deve conceber a contribuição de melhoria como instrumento de captação de recursos financeiros para a realização de obras públicas. Sua finalidade essencial – é importante insistirmos neste pondo – é fazer retornarem ao Tesouro Público os recursos na obra despendidos, na medida em que desta decorra valorização imobiliária, evitando, assim, o enriquecimento injusto dos proprietários dos imóveis valorizados, à custa da coletividade, que, mediante impostos, financia a obra.

2. O caráter pessoal dos impostos e a capacidade contributiva

2.1 A previsão constitucional e as questões que suscita

Em seu art. 145, § 1º, a CF estabelece: "Sempre que possível, os impostos terão caráter pessoal e serão graduados segundo a capacidade econômica do contribuinte, facultado à Administração Tributária, especialmente para conferir efetividade a esses objetivos, identificar, respeitados os direitos individuais e nos termos da lei, o patrimônio, os rendimentos e as atividades econômicas do contribuinte".

Esse dispositivo tem suscitado algumas questões, entre as quais destacamos aqui, para nosso exame: (a) saber se a expressão "sempre que possível" confere ao legislador ordinário ampla liberdade para resolver quando considera possível a observância do princípio em questão; (b) saber em que consiste o caráter pessoal do imposto; (c) saber se "capacidade econômica" é o mesmo que "capacidade contributiva" e se o princípio em referência se aplica somente aos impostos, ou se também é aplicável em relação a outras espécies de tributo.

Examinemos, pois, essas questões, ainda que sucintamente.

2.2 Alcance da expressão "sempre que possível"

A nosso ver, o princípio da capacidade contributiva, ou capacidade econômica, diz respeito aos tributos em geral, e não apenas aos impostos, embora apenas em relação a estes esteja expressamente positivado na Constituição. Aliás, é esse princípio que justifica a isenção de certas taxas, e até da contribuição de melhoria, em situações nas quais é evidente a inexistência de capacidade contributiva daquele de quem teria de ser o tributo cobrado.

Entretanto, como o dispositivo constitucional refere-se apenas aos impostos, a questão concernente ao alcance da expressão "sempre que possível" somente se coloca no que diz respeito ao caráter pessoal dos impostos e à capacidade econômica relativamente aos impostos.

Como ocorre em relação aos princípios, trata-se de norma cuja observância pode ser relativa. Diversamente da observância de uma regra, que acontece ou não acontece, sendo impossível um meio-termo, a observância dos princípios sempre pode ser relativizada. Não é razoável entender que o legislador tem ampla liberdade para resolver quando é e quando não é possível exigir obediência ao princípio da capacidade contributiva, porque tal compreensão anula inteiramente a supremacia constitucional. Em outras palavras, essa interpretação rebaixa o princípio em referência do nível da Constituição para o nível das leis ordinárias, o que não é razoável admitir-se. Assim, entendemos que a expressão "sempre que possível" presta-se apenas para reconhecer que em relação a certos impostos é praticamente impossível uma disciplina que lhes atribua caráter pessoal. E também é praticamente impossível saber quem é o contribuinte *de fato*, vale dizer, quem realmente suporta o ônus correspondente; e por isto não é possível a observância do princípio da capacidade econômica. Mesmo assim, porém, parece-nos razoável sustentar que a expressão "sempre que possível" diz respeito apenas ao caráter pessoal dos impostos. Em relação a este o constituinte foi expresso ao utilizar a expressão "sempre que possível", para deixar claro que existem impostos – como os incidentes sobre a produção e a circulação de bens – em relação aos quais não é razoável pretender que tenham caráter pessoal.

2.3 O caráter pessoal dos impostos

Diz-se que um imposto tem *caráter pessoal* quando o legislador coloca, entre os critérios a serem utilizados na determinação do seu valor, elementos relativos à pessoa do contribuinte. Assim, dependendo da pessoa do contribuinte, o imposto poderá ser maior ou menor.

Embora não tenhamos feito referência a ela, não podemos negar a importância da classificação dos impostos em reais e pessoais, feita com base no critério da pessoalidade, pois realmente há impostos cujo valor é determinado levando-se em consideração critérios subjetivos – vale dizer, elementos próprios da pessoa do contribuinte – e há outros cujo valor é determinado por critérios inteiramente objetivos, inteiramente independentes da pessoa do contribuinte.

Em obra clássica de ciência das finanças, depois de estudar a classificação dos impostos em *diretos* e *indiretos*, escreve Aliomar Baleeiro:[56]

> Outra vetusta classificação se orienta pela flexibilidade do imposto às condições pessoais do contribuinte.
>
> Sob esse ponto de vista, chamam-se *impostos pessoais*, ou subjetivos, os que são regulados em seu quantitativo e noutros aspectos pelas condições individuais do contribuinte, de sorte que sua pressão é estabelecida adequadamente à capacidade econômica dele. O legislador, dispondo sob esse gênero de tributos, discrimina os contribuintes segundo a idade, estado civil, grau de parentesco, domicílio e residência, vulto da renda ou do patrimônio, existência de dívidas passivas e circunstâncias outras. Na tributação pessoal há uma individualização do gravame sob diferentes ângulos de apreciação.
>
> Os *impostos reais*, ou objetivos, pelo contrário, são decretados sob a consideração única da matéria tributável, com inteira abstração das condições personalíssimas de cada contribuinte. O legislador concentra sua atenção exclusivamente no fato gerador, desprezadas as circunstâncias peculiares ao contribuinte e que poderiam ser tomadas como dados de fato sobre sua capacidade contributiva.

Embora um imposto possa ter ou não ter caráter pessoal, dependendo da opção do legislador ao definir os elementos relevantes na determinação do valor correspondente, certo é que alguns impostos são tradicionalmente objetivos, e a utilização de características individuais do contribuinte na respectiva determinação os tornaria extremamente

---

56. Aliomar Baleeiro, *Uma Introdução à Ciência das Finanças*, 14ª ed., Rio de Janeiro, Forense, 1987, p. 265.

complicados. Daí por que o constituinte valeu-se da expressão "sempre que possível", dispensando o legislador de dar caráter pessoal a todos os impostos, ainda que os tornasse exageradamente complexos, sem proveito suficiente para justificar a complexidade.

2.4 Capacidade contributiva e capacidade econômica

2.4.1 Capacidade contributiva como dever de solidariedade

Há quem sustente que a capacidade contributiva tem como elemento essencial o dever de solidariedade. Assim é que, buscando justificar os incentivos fiscais ou, mais exatamente, isenções de tributos, em face do art. 53 da Constituição da República Italiana, Moschetti formula uma distinção entre *capacidade contributiva* e *capacidade econômica*. Sustenta que a capacidade econômica é apenas uma condição necessária para a existência de capacidade contributiva, posto que esta é a capacidade econômica qualificada por um dever de solidariedade, quer dizer, por um dever orientado e caracterizado por um prevalecente interesse coletivo, não se podendo considerar a riqueza do indivíduo separadamente das exigências coletivas. Se, por exemplo, em face de uma exigência do desenvolvimento econômico conforme as normas e princípios da Constituição, determinada fonte patrimonial não deve ser gravada em determinada região durante certo período, falta a ela o elemento qualificante da capacidade contributiva: a aptidão para realizar o interesse público. Mais ainda: precisamente para realizar tal interesse, essa fonte não pode ser considerada manifestação de capacidade contributiva.[57]

Ter-se-ia, portanto, de investigar sempre se a isenção foi concedida, ou não, no interesse público. Tal interesse, que haveria sempre de prevalecer, estaria sendo melhor realizado com a utilização dos recursos financeiros para os fins desenvolvimentistas que para o pagamento do tributo.

A questão que se pode colocar é a de saber quem seria o juiz da ocorrência do interesse público a justificar a isenção. Ou a tributação menor para quem tem maior capacidade econômica. E como o juiz da presença, ou não, do interesse público termina sendo sempre o Estado, a tese de Moschetti pode conduzir à destruição completa do princípio da capacidade contributiva. Por isto, preferimos admitir que a capacidade

---

57. Francesco Moschetti, *El Principio de Capacidad Contributiva*, Madri, Instituto de Estudios Fiscales, 1980, p. 279.

contributiva deva ser dimensionada pela capacidade econômica e que todos nós temos o dever de solidariedade, não servindo este como elemento distintivo entre capacidade econômica e capacidade contributiva. As isenções podem ser justificadas, em certas situações, pelo próprio princípio da capacidade contributiva, quando concedidas a quem não tenha essa capacidade. E muitas isenções bem como outras formas de incentivos fiscais justificam-se em face de interesse público que justifica a não observância do princípio da capacidade contributiva.

2.4.2 *Capacidade contributiva e vantagem decorrente dos serviços públicos*

Maffezzoni, por seu turno, sustenta que a capacidade contributiva não pode ser identificada na pura e simples capacidade econômica do sujeito passivo da tributação. Para ele é problemática a determinação da capacidade econômica, tanto porque é impreciso o conceito de "renda" como porque a capacidade econômica não pode ser dimensionada apenas pela renda, seja qual for a noção desta que se tenha adotado. A capacidade contributiva, no seu entender, há de envolver fato indicativo do gozo de vantagens decorrentes dos serviços públicos.[58]

Contra a tese de Maffezzoni pode ser colocado um argumento por ele próprio utilizado. Na verdade, se é problemática a determinação da capacidade econômica, inegavelmente é também bastante problemática a determinação do gozo de vantagens decorrentes dos serviços públicos. Por outro lado, não é justo pretender que os tributos sejam simples retribuição pelo gozo de tais vantagens. Na verdade, os serviços públicos destinam-se especialmente aos menos dotados de capacidade econômica, e não se pode pretender destes uma participação maior no custeio das despesas públicas.

2.4.3 *O princípio no direito positivo brasileiro*

Seja como for, as construções doutrinárias referidas nos itens precedentes não são válidas no Direito Brasileiro, posto que nossa Constituição, diversamente do que acontece com a italiana, não se reporta a capacidade contributiva, mas a capacidade econômica.

58. Federico Maffezzoni, *Il Principio di Capacità Contributiva nel Diritto Finanziario*, Turim, UTET, 1970, pp. 28-34.

Realmente, nos termos do § 1º do art. 145 da CF/1988, os impostos devem ser graduados segundo a capacidade econômica do contribuinte, e sempre que possível devem ter caráter pessoal.

No direito positivo brasileiro, a nosso ver, a capacidade contributiva é o elemento de discrímen que deve ser utilizado na aplicação do princípio da isonomia, tratando-se de tributação. Voltaremos ao assunto ao estudarmos o princípio da isonomia, em face do que dispõe o art. 150, II, da vigente CF.

2.5 Capacidade contributiva e consciência fiscal

2.5.1 Limitações ao poder de tributar e consciência fiscal

É inegável a utilidade das limitações constitucionais ao poder de tributar como elemento na construção de um Estado de Direito, e especialmente na tentativa de fazer da relação tributária uma relação efetivamente jurídica. Entretanto, não se pode desconhecer que a utilidade ou, mais exatamente, a efetividade dessas limitações constitucionais depende da consciência fiscal, que infelizmente ainda é praticamente inexistente.

Infelizmente ainda predomina a ideia de que a coisa pública não é de ninguém, e por isto mesmo ninguém se preocupa com o controle dos gastos públicos, que exigem para o correspondente financiamento tributos cada vez mais elevados. Fatos como a ausência de políticos importantes a defender a criação de novos impostos, porém, parecem revelar que aos poucos se vai formando o que se denomina *consciência fiscal*, ou sentimento das pessoas quanto ao ônus que o tributo representa em suas vidas.

Já nos anos 1950, Aliomar Baleeiro[59] escreveu:

> Os escritores de língua inglesa chamam de *tax consciousness*, que se pode traduzir pela expressão 'consciência fiscal', o estado de espírito de quem sabe em quanto montam aproximadamente os seus sacrifícios de dinheiro para a manutenção dos serviços públicos.
>
> Numa democracia, essa consciência nítida da parte que incumbe a cada cidadão na distribuição das despesas indispensáveis ao funcionamento do Estado é reputada essencial a um elevado padrão cívico. Em verdade, pequena parte da população, atingida por impostos diretos e pessoais,

---

59. Aliomar Baleeiro, *Uma Introdução à Ciência das Finanças*, vol. I, Rio de Janeiro, Forense, 1955, pp. 238-239.

compreende bem quanto lhe coube no rateio do custo da máquina governamental.

O grosso da população, sob o pêso regressivo de imposto de venda, consumo, selo etc., supõe que os tributos recaem sobre os ombros dos grandes contribuintes ou não pensa de modo algum nesses assuntos. Acredita que seus interesses não estão comprometidos pelas medidas financeiras.

Logo adiante Baleeiro reporta-se à resignação do homem do século XX diante dos apetites do Erário, que considera explicável pela disseminação da Democracia, que, afinal, submete ao debate e à conciliação de interesses, através de representantes do povo, não só os tributos, mas também os fins de interesse comum nos quais os recursos arrecadados vão ser aplicados. E em seguida esclarece:[60]

> Mas, ainda assim, é manifesta a insensibilidade fiscal: muita gente pensa que não paga impostos e muita gente nada pensa a respeito deles. Daí resulta a indiferença da maior parte em relação aos mais importantes problemas públicos, malogrando-se o regime democrático pela fala de adesão ativa e efetiva de todos os cidadãos.
>
> Ora, na realidade, nem os mendigos escapam ao Fisco. Quando aplicam em compras as esmolas recebidas, suportam, pelo menos, o imposto de consumo e o de vendas, dissimulados no preço das mercadorias.

Realmente, até os mendigos são contribuintes, no sentido de que também eles suportam o peso dos tributos. E neste sentido é que nos referimos ao contribuinte como titular de direitos fundamentais, direitos que a Constituição assegura como limitação ao poder de tributar. E, como até os mendigos são contribuintes, é da maior importância criar em todos a consciência fiscal.

Como registra Baleeiro:[61]

> Na Inglaterra e nos Estados Unidos, por exemplo, a Democracia resultou da reação popular contra os excessos fiscalistas geradores das revoluções dos séculos XVII e VIII.

É razoável, portanto, acreditar que os excessos fiscalistas, aliados à formação da consciência fiscal, farão com que os cidadãos passem a

---

60. Aliomar Baleeiro, *Uma Introdução à Ciência das Finanças*, vol. I, Rio de Janeiro, Forense, 1955, pp. 239-240.
61. Aliomar Baleeiro, *Uma Introdução à Ciência das Finanças*, vol. I, Rio de Janeiro, Forense, 1955, p. 239.

defender e considerar como fundamentais seus direitos albergados na relação de tributação. E assim estará definitivamente justificado o trato doutrinário dos direitos fundamentais do cidadão como contribuinte.

2.5.2 Preferência pelos impostos indiretos

Ocorre que os governantes sabem, muito bem, como retardar a formação dessa consciência fiscal. Por isto mesmo nota-se em todo o mundo a preferência pelos denominados *impostos indiretos*.

Aliás, parece que os impostos diretos tendem a desaparecer, sendo certo que a não criação do denominado imposto sobre grandes fortunas, autorizado pela Constituição de 1988, constitui exemplo raro de não exercício da competência tributária. Em outras palavras, significa que os governantes não se dispõem a utilizar o poder de tributar contra pessoas que seguramente têm consciência fiscal e sabem que os recursos públicos em geral são mal-administrados, resultando daí a aparente insuficiência dos mesmos.

2.5.3 Conhecimento do ônus tributário por quem o suporta

É evidente que a formação da consciência fiscal depende do conhecimento do ônus tributário por quem o suporta. E, como se vê da doutrina de Baleeiro, referida em itens anteriores, nos impostos indiretos esse conhecimento não ocorre.

Aliás, merecem referência o disposto no art. 150, § 5º, da vigente CF e o comentário feito a respeito do assunto por Hugo de Brito Machado Segundo,[62] que escreve:

> Afinal, se se trata de tributos que se calculam conforme a capacidade contributiva do contribuinte "de fato", que "verdadeiramente" arca com seu ônus, é natural que se dê a esse sujeito conhecimento do ônus que suporta. Essa ideia preside o disposto no art. 150, § 5º, da CF/1988, segundo o qual "a lei determinará medidas para que os consumidores sejam esclarecidos acerca dos impostos que incidam sobre mercadorias e serviços".

A lei a que se refere esse dispositivo constitucional que demorou a ser editada, pela mesma razão que leva os governantes a preferirem

---

62. Hugo de Brito Machado Segundo, *Repetição do Tributo Indireto: Incoerências e Contradições*, São Paulo, Malheiros Editores, 2011, p. 77.

os impostos indiretos. Os que em nome do Estado exercitam o poder de tributar não querem resistência por parte de quem suporta o ônus do tributo, e por isto não querem que os contribuintes *de fato* tomem conhecimento desse ônus. Não querem a formação da consciência fiscal, que se formará, com certeza, se alguma providência for adotada para que os consumidores de bens em geral e tomadores de serviços sejam informados do ônus tributário que recai sobre os respectivos preços.

Não obstante inserido na Constituição Federal de 1988, somente depois de decorridos mais de vinte anos o mencionado dispositivo foi observado, com a edição da Lei n. 12.741, de 8 de dezembro de 2012, que alterou Lei n. 8.078, de 11 de setembro de 1990, conhecida como Código de Defesa do Consumidor, nele inserindo dispositivo segundo o qual entre os direitos básicos do consumidor está "a informação adequada e clara sobre os diferentes produtos e serviços, com especificação correta de quantidade, características, composição, qualidade, tributos incidentes e preço, bem como sobre os riscos que apresentem".

E, ainda assim, no que diz respeito ao dever de informar a carga tributária, a fiscalização seria simplesmente orientadora até 31 de dezembro de 2014, como estabelece o art. 5º, da Lei n. 12.741/2012, com redação que lhe deu a Medida Provisória n. 649, de 2014.

Voltaremos ao assunto quando estudarmos as limitações constitucionais ao poder de tributar, que estão disciplinadas no art. 150 da CF.

3. Limitação quanto à base de cálculo das taxas

3.1 O dispositivo expresso da Constituição

A CF/1988 estabelece expressamente, em seu art. 145, § 2º, que *as taxas não poderão ter base de cálculo própria de impostos*. E isto é simplesmente óbvio, porque taxa e imposto são inconfundíveis. É impossível, portanto, uma taxa com base de cálculo própria de um imposto.

Realmente, os impostos têm como fato gerador acontecimentos da vida econômica do contribuinte. São fatos como a importação de mercadorias, a industrialização de um produto, uma operação relativa à circulação de mercadorias. Acontecimentos que o legislador considera serem indicativos de capacidade contributiva. Já, o fato gerador das taxas é sempre uma atividade estatal específica relativa ao contribuinte, que em princípio nem ao menos é indicativa de capacidade contributiva.

3.2 Como se explica a regra constitucional

Essa regra da Constituição tem apenas uma explicação. É que se tornou frequente a instituição, com o nome de "taxas", de verdadeiros impostos não previstos na Constituição. É apenas isto. Quando essa regra da Constituição explicita que as taxas não poderão ter base de cálculo própria de impostos, está afastando a possibilidade de ser instituído com o nome de "taxa" imposto não previsto na partilha constitucional de competências ou que implique tributar duplamente algo que é ou pode ser onerado por imposto. A vedação constitucional, meramente explicitante, tem o objetivo de tornar efetiva a distinção entre imposto e taxa e tolher a voracidade do Fisco na instituição de falsas taxas.

A base de cálculo própria de impostos, que não pode ser utilizada como base de cálculo da taxa, é a expressão econômica do fato gerador desses impostos. Assim, por exemplo, o valor do imóvel, que é a expressão econômica da propriedade, do domínio útil ou da posse, que constitui fato gerador do IPTU, não pode ser utilizado como base de cálculo de uma taxa. Nada impede, porém, a utilização da área do imóvel como critério de determinação do valor da taxa cobrada pelo serviço de coleta domiciliar de lixo.

Sustentamos a constitucionalidade de lei do Município de Fortaleza que instituiu a taxa de coleta domiciliar de lixo e colocou como critério para a repartição do custo da coleta domiciliar de lixo, entre os contribuintes, a área edificada do imóvel. O TJCE considerou a mencionada lei inconstitucional, e o Município, embora tenha recorrido da decisão, terminou desistindo do recurso. Preferiu obter da Câmara dos Vereadores outra lei definindo como *preço* a remuneração cobrada pela coleta do lixo. No mencionado parecer sustentamos:[63]

> A área edificada dos imóveis é utilizada como fator de repartição do ônus tributário entre os vários contribuintes. Fator diretamente relacionado com o serviço, posto que, em se tratando de coleta de lixo produzido nos domicílios, é natural que a área edificada seja tomada como critério para se quantificar a produção do lixo, ou, por outras palavras, para quantificar o serviço que, em última análise, é de limpeza das edificações.

63. Hugo de Brito Machado, *Direito Tributário Aplicado*, Rio de Janeiro, Forense, 2008, p. 5.

Experimentamos a satisfação de ver que nossa tese terminou prevalecendo no STF no julgamento de outros casos.[64] E estamos convencidos de que, realmente, a regra constante do art. 145, § 2º, da CF não impede a utilização da área do imóvel como critério para a determinação do valor da taxa de coleta domiciliar de lixo, porque a área do imóvel não é de nenhum modo a base de cálculo do IPTU. Embora seja um elemento a ser considerado na determinação do valor do imóvel – este, sim, a base de cálculo do IPTU –, com ele não se confunde. Dizer-se que a área do imóvel é a base de cálculo do IPTU é o mesmo que se dizer que a quantidade de mercadorias vendidas é a base de cálculo do ICMS, quando se sabe que a base de cálculo do ICMS é o valor da operação da qual decorre a saída da mercadoria, e não a quantidade de mercadorias.

4. A lei complementar tributária

4.1 O que é uma lei complementar

4.1.1 Conceitos de lógica jurídica e conceitos de direito positivo

Na linguagem jurídica existem conceitos que podemos considerar universais, que não decorrem da observação de determinado ordenamento jurídico nem se ligam a qualquer instituto jurídico localizado no tempo e no espaço. São os conceitos de *lógica jurídica*, elaborados a partir da observação da fenomenologia jurídica em geral e utilizados no estudo da Teoria Geral do Direito. São dessa espécie os conceitos de "norma", "incidência", "relação jurídica", "dever jurídico" – entre muitos outros. Assim é que Geraldo Ataliba,[65] referindo-se ao conceito de "hipótese de incidência", asseverou, com inteira propriedade:

> É aplicável assim ao Direito vigente como ao revogado ou constituendo. É válido aqui, como alhures, onde haja Direito, porque conceito lógico-jurídico.

Por outro lado, na mesma linguagem jurídica existem conceitos cuja elaboração se faz à luz de regras integrantes de determinado ordenamento jurídico, regras do direito positivo de determinado Estado. Esses conceitos de direito positivo podem existir em vários ordenamen-

---

64. V., entre outros: RE 214.569-6-MG, rel. Min. Ilmar Galvão, j. 13.4.1999, *DJU* 13.8.1999; RE 220.316-7-MG, rel. Min. Ilmar Galvão, j. 12.8.1999, *DJU* 29.6.2001; RE 229.403-0-MG, rel. Min. Ilmar Galvão, j. 30.5.2000, *DJU* 18.8.2000.
65. Geraldo Ataliba, *Hipótese de Incidência Tributária*, 6ª ed., 15ª tir., São Paulo, Malheiros Editores, 2014, p. 60.

tos jurídicos e nos mesmos podem ter idêntica significação, mas isto não os transforma em conceitos de lógica jurídica, porque, na verdade, eles decorrem de determinadas normas que podem ser a qualquer tempo alteradas pelo legislador de cada País. Serão idênticos em vários ordenamentos jurídicos enquanto forem idênticas as normas neles existentes, em face das quais o conceito é formulado.

A diferença essencial entre os conceitos de lógica jurídica e os conceitos de direito positivo reside em que os primeiros são elaborados no plano da fenomenologia jurídica, sem nenhuma dependência do que estabeleça determinada regra jurídica, enquanto os últimos são elaborados tomando-se como base precisamente o que é estabelecido em determinada regra jurídica.

Celso Antônio Bandeira de Mello[66] esclarece, com propriedade, que os conceitos de lógica jurídica são dados necessários ao raciocínio jurídico, intermediários obrigatórios entre o jurista e a ciência jurídica, e estão imanentes em qualquer sistema normativo como condicionantes do pensamento jurídico, enquanto

> os conceitos jurídico-positivos são o resultado de uma criação humana, produzida em tempo e lugar determinados, tendo em vista a produção de certos efeitos.

A existência de inegável distinção entre um conceito de lógica jurídica e um conceito jurídico-positivo, todavia, não impede que determinado conceito – como o de "lei complementar", por exemplo – seja tomado ora como conceito de lógica jurídica, ora como conceito jurídico-positivo. Basta que em determinado ordenamento jurídico existam regras que o afetem de modo a alterar aspectos relevantes do seu significado. E, sendo esse o caso, a doutrina deve ter o cuidado de evitar que os conceitos sejam utilizados indistintamente, um em lugar do outro.

Relevante, ainda, é observarmos que o estabelecimento de regra capaz de criar um conceito jurídico-positivo, diverso do conceito de lógica jurídica ao qual se assemelha, tem sempre a finalidade de produzir certos efeitos que não são próprios daquele conceito de lógica jurídica. Assim é que Celso Antônio Bandeira de Mello[67] conclui seus ensinamentos sobre o assunto afirmando:

---

66. Celso Antônio Bandeira de Mello, cit. por Américo Masset Lacombe, *Obrigação Tributária*, São Paulo, Ed. RT, 1977, pp. 60-61.
67. Celso Antônio Bandeira de Mello, cit. por Américo Masset Lacombe, *Obrigação Tributária*, São Paulo, Ed. RT, 1977, p. 61.

Em conclusão, fica firmado que os conceitos lógico-jurídicos ou conceitos puros, ditos ainda essenciais (pessoa, objeto, relação etc.), são noções estruturais a toda norma, a toda figura e a toda situação jurídica que existe, existiu e que existirá, ao passo que os conceitos jurídicos positivos são o resultado de uma criação humana, produzida em tempo e lugar determinados, tendo em vista a produção de certos efeitos.

Aliás, podemos afirmar que é tão somente a necessidade de colocar no conceito lógico-jurídico algo que no mesmo não existe que justifica o estabelecimento, em determinado ordenamento jurídico, de norma atinente àquele conceito destinada a fazer com que se passe a ter no ordenamento um conceito jurídico-positivo diverso. Conceito capaz de produzir um contexto jurídico diverso daquele que seria resultante do conceito de lógica jurídica batizado pela mesma palavra ou expressão.

Há quem se refira a *conceitos doutrinários* e *conceitos jurídico-positivos*. Na verdade, porém, melhor é dizermos "conceito de *lógica jurídica*" em vez de "conceito *doutrinário*", porque este pode muito bem ser construído em face de determinadas regras de um ordenamento jurídico. Aliás, parece que a palavra "doutrina" diz algo que é ou está muito próximo da simples descrição de um ordenamento. Seja como for, preferimos falar em "conceito de lógica jurídica" em vez de "conceito doutrinário".

4.1.2 Lei complementar como conceito de lógica jurídica

Realmente, a expressão "lei complementar" pode ser utilizada para designar uma lei que completa uma regra da Constituição. E neste caso será um conceito lógico-jurídico, pois sua elaboração não está vinculada a nenhuma determinação existente em regra jurídica de determinado ordenamento. Resulta simplesmente de um raciocínio desenvolvido no âmbito da Teoria Geral do Direito.

Exatamente por isto a doutrina jurídica brasileira utilizou a expressão "lei complementar", quando nenhuma regra de nosso ordenamento jurídico a ela fazia referência. Assim, Victor Nunes Leal,[68] em excelente artigo no qual preconizou a reformulação de certas leis em face do advento da Constituição Federal de 1946, asseverou:

> Em princípio, todas as leis são complementares, porque se destinam a complementar princípios básicos enunciados na Constituição. Geralmente,

68. Victor Nunes Leal, "Leis complementares da Constituição", *RDA* VII/381, Rio de Janeiro, FGV, janeiro-março/1947.

porém, se reserva esta denominação para aquelas leis sem as quais determinados dispositivos constitucionais não podem ser aplicados. Consequentemente, no caso em que tais leis existam mas estejam informadas por princípios de um regime político diferente, como era no caso presente o Estado Novo, a sua reforma torna-se imprescindível.

A expressão "lei complementar" utilizada por Victor Nunes Leal designava um conceito de lógica jurídica, e não um conceito jurídico-positivo. No plano do nosso então vigente direito positivo aquela expressão designava uma *lei ordinária* que, por completar a disciplina de matéria constante de dispositivo da Constituição, merecia o nome de *lei complementar*. Era este – repita-se – um conceito de lógica jurídica, simplesmente, e não um conceito jurídico-positivo.

Note-se que, ainda no plano da lógica jurídica, a expressão "lei complementar" pode ter um significado amplo, abrangendo todas as leis, e um significado restrito, abrangendo somente as leis sem as quais determinados dispositivos da Constituição não podem ser aplicados. Aliás, a existência desses dois significados para a expressão "lei complementar" projetou-se na análise que a doutrina jurídica brasileira tem feito da lei complementar como conceito jurídico-positivo, ensejando significativa divergência entre os que sustentam que a lei complementar é somente aquela que trata de matérias constitucionalmente reservadas a essa espécie normativa. Com efeito, alguns afirmam que só é lei complementar aquela que trata de matérias constitucionalmente reservadas a essa espécie normativa, explícita ou implicitamente, enquanto outros asseveram que só é lei complementar aquela que trata de matérias a ela expressamente reservadas pela Constituição, rejeitando, assim, a reserva constitucional implícita.

4.1.3 *Lei complementar como conceito jurídico-positivo*

É importante repetirmos que mesmo no campo da lógica jurídica o conceito de "lei complementar" tem um sentido amplo e um sentido restrito. Em sentido amplo, todas as leis são complementares, porque se destinam a completar princípios básicos enunciados na Constituição. Em sentido restrito, porém, leis complementares são somente aquelas sem as quais determinados dispositivos da Constituição não podem ser aplicados.[69]

---

69. Cf. Victor Nunes Leal, "Leis complementares da Constituição", *RDA* VII/381, Rio de Janeiro, FGV, janeiro-março/1947.

Se adotarmos o conceito lógico-jurídico estrito de lei complementar, entendendo que esta é a lei sem a qual determinado dispositivo da Constituição não pode ser aplicado, realmente não há como possa existir uma lei complementar tratando de outras matérias. Há uma verdadeira impossibilidade lógica, porque a lei só é complementar exatamente porque trata de certas matérias. Porque completa certos dispositivos da Constituição. Foi nesse ambiente que o Min. Victor Nunes Leal construiu sua doutrina, esclarecendo que a Constituição então vigente "não alude especialmente às leis complementares", fato que excluía qualquer possibilidade de se elaborar um conceito jurídico-positivo dessa espécie normativa, que formalmente não existia. Ambiente no qual não existia um conceito jurídico-positivo de lei complementar, mas simplesmente um conceito lógico-jurídico. E por isto mesmo não se podia cogitar de hierarquia, nem se podia admitir ser a lei complementar qualificada como tal por qualquer outro critério.

Entretanto, desde quando nosso ordenamento jurídico passou a abrigar a lei complementar como espécie normativa formalmente identificada, já não existe tal impossibilidade lógica. A partir de quando nosso ordenamento jurídico passou a abrigar um conceito jurídico-positivo de lei complementar, podemos cogitar de dois conceitos. Temos, a partir de então, um conceito jurídico-positivo de lei complementar e podemos cogitar também de um conceito lógico-jurídico de lei complementar. São conceitos distintos, embora uma determinada lei possa caber em ambos. Pode ser lei complementar porque complementa a Constituição e também por haver sido como tal produzida pelo Congresso Nacional. Mas é possível que determinada lei complemente dispositivo da Constituição e não trate de assunto colocado entre as matérias reservadas às leis complementares. Talvez por isto a doutrina se refira a reserva implícita. Seja como for, se a lei não for aprovada pelo Congresso Nacional como lei complementar não pertencerá a essa espécie normativa. Para seu enquadramento nos patamares hierárquicos será uma lei *ordinária*, porque para os fins da hierarquia das normas o que importa é o conceito jurídico-positivo.

Não se diga que o conceito jurídico-positivo de lei complementar em nosso ordenamento jurídico exige elemento material. O conceito de *lei complementar* que exige elemento material, que tem o elemento material em sua essência, é o conceito que prevalece no âmbito da lógica jurídica, posto que diversos dispositivos da Constituição dependem de lei para poderem ser aplicados. Os elementos novos, acrescentados em nosso ordenamento jurídico ao conceito de *lei complementar*, fazendo deste um conceito estritamente jurídico-positivo foram simplesmente o nome, como espécie normativa distinta, e um procedimento legislativo próprio, com a exigência de *quorum* especial para sua aprovação. Ressalte-se que não basta a aprovação por maioria absoluta. Uma *lei ordinária* não será jamais uma *lei complementar* apenas por haver sido aprovada por maioria absoluta dos votantes. Para que se tenha uma lei complementar é necessário que o procedimento legislativo próprio dessa espécie normativa tenha sido desde o início observado. Como ensina Manoel Gonçalves Ferreira Filho,[70] exige-se para a feitura de uma lei complementar um procedimento próprio, específico:

> Em nível regimental, há diferenças na tramitação entre os projetos. Por exemplo, não se exige para o projeto de lei ordinária senão um turno de votação, mas dois são reclamados para a lei complementar (art. 148 do Regimento Interno da Câmara dos Deputados).

Há quem afirme – certamente no calor da argumentação apaixonada – que, se a *lei complementar* como tal fosse qualificada pelo *quorum* de maioria absoluta na votação que a aprova, quando uma *lei ordinária* obtivesse esse *quorum* seria uma *lei complementar*. Trata-se de afirmação que não pode ser levada a sério, porque, evidentemente, o que caracteriza a lei complementar como tal – repita-se – não é o *quorum* eventualmente obtido na votação, mas o *quorum* previamente exigido nas disposições que integram a disciplina do processo legislativa ao qual está submetida.

4.1.4 Questão de direito intertemporal

Ocorre que antes da inovação que instituiu em nosso ordenamento jurídico a *lei complementar* como espécie normativa formalmente distinta – vale dizer, antes da inovação que introduziu em nosso ordenamento jurídico um conceito jurídico-positivo de lei complementar – algumas leis ordinárias tratavam de matérias hoje constitucionalmente reservadas a essa nova espécie normativa.

Isto não quer dizer que as referidas leis ordinárias – entre as quais está o Código Tributário Nacional – tenham perdido a validade. E tam-

---

70. Manoel Gonçalves Ferreira Filho, *Do Processo Legislativo*, 6ª ed., São Paulo, Saraiva, 2009, p. 250.

bém não quer dizer que o Código Tributário Nacional seja, hoje, uma lei complementar.

Quando se cogita da validade de uma norma jurídica tem-se necessariamente uma dupla questão. Podemos cogitar da validade da norma do ponto de vista formal e podemos cogitar da validade da norma do ponto de vista material. A validade de qualquer espécie de norma jurídica, do ponto de vista formal, é aferida pelo confronto desta com norma superior vigente na data de sua edição. Por isto mesmo, o Código Tributário Nacional é válido do ponto de vista formal, embora seja uma lei ordinária, porque ao tempo em que foi elaborado estava de acordo com a Constituição então vigente, que não exigia procedimento especial, vale dizer, não contemplava a categoria das leis complementares.

Por outro lado, como o Código Tributário Nacional trata de matéria que na vigente Constituição é reservada à lei complementar, sua alteração só é possível mediante lei complementar. Não porque o Código Tributário Nacional seja hierarquicamente superior à lei ordinária, mas porque trata de matéria que não pode ser tratada por essa espécie normativa. Entretanto, se admitirmos que no Código Tributário Nacional existem dispositivos tratando de matéria não reservada pela atual Constituição à lei complementar, teremos de concluir que esses dispositivos podem ser alterados por lei ordinária. Como o Código Tributário Nacional é uma lei ordinária, ele pode ser alterado por lei ordinária, porque a questão da hierarquia somente se coloca em razão de elementos formais da norma.

Sobre o assunto manifesta-se Vittorio Cassone:[71]

> No sistema constitucional brasileiro, não se verifica o fenômeno denominado inconstitucionalidade formal superveniente.
>
> Isto porque, se a norma jurídica, sob a égide da Carta pretérita, era válida, e a nova Constituição passou a exigir norma de nível hierárquico superior, aquela é recebida neste nível por transmudação constitucional.
>
> Ao depois, na vigência da atual Carta, as alterações só podem ser lançadas através da nova espécie normativa, sob pena de inconstitucionalidade formal.

Esse entendimento, aliás, tem sido afirmado pelo STF, como se vê do registro feito por Cassone,[72] assim:

---

71. Vittorio Cassone, *Interpretação no Direito Tributário – Teoria e Prática*, São Paulo, Atlas, 2004, p. 36.
72. Vittorio Cassone, *Interpretação no Direito Tributário – Teoria e Prática*, São Paulo, Atlas, 2004, p. 37.

Exemplo: dos votos proferidos no RE 214.206-9-AL (STF, Plenário, rel. para o acórdão Min. Nelson Jobim, 15.10.1997, *DJU* 29.5.1998), destacamos:

Min. Ilmar Galvão (fls. 956) – "Como *não há inconstitucionalidade formal superveniente*, conforme já proclamado por esta Corte (...)".

Min. Sepúlveda Pertence (fls. 965-966) – "Dogma fundamental da teoria da inconstitucionalidade: o de *não existir inconstitucionalidade formal superveniente*. Rege aí o *tempus regit actum*, salvo eventual força retroativa da Constituição superveniente, a qual, no entanto, não se presume.

"Nesse sentido, reporto-me aos meus votos publicados na *Lex* 167/34, na *RTJ* 143/3 e na ADI 438, *RTJ* 140/407, assim como a decisão plenária no HC 69.850, relator o Sr. Min. Francisco Rezek, relativo à recepção dos decretos-leis baixados sob o Ato Institucional 4. Disse, então, que a Constituição *pode retroativamente alcançar dispositivos pré-constitucionais por defeitos formais*, mas isso não se presume. (...). O que nela se pode tornar incompatível com a Constituição posterior *é o conteúdo, e não a forma da sua elaboração*" (grifamos).

Cassone[73] registra, ainda, que na ementa do acórdão proferido na ADI 2-1, publicada no *DJU* de 21.11.1997, consta:

O vício da inconstitucionalidade é congênito à lei e há de ser apurado em face da Constituição vigente ao tempo de sua elaboração.

Talvez a falta de atenção para essa questão típica do direito intertemporal tenha contribuído para a confusão que tem sido estabelecida em nossa doutrina a respeito da questão da existência de hierarquia entre lei complementar e lei ordinária. Forte indicativo dessa confusão, aliás, vê-se na frequente invocação da doutrina de Victor Nunes Leal pelos defensores da inexistência dessa hierarquia. Esquecem que Victor Nunes Leal escreveu em face da então recém-editada Constituição de 1946, que não continha qualquer dispositivo capaz de permitir o conceito de lei complementar como espécie normativa formal.

Seja como for, muitos dos que escreveram a respeito da lei complementar ainda não se deram conta de que todas as espécies normativas, como tais identificadas em um ordenamento jurídico, caracterizam-se por elementos formais, e não pelo conteúdo. E parece que essa desatenção é que os leva a pretender que a lei complementar se caracterize como tal pela matéria na mesma regulada.

73. Vittorio Cassone, *Interpretação no Direito Tributário – Teoria e Prática*, São Paulo, Atlas, 2004, p. 37.

4.1.5 Quorum *qualificado para aprovação da lei complementar*

Com a Emenda 4 à Constituição Federal de 1946 foi estabelecida, em setembro/1961, a exigência de *quorum* qualificado para a aprovação de leis que podiam ser catalogadas como leis orgânicas, ou leis complementares como entendidas estas em lógica jurídica. Leis destinadas a complementar a organização do Estado. E, ainda, leis delegadas e leis sobre a realização de plebiscito.

Com efeito, a referida Emenda Constitucional instituiu o sistema parlamentar de governo, e estabeleceu:

> Art. 22. Poder-se-á complementar a organização do sistema parlamentar de governo ora instituído, mediante leis votadas, nas duas Casas do Congresso Nacional, pela maioria absoluta dos seus membros.
>
> Parágrafo único. A legislação delegada poderá ser admitida por lei votada na forma deste artigo.

E essa mesma Emenda Constitucional estabeleceu, ainda:

> Art. 25. A lei votada nos termos do art. 22 poderá dispor sobre a realização de plebiscito que decida da manutenção do sistema parlamentar ou volta ao sistema presidencial, devendo, em tal hipótese, fazer-se a consulta plebiscitária 9 (nove) meses antes do termo do atual período presidencial.

Pode parecer que ficou, assim, instituída em nosso direito positivo a figura específica da lei complementar como um conceito de direito positivo e a ela foram reservadas as matérias indicadas nos dispositivos supratranscritos. Mesmo assim teremos de concluir que não se tratava, ainda, de uma espécie normativa autônoma, a exigir procedimento próprio para sua elaboração.

Realmente, vê-se claramente que os dispositivos supratranscritos, introduzidos na Constituição Federal de 1946 pela Emenda 4/1961, não chegaram a configurar a lei complementar como espécie normativa formalmente distinta. Neles não há sequer uma denominação específica para as leis às quais se referem. Nem a exigência de um procedimento próprio de elaboração.

Com a Emenda Constitucional 18, de 1.12.1965, ainda não se pode considerar introduzida em nosso ordenamento jurídico a lei complementar como conceito jurídico positivo. É certo que essa Emenda Constitucional utilizou a expressão "lei complementar", em seus arts. 1º, 2º, IV, "c", 4º, 15 parágrafo único, e 26, § 1º, estabelecendo:

> Art. 1º. O sistema tributário nacional compõe-se de impostos, taxas e contribuições de melhoria, e é regido pelo disposto neste Emenda, em leis complementares, em resoluções do Senado Federal, e, nos limites das respectivas competências, em leis federal, estadual e municipal.
>
> Art. 2º. É vedado à União, aos Estados, ao Distrito Federal e aos Municípios: (...) IV – cobrar impostos sobre: (...) c) o patrimônio, a renda ou serviços de partidos políticos e de instituições de educação ou de assistência social, observados os requisitos fixados em lei complementar.
>
> (...).
>
> Art. 4º. Somente a União, em casos expressamente definidos em lei complementar, poderá instituir empréstimos compulsórios.
>
> (...).
>
> Art. 15. Compete aos Municípios o imposto sobre serviços de qualquer natureza, não compreendidos na competência tributária da União e dos Estados.
>
> Parágrafo único. Lei complementar estabelecerá critérios para distinguir as atividades a que se refere este artigo das previstas no art. 12.
>
> (...).
>
> Art. 26. Os tributos de competência da União, dos Estados, do Distrito Federal e dos Municípios, vigentes à data da promulgação desta Emenda, salvo o imposto de exportação, poderão continuar a ser cobrados até 31 de dezembro de 1966, devendo, nesse prazo, ser revogados, alterados ou substituídos por outros na conformidade do disposto nesta Emenda.
>
> § 1º. A lei complementar poderá estabelecer que as alterações e substituições tributárias na conformidade do disposto nesta Emenda, entrem gradualmente em vigor nos exercícios de 1967, 1968 e 1969.
>
> (...)

Não obstante, não introduziu no texto constitucional um regime jurídico próprio para a votação das *leis complementares*, que não foram indicadas entre as espécies normativas. Nos dispositivos introduzidos pela Emenda 4/1961 há exigência de *quorum* para a aprovação de leis sobre certas matérias, mas não há a qualificação destas como leis complementares, e nos dispositivos introduzidos pela Emenda 18/1965 há referências à lei complementar, mas não se estabelece o regime de sua aprovação, nem são colocadas as leis complementares como espécie normativa.

Aliás, não se pode esquecer que àquela época vivíamos um regime jurídico excepcional, caracterizado pela edição de atos institucionais com os quais os militares, que tomaram o governo em 1964, violavam a Constituição de diversas formas, e o Congresso Nacional estava praticamente submetido ao Executivo, de sorte que o processo legislativo era apenas um conjunto de regras destinadas a assegurar a hegemonia daquele.

Seja como for, aqueles dispositivos das referidas Emendas Constitucionais talvez tenham contribuído também para a formação da doutrina segundo a qual a lei complementar só pode tratar das matérias a ela reservadas pela Constituição, quando, na verdade, não existe em nossa Constituição Federal nenhum dispositivo que se preste como fundamento para tal ideia. Pelo contrário, razoável é admitir-se – com Edvaldo Pereira de Brito[74] – um conceito bem mais amplo de lei complementar, mesmo em face da Constituição de 1988, como adiante se verá. Conceito que, todavia, não nos permite identificar uma espécie normativa autônoma, porque é simplesmente um conceito de lógica jurídica, acrescido da exigência de *quorum* qualificado para aprovação. A diferença essencial, na verdade, reside em que a Constituição Federal de 1988 alberga regras que consagram a lei complementar como espécie normativa formalmente autônoma, submetendo a elaboração desta não apenas à exigência de *quorum* qualificado de votação, mas a um procedimento legislativo próprio.

Não podemos negar que há uma diferença entre criar no ordenamento uma espécie normativa distinta à qual se atribua a disciplina de certas matérias e simplesmente colocar na Constituição a exigência de *quorum* qualificado para a aprovação de leis ordinárias que tratem de certas matérias.

É importante observarmos que, tratando-se de leis complementares como espécie normativa distinta, não se trata de um *quorum* eventualmente alcançado na votação. Trata-se de um *quorum* que previamente se sabe ser necessário para a aprovação da espécie normativa em elaboração. Por isto mesmo não se pode cogitar da hipótese de uma lei complementar ser aprovada por maioria simples de votos, que se confundiria com uma lei ordinária. Não alcançada a maioria absoluta, a lei complementar terá sido rejeitada.

---

74. Edvaldo Pereira de Brito, "Comentário aos arts. 145 a 149-A", in Paulo Bonavides, Jorge Miranda e Walber de Moura Agra (coords.), *Comentários à Constituição Federal de 1988*, Rio de Janeiro, GEN/Forense, 2009, p. 1.780.

4.1.6 Configuração como espécie normativa na Constituição Federal de 1967

Parece que a configuração da lei complementar como espécie normativa, em nosso ordenamento jurídico, deu-se com o advento da Constituição Federal de 1967, que não se limitou à reserva de matérias. É certo que reservou certas matérias à *lei complementar* (CF/1967, art. 14), inclusive em matéria tributária, dizendo que: "Lei complementar estabelecerá normas gerais de direito tributário, disporá sobre os conflitos de competência tributária entre a União, os Estados, o Distrito Federal e os Municípios, e regulará as limitações constitucionais ao poder de tributar" (art. 19, § 1º).

Além disto, porém, fez expressa referência à lei complementar como espécie legislativa autônoma ao estabelecer o elenco dos atos resultantes do processo legislativo. Disse que o processo legislativo compreende a elaboração de: "I – emendas à Constituição; II – leis complementares à Constituição; III – leis ordinárias; IV – leis delegadas; V – decretos-leis; VI – decretos legislativos; VII – resoluções" (CF/1967, art. 49).

E estabeleceu, ainda, que as leis complementares da Constituição seriam votadas por maioria absoluta dos membros das duas Casas do Congresso Nacional, observados os demais termos da votação das leis ordinárias (CF/1967, art. 53).

Como se vê, em face da Constituição Federal de 1967 já era possível falar-se de lei complementar como um conceito jurídico-positivo em nosso ordenamento jurídico. Em outras palavras, desde então podíamos afirmar a existência, em nosso ordenamento jurídico, de lei complementar como espécie normativa claramente configurada por elementos formais – vale dizer, a denominação e o procedimento específico de elaboração. Neste sentido é o registro feito por Luciano Amaro,[75] que, reportando-se ao conceito jurídico-positivo de lei complementar, escreve:

> Nesta acepção, as leis complementares (após episódica e restrita atuação no início dos anos 60, na vigência do Parlamentarismo em nosso País) foram introduzidas no direito constitucional brasileiro pela Constituição de 1967, com a missão (que lhes deu o nome) de "complementar" a disciplina constitucional de certas matérias, indicadas pela Constituição. Designadas "leis complementares à Constituição" pelo art. 48 (art. 46, após a Emenda 1/1969) daquele diploma, e "leis complementares" pelo art. 59 da atual

---

75. Luciano Amaro, *Direito Tributário Brasileiro*, 12ª ed., São Paulo, Saraiva, 2006, pp. 167-168.

Constituição, essas leis têm de específico, além do nome e da função, o *quorum* de aprovação: elas requerem maioria absoluta de votos na Câmara dos Deputados e no Senado (art. 69 da CF).

Por outro lado, considerando-se que as emendas à Constituição, as leis complementares e as leis ordinárias eram todas produzidas pelo mesmo órgão legislativo, as questões relativas à hierarquia e ao conteúdo dessas espécies normativas já podiam ser colocadas tal como acontece agora, perante a Constituição Federal de 1988, não obstante fosse diminuto o rol das matérias reservadas à lei complementar. É razoável afirmarmos, portanto, que a partir da Constituição de 1967 passamos a ter em nosso ordenamento jurídico a lei complementar como conceito jurídico-positivo, a definir uma espécie normativa com identidade própria.

4.2 Lei Complementar na Constituição de 1988

4.2.1 Elenco de espécies normativas resultantes do processo legislativo

A vigente Constituição Federal estabelece que o processo legislativo compreende a elaboração de: "I – emendas à Constituição; II – leis complementares; III – leis ordinárias; IV – leis delegadas; V – medidas provisórias; VI – decretos legislativos; VII – resoluções" (art. 59).

Este, portanto, é o elenco das espécies normativas que resultam do processo legislativo, nos termos da Constituição Federal, e que serão adiante, uma a uma, por nós examinadas.

Ressalte-se desde logo que, depois de arrolar as espécies normativas, como se viu acima, a Constituição Federal estabelece que a lei complementar disporá sobre a elaboração, redação, alteração e consolidação das leis (CF/1988, art. 59 e seu parágrafo único).

Daí se vê que a lei complementar foi colocada em nosso ordenamento jurídico como uma espécie normativa formalmente definida, distinta da lei ordinária, e que tem como finalidade, entre outras, dispor sobre a elaboração, redação, alteração e consolidação das leis – sendo, portanto, fundamento de validades das mesmas. E isto nos faz procurar identificar a razão de ser dessa colocação, pois com certeza já não devemos considerar a lei complementar apenas como um conceito de lógica jurídica, como ocorria em face da Constituição de 1946, antes da Emenda 4/1961. Sem prejuízo da lei complementar como conceito de lógica jurídica, temos hoje a lei complementar como conceito jurídico-

-positivo, que é diverso daquele. E quando a Constituição se refere à lei complementar é razoável entender que a referência é feita ao conceito jurídico-positivo, e não ao conceito lógico-jurídico.

Assim, é razoável entendermos que as espécies normativas enumeradas no art. 59 da CF como produto do processo legislativo – entre as quais está a espécie designada como *leis complementares* – devem ser entendidas como conceitos jurídico-positivos.

Cada uma das espécies normativas mencionadas no referido dispositivo constitucional constitui um grupo que se caracteriza pelos elementos formais, e não pela matéria de que se ocupa, embora algumas dessas espécies possam sofrer certas limitações quanto à matéria – como é o caso, por exemplo, dos decretos legislativos e das resoluções. Seja como for, o que a final caracteriza essas espécies normativas é mesmo o elemento formal, vale dizer, a competência para a correspondente produção e o procedimento adotado nessa produção.

4.2.2 Matérias reservadas à lei complementar

A vigente Constituição Federal estabeleceu, ainda, em diversos de seus dispositivos, a reserva de certas matérias à lei complementar, tornando-se inegável a necessidade de reformular aquele conceito de lógica jurídica, para se chegar a um conceito de lei complementar em nosso ordenamento jurídico. Um conceito de direito positivo. Conceito que, com certeza, não pode ser aquele que levou Victor Nunes Leal a afirmar a inexistência de hierarquia entre a lei complementar e a lei ordinária.

É da maior evidência que o simples fato de algumas matérias serem reservadas à lei complementar implica a necessidade de existir no ordenamento jurídico uma espécie normativa distinta da lei ordinária. A não ser assim, a reserva não teria o menor sentido. E essa espécie distinta, sendo, como é, produzida pelo mesmo órgão legislativo, para ser diferente há de ser produzida mediante procedimento legislativo diferenciado, sem o quê não será uma espécie distinta.

São muitos os dispositivos da vigente Constituição Federal que estabelecem reserva de matérias à lei complementar. Não vamos examiná--los especificamente, porque isto excede os objetivos deste livro. Entretanto, mais adiante examinaremos os dispositivos que estabelecem essa reserva em matéria tributária.

Cumpre-nos, todavia, desde logo registrar a divergência existente entre os que sustentam que a lei complementar qualifica-se como tal por tratar de determinadas matérias que a Constituição a ela reserva. Alguns sustentam que essa reserva de matérias é somente aquela feita expressamente, enquanto outros admitem a existência de matérias implicitamente reservadas pela Constituição à lei complementar.

4.2.3 Reserva feita expressamente

Entre os que afirmam que a reserva constitucional de matérias à lei complementar é apenas aquela feita expressamente está Antônio Carlos Rodrigues do Amaral,[76] que escreve:

> Dada a rigidez de suas disposições, importa restringir a liberdade do parlamentar na sua função legiferante. Desse modo – configurando o instituto regra restritiva da atividade parlamentar –, sempre que o constituinte entendeu necessário o uso de diploma legal de tal porte, o fez expressamente. Não há, no Texto Magno, exigência implícita para o uso de lei complementar.

Como se vê, Antônio Carlos Rodrigues do Amaral é taxativo ao afirmar que na Constituição não existe exigência implícita para o uso de lei complementar. Essa doutrina certamente reduz a incerteza na questão de saber se determinada matéria deve ser, ou não, regulada por lei complementar. Não afasta, porém, a enorme insegurança que se instaura sempre que se precisa definir o alcance de uma regra que expressamente formula reserva de lei complementar.

No mesmo sentido é a doutrina de Pinto Ferreira,[77] para quem:

> A Constituição Federal de 1988 fixou de modo exaustivo, em *numerus clausus*, o campo específico da lei complementar, prescrevendo de antemão qual a matéria reservada exclusivamente à legislação complementar.

Ricardo Cunha Chimenti, Fernando Capez, Márcio Fernando Elias Rosa e Marisa Ferreira dos Santos[78] também afirmam que a reserva de matéria à lei complementar deve ser expressa.

---

76. Antônio Carlos Rodrigues do Amaral, "Lei complementar", in Ives Gandra da Silva Martins (coord.), *Curso de Direito Tributário*, 11ª ed., São Paulo, Saraiva, 2009, p. 81.
77. Pinto Ferreira, *Comentários à Constituição Brasileira*, Saraiva, São Paulo, 1992, 3º vol., p. 748.
78. Ricardo Cunha Chimenti, Fernando Capez, Márcio Fernando Elias Rosa e Marisa Ferreira dos Santos, *Curso de Direito Constitucional*, 2ª ed., São Paulo, Saraiva, 2005, p. 255.

Assim é que afirmam:

> O projeto de lei complementar (só é exigida lei complementar quando a Constituição é expressa nesse sentido, a exemplo do art. 148), por sua vez, somente é aprovado se obtiver voto favorável da maioria absoluta dos membros das duas Casas.

Manoel Gonçalves Ferreira Filho,[79] por seu turno, ensina que as matérias reservadas à lei complementar são aquelas expressamente indicadas na Constituição. Em suas palavras:

> A Constituição enuncia claramente em muitos de seus dispositivos a edição de lei que irá complementar suas normas relativamente a esta ou àquela matéria. Fê-lo por considerar a particular importância dessas matérias, frisando a necessidade de receberem um tratamento especial. Só nessas matérias, e só em decorrência dessas indicações expressas, é que cabe a lei complementar.

Para Nelson de Sousa Sampaio também a lista das matérias a serem disciplinadas por leis complementares é taxativa.[80]

Menos radical é a doutrina que sustenta ser o elemento material necessário à caracterização da lei complementar mas admite que, ao lado da reserva constitucional expressa de lei complementar, existe a reserva que às vezes estaria implícita em dispositivos da Constituição.

4.2.4 Admitindo a reserva às vezes implícita na referência à lei

Paulo de Barros Carvalho, com referências e elogios a José Souto Maior Borges, adota a tese segundo a qual a lei complementar somente se qualifica como tal quando trata de matérias constitucionalmente reservadas a essa espécie legislativa. Admite, porém, que essa reserva pode estar implícita em simples referência à lei, sem qualificação. Assim, define a lei complementar como

> aquela que, dispondo sobre matéria, expressa ou implicitamente, prevista na redação constitucional, está submetida ao *quorum* qualificado do art. 69 (CF), isto é, maioria absoluta das duas Casas do Congresso Nacional.

---

79. Manoel Gonçalves Ferreira Filho, *Do Processo Legislativo*, 6ª ed., São Paulo, Saraiva, 2009, pp. 249-250.
80. Nelson de Sousa Sampaio, *O Processo Legislativo*, São Paulo, Saraiva, 1968, p. 38.

E, adiante, esclarece:[81]

> Os assuntos que o constituinte reservou para o campo da lei complementar estão quase sempre expressos, inobstante possamos encontrar, em alguns passos, a simples alusão à lei, desacompanhada do qualificativo "complementar." Em circunstâncias como essa, a bem-empreendida análise do comando supremo apontará que a grandeza do tema somente pode ser objeto de lei complementar, visto que estão em pauta regulações diretas de preceitos da Lei Maior, que por outros estatutos não poderiam ser versadas.

Nessa mesma linha manifesta-se Regina Helena Costa,[82] afirmando que a lei complementar

> disciplina as matérias expressa ou implicitamente indicadas pelo texto constitucional.

Roque Antônio Carrazza também admite que a reserva de matérias à lei complementar pode estar implícita na Constituição Federal, e aponta o art. 150, VI, "c", o § 5º desse mesmo artigo, o art. 153, § 2º, II, e o art. 195, § 7º, da CF como casos de reserva implícita de lei complementar.[83]

Ao admitir a reserva implícita, essa doutrina amplia o campo das matérias constitucionalmente reservadas à lei complementar, com a possibilidade de se ver em dispositivos de lei complementar matérias constitucionalmente reservadas a essa espécie normativa – o que é, sem dúvida, positivo para a preservação da segurança jurídica. Entretanto, compromete esse princípio fundamental do Direito, na medida em que deixa indefinida ou, mais exatamente, amplia a área de indefinição da reserva constitucional da lei complementar.

E existe também doutrina ampliando ainda mais o que seria essa reserva constitucional implícita de matérias a serem tratadas por lei complementar.

81. Paulo de Barros Carvalho, *Curso de Direito Tributário*, 18ª ed., São Paulo, Saraiva, 2007, pp. 219-220.
82. Regina Helena Costa, *Curso de Direito Tributário*, São Paulo, Saraiva, 2009, p. 18.
83. Roque Antônio Carrazza, *Curso de Direito Constitucional Tributário*, 29ª ed., São Paulo, Malheiros Editores, 2014, pp. 1.093, 1.094, 1.098 e 1.135.

4.2.5 Reserva implícita mais ampla

Edvaldo Pereira de Brito admite a reserva sempre que houver na regra da Constituição referência à lei. Basta que se trate de "instituições constitucionais" – expressão que, em sua linguagem, parece indicar matéria enunciada na Constituição a ser completada pela lei. Na doutrina de Edvaldo Brito é

> necessário o *quorum* da *lei complementar* toda vez que a norma infraconstitucional tiver de ser integrativa, porque atina com a rigidez constitucional.

Neste sentido, argumenta Edvaldo Brito:[84]

> E o texto de 1988 não induz a outro entendimento porque, sob o aspecto formal, preserva à complementar o *quorum* específico da maioria absoluta para que qualquer Casa Legislativa aprove-a; materialmente, a ordenação constitucional de agora, também, lista os casos, expressamente, em que requer esse *quorum*, sem, contudo, poder-se concluir que o faz *numerus clausus* desde quando a rigidez constitucional quanto ao poder de emenda não autoriza permitir que se admita *quorum* da maioria simples para tratar de questões relativas a instituições constitucionais, sobretudo em face da simplificação deliberativa decorrente da competência terminativa das Comissões dispensando a do Plenário (cf. item I do § 2º do art. 58), sob pena de fraude à rigidez.
>
> Lei complementar, no sistema estatuído na nossa Constituição, é aquela que, tratando de instituições constitucionais ou de matéria para a qual tenha sido, expressamente, requerida pelo ordenamento constitucional, tenha, por isso, de ser aprovada pelo *quorum* específico da maioria absoluta dos votos dos membros das Casas Legislativas, vedada, portanto, a competência terminativa das Comissões que dispensa a do Plenário, tendo em vista a rigidez constitucional relativamente ao poder de emenda e considerando a natureza integrativa da norma complementar. As demais leis, obviamente, são reguladoras, também, da Constituição, mas não ao nível de norma integradora, como o é a complementar batizada ou não, assim, no texto da Lei Maior. Sob esse conceito, *lei complementar* é uma categoria de norma infraconstitucional cuja materialidade é, expressamente, requerida pela própria Constituição, ou que corresponde a uma explicitação de elementos sumariados em norma constitucional tipificadores de questões relativas a instituições constitucionais. Assim, ela é integrativa, mas não é condição para a aplicabilidade da norma constitucional, ainda que possam

---

84. Edvaldo Pereira de Brito, "Comentário aos arts. 145 a 149-A", in Paulo Bonavides, Jorge Miranda e Walber de Moura Agra (coords.), *Comentários à Constituição Federal de 1988*, Rio de Janeiro, GEN/Forense, 2009, p. 1.780.

ocorrer algumas situações nas quais seja necessária a proteção jurisdicional para ou constituir o direito subjetivo no caso concreto ou, sendo outras as hipóteses, instar a pessoa competente a promover os atos integrativos, sob pena de a decisão judicial operar *qua non* para a execução da regra constitucional.

Como se vê, essa doutrina amplia o âmbito das previsões implícitas de matérias reservadas à lei complementar, que compreenderia também aquelas matérias relativas a instituições constitucionais, mesmo que a lei complementar não seja condição para a aplicabilidade da norma constitucional.

É evidente, pois, a dificuldade que se tem na delimitação das matérias reservadas à lei complementar. E, ainda que se considere que a reserva é somente aquela feita explícita e expressamente pela Constituição, é praticamente impossível evitar divergências quanto à delimitação da matéria reservada por cada um dos dispositivos da Constituição que cuidam do assunto. Aliás, com o advento da Emenda Constitucional 42, que introduziu no texto constitucional o art. 146-A, com mais uma reserva de matérias à lei complementar, essa delimitação tornou-se inteiramente impossível.

Por tais razões é que preferimos qualificar a lei complementar, enquanto conceito jurídico-positivo, como categoria normativa autônoma apenas pelos elementos formais – a saber: a competência e o regime especial adotado para sua elaboração. Não nos parece que a lei complementar, ou qualquer outra espécie normativa integrante de nosso ordenamento jurídico, ganhe sua identidade específica pela matéria de que se ocupa.

4.2.6 *Regime especial de elaboração com exigência de* quorum *qualificado*

Por outro lado, do ponto de vista formal é evidente e indiscutível o elemento distintivo. Estabelece a Constituição Federal de 1988 que as leis complementares constituem espécie distinta das demais espécies resultantes do processo legislativo (art. 59), com autonomia formal, e devem ser aprovadas por maioria absoluta (art. 69). Essa qualificação como espécie distinta das demais resultantes do processo legislativo implica a necessidade de um procedimento especial de apreciação do projeto de lei pelo Congresso Nacional. Confere o elemento distintivo da lei complementar.

Ressalte-se que não se trata simplesmente do fato de ser a lei aprovada por um *quorum* de maioria absoluta que seja eventualmente alcançado. Trata-se – isto, sim – de um *quorum* que é previamente exigido e implica a adoção de regras regimentais diversas, aplicáveis especificamente aos projetos de lei complementar, como é a que estabelece ser inadmissível o acordo de lideranças. Em outras palavras, o *quorum* de maioria absoluta eventualmente alcançado na aprovação de uma lei ordinária não faz da mesma uma lei complementar, assim como o *quorum* de mais de três quintos dos votos dos membros do Congresso Nacional não faz de uma lei ordinária emenda constitucional. Lei ordinária será sempre lei ordinária, mesmo que seja aprovada por unanimidade de votos. Cada uma das espécies normativas enumeradas no art. 59 da CF, para que se qualifique como tal, deve ser discutida e votada no Congresso Nacional com obediência ao procedimento regimental especificamente previsto, que pode conter disciplina diversa desde a iniciativa até a publicação do ato normativo.

4.2.7 *Identidade da lei complementar como conceito jurídico-positivo*

Enquanto no âmbito da lógica jurídica o conceito de lei complementar é formulado a partir do conteúdo da norma – vale dizer, é lei complementar aquela que complementa a Constituição –, a identidade da lei complementar como conceito jurídico-positivo se perfaz com elementos formais. Trata-se de uma distinção essencial, reconhecida mesmo por autores que sustentam a tese de que a lei complementar só pode tratar de matérias a ela reservadas. Neste sentido, escreveu Celso Ribeiro Bastos:[85]

> Lei complementar, como o próprio nome diz, é aquela que completa a Constituição. O que significa completar a Constituição? Significa que, levando-se em conta o fato de que nem todas as normas constitucionais terem o mesmo grau de aplicabilidade e a possibilidade de se tornarem imediatamente eficazes, demandam a superveniência de uma lei que lhes confira esses elementos faltantes. Dá-se o nome de lei complementar a essa norma que vem, na verdade, integrar a Constituição.
> Esta, contudo, é a noção clássica de lei complementar. Dizemos clássica porque, a partir da Emenda Constitucional 4, que implantou o parlamentarismo, criou-se uma nova modalidade de lei complementar definida não a partir do papel por ela desempenhado, qual seja, o de completar a

---

85. Celso Ribeiro Bastos, *Curso de Direito Constitucional*, 22ª ed., São Paulo, Malheiros Editores, 2010, pp. 508-509.

Constituição, mas, pelas suas características formais, é dizer, pelo fato de ser aprovada por um *quorum* próprio, e por versar sobre matéria a ela afeta pela Constituição.

Temos, assim, duas realidades compreendidas pelo termo "lei complementar": (a) *a tradicional* – encontrada em outros sistemas jurídicos e mesmo no Brasil, antes da emenda parlamentarista, que consistia em entender como complementar toda lei que, na sua função, desempenhasse o papel de completar a Constituição; (b) *a formal* – atualmente, não se pode aceitar outra definição senão essa, que é encampada pela Constituição. Quando esta fala em lei complementar está-se referindo a uma modalidade com características formais, é dizer, independentes do papel por ela cumprido.

É fácil de ver que os conceitos de lógica jurídica e de direito positivo, aos quais nos referimos, são precisamente aqueles que Celso Ribeiro Bastos denominou, referindo-se à lei complementar *tradicional* e *formal*. Um ligeiro reparo, entretanto, parece-nos indispensável. É que o conceito jurídico-positivo de lei complementar em nosso ordenamento jurídico somente se fez possível a partir da Constituição de 1967, porque a Emenda 4 à Constituição de 1946 apenas exigiu o *quorum* especial para a aprovação de leis que tratassem das matérias que indicou. Isto significa dizer que eram leis ordinárias para cuja aprovação se fazia necessário um *quorum* especial, e não uma espécie normativa formalmente distinta.

Por outro lado, registramos que há uma diferença entre os dispositivos da Emenda 4 à Constituição de 1946 que estabeleceram reserva de matérias à lei aprovada mediante *quorum* especial e os dispositivos da atual Constituição que reservam certas matérias à lei complementar. Nos dois dispositivos da Emenda 4 – tanto no art. 22 como no art. 25 – está clara a ideia de exclusividade; quer dizer, apenas naqueles casos exige-se lei votada com o *quorum* ali indicado. E tinha mesmo de ser assim, pois as leis que não tratassem das matérias indicadas naqueles dois dispositivos podiam, sim, ser votadas e aprovadas por maioria simples, porque eram leis ordinárias. Já, nos dispositivos da vigente Constituição Federal que reservam certas matérias à lei complementar não se vislumbra essa ideia. Pelo contrário, em nenhum dispositivo da vigente Constituição se pode ver a ideia de que a lei complementar apenas tratará das matérias reservadas a essa espécie normativa. E há de ser assim porque no regime da vigente Constituição lei complementar é uma espécie normativa distinta, que jamais poderá ser aprovada por maioria simples. Assim, na votação das leis complementares a exigência de maioria absoluta é a regra, e não uma exceção, como acontecia na votação de leis ordinárias à luz dos arts. 22 e 25 da EC 4 à Constituição de 1946.

Em síntese, a identidade da lei complementar como conceito jurídico-positivo à luz da Constituição Federal de 1988 se perfaz com o atendimento de requisitos formais – a saber: o nome e o procedimento especial de votação. Neste sentido, portanto, *lei complementar* é a lei elaborada pelo Congresso Nacional com observância do procedimento especificamente estabelecido para esse fim, inclusive com a aprovação por maioria absoluta de seus membros.

Como todas as demais espécies normativas, a lei complementar, enquanto conceito jurídico-positivo, caracteriza-se como tal pelo elemento formal, que fica a critério do Congresso Nacional adotar. Há quem sustente que ao admitirmos essa competência do Congresso Nacional estamos admitindo um possível "engessamento" da ordem jurídica, pois as matérias incluídas no texto de lei complementar só poderão ser alteradas depois mediante lei complementar, isto é, só pelo voto da maioria absoluta dos parlamentares será possível sua alteração. Ocorre que é exatamente isto, é exatamente esse "engessamento", que confere a segurança jurídica às matérias que, a juízo do Congresso Nacional, devem ser tratadas por lei complementar.

Note-se que esse mesmo "engessamento" acontece quando o Congresso Nacional se utiliza de emenda constitucional para tratar de matérias que não estão na Constituição. E ninguém nega que esteja a seu critério fazê-lo.

4.3 *Caracterização da lei complementar*

4.3.1 *Explicação para a tese que exige elemento material*

Do que expusemos até aqui se vê que entendemos ser a lei complementar, em nosso atual ordenamento jurídico, uma espécie normativa que se qualifica pelos elementos formais – a saber, pela competência para produzi-la, atribuída ao Congresso Nacional, e pelo procedimento especificamente adotado em sua produção, no qual se inclui a exigência de aprovação pela maioria absoluta de seus membros.

Ocorre que respeitabilíssimos doutrinadores persistem na sustentação de uma tese, a nosso ver equivocada, segundo a qual a lei complementar somente se qualifica como tal quando trata de matéria que a Constituição reserva a essa espécie normativa. Tese que tem sido adotada por muitos sem maiores cuidados, em função do que denominamos "argumento de autoridade". Assim, parece-nos oportuna uma explicação a respeito de fatos que podem ser, de certa forma, considerados causa do equívoco e de sua persistência, embora estejamos convencidos de que os mais destacados defensores do equívoco talvez o tenham construído e nele persistam muito mais por uma questão de vaidade pessoal.

A origem da tese segundo a qual a lei complementar ganha sua identidade pelo elemento material – vale dizer, em razão da matéria da qual se ocupa – parece residir no excelente artigo de Victor Nunes Leal publicado em 1947, aliado à desatenção para a distinção existente entre a lei complementar enquanto conceito de lógica jurídica e a lei complementar enquanto conceito jurídico-positivo. Alguns indicam expressamente essa fonte doutrinária e deixam implícita sua influência para a aceitação da tese, que, corretamente construída em face da Constituição de 1946 – que não albergava regras a permitir um conceito jurídico-positivo de lei complementar –, já não pode ser aceita diante da vigente Constituição. Frederico Araújo Seabra de Moura,[86] por exemplo, sustenta que

> não há de se falar que a lei complementar é sempre superior hierarquicamente à lei ordinária. Esse é um equívoco rotundo, segundo Victor Nunes Leal. Pode vir a ser, mas unicamente quando servir de fundamento de validade – formal ou material – para uma lei ordinária, o que não ocorre sempre.

Como se vê, o referido autor parece não distinguir a lei complementar enquanto conceito de lógica jurídica da lei complementar enquanto conceito jurídico-positivo. E parece, ainda, que não considera a lei complementar como uma espécie normativa autônoma, mas cada lei complementar individualmente – o que também contribui para o equívoco no qual incorre ao adotar a tese que refutamos.

José Souto Maior Borges[87] também registra expressamente a fonte de sua inspiração, ao escrever:

> O ponto de partida para a formulação do conceito "ontológico" ou "doutrinário" – ou "material" – de lei complementar, como preferimos denominá-lo no Direito Brasileiro, é um estudo clássico de Victor Nunes

---

86. Frederico Araújo Seabra de Moura, *Lei Complementar Tributária*, São Paulo, Quartier Latin, 2009, p. 102.
87. José Souto Maior Borges, "Eficácia e hierarquia da lei complementar", *RDP* 25/99, São Paulo, Ed. RT, julho-setembro/1973.

Leal no qual ele sustenta que, em princípio, todas as leis são complementares, porque se destinam a completar princípios básicos enunciados na Constituição. Adverte entretanto Nunes Leal que, geralmente, se reserva esta denominação para aquelas leis sem as quais determinados dispositivos constitucionais não podem ser aplicados.

E, como se vê, José Souto Maior Borges não distinguiu bem o conceito lógico-jurídico do conceito jurídico-positivo, tanto que denominou o primeiro de conceito "doutrinário" ou "material" de lei complementar mas ligou esse conceito ao Direito Brasileiro, sem considerar que tais conceitos são iguais em qualquer ordenamento jurídico, exatamente por não serem conceitos jurídico-positivos, mas conceitos de lógica jurídica.

A forma como surgiu a exigência de *quorum* qualificado para a aprovação de leis sobre certas matérias na Constituição Federal de 1946, com a Emenda 4/1961, também parece haver contribuído para a formação da tese segundo a qual a lei complementar ganha sua identidade pelo elemento material – vale dizer, em razão da matéria da qual se ocupa. É que a referida Emenda Constitucional não instituiu a lei complementar como espécie normativa – vale dizer, não criou uma espécie de lei, distinta da lei ordinária. Simplesmente determinou que o sistema parlamentar de governo, então por ela instituído, poderia ter sua organização complementada por leis votadas nas duas Casas do Congresso Nacional pela maioria absoluta de seus membros (EC 4/1961 à Constituição Federal de 1946, art. 22). Admitiu a delegação legislativa mediante lei ordinária também aprovada pelo referido *quorum* especial, e admitiu, ainda, que lei ordinária, desde que aprovada com o referido *quorum* especial, poderia dispor sobre a realização de plebiscito para decidir sobre a manutenção do sistema parlamentar ou a volta ao sistema presidencial (EC 4/1961, art. 25).

É importante insistirmos em que a Emenda 4 à Constituição Federal de 1946 não introduziu em nosso ordenamento um conceito jurídico--positivo de lei complementar – vale dizer, não introduziu em nosso ordenamento a lei complementar como figura legislativa específica. Não colocou em nosso direito positivo elementos suficientes para a qualificação da lei complementar como um conceito jurídico-positivo. A lei complementar, então, continuava a ser um conceito de lógica jurídica, simplesmente, e não um conceito de direito positivo, porque a exigência de *quorum* qualificado não levava à catalogação das leis complementares em espécie distinta das leis ordinárias. Pelo contrário, todas integravam uma única espécie – a das leis ordinárias.

Outras razões podem ser apontadas para o equívoco de se afirmar que a lei complementar só se qualifica como tal se tratar das matérias constitucionalmente reservadas a essa espécie normativa. Entre elas, a confusão entre forma e matéria na aferição da validade das normas jurídicas e o desconhecimento ou desconsideração da doutrina da recepção, segundo a qual as normas são recepcionadas por uma nova ordem jurídica desde que sejam com esta materialmente compatíveis, sem se levar em conta a subsistência, ou não, da espécie normativa.

Finalmente, uma explicação para a persistência da tese segundo a qual as leis complementares se qualificam pela matéria da qual se ocupam pode ser a desatenção de alguns que a acolhem sem qualquer questionamento, aliada à vaidade pessoal de alguns dos que a defendem, que chegam a se irritar e ficar agressivos com quem ousa deles divergir.

4.3.2 Impossibilidade de caracterização pela matéria

Quando se cogita de espécies normativas tendo em vista a posição de cada uma nos diversos planos da hierarquia do sistema jurídico, o elemento substancial ou material geralmente é irrelevante. Assim, quando procuramos saber qual é o plano hierárquico de determinada espécie normativa, a caracterização dessa espécie se faz a partir da competência para sua produção e do procedimento a ser observado nessa produção. Em outras palavras, sempre que se coloca a questão da hierarquia no sistema jurídico, o que importa são os elementos formais característicos de cada espécie normativa. Não o elemento material, ou o conteúdo de cada norma. Isto acontece com todas as espécies normativas, como tivemos oportunidade de demonstrar no capítulo anterior, no qual tratamos do ordenamento jurídico. Não é razoável pretender que seja diferente em relação à lei complementar, especialmente quando na Constituição não existe regra que o diga.

A Constituição Federal alberga normas as mais diversas. É indiscutível, porém, que na mesma está o fundamento de validade de todo o ordenamento jurídico. Indiscutível, também, que a mesma se caracteriza, como norma do mais elevado plano hierárquico do sistema, pelo elemento formal. Por isto mesmo é possível seu posicionamento em um único plano do escalonamento hierárquico, não obstante albergue – repita-se – normas de conteúdos os mais diversos. Salvo a doutrina de Bachof, que admite normas inconstitucionais dentro da própria Constituição como obra do poder constituinte originário,[88] não conhecemos nenhuma outra apontando distinção hierárquica entre dispositivos da Constituição. É certo que existem normas na Constituição em relação às quais não se admite revogação ou modificação que lhes reduza o alcance. São as denominadas *cláusulas pétreas*, ou *cláusulas de imodificabilidade*. Tais normas, todavia, albergam determinação do próprio poder constituinte originário, e são apenas aquelas como tais expressamente referidas.

As leis complementares também albergam normas as mais diversas mas, desde que passaram a constituir uma espécie normativa, porque enquanto um conceito jurídico-positivo caracterizam-se pela competência do órgão que as produz e pelo procedimento adotado nessa produção, não são diferentes umas das outras por tratarem de assuntos diferentes. O fato de haver a Constituição Federal estabelecido que certas matérias devem ser tratadas por lei complementar não é o que lhes confere especificidade. Pelo contrário, a existência, no sistema jurídico, de uma espécie normativa situada em plano hierárquico superior é que enseja essa reserva constitucional de certas matérias, às quais o constituinte pretendeu assegurar maior estabilidade. Neste sentido doutrina, com indiscutível acerto, Napoleão Nunes Maia Filho:[89]

> Insisto: há realmente na Constituição dispositivos que instituem reserva material em favor da lei complementar, mas essas previsões constitucionais têm essencialmente o efeito de excluir, daquelas situações, a incidência de outras espécies normativas, quais a lei ordinária, a lei delegada ou a medida provisória, de emissão pelo Presidente da República.
>
> Em outras palavras: as indicações (previsões) que se fazem em prol da lei complementar têm o objetivo claro de afastar, nessas matérias, a atividade normativa do legislador ordinário e do Presidente da República, que em relação a elas não poderá receber delegação legislativa nem as disciplinar através de medidas provisórias.
>
> Ao meu sentir, se o constituinte originário tivesse tido a intenção de só admitir a lei complementar naquelas hipóteses previstas na Constituição (e em nenhuma outra mais), tê-lo-ia dito às expressas; como não o disse de forma explícita, creio que será melhor seguir a velha recomendação hermenêutica que proíbe o intérprete de fazer distinções ou criar restrições onde a norma interpretada não o fez.

---

88. Otto Bachof, *Normas Constitucionais Inconstitucionais?*, trad. de José Manuel M. Cardoso da Costa, Coimbra, Atlántica, 1977.

89. Napoleão Nunes Maia Filho, *Estudos Temáticos de Direito Constitucional*, UFCE, 2000, p. 85.

Portanto, o ordenamento jurídico pode perfeitamente conter uma lei complementar editada para regular matéria não prevista na Constituição como a ela reservada, sem que isso lhe traga a pecha de invalidade, principalmente sem importar vício de inconstitucionalidade; vale dizer, em outras palavras, a lei complementar editada em semelhante situação será plenamente válida e eficaz.

E, embora reconheça que sua conclusão não é acolhida pela grande maioria dos eminentes doutrinadores nacionais, conclui que a lei complementar que trata de matérias a ela não constitucionalmente reservadas somente poderá ser modificada ou revogada por outra lei complementar.[90]

Realmente, se o constituinte tivesse pretendido que a lei complementar não tratasse de matérias outras, limitando-se àquelas reservadas a essa espécie normativa, deveria tê-lo dito, e não o fez. Em nenhum dispositivo da vigente Constituição está dito, ainda que implicitamente, que a lei complementar não pode tratar de outras matérias além daquelas que estão a ela reservadas. E tal restrição à lei complementar não seria razoável porque – como assevera Napoleão Nunes Maia Filho –, ao atuar fora dos campos a ele expressamente reservados, o legislador complementar está no exercício legítimo de sua avaliação quanto à importância das matérias disciplinadas, que, por isto mesmo, exigem elevação ao nível hierárquico superior. Em suas palavras:[91]

> Ao meu ver, ocorre, na hipótese de lei complementar editada fora das previsões constitucionais, o exercício legítimo de *avaliação estratégica por parte do legislador*; elevando o nível da disciplina de determinada matéria, *revestindo-a objetivamente de características que a fazem de modificabilidade mais complexa, em razão de sua aprovação por maioria qualificada.*
>
> Mas, se o legislador optou por emitir uma lei complementar em caso não reservado a ela, não lhe será lícito, no futuro, recuar da orientação adotada, relativamente ao conteúdo dessa lei complementar, e modificá-la ou revogá-la por norma de hierarquia subalterna: a modificação e revogação de lei complementar editada naquelas condições somente poderão ser efetivadas através de lei da mesma hierarquia.
>
> Ocorrendo essa hipótese, a lei complementar não poderá ser modificada ou revogada por lei posterior que não tenha a sua mesma hierarquia,

---

90. Napoleão Nunes Maia Filho, *Estudos Temáticos de Direito Constitucional*, UFCE, 2000, p. 85.
91. Napoleão Nunes Maia Filho, *Estudos Temáticos de Direito Constitucional*, UFCE, 2000, p. 91.

pois se tal fosse possível se implantaria a sempre indesejável insegurança jurídica ou se daria alvedrio absoluto para, a seu talante, usar e abusar do poder de legislar.

Aliás, se o elaborador da Constituição Federal de 1988 tivesse pretendido colocar certas matérias sob reserva de lei complementar – como tal entendida a espécie normativa que tenha por conteúdo tais matérias –, bastaria não ter criado a lei complementar como um conceito de direito positivo, vale dizer, como espécie normativa formalmente qualificada. E assim, em vez de dizer que determinadas matérias serão tratadas por lei complementar, teria simplesmente formulado a exigência de *quorum* qualificado para a aprovação da lei que cuidasse das matérias indicadas, como fez a Emenda 4 à Constituição de 1946.

Realmente, poderia o constituinte, em cada um dos dispositivos da Constituição Federal de 1988 que reservam matérias à lei complementar, simplesmente exigir *quorum* qualificado para a aprovação da lei que tratasse daquelas matérias.

Na verdade, porém, a vigente Constituição Federal, embora em diversos dispositivos diga que certas matérias devem ser tratadas em lei complementar, contém dispositivo que deixa fora de dúvida a impossibilidade de caracterização dessa espécie normativa pela matéria da qual se ocupa. Com seu art. 146-A afastou qualquer dúvida, estabelecendo que: "A lei complementar poderá estabelecer critérios especiais de tributação, com o objetivo de prevenir desequilíbrios da concorrência, sem prejuízo da competência de a União, por lei, estabelecer normas de igual objetivo".

Nos termos desse dispositivo constitucional, a lei complementar poderá estabelecer critérios especiais de tributação, com o objetivo de prevenir desequilíbrios da concorrência. Esta seria a matéria reservada à lei complementar. Ocorre que o mesmo dispositivo constitucional estabelece que a disciplina, em lei complementar, de critérios especiais de tributação, com o objetivo de prevenir desequilíbrios da concorrência, deve ser feita sem prejuízo da competência da União para, por lei ordinária, estabelecer normas com igual objetivo. Em outras palavras, a lei complementar que trate da matéria em referência só será caracterizada como tal – vale dizer, só será lei complementar – em virtude dos elementos formais.

Na verdade, a lei complementar identifica-se simplesmente por ter sido como tal aprovada pelo Congresso Nacional, e está em nível hierárquico superior ao da lei ordinária. E se não for assim, como ficará a convivência dessas duas espécies normativas quando cuidarem de critérios especiais de tributação, com o objetivo de prevenir desequilíbrios da concorrência?

Em síntese, se antes da inserção do art. 146-A na vigente CF já era razoável afirmar que a lei complementar não se caracteriza pela matéria da qual se ocupa, depois da Emenda Constitucional 42, de 19.12.2003, que fez tal inserção, tornou-se impossível qualificar a lei complementar pela matéria da qual se ocupa.

4.3.3 Caracterização pelos elementos formais

Certo, porém, é que a vigente Constituição Federal trata a *lei complementar* como uma espécie normativa autônoma, indicando-a como tal no elenco dos atos resultantes do processo legislativo. E, como todos esses atos, a *lei complementar* caracteriza-se por elementos formais – a saber: a competência do Congresso Nacional para sua edição e o procedimento a ser observado para esse fim.

Já estivemos entre os que adotam a tese segundo a qual a lei complementar exige o elemento material para sua caracterização. Entretanto, sem qualquer vaidade ou apego às teses que adotamos, mudamos de opinião, e então escrevemos:[92]

> Abandonamos a tese segundo a qual a lei complementar caracteriza-se pelo conteúdo, a partir da observação do universo jurídico. Nenhuma espécie normativa ganha sua identidade específica em razão da matéria da qual se ocupa. Pelo contrário, todas as espécies normativas, desde as instruções, as portarias, os regulamentos, até a Constituição, todas ganham identidade específica em razão de elementos formais, vale dizer, da competência do órgão que as edita e do procedimento adotado para a edição.
>
> Não nos prendemos a nenhum dogma. Buscamos a experiência, a observação dos fatos, e terminamos por enxergar a enorme insegurança criada pela tese segundo a qual a lei ordinária pode alterar dispositivos de lei complementar que teriam transbordado os limites da matéria constitucionalmente a ela reservada. Insegurança que resulta da imprecisão dos limites dessa área definida como de reserva à lei complementar, e tem sido demonstrada pela experiência, inclusive relacionada à instituição da COFINS, que foi criada por lei complementar precisamente porque estava ainda sen-

---

92. Hugo de Brito Machado, "Segurança jurídica e lei complementar", *Revista Dialética de Direito Tributário* 152/107, São Paulo, Dialética, maio/2008.

do questionada a necessidade dessa espécie normativa e o Governo não quis correr o risco de ver adiante declarada inconstitucional essa contribuição.

Essa questão relativa à criação da contribuição para financiamento da seguridade social/COFINS pela Lei Complementar 70, de 30.12.1991, e da revogação de dispositivos desta, relativos à isenção para sociedades prestadoras de serviços profissionais, pela Lei 9.718, de 27.11.1998, é um exemplo eloquente da insegurança jurídica decorrente da tese que admite a alteração ou revogação de lei complementar por lei ordinária.

Para um estudo mais profundo da figura da lei complementar, especialmente no que diz respeito à sua posição hierárquica em nosso sistema jurídico, escrevemos a monografia *Lei Complementar Tributária*, na qual, além do que se viu até aqui, estão muitas outras considerações e várias conclusões, entre as quais a de que no sistema jurídico, como um sistema escalonado de normas:[93]

> Todas ganham identidade específica em razão de critérios formais, que indicam o poder normativo em cujo exercício são produzidas. Assim, não é razoável admitir-se que a lei complementar, como conceito jurídico-positivo, dependa do conteúdo para qualificar-se como tal.

Feitas estas considerações a respeito da lei complementar como espécie normativa, vejamos quais são as matérias que a vigente Constituição Federal a ela reserva expressamente.

4.4 Matérias próprias da lei complementar tributária

4.4.1 Conflitos de competência em matéria tributária

Segundo a vigente Constituição Federal: "Art. 146. Cabe à lei complementar: I – dispor sobre conflitos de competência, em matéria tributária, entre a União, os Estados, o Distrito Federal e os Municípios; (...)".

Quando mais de uma das referidas pessoas jurídicas de direito público pretende cobrar tributo sobre um mesmo fato, instaura-se o conflito de competência, porque em nosso sistema jurídico as competências tributárias são privativas. Em outras palavras: em nosso sistema jurídico um fato só pode ser tributado por uma pessoa jurídica – salvo, é claro, nos casos previstos pela própria Constituição Federal.

---

93. Hugo de Brito Machado, *Lei Complementar Tributária*, São Paulo, Malheiros Editores, 2010, p. 237.

Sobre o mesmo fato apenas um imposto pode incidir. Por isto mesmo, o Código Tributário Nacional coloca entre as hipóteses nas quais a importância do crédito tributário pode ser consignada judicialmente pelo sujeito passivo a "de exigência, por mais de uma pessoa jurídica de direito público, de tributo idêntico sobre o mesmo fato gerador" (art. 164, III).

Se o fato é o mesmo, também não se admite seja ele conceituado de formas diversas para, assim, ser considerado fato gerador de mais de um tributo. Em sentido diverso, todavia, manifestou-se a Administração Tributária da União Federal, pela 10ª Região Fiscal de Tributação, na Solução de Consulta 350, asseverando que:[94]

> As operações de restauração, conserto e beneficiamento de produtos, realizadas mediante galvanoplastia, classificam-se como industrialização, consoante o art. 4º do RIPI/2002, somente escapando ao campo de incidência do IPI nos casos em que restar configurada alguma das hipóteses plasmadas no art. 5º do mesmo Regulamento. O fato de uma operação constar da Lista anexa à Lei Complementar n. 116, de 2003, caracterizando, dessarte, prestação de serviço para efeito de incidência do ISS, não impede que essa mesma operação seja enquadrada como industrialização, estando incluída, também, no campo de incidência do IPI.

Como se vê, a Administração Tributária federal, na manifestação acima transcrita, afirma a incidência simultânea do IPI e do ISS sobre o mesmo fato – o que é inteiramente inadmissível. A simultânea incidência de dois impostos de competências diversas sobre o mesmo fato – salvo, é claro, nos casos em que a Constituição descreve como âmbito de incidência desses dois impostos situações de fato que se sobrepõem parcialmente – é inadmissível em nosso sistema tributário porque, ao atribuir competência para a instituição de impostos, a Constituição Federal estabelece desde logo o âmbito de incidência de cada um deles; e, assim, salvo nos casos excepcionais em que a superposição decorre dos próprios conceitos utilizados na definição do âmbito de incidência, é inadmissível que um fato reste incluído em mais de um desses âmbitos constitucionais e, assim, possa ocorrer a cobrança de dois ou mais impostos sobre o mesmo fato.

Outra situação na qual pode haver conflito de competência tributária é a que se instaura na prestação de serviços de construção de estradas ou nas empreitadas de obras públicas em geral, especialmente quando ocorrem as subempreitadas. A Lei Complementar 104, de janeiro/2001,

---

94. *DOU*-I, 23.11.2004, p. 15.

estabeleceu que não se inclui na base de cálculo do imposto sobre serviços de qualquer natureza o valor de subempreitadas sujeitas a esse imposto, mas o dispositivo que albergava essa regra foi vetado pelo Presidente da República, de sorte que não mais existe regra explícita determinando a exclusão do valor de subempreitadas da base de cálculo do ISS incidente nas empreitadas. E, com isto, houve quem sustentasse que seria devido o imposto sobre o valor total da empreitada e também sobre o valor das subempreitadas – o que é inteiramente inadmissível, porque o ISS tem como fato gerador a prestação do serviço, e não sua contratação. Entretanto, quando se trata de obras executadas em mais de um Município o conflito de competência é praticamente inevitável. Voltaremos ao assunto, para um exame da questão das subempreitadas, ao estudarmos o âmbito constitucional do imposto sobre serviços de qualquer natureza, definido no art. 156, III, da CF.

Outra situação na qual ocorrem conflitos de competência diz respeito ao imposto sobre veículos automotores. Tais conflitos surgem especialmente porque em alguns Estados a alíquota do IPVA é menor e, assim, proprietários de automóveis residentes ou domiciliados em outros Estados fazem o licenciamento de seu veículo onde o imposto é menor. Para a solução desses conflitos certamente é invocável a regra do art. 127 do CTN, que trata do domicílio tributário.

No imposto sobre operações relativas à circulação de mercadorias e prestação de serviços de transporte interestadual e intermunicipal e de comunicação/ICMS também é frequente a ocorrência de conflitos de competência, conhecidos como "guerra fiscal". A propósito de tais conflitos, geralmente surgidos de providências adotadas pelos denominados "Estados pobres" na disputa por empreendimentos industriais, lembramos que a solução adequada para minimizar as desigualdades econômicas regionais deve ser buscada pela União Federal através do estabelecimento de alíquotas diferenciadas por região para impostos federais, especialmente o imposto sobre produtos industrializados/IPI. Infelizmente, porém, os conflitos de competência entre os Estados na disputa pela arrecadação do ICMS geralmente são resolvidos com a cobrança arbitrária do mesmo imposto por mais de um Estado.

4.4.2 Limitações constitucionais ao poder de tributar

A rigor, toda regra existente na Constituição a respeito de tributação pode ser considerada uma *limitação constitucional ao poder de tributar*.

Aqui, todavia, tal expressão tem sentido mais específico. A CF/1988, em seus arts. 150 a 152, cuida das limitações constitucionais ao poder de tributar, referindo-se ao princípio da legalidade (art. 150, I), ao princípio da isonomia tributária (art. 150, II), aos princípios da irretroatividade e da anterioridade anual e nonagesimal (art. 150, III), à vedação do tributo com efeito de confisco (art. 150, IV), ao princípio da liberdade de tráfego interestadual e intermunicipal (art. 150, V) – entre outras matérias. E são estas, então, as limitações constitucionais ao poder de tributar neste sentido mais específico – matéria que será estudada no Capítulo III deste *Curso*. Aqui, vamos apenas esclarecer qual é o papel da lei complementar nessa matéria, por força do que estabelece o art. 146, II, da CF.

Sobre este assunto já escrevemos:[95]

> Cada uma das pessoas jurídicas de direito público, vale dizer, a União, os Estados, o Distrito Federal e os Municípios, tem sua competência tributária, que é, como já foi dito, uma parcela do poder tributário. O exercício dessa competência, porém, não é absoluto. O Direito impõe limitações à competência tributária, ora no interesse do cidadão, ou da comunidade, ora no interesse do relacionamento entre as próprias pessoas jurídicas titulares de competência tributária.
>
> Alguns preferem dizer, em vez de "limitações da competência", "limitações ao *poder de tributar*" – e talvez seja esta última a expressão mais adequada, visto como as limitações são, na verdade, impostas *ao poder de tributar*, e dessas limitações, vale dizer, do disciplinamento jurídico do *poder*, resulta a *competência*. (...).

Seja como for, a expressão "limitações constitucionais ao poder de tributar", no inciso II do art. 146 da CF, parece-nos que corresponde às constantes de seus arts. 150 a 152. É que esses dispositivos compõem a Seção II do Título VI do capítulo que trata do sistema tributário nacional, que tem o título "Das Limitações ao Poder de Tributar." Em outras palavras, a CF definiu como limitações constitucionais ao poder de tributar essas regras, que estão em seus arts. 150 a 152.

Em relação aos arts. 150 a 152 da CF a lei complementar faz as vezes de regulamento. Não pode, evidentemente, alterar esses dispositivos, mas deve esclarecer o sentido e o alcance dos mesmos. Tal como o regulamento existe para a fiel execução das leis, a lei complementar

---

95. Hugo de Brito Machado, *Curso de Direito Tributário*, 35ª ed., São Paulo, Malheiros Editores, 2014, p. 278.

deve ser editada, no caso, para a fiel execução do disposto nos referidos artigos da Constituição Federal.

Assim, por exemplo, cabe à lei complementar estabelecer as condições a serem atendidas pelas entidades mencionadas no art. 150, VI, "c", para que desfrutem da imunidade tributária que a Constituição lhes assegura. E, por isto mesmo, tais condições são apenas as referidas no art. 14 do CTN.

4.4.3 Normas gerais em matéria de legislação tributária

Outro campo reservado à lei complementar tributária é o das denominadas *normas gerais em matéria de legislação tributária*, especialmente sobre: (a) definição de tributos e de suas espécies, bem como, em relação aos impostos discriminados na Constituição, a dos respectivos fatos geradores, bases de cálculo e contribuintes; (b) obrigação, lançamento, crédito, prescrição e decadência tributários; (c) o tratamento adequado do ato cooperativo praticado pelas sociedades cooperativas; (d) a definição de tratamento diferenciado e favorecido para as microempresas e para as empresas de pequeno porte, inclusive regimes especiais ou simplificados no caso do imposto sobre operações relativas à circulação de mercadorias e prestação de serviços interestaduais e intermunicipais de transporte e comunicação e das contribuições sobre a folha de salários, a receita bruta, o faturamento e o lucro, e ainda da contribuição PIS/PASEP (CF/1988, art. 146, III).

Como se vê, é extenso o rol das matérias a respeito das quais a lei complementar deve estabelecer normas gerais. Em outras palavras, é extenso o rol das matérias para as quais a Constituição exige sejam estabelecidas normas gerais em lei complementar. Aliás, a rigor, a Constituição reserva à lei complementar o estabelecimento de normas gerais em matéria de legislação tributária. Essa reserva é ampla. Toda a matéria tributária deve ser objeto de normas gerais estabelecidas em lei complementar. E de modo especial as matérias que estão expressamente indicadas depois da expressão "especialmente sobre".

Quanto aos impostos discriminados na Constituição, cabe à lei complementar delimitar o correspondente âmbito constitucional de incidência, evitando, assim, que o legislador ordinário possa ampliar a matéria que pode compor suas hipóteses de incidência, seu aspecto quantificador e rol de possíveis contribuintes.

Outros aspectos essenciais na relação tributária também devem ser objeto de normas gerais estabelecidas em lei complementar. Assim, a obrigação tributária, sua liquidação através do lançamento, as características do crédito tributário bem como os prazos para sua constituição e para sua cobrança – vale dizer, a decadência e a prescrição –, devem ser objeto de normas gerais estabelecidas em lei complementar. E, quanto à decadência e à prescrição, é importante a questão de saber se a fixação dos prazos comporta-se, ou não, na expressão "normas gerais". Tributarista de notório saber, Roque Antônio Carrazza sustentou que a fixação dos prazos de decadência e de prescrição depende de lei da própria entidade tributante. Não de lei complementar.[96] Essa doutrina, todavia, não foi acolhida pela jurisprudência, conforme já tivemos oportunidade de registrar – registrando, também, a persistência de Carrazza em seu entendimento.[97]

Outra matéria sobre a qual a lei complementar deve estabelecer normas gerais, e merece aqui alguns esclarecimentos, é a que se refere ao adequado tratamento do ato cooperativo, praticado pelas sociedades cooperativas. O ato cooperativo:[98]

> É o ato praticado nas relações entre a cooperativa e seus associados, que caracteriza a existência da cooperativa como entidade que simplesmente presenta (faz presente, na linguagem de Pontes de Miranda) seus associados, agindo sempre em nome deles, e por isto mesmo não pratica atos tributáveis independentemente daqueles imputáveis aos associados. Por isto mesmo se diz que o ato cooperativo não constitui operação de mercado nem contrato de compra e venda de produtos ou mercadorias.

Questão importante consiste em saber em que consiste o *adequado tratamento tributário do ato cooperativo*. Na prática conhecemos casos nos quais a sociedade se diz cooperativa mas, na verdade, não tem as características essenciais dessa espécie de sociedade, e talvez exista apenas para tentar burlar as leis tributárias. Talvez por isto – e não obstante a regra da Constituição Federal determinando seja dado tratamento

---

96. Roque Antônio Carrazza, *Curso de Direito Constitucional Tributário*, 29ª ed., São Paulo, Malheiros Editores, 2014, p. 1.067, e nota de rodapé 29, pp. 1.068-1.072.
97. Hugo de Brito Machado, *Lei Complementar Tributária*, São Paulo, Malheiros Editores, 2010, p. 184.
98. Hugo de Brito Machado e Schubert de Farias Machado, *Dicionário de Direito Tributário*, São Paulo, Atlas, 2011, p. 16.

adequado ao ato cooperativo – a legislação tributária termina por estabelecer tratamento tributário quase semelhante ao das pessoas jurídicas em geral.

Estabelece, ainda, a Constituição Federal ser objeto de lei complementar a definição de *tratamento diferenciado e favorecido para as microempresas e empresas de pequeno porte*, inclusive regimes especiais e simplificados no caso do imposto sobre circulação de mercadorias e prestação de serviços interestaduais e intermunicipais de transporte e comunicação e das contribuições sobre a folha de salários, a receita bruta, o faturamento e o lucro, e ainda da contribuição PIS/PASEP. E diz também que essa mesma lei complementar poderá instituir regime único de arrecadação dos impostos e contribuições da União, dos Estados, do Distrito Federal e dos Municípios, observadas as regras que estabelece – assunto que será a seguir examinado.

5. Regime único de arrecadação

5.1 Lei Complementar 123/2006

A Lei Complementar 123, de 14.12.2006, que estabelece normas relativas ao tratamento diferenciado e favorecido a ser dispensado às microempresas e empresas de pequeno porte nos âmbitos da União, do Distrito Federal, dos Estados e dos Municípios, tem sido anunciada pelas autoridades como algo muito bom, que vai contribuir significativamente para aumentar a atividade econômica ou, ao menos, a formalização desta, com a regularização de muitas microempresas e empresas de pequeno porte. Parece, porém, que mais uma vez a realidade é diferente do discurso do Governo. A análise que acabo de fazer me leva a pensar que a referida lei tem muitos pontos negativos, a começar pelo casuísmo e má redação de seus 88 artigos, quase todos desdobrados em vários parágrafos, alíneas e incisos.

Do ponto de vista substancial – isto é, quanto à vantagem oferecida às micro e pequenas empresas no que diz respeito ao valor dos tributos –, não é fácil de se dizer se a lei trouxe vantagem efetiva. O regime especial que se diz favorecido abrange oito incidências tributárias que ficam unificados em um único pagamento, com valor estabelecido em função da receita bruta e tendo em vista o setor da atividade desenvolvida, sendo do de 4 a 11,61% para o comércio; 4,50 a 12,11% para a indústria; 6 a 17,42% para serviços e locação de bens móveis; e de 4,50% a 16,85%

para serviços. Além desse valor da incidência unificada sobre o faturamento bruto, as empresas enquadradas nesse regime, dito simplificado, de tributação ficam sujeitas, ainda, a nada menos que 13 incidências tributárias possíveis, entre as quais merecem destaque: (a) o imposto sobre a renda de aplicações financeiras e sobre os lucros eventualmente auferidos na venda de bens do ativo fixo e imposto de renda na fonte sobre pagamentos ou créditos que fizerem a pessoas físicas; e (b) o ICMS nos casos de substituição tributária e de cobrança antecipada do imposto, como acontece na maioria das mercadorias no Ceará. Como se vê, além de casuística, essa lei chega a ser mesquinha ao formular exigências como a do imposto de renda sobre ganhos de capital na venda de bens do ativo fixo.

No caso de empresas comerciais sediadas no Ceará, como em outros Estados que também adotem a cobrança antecipada do ICMS na maioria das mercadorias que entram em seu território, a opção pelo regime dito simplificado deve ser precedida de cuidadosa avaliação, pois poderá ser desvantajosa. É que, além do ICMS integrante do valor unificado, terá de pagar esse imposto em relação às mercadorias compradas, seja no regime de substituição tributária, seja nos casos de cobrança antecipada.

Do ponto de vista das formalidades, da burocracia, das obrigações ditas acessórias, a Lei Complementar 123, na verdade, não simplificou. O casuísmo excessivo termina por complicar a vida daqueles que eventualmente optarem pelo regime que se diz simples mas, a rigor, é, em verdade, muito complexo. E, de certa forma, a lei chega a revelar mesquinhez. Não se pode acreditar que seja significativo para o Tesouro o imposto de renda que venha a ser arrecadado sobre os lucros eventualmente auferidos na venda de bens do ativo fixo, por exemplo. Mas não há dúvida de que essa forma de incidência de imposto complica a vida das pequenas empresas que vierem a optar pelo Simples, na esperança de terem simplificada sua burocracia tributária. Ou a norma será desconsiderada, ou ensejará rigoroso controle burocrático, que tornará o Simples mais complicado do que deveria ser.

A rigor, as empresas que se vincularem ao Simples deveriam ter simplesmente um pagamento a fazer por mês, estando neste consubstanciados todos os tributos. Nada justifica a persistência de outras exigências tributárias.

Por outro lado, a lei criou um sério obstáculo à formalização de inúmeras pequenas empresas nas quais alguém, titular de patrimônio significativo e dedicado a outras empresas, fornece o capital para alguém, sem patrimônio, implantar e gerir uma empresa, que será efetivamente dirigida por este último. O titular de patrimônio significativo não administra, mas é sócio, e nessa condição terá responsabilidade solidária e ilimitada pelas dívidas tributárias da sociedade. Assim, a lei criou um obstáculo à formalização de pequenas empresas, pois não é razoável imaginar que alguém que não é dirigente da empresa queira assumir responsabilidade solidária e ilimitada pelas obrigações tributárias desta.[99]

Há, todavia, um único ponto no qual a Lei Complementar 123/2006 está a merecer elogios. Em seu art. 86 estabelece: "As matérias tratadas nesta Lei Complementar que não sejam reservadas constitucionalmente à lei complementar poderão ser objeto de alteração por lei ordinária". Com isto o legislador reconhece decididamente que a identidade específica da lei complementar não depende da matéria da qual ela se ocupa, mas dos aspectos formais dos quais se reveste sua produção. Como a lei não deve conter dispositivos inúteis ou desnecessários, o sentido do art. 86 da Lei Complementar 123 só pode ser do reconhecimento de que a lei ordinária não pode alterar uma lei complementar – salvo, é claro, quando esta o autorize expressamente.

5.2 Empresa individual de responsabilidade limitada

O art. 69 do projeto convertido na Lei Complementar 123 estabelecia a limitação da responsabilidade do empresário enquadrado como microempresa ou empresa de pequeno porte, mas terminou sendo vetado. Sobre o assunto escreveu Gladston Mamede:[100]

> De acordo com a proposta aprovada pelo Congresso Nacional, seria instituída no Direito Brasileiro a figura do empreendedor individual de responsabilidade limitada: o empresário enquadrado como microempresa ou empresa de pequeno porte, atendidos os termos previstos no Estatuto,

---

99. Essa norma pode ser considerada inconstitucional, por contrariar o objetivo do tratamento diferenciado, que é favorecer.
100. Gledston Mamede, Hugo de Brito Machado Segundo, Irene Patrícia Nohara e Sérgio Pinto Martins, *Comentários ao Estatuto Nacional da Microempresa e da Empresa de Pequeno Porte*, São Paulo, Atlas, 2007, pp. 373-374.

somente responderia pelas dívidas empresariais com os bens e direitos vinculados à atividade empresarial, exceto nos casos de desvio de finalidade, de confusão patrimonial e obrigações trabalhistas, em que a responsabilidade será integral. A intenção da norma era boníssima; a maneira escolhida pelo legislador para concretizar seu intento foi desastrosa.

E, mais adiante, sobre o veto, escreveu Gladston Mamede:[101]

> Agora, o veto foi um equívoco e as razões do veto são, no mínimo, uma peça insustentável. Ou demonstram a incapacidade técnica da assessoria à Presidência da República, ou são simplesmente mentirosas: buscam uma razão qualquer – e eu friso esse *qualquer* – para recusar o estabelecimento no Direito Brasileiro da figura do *empreendedor individual de responsabilidade limitada*. Com efeito, ultrapassa a raia do absurdo a pedra angular do pseudofundamento, qual seja, a afirmação de que a matéria interessaria apenas à relação tributária. Somente a vesga burocracia fazendária brasileira, que vê em tudo uma oportunidade para achacar as pessoas, a bem da manutenção dos privilégios dos feudos administrativos que, há séculos, parasitam a sociedade brasileira, justifica tal redução. Esse olhar caolho que vê as pessoas menos como cidadãos e mais como contribuintes, palavra, aliás, que é horrível, pois passa uma ideia de participação voluntária, o que, no Brasil, é falso; não há *contribuintes*, há *tributados*, isso, sim. A ideia de *empreendedor individual de responsabilidade limitada* interessa apenas subsidiariamente ao direito tributário. Seu principal norte é a preocupação com o risco empresarial, ou seja, com obrigações cíveis decorrentes do risco de insucesso que é próprio do mercado. Só lateralmente atinge as relações fiscais, tornando mentirosa a premissa das razões do veto.

A forma mais adequada, direta, sem sofismas, de se evitar a necessidade da constituição de uma sociedade apenas para limitar a responsabilidade individual das pessoas naturais é estabelecer a limitação da responsabilidade do empresário individual. Por isto mesmo terminou surgindo a Lei 12.441, de 11.7.2011, que alterou o Código Civil para introduzir em nosso direito privado a empresa individual de responsabilidade limitada. Lei, essa, que, conforme amplamente divulgado, teve por finalidade permitir o desempenho da atividade econômica sem o risco da responsabilidade, sem que se faça necessária a constituição de sociedades empresariais com investimento unipessoal apenas para viabilizar a limitação dessa responsabilidade.

---

101. Gledston Mamede, Hugo de Brito Machado Segundo, Irene Patrícia Nohara e Sérgio Pinto Martins, *Comentários ao Estatuto Nacional da Microempresa e da Empresa de Pequeno Porte*, São Paulo, Atlas, 2007, pp. 373-374.

6. Cumulação de competências tributárias

6.1 A regra da Constituição

A vigente CF estabelece que: "Art. 147. Competem à União, em Território Federal, os impostos estaduais e, se o Território não for dividido em Municípios, cumulativamente, os impostos municipais; ao Distrito Federal cabem os impostos municipais".

Trata-se de regra destinada a evitar que um contribuinte fique dispensado de impostos em face de sua localização onde uma das pessoas jurídicas de direito público integrantes da Federação não tenha jurisdição.

6.2 Pouca utilidade da regra

A regra expressa no art. 147 da vigente CF é, no momento, de pouca utilidade, considerando-se que não temos mais os denominados Territórios Federais. Mas é interessante, porque ao Distrito Federal, que não pode ser dividido em Municípios, é concedida a competência para instituir e cobrar os impostos municipais. É o que registra Célio Armando Janczeski,[102] escrevendo:

> Pelo dispositivo, as pessoas jurídicas de direito público interno que não sejam subdivididas cumularão a arrecadação dos impostos. Trata-se de previsão de pouca utilidade, na medida em que atualmente não há Territórios Federais no País. No que diz respeito ao Distrito Federal, como não lhe é dado autorização para se dividir em Municípios, lhe é concedida a competência sobre impostos municipais.

A regra do art. 147 da CF, na verdade, expressa a ideia segundo a qual ninguém escapa a nenhum dos impostos integrantes do nosso sistema tributário. Mesmo sediado em local onde não tenha jurisdição uma das pessoas jurídicas integrantes da Federação, os impostos que a ela pertencem serão instituídos e cobrados.

7. Empréstimos compulsórios

7.1 Considerações introdutórias

A evolução histórica do empréstimo compulsório vem de vários séculos, como nos mostra Maria de Fátima Ribeiro em excelente mono-

---

102. Célio Armando Janczeski (coord.), *Constituição Federal Comentada*, Curitiba, Juruá, 2010, p. 458.

grafia, na qual registra praticamente toda a legislação brasileira sobre o assunto, até 1985.[103]

A questão de saber se o empréstimo compulsório é, ou não é, um tributo foi posta perante o Judiciário quando o Governo Federal vinha utilizando esse instrumento como válvula de escape para suprir as deficiências de seu caixa sem os controles atinentes ao poder de tributar. E os que sustentaram a natureza tributária do empréstimo compulsório o fizeram precisamente na tentativa de opor às pretensões do Fisco os limites próprios do tributo.

A tese afirmativa da natureza tributária do empréstimo compulsório era fortalecida especialmente pela atitude irresponsável do Governo, de permanente inadimplência, pois jamais devolvia as quantias cobradas a título de empréstimo. A propósito dessa lamentável atitude já registramos a confissão feita por um notável ex-Ministro da Fazenda, implícita em interessante tentativa de coibir essa inadimplência reiterada do Governo Federal, no âmbito de uma das inúmeras propostas de reforma, quando escrevemos que[104]

> O relator da matéria, deputado Mussa Demes, acolheu proposta do deputado Delfin Neto segundo a qual fica a União proibida de instituir empréstimo compulsório enquanto estiver inadimplente em relação ao anterior. Cuida-se de solução inteligente, porque preserva o empréstimo compulsório, que na verdade é um valioso instrumento para a administração das finanças públicas, e faz com que ele seja o que realmente é, um *empréstimo*, em vez de um *imposto*, como na prática tem sido.

O inadimplemento, pela União Federal, de seu dever jurídico de devolver o que obrigou o contribuinte a lhe emprestar poderá continuar a ocorrer, pois a proposta de Delfin Neto a final não foi incorporada ao texto constitucional. Mas esse inadimplemento não pode ser colocado como argumento no sentido de se ter o empréstimo compulsório caracterizado como tributo, pois não se pode tomar como elemento essencial para a identificação de uma categoria jurídica algo que, no plano da concreção, no plano do ser, contraria a previsão normativa, vale dizer, contraria o desenho dessa categoria jurídica no plano do dever-ser.

---

103. Maria de Fátima Ribeiro, *A Natureza Jurídica do Empréstimo Compulsório no Sistema Tributário Nacional*, Rio de Janeiro, Forense, 1985.
104. Hugo de Brito Machado, *Comentários ao Código Tributário Nacional*, vol. I, São Paulo, Atlas, 2003, p. 250.

O STF já sumulou sua jurisprudência no sentido de que o empréstimo compulsório não é tributo, e a vigente Constituição Federal definiu um regime jurídico para os empréstimos compulsórios que parece haver desestimulado sua utilização pelo Governo, que tem optado por instrumento mais adequado a seus interesses de arrecadar cada vez mais – as contribuições, em relação às quais parece precária a proteção constitucional do contribuinte.

Seja como for, conta com aceitação praticamente unânime em nossa doutrina a tese segundo a qual o empréstimo compulsório é um tributo. Entendemos que não é, mas não é a divergência de opinião que nos faz considerarmos que o assunto está ainda a exigir alguns esclarecimentos. Todos nós temos o direito de termos e sustentarmos nossas opiniões, mas não devemos deixar de investigar as questões que nos são colocadas apenas porque já temos opinião firmada sobre as mesmas.

Por outro lado, muitas divergências a respeito de teses jurídicas não se situam propriamente nas teses, mas nos conceitos nelas envolvidos. Ao questionarmos se empréstimo compulsório é tributo, temos de fixar primeiramente o conceito de *tributo*, sob pena de podermos entrar em divergências inúteis, intermináveis, que podem ter sede no conceito de *tributo* e não na natureza jurídica do *empréstimo compulsório*.

Assim, vamos examinar, aqui, a questão da *natureza jurídica* dos empréstimos compulsórios, buscando, em primeiro lugar, a definição de conceitos que, a nosso ver, são indispensáveis a uma conclusão segura. Conclusão no sentido de que se trata de um tributo ou de que não se trata de um tributo, mas, em qualquer caso, preservando a indispensável coerência, pois, afinal, todos temos o direito de ter e sustentar opiniões diferentes, mas temos todos, sempre, o dever da coerência. Como ensina Radbruch,[105] invocando lição de Goethe,

> as diversas maneiras de pensar acham afinal o seu fundamento na diversidade dos homens e por isso será sempre impossível criar neles convicções uniformes.

Entretanto, é possível existirem opiniões divergentes sem que em nenhuma delas exista incoerência.

---

105. Gustav Radbruch, *Filosofia do Direito*, 5ª ed., trad. de L. Cabral de Moncada, Coimbra, Arménio Amado Editor, 1974, p. 59.

Começaremos por indicar o que pretendemos dizer quando falamos em *natureza jurídica* de alguma coisa. Depois examinaremos os conceitos de *tributo* e de *receita pública*, para, a final, nos situarmos no exame da questão de saber se os *empréstimos compulsórios* são, ou não são, espécies de tributo.

7.2 *Importância dos conceitos e coerência da conclusão*

Quando elaboramos uma tese jurídica qualquer, partimos necessariamente de algum ou de alguns pressupostos para afirmar uma conclusão. Geralmente esses pressupostos são colocados como pontos pacíficos, mas nem sempre o são. É possível que compreensões diferentes a respeito de um pressuposto provoquem conclusões diferentes; vale dizer, é possível que a tese enseje divergências que, a rigor, não residem na tese propriamente dita, mas em um ou em alguns de seus pressupostos.

Assim, quando cogitamos de divergências a respeito da tese segundo a qual os empréstimos compulsórios são tributos, temos de verificar o que os contendores entendem por *tributo*. É possível que uma compreensão mais ampla desse conceito permita nele incluirmos os empréstimos compulsórios, enquanto uma compreensão mais restrita nos obrigue a uma conclusão diversa. E quando dizemos que o tributo é uma *receita pública* estamos colocando em questão outro conceito, a respeito do qual também pode haver mais de uma compreensão.

A expressão "natureza jurídica" também não está imune a controvérsias. Por isto mesmo, vamos começar esclarecendo o que, no âmbito desse estudo, com a mesma queremos expressar.

7.3 *Natureza jurídica e regime jurídico*

Quando cogitamos da *natureza jurídica* de alguma coisa estamos querendo saber quais prescrições jurídicas são a ela aplicáveis. Em outras palavras, estamos querendo saber como o Direito trata essa coisa. O que ela é para o Direito. Qual o seu *regime jurídico*. Aliás, a importância prática da definição da natureza jurídica de qualquer coisa reside especialmente na definição do seu regime jurídico fundamental.

Realmente, se algo tem a natureza jurídica de contrato, sabe-se que os princípios jurídicos relativos aos contratos são aplicáveis. É certo que o regime jurídico específico de qualquer coisa pode ser diverso. Aliás, a diversidade do regime jurídico é que lhe confere especificidade. Mas a definição da natureza jurídica de uma categoria jurídica qualquer presta-se para indicar o feixe de normas que, em princípio, a ela se aplica, sem prejuízo da posterior identificação de normas jurídicas que lhe conferem especificidade dentro da categoria à qual pertence.

Assim, se dizemos que o *empréstimo compulsório* tem a natureza jurídica de *tributo*, estamos afirmando que os princípios e regras que compõem o direito tributário são a ele aplicáveis.

7.4 Tributo e receita pública

Tem decisiva importância no exame da tese segundo a qual o empréstimo compulsório é um tributo a questão de saber o que devemos entender por *tributo*. O Código Tributário Nacional diz: "Art. 3º. Tributo é toda prestação pecuniária compulsória, em moeda ou cujo valor nela se possa exprimir, que não constitua sanção de ato ilícito, instituída em lei e cobrada mediante atividade administrativa plenamente vinculada".

A questão que se coloca, então, no contexto da tese que estamos a examinar, é a de saber o que significa a palavra "prestação", contida nesse dispositivo legal. A nosso ver, a palavra "prestação", nesse dispositivo legal, tem o sentido de transferência de riqueza, tem sentido econômico. Em outras palavras, é uma receita pública. A propósito, já escrevemos:[106]

> O art. 3º do CTN não é incompatível com o art. 9º da Lei 4.320/1964. As duas definições legais são compatíveis e se completam. Assim, no plano rigorosamente jurídico, é verdadeira a afirmação segundo a qual o tributo é uma receita, no sentido econômico, e não apenas no sentido financeiro.
>
> O tributo é uma *receita pública*. E esta, segundo lapidar definição de Aliomar Baleeiro, "é a entrada que, integrando-se no patrimônio público sem quaisquer reservas, condições ou correspondência no passivo, vem acrescer o seu vulto, como elemento novo e positivo".[106-A] Destaque-se, com Aliomar Baleeiro, que "as quantias recebidas pelos cofres públicos são genericamente designadas como 'entradas' ou 'ingressos'. Nem todos

---

106. Hugo de Brito Machado, *O Conceito de Tributo no Direito Brasileiro*, Rio de Janeiro, Forense, 1987, p. 23.

106-A. Aliomar Baleeiro, *Uma Introdução à Ciência das Finanças*, 13ª ed., Rio de Janeiro, Forense, 1981, p. 116.

esses ingressos, porém, constituem receitas públicas, pois alguns deles não passam de movimentos de fundos, sem qualquer incremento do patrimônio governamental, desde que estão condicionados a restituição posterior ou representam mera recuperação de valores emprestados ou cedidos ao governo'".[106-B]

O tributo é a fonte primordial de recursos da qual se pode valer o Estado para o atendimento de suas necessidades. E não é uma categoria nova. Existe desde quando existe o Estado, em sua forma mais primitiva. No dizer de Aliomar Baleeiro:[107]

> O tributo é vetusta e fiel sombra do poder político há mais de 20 séculos. Onde se ergue um governante, ela se projeta sobre o solo de sua dominação. Inúmeros testemunhos, desde a Antiguidade até hoje, excluem qualquer dúvida.

O tributo ao qual se refere Baleeiro é precisamente a *receita pública*, como tal definida em nosso sistema jurídico. É uma *prestação*, no sentido de transferência de riqueza do contribuinte para o Estado, que por isto mesmo implica redução do patrimônio líquido do primeiro e aumento do patrimônio líquido do segundo. Neste sentido, doutrina Tulio Rosembuj:[108]

> La prestación tributaria es un comportamiento positivo, dar sumas de dinero, que establece el simétrico empobrecimiento patrimonial del obligado y el enriquecimiento del ente público, y debido, en el sentido de la absoluta prevalencia de la ley sobre la autonomía de voluntad del sujeto obligado.

Definido, assim, o tributo como *receita pública*, esta, na lição autorizada de Baleeiro,[109] acima transcrita,

> é a entrada que, integrando-se no patrimônio público sem quaisquer reservas, condições ou correspondência no passivo, vem acrescer o seu vulto, como elemento novo e positivo.

106-B. Aliomar Baleeiro, *Uma Introdução à Ciência das Finanças*, 13ª ed., Rio de Janeiro, Forense, 1981, p. 116.
107. Aliomar Baleeiro, *Limitações Constitucionais ao Poder de Tributar*, 7ª ed., Rio de Janeiro, Forense, 1997, p. 1.
108. Tulio Rosembuj, *Elementos de Derecho Tributario*, Barcelona, Editorial Bleme, 1982, p. 114.
109. Aliomar Baleeiro, *Uma Introdução à Ciência das Finanças*, 13ª ed., Rio de Janeiro, Forense, 1981, p. 116.

7.5 Natureza jurídica do empréstimo compulsório

7.5.1 A tese afirmativa da natureza tributária

Não obstante a manifestação do STF em sentido contrário, a influência das lições dos mais eminentes tributaristas brasileiros, aliada à necessidade de se construir obstáculo ao abuso na instituição e cobrança de empréstimos compulsórios, tem feito prevalecer em nossa doutrina a tese segundo a qual o empréstimo compulsório é um tributo. Assim é que na 1ª edição do nosso *Curso de Direito Tributário* escrevemos:[110]

> *Empréstimos compulsórios.* Que constituem tributo isto é hoje indiscutível. Aliás, mesmo antes de sua inclusão no sistema tributário, pela Constituição Federal, já sustentávamos sua natureza tributária.
>
> O STF, todavia, entendeu não se tratar de tributo, mas de um contrato coativo, e essa orientação foi consagrada na súmula de sua jurisprudência predominante (Súmula 418).
>
> A natureza tributária do empréstimo compulsório é indiscutível, a ele se aplicando, até por força de disposição constitucional, as regras jurídicas da tributação (CF, art. 21, § 2º, II).
>
> Como espécie de tributo, só o fato de ser restituível o distingue das demais espécies. Em tese, nada há que o caracterize como espécie autônoma. Mas como no Brasil não há outro tributo que seja restituível, achamos conveniente estudá-lo como espécie distinta das demais.

Na fundamentação dessa tese, os que defendem limitam-se a dizer que o empréstimo compulsório alberga todos os elementos do conceito legal de *tributo* formulado pelo art. 3º do nosso CTN. Nada dizem a respeito do significado da palavra "prestação", contida nesse dispositivo legal. Fica implícito que a ela atribuem sentido amplo, que abrange a prestação meramente *financeira*, a simples transferência da posse do dinheiro, sem que seja necessária a transferência de sua propriedade. E nesse ponto reside, com certeza, a razão essencial da divergência. Se à palavra "prestação", no art. 3º do CTN, atribuirmos o sentido de transferência *patrimonial*, ou econômica, seguramente não poderemos afirmar que o empréstimo compulsório alberga todos os elementos da definição legal de tributo, porque, com certeza, ele não opera essa transferência. Entretanto, se a essa palavra atribuirmos o sentido de transferência sim-

---

110. Hugo de Brito Machado, *Curso de Direito Tributário*, 1ª ed., São Paulo, Resenha Tributária, 1979, pp. 21-22 (v. 35ª ed., São Paulo, Malheiros Editores, 2014, p. 67).

plesmente *financeira* do dinheiro que o obrigado leva aos cofres públicos, então poderemos – aí, sim – afirmar que o empréstimo compulsório realmente alberga todos os elementos da referida definição legal.

Os defensores da tese segundo a qual o empréstimo compulsório é tributo argumentam, ainda, com o art. 4º do CTN, sustentando a irrelevância da destinação dos recursos arrecadados e que a restituição do valor do empréstimo, portanto, é inteiramente irrelevante.

7.5.2 Fundamentação da tese na Teoria do Direito

Conscientes, talvez, do equívoco em que se incorre ao confundir a *destinação dos recursos* arrecadados com a *restituição* do empréstimo compulsório, e com a inserção do dever do Estado, de restituir, na relação obrigacional tributária, alguns defensores da tese que afirma a natureza tributária do empréstimo compulsório preocuparam-se em elaborar argumento utilizando conceitos próprios da Teoria Geral do Direito. Amílcar Falcão, por exemplo, sustentou que o empréstimo compulsório nada mais é que um imposto com aplicação determinada, que vai até o final, consubstanciado na restituição. Gilberto de Ulhôa Canto, por seu turno, sustentou que no empréstimo compulsório instauram-se duas relações jurídicas inseparáveis. E o mestre Rubens Gomes de Sousa,[111] comentando esses argumentos, asseverou:

> A discordância de Gilberto de Ulhôa Canto é apenas quanto à identificação total do empréstimo compulsório ao imposto com destinação determinada e o pensamento dele (como estou reproduzindo conversas e discussões que tive verbalmente com Gilberto e que ele próprio não reduziu a escrito, não existindo portanto uma fonte autêntica, onde se possa informar a respeito), parece-me que o fundamento da sua objeção é o de que pela construção de Amílcar Falcão existe apenas uma relação jurídica, a tributária, ao passo que no pensamento de Gilberto de Ulhôa Canto existem, no caso do empréstimo compulsório, duas relações jurídicas inseparáveis; uma, a tributária, para justificar a exigência compulsória da subscrição do empréstimo, que seria uma relação jurídica inversa, pela qual o Poder Público assume o compromisso de restituir.
>
> Gilberto de Ulhôa Canto justifica essa sua posição, de que a tese de Amílcar Falcão, verdadeira em si mesma, comportaria esta complemen-

---

111. Rubens Gomes de Sousa, Geraldo Ataliba e Paulo de Barros Carvalho, *Comentários ao Código Tributário Nacional*, São Paulo, Ed. RT, 1975, pp. 156-157.

tação, pela observação de que a ideia de uma obrigação do Estado para com o contribuinte, ou seja, a obrigação de restituir, é inconciliável com a própria noção de relação jurídica tributária. Esta tem por essência a ideia de uma fonte de receitas definitivas para o Poder Público.

Como se vê, Gilberto de Ulhôa Canto afirmava, com inteira razão, ser inadmissível uma relação jurídica tributária estabelecendo o dever do Estado de devolver o tributo recebido. Daí partirem aqueles eminentes Juristas para a construção – falaciosa, *data maxima venia* – da tese segundo a qual no empréstimo compulsório existiriam duas relações jurídicas distintas. Era esta, aliás, a explicação de Alfredo Augusto Becker,[112] que afirma existirem no empréstimo compulsório duas relações jurídicas distintas, e esclarece:

> A primeira relação jurídica é de natureza tributária: o sujeito passivo é um determinado indivíduo e o sujeito ativo é o Estado. A segunda relação jurídica é de natureza administrativa: o sujeito ativo é aquele indivíduo e o sujeito passivo é o Estado.
>
> Note-se que a relação jurídica administrativa é um *posterius* e a relação jurídica tributária um *primus*, isto é, a satisfação da prestação na relação jurídica de natureza tributária irá constituir o núcleo da hipótese de incidência da outra regra jurídica (a que disciplina a obrigação de o Estado restituir) que, incidindo sobre sua hipótese (o pagamento do tributo), determinará a irradiação de outra (a segunda) relação jurídica, esta de natureza administrativa.

O argumento é, evidentemente, falacioso. Na verdade, o empréstimo compulsório não é uma *prestação* tributária. Não é uma prestação ou receita pública que se integra definitivamente no patrimônio da entidade pública. A ocorrência do fato previsto em lei como necessário e suficiente para fazer nascer, para o indivíduo, o dever de entregar dinheiro aos cofres públicos não faz nascer o dever de *prestar*, mas apenas o dever de *emprestar* dinheiro aos cofres públicos. A relação jurídica que se estabelece com sua ocorrência é uma só, albergando o dever do indivíduo de *emprestar* e o dever da entidade pública de *restituir* o valor a ela emprestado. É certo que, não ocorrendo o empréstimo, não existirá o dever de restituir; mas isto não quer dizer que existam duas relações jurídicas distintas.

112. Alfredo Augusto Becker, *Teoria Geral do Direito Tributário*, São Paulo, Saraiva, p. 359.

7.5.3 Destinação e restituição

Os autores que afirmam ser o empréstimo compulsório um tributo utilizam geralmente o art. 4º do CTN, argumentando ser irrelevante para a determinação da natureza específica do tributo a destinação ou aplicação do produto de sua arrecadação.

Esse argumento é equivocado, pelo menos por duas razões, a saber: *primeira*, a de que a norma do art. 4º do CTN não se refere à determinação da natureza tributária de uma receita, mas à determinação da natureza jurídica específica do tributo – o que é coisa bem diferente. Essa norma que afirma ser irrelevante a destinação do produto da arrecadação aplica-se ao caso em que se esteja buscando definir um tributo como imposto, como taxa ou como contribuição de melhoria, que são as três espécies de tributos indicadas no art. 5º do Código; não aos casos nos quais se esteja buscando definir a natureza jurídica de um ingresso de dinheiro nos cofres públicos, posto que alguns desses ingressos podem ter destinação especificamente estabelecida, que integra seu regime jurídico; *segunda*, a de que não se pode confundir a destinação de recursos que entram no patrimônio público com o dever de restituir o que foi recebido a título de empréstimo. Uma coisa é dizer que os valores recebidos a título de empréstimo compulsório devem ser restituídos. Outra, bem diversa, é dizer que os valores recebidos a título de empréstimo compulsório devem ser destinados às despesas ou aos investimentos que justificaram sua instituição, como faz o parágrafo único do art. 148 da CF. O dever de restituir os valores tomados por empréstimo não se confunde com a aplicação que o Estado vai fazer desses valores.

Antes da Constituição Federal de 1988 os recursos arrecadados com um empréstimo compulsório podiam ter aplicações diversas, mas nenhuma delas se confundia com sua restituição. Consciente da impropriedade do argumento, Amílcar Falcão preocupou-se com sua reformulação, ampliando o conceito de *aplicação*. Por isto mesmo, afirmou, como testemunha Rubens Gomes de Sousa,[113] que

> o empréstimo compulsório é na verdade um imposto com aplicação determinada, sendo que esta aplicação se estende por toda uma circulação do dinheiro representado pelo produto do empréstimo, até um ponto final

---

113. Rubens Gomes de Sousa, Geraldo Ataliba e Paulo de Barros Carvalho, *Comentários ao Código Tributário Nacional*, São Paulo, Ed. RT, 1975, p. 156.

desta circulação, que seria a reversão deste dinheiro a quem originariamente contribuiu.

Esse argumento procura esconder que o empréstimo compulsório, exatamente porque não enseja o recebimento de recursos em caráter definitivo, não é uma receita pública. E na verdade não é, como a seguir se verá.

7.5.4 Empréstimo compulsório e receita pública

O empréstimo compulsório não é, na verdade, uma receita pública, porque não transfere riqueza do patrimônio particular para o patrimônio público. O regime jurídico do empréstimo contém norma que o faz essencialmente diferente do regime jurídico da receita púbica. Kiyoshi Harada[114] aponta, com propriedade, essa distinção, ensinando:

> O empréstimo público não se confunde com a receita pública, que pressupõe o ingresso de dinheiro aos cofres públicos, sem qualquer contrapartida, ou seja, corresponde a uma entrada de dinheiro que acresce o patrimônio do Estado. O empréstimo público não aumenta o patrimônio estatal, por representar mera entrada de caixa com a correspondência no passivo. A cada soma de dinheiro que o Estado recebe, a título de empréstimo, corresponde uma contrapartida no passivo, traduzida pela obrigação de restituir dentro de determinado prazo.

O empréstimo compulsório, a rigor, não é tributo e nem chega a ser receita pública, tal como no âmbito das empresas privadas um empréstimo eventualmente obtido de instituição financeira não é uma receita. A receita – convém repetirmos, com Baleeiro –,[115]

> é a entrada que, integrando-se no patrimônio público sem quaisquer reservas, condições ou correspondência no passivo, vem acrescer o seu vulto, como elemento novo e positivo.

Todos os recursos financeiros recebidos pelos cofres públicos qualificam-se como entradas ou ingressos. Entre eles estão as receitas,

---

114. Kiyoshi Harada, *Compêndio de Direito Financeiro*, São Paulo, Resenha Tributária, 1994, p. 82.
115. Aliomar Baleeiro, *Uma Introdução à Ciência das Finanças*, 13ª ed., Rio de Janeiro, Forense, 1981, p. 116.

que implicam aumento do patrimônio público, e os denominados *movimentos de fundos*, que em nada acrescem esse patrimônio, pois nele ingressam gerando sempre um passivo, uma dívida, correspondente ao montante recebido.

7.5.5 *A doutrina estrangeira*

A doutrina estrangeira é exuberante no apontar a distinção essencial entre o tributo e o empréstimo compulsório. O professor Nuno de Sá Gomes[116] ensina, com inteira propriedade:

> A prestação satisfeita a título de imposto é definitiva e sem contrapartida, no sentido de que não dá direito ao devedor que a pagou a restituição, reembolso, retribuição ou indemnização, a cargo do credor tributário.
>
> Esta característica, como vamos ver, leva-nos a distinguir o imposto dos empréstimos públicos, mesmo forçados, da requisição administrativa, da nacionalização, da expropriação por utilidade pública, que sempre darão origem a prestações desse tipo, conforme os casos, a que o ente público ficará adstrito.

José Casalta Nabais também qualifica o imposto como uma prestação definitiva, que não dá lugar a qualquer reembolso, restituição ou indenização.[117]

Dino Jarach, estudando os empréstimos forçados, admite o caráter tributário destes, que surge precisamente da coerção, posto que a lei estabelece um pressuposto de fato que, uma vez concretizado, faz nascer a obrigação de conceder o empréstimo. Mesmo assim, esclarece que a diferença entre o empréstimo e o imposto consiste em que no primeiro, e não no segundo, o governo assume as obrigações referentes aos juros, amortização e extinção da dívida em seu vencimento. Em suas palavras:[118]

> El carácter tributario surge precisamente de la coerción de la suscripción, a través de la ley que lo establece. Como en el impuesto, hay un

---

116. Nuno de Sá Gomes, *Manual de Direito Fiscal*, Lisboa, Rei dos Livros, março/1998, p. 63.

117. José Casalta Nabais, *O Dever Fundamental de Pagar Impostos*, Coimbra, Livraria Almedina, 1998, p. 224.

118. Dino Jarach, *Finanzas Públicas y Derecho Tributario*, 2ª ed., Buenos Aires, Abeledo-Perrot, 1996, p. 249.

presupuesto de hecho definido en el texto legal que, al verificarse en la realidad de los hechos del caso concreto, da nacimiento a la obligación de suscribir el empréstito en la cantidad, precio y demás condiciones que la ley fije o autorice al Poder Público a fijar.

La diferencia entre el empréstito forzoso y el impuesto consiste en que en el primero, e no en el segundo, el gobierno asume las obligaciones referentes a intereses, amortización y extinción de la deuda a su vencimiento.

Essa mesma distinção é apontada por Soares Martínez,[119] reportando-se ao imposto, que, em suas palavras,

> tem por fim a realização de uma receita pública e não depende de outros vínculos jurídicos, nem determina para o sujeito ativo respectivo qualquer dever de prestar específico.

7.6 Regime jurídico do empréstimo compulsório

7.6.1 Na Teoria Geral do Direito

No âmbito da Teoria Geral do Direito parece-nos que a palavra "tributo" tem sido, em geral, utilizada para designar a prestação pecuniária exigida pelo Estado para o custeio das suas atividades. Tributo é prestação que transfere riqueza do patrimônio do contribuinte para o patrimônio do Estado.

Certamente não se pode dizer que na Teoria Geral do Direito à palavra "tributo" jamais se tenha atribuído significado diverso. Mais amplo. Abrangente, também, das transferências simplesmente financeiras. Dos empréstimos compulsórios. Não se pode, todavia, afirmar que tal uso seja adequado, e que os empréstimos compulsórios não reclamem um regime jurídico próprio.

O empréstimo compulsório, na verdade, deve ter um regime jurídico próprio, específico, que não se confunde com o regime jurídico dos tributos. Maria de Fátima Ribeiro,[120] que fez profunda investigação da doutrina sobre o empréstimo compulsório, conclui que

---

119. Soares Martínez, *Direito Fiscal*, 7ª ed., Coimbra, Livraria Almedina, 1995, p. 27.

120. Maria de Fátima Ribeiro, *A Natureza Jurídica do Empréstimo Compulsório no Sistema Tributário Nacional*, Rio de Janeiro, Forense, 1985, p. 172.

o único elemento comum aos esquemas do empréstimo compulsório, do imposto, da taxa, da contribuição de melhoria e das contribuições parafiscais é o parâmetro da obrigatoriedade.

E não nos parece razoável admitir que a *obrigatoriedade* supere diferenças essenciais, como o dever de restituir.

Por outro lado, não nos parece razoável confundir o dever de restituir, que caracteriza e distingue o empréstimo compulsório, com a destinação do tributo. Preferimos, portanto, concluir afirmando que no âmbito da Teoria Geral do Direito os empréstimos compulsórios constituem categoria própria, que não se confunde com a dos tributos.

Há quem indique como nota essencial de qualquer empréstimo a *voluntariedade*. Empréstimo compulsório, para os que assim entendem, seria uma contradição em termos. Ou alguém empresta – e o faz voluntariamente –, ou alguém sofre uma imposição – e de empréstimo, portanto, não se trata.

Não nos parece que seja assim. Embora no âmbito do direito privado o empréstimo envolva obrigações de natureza contratual, com origem na vontade, nada impede a existência de empréstimo no âmbito do direito público, envolvendo obrigações decorrentes diretamente da lei. *Empréstimo* – registra De Plácido e Silva[121] – tem sentido abrangente:

> Derivado do Latim *promutuari* ("emprestar"), é indicativo para exprimir toda espécie de cedência de uma coisa ou bem, para que outrem a use ou dela se utilize, com a obrigação de restituí-la, na forma indicada, quando a pedir o seu dono ou quanto terminado o prazo da concessão.

O empréstimo é a cedência temporária de uma coisa, bem ou direito. Como geralmente se opera mediante um contrato, pode parecer que a voluntariedade seja elemento essencial seu. Ocorre que a palavra "empréstimo" pode designar o contrato mas pode designar também a própria cedência, que é o objeto do contrato. Neste caso, o empréstimo, significando a própria cedência, não tem a voluntariedade como elemento essencial. Embora seja, em regra, voluntária – vale dizer, contratual –, a voluntariedade não é de sua essência. O que é essencial para que se configure é, na verdade, o não ser uma transferência definitiva da coisa, bem ou direito, mas uma transferência temporária, na qual se faz presen-

---

121. De Plácido e Silva, *Vocabulário Jurídico*, vol. II, Rio de Janeiro, Forense, 1987, p. 158.

te, sempre, o dever de restituição. O entregar para, mais adiante, receber de volta é que, na verdade, caracteriza o empréstimo, que pode ser voluntário, como geralmente é, ou forçado, como eventualmente pode ser.

A obrigação do contribuinte nos empréstimos compulsórios é, na verdade, uma obrigação *ex lege*. Tal como a obrigação tributária decorre do fato previsto em lei como necessário e suficiente a seu nascimento. Não se confunde, porém, com a obrigação tributária, porque contém necessariamente o dever do ente público de restituir os valores emprestados. Esse dever de restituir é elemento integrante da própria relação jurídica que se estabelece em razão da ocorrência da hipótese legalmente prevista.

A obrigação tributária é o vínculo jurídico em virtude do qual o particular é obrigado a entregar dinheiro ao ente público. Essa entrega de dinheiro – vale dizer, o pagamento do tributo – extingue o vínculo, extingue a relação obrigacional tributária.

A obrigação de emprestar dinheiro ao ente público, de que se cuida nos empréstimos compulsórios, é o vínculo jurídico em virtude do qual o particular é obrigado a entregar dinheiro ao ente público e este é obrigado a devolvê-lo, no prazo, nas condições e com os encargos estabelecidos na lei. A entrega do dinheiro pelo particular não extingue a relação obrigacional, que subsiste até que o ente público o devolva.

Todos os fatos da atividade do Estado concernentes aos recursos financeiros que recebe e aplica compõem o que se costuma denominar *fenômeno financeiro*. Esse fenômeno financeiro é o objeto de estudos da ciência das finanças públicas, que dele se ocupa tendo em vista um conhecimento não especificamente jurídico. Um conhecimento no qual o significado dos fatos, no que importa ao financista, não é atribuído pela norma jurídica, formando-se a partir da realidade fática – vale dizer, a partir daquilo que *é*, e não a partir daquilo que *deve-ser*, segundo determinado sistema de normas.

O financista, embora sem poder ignorar as normas jurídicas, ocupa-se do fenômeno financeiro dando ênfase ao fato e às leis *naturais*, ou leis de causalidade, que o regem, tais como a lei segundo a qual, quanto maior seja a alíquota do tributo, maior será a resistência oferecida pelo contribuinte. Em outras palavras, o financista observa o fato em seu significado objetivo, e não em seu significado especificamente jurídico. Por isto mesmo a ciência das finanças públicas tende a ser universal, no sentido de que são sempre as mesmas as leis de causalidade que regem o fenômeno financeiro em qualquer País.

É certo que o regime jurídico do empréstimo compulsório o faz bem diferente do mútuo, que é um contrato de direito privado. Aliás, os que afirmam ser o empréstimo compulsório um tributo certamente o fazem porque consideram empréstimo sinônimo de mútuo[122] – o que não nos parece exato, porque o *mútuo* é uma categoria jurídica com regime jurídico próprio, que não se confunde com o *empréstimo*, embora às vezes essas palavras sejam utilizadas uma pela outra. Mesmo no campo do direito privado o empréstimo pode não ser mútuo, mas comodato, que tem regime jurídico diverso, sem deixar de ser empréstimo.

Dúvida não há, portanto, de que o empréstimo compulsório tem seu regime jurídico específico. Regime, esse, que não se confunde com o regime jurídico do *mútuo*, onde a voluntariedade é essencial, mas também não se confunde com o regime jurídico do *tributo*.

7.6.2 No Direito Brasileiro

Em face do ordenamento jurídico brasileiro manifestam-se alguns no sentido de que os empréstimos compulsórios são uma espécie de *tributo*, porque estão previstos em nossa Constituição no capítulo do sistema tributário nacional. E acrescentam que o § 1º do art. 150 da CF afastou qualquer dúvida que ainda se pudesse ter, pois se refere duas vezes aos *tributos* previstos no art. 148, I, que trata de *empréstimo compulsório*.

Realmente, nossa CF estabelece:

"Art. 148. A União, mediante lei complementar, poderá instituir empréstimos compulsórios: I – para atender a despesas extraordinárias, decorrentes de calamidade pública, de guerra externa ou sua iminência; II – no caso de investimento público de caráter urgente e de relevante interesse nacional, observado o disposto no art. 150, III, 'b'.

"Parágrafo único. A aplicação dos recursos provenientes de empréstimo compulsório será vinculada à despesa que fundamentou sua instituição."

E realmente se refere ao empréstimo compulsório previsto nesse art. 148, I, colocando-o entre os *tributos* excluídos do princípio da anterioridade anual (art. 150, § 1º, primeira parte) e nonagesimal (art. 150,

---

122. Kiyoshi Harada, *Compêndio de Direito Financeiro*, São Paulo, Resenha Tributária, 1994, p. 93.

§ 1º, segunda parte). Assim, se levarmos em conta apenas o elemento literal, ou linguístico, seremos levados a admitir que em nosso ordenamento jurídico os empréstimos compulsórios são tributos. Ainda assim, todavia, em face dos dispositivos constitucionais concernentes aos empréstimos compulsórios, somos obrigados a admitir que eles estão submetidos a regime jurídico próprio, que não corresponde ao regime jurídico de nenhum tributo.

Realmente, no Direito Brasileiro os regimes jurídicos dos *empréstimos compulsórios* e dos tributos têm algumas semelhanças, mas são inegavelmente distintos. São semelhantes quanto ao princípio da legalidade, pois tanto um quanto o outro só por lei podem ser estabelecidos. São semelhantes, também, quanto ao caráter coativo e quanto à natureza pecuniária da prestação exigida. Mas são distintos em vários pontos, a saber:

(a) O tributo destina-se, em princípio, ao custeio das despesas ordinárias do Estado, enquanto o empréstimo compulsório destina-se ao custeio de despesas extraordinárias, decorrentes de calamidade pública, guerra externa ou sua iminência[123] ou, ainda, para realização de investimento público de caráter urgente e de relevante interesse nacional. Em outras palavras, o tributo existe ordinariamente, enquanto o empréstimo compulsório é de existência excepcional.

(b) A aplicação dos recursos provenientes de empréstimo compulsório é vinculada à despesa que fundamentou sua instituição, enquanto nada obriga a vinculação da receita de tributos a determinadas despesas, sendo tal vinculação inclusive vedada no que diz respeito a impostos, salvo as exceções constitucionalmente admitidas.

(c) As normas e princípios do direito tributário aplicam-se aos tributos, salvo exceções previstas expressamente, enquanto para a aplicação dessas normas e princípios aos empréstimos compulsórios faz-se necessário norma que o determine expressamente, como fez o parágrafo único do art. 15 do CTN.

(d) Finalmente, o tributo ingressa no patrimônio público definitivamente, sem qualquer correspondência no passivo, enquanto o empréstimo compulsório deve ser restituído ao contribuinte no prazo e nas condições que devem constar obrigatoriamente da lei que o houver instituído.

---

123. É certo que a Constituição admite a instituição do imposto extraordinário de guerra. (art. 154, II). Trata-se, porém, de uma exceção, que não invalida a afirmação de que os tributos em geral se destinam ao custeio das despesas ordinárias dos entes públicos.

O professor Valdir de Oliveira Rocha,[124] em excelente artigo sobre o tema, ensina:

> Fossem tributos os empréstimos compulsórios, como previstos na Constituição de 1988, e seria preciso entendê-los, entretanto, como excepcionados da generalidade dos princípios e normas de imposição aplicáveis aos tributos. Este me parece ser o ponto decisivo para identificação da natureza jurídica dos empréstimos compulsórios, conferida pela Constituição.

E, adiante, Valdir de Oliveira Rocha[125] propõe e enfrenta assim a questão de saber qual é a identidade do empréstimo compulsório:

> Se não é tributo o empréstimo compulsório, o que seria, então?
> A resposta terá que ter presente a Constituição de 1988, que o rege.
> Respondo: o empréstimo compulsório é prestação pecuniária (compulsória), estabelecida em lei complementar, que não constitui sanção de ato ilícito e cobrada mediante atividade administrativa plenamente vinculada que em muito se assemelha aos tributos, mas que tributo não é, porque a Constituição o quis, nisso, distinto. Parece, mas não é. A Constituição, que tudo pode, poderia ter dito expressamente: "Os empréstimos compulsórios, que em muito se assemelham aos tributos, tributos não são, porque, assim não se quer"; não o fez expressamente, mas poderá tê-lo feito – como entendo – implicitamente, como se vê de seu conceito, obtido de interpretação sistemática.

Em síntese e em conclusão, no Direito Brasileiro, em face da Constituição Federal de 1988, podemos afirmar que o empréstimo compulsório tem regime jurídico próprio. Regime jurídico que não se confunde com o dos tributos. E esse regime jurídico específico é de tal forma adequado aos empréstimos compulsórios que terminou evitando os abusos até então praticados, pois os governos deixaram de utilizá-lo.

Realmente, embora regulado no capítulo em que se trata do sistema tributário nacional, o regime jurídico-constitucional dos empréstimos compulsórios alberga especificidades que lhe conferem identidade pró-

---

124. Valdir de Oliveira Rocha, "Os empréstimos compulsórios e a Constituição de 1988", *Revista de Informação Legislativa* 113/206, Brasília, Senado Federal, janeiro-março/1992.

125. Valdir de Oliveira Rocha, "Os empréstimos compulsórios e a Constituição de 1988", *Revista de Informação Legislativa* 113/207, Brasília, Senado Federal, janeiro-março/1992.

pria e, por isto mesmo, não permitem sua utilização irresponsável, como antes ocorria.

8. Contribuições sociais

8.1 Natureza tributária

Com características gerais ora de imposto, ora de taxa, as contribuições sociais constituem para a doutrina jurídica nacional e estrangeira um ponto de intermináveis controvérsias. No plano do direito positivo brasileiro vigente – ou, por outras palavras, e mais precisamente, em face da Constituição Federal de 1988 –, o conceito de *contribuição social* ganhou um elemento importante para sua formulação, e de notável relevo no pertinente à definição de limites do poder de tributar.

Realmente, segundo o art. 149 da vigente CF: "Compete à União instituir contribuições sociais, de intervenção no domínio econômico e de interesse das categorias profissionais ou econômicas, como instrumento de sua atuação nas respectivas áreas, (...)". Isto significa dizer que essas contribuições sociais caracterizam-se pela correspondente finalidade. Não pela destinação do produto da respectiva cobrança, mas pela finalidade da instituição, que induz a ideia de vinculação de órgãos específicos do Poder Público à relação jurídica com o respectivo contribuinte.

Estabeleceu, ainda, o supracitado dispositivo constitucional que na instituição das contribuições sociais devem ser observadas as normas gerais do direito tributário e os princípios da legalidade e da anterioridade, ressalvando, quanto a este último, a regra especial pertinente às contribuições de seguridade social.

Diante da vigente Constituição, portanto, pode-se conceituar a contribuição social como espécie de tributo com finalidade constitucionalmente definida – a saber, intervenção no domínio econômico, interesse de categorias profissionais ou econômicas e seguridade social.

É induvidosa, hoje, a natureza tributária dessas contribuições. Aliás, a identificação da natureza jurídica de qualquer imposição do Direito só tem sentido prático porque define seu regime jurídico – vale dizer, define quais são as normas jurídicas aplicáveis. No caso de que se cuida, a Constituição afastou as divergências doutrinárias afirmando serem aplicáveis às contribuições em tela as normas gerais de direito tributário e os princípios da legalidade e da anterioridade tributárias, com ressalva, quanto a este, das contribuições de seguridade, às quais se aplica regra própria, conforme veremos adiante.

Desprovida de interesse prático, portanto, restou a polêmica em torno da questão de saber se as contribuições sociais são, ou não, tributo. Essas contribuições são tributos cuja característica específica consiste precisamente na destinação constitucional a entes paraestatais ou a fins especificamente extrafiscais, a elas não se aplicando, portanto, o art. 4º, II, do CTN, como adiante será explicado.

8.2 O objetivo do art. 217 do CTN

Reconhecido que as contribuições sociais são tributo, fica claro o objetivo do art. 217 do CTN. Com ele o legislador pretendeu afastar o questionamento a respeito da possível revogação dos dispositivos legais no mesmo mencionados. Não fosse a ressalva nele contida, poder-se-ia entender revogados pelo Código Tributário Nacional todos os dispositivos legais que cuidam de contribuições, posto que aqueles tributos estariam abolidos. Como assevera Ricardo Absul Nour,[126] comentando o art. 217 do CTN,

> o artigo em comento garante que as entidades que prestam atividades paraestatais, ou seja, ao lado do Estado, como colaboradoras deste na consecução do bem comum, pudessem fazer frente às suas despesas utilizando-se do hábil instrumento da tributação.

No mesmo sentido manifesta-se Maria Helena Rau de Souza,[127] que, ao comentar o dispositivo legal em tela, assevera:

> A norma visava a afastar qualquer dúvida à compatibilidade e, portanto, incidência e exigibilidade das contribuições referidas nos diferentes incisos, ao lado dos tributos de que tratam as normas às quais faz remissão.

Realmente, não há dúvida de que o objetivo do art. 217 do CTN foi mesmo o de evitar questionamentos a respeito da subsistência das contribuições sociais no mesmo expressamente mencionadas, as quais poderiam ser consideradas extintas com o advento do Código Tributário

---

126. Ricardo Abdul Nour, in Ives Gandra da Silva Martins (coord.), *Comentários ao Código Tributário Nacional*, 2ª ed., vol. 2, São Paulo, Saraiva, 2002, p. 562.
127. Maria Helena Rau de Souza, in Vladimir Passos de Freitas (coord.), *Código Tributário Nacional Comentado*, São Paulo, Ed. RT, 1999, p. 823.

Nacional, especialmente em face das normas mencionadas na cabeça daquele dispositivo.

8.3 A norma do art. 4º do CTN

Não se diga que a tese segundo a qual é apontada como característica específica das contribuições sociais a destinação é inadmissível em face do que estabelece o art. 4º, II, do CTN.

Na verdade, a destinação do produto da arrecadação do tributo é irrelevante para a definição de sua natureza jurídica específica, vale dizer, para definir o tributo como imposto, ou como taxa ou como contribuição de melhoria. Entretanto, para a identificação das contribuições sociais é de suma importância não somente o destino da arrecadação, mas a própria finalidade da contribuição em si mesma.

Realmente, as contribuições sociais são tributos cuja existência no sistema tributário brasileiro está essencialmente ligada a certos fins da ação estatal, que se desenvolve geralmente – mas não necessariamente – através de órgãos paraestatais. Por isto mesmo ensina José Jayme de Macedo Oliveira:[128]

> Seu traço distintivo é a parafiscalidade, tendo recebido tal *nomen juris* – contribuição social – pela Constituição de 1988 (arts. 149 e 195), já que antes eram chamadas de parafiscais, paraorçamentárias etc.
>
> Em última análise, "contribuições sociais" constituem prestações pecuniárias compulsórias devidas a entidades da Administração indireta e associações de classe em razão de atividades especiais por estas desenvolvidas. Tendo em vista que ao Estado, titular do poder tributário, incumbe impor qualquer espécie de prestação, mencionadas contribuições devem ser criadas por lei que designe a instituição detentora da capacidade tributária ativa, isto é, o sujeito ativo. Nisto, aliás, configura-se o fenômeno da parafiscalidade, sob o prisma estritamente jurídico: quem institui a contribuição é a União, mediante lei que nomeia a entidade titular do respectivo crédito; em outros termos, uma pessoa é competente para criar o tributo, outra detém a capacidade ativa.

Não obstante, há manifestações jurisprudenciais negando que a destinação seja elemento essencial para qualificar as contribuições. En-

---

128. José Jayme de Macedo Oliveira, *Código Tributário Nacional*, São Paulo, Saraiva, 1998, pp. 589-590.

tre essas manifestações registramos, do TRF-1ª Região, julgado com a seguinte ementa:[129]

> Processual civil – Constitucional – Emenda Constitucional n. 27 – Desvinculação de Parte dos Valores Arrecadados a Título de Contribuições Sociais (PIS, COFINS, CSL e CPMF).
> 1. A desvinculação de parte dos recursos arrecadados a título de contribuições sociais, no período de 2000 a 2003, previsto na Emenda Constitucional n. 27, é constitucional.
> 2. A insatisfação daqueles contribuintes que visam a eximir-se do recolhimento das referidas contribuições não se justifica, vez que não representaria aos mesmos uma diminuição da exação a ser recolhida, vez que o percentual de 20% a ser desvinculado nada mais é que uma parcela do montante das contribuições que eram exigidas do contribuinte antes da Emenda, ou seja, o valor a ser recolhido pelo contribuinte permaneceu, nesse particular, intangível. O que mudou, na realidade, foi a destinação.
> 3. As contribuições sociais (PIS, COFINS, CPMF e CSL) que se encontravam de conformidade com o texto constitucional antes da edição da Emenda Constitucional n. 27 não foram contaminadas por vícios de inconstitucionalidade após aquela Emenda, porquanto as leis que as instituíram permaneceram inalteradas.
> 4. A nova destinação não implica criação de novo tributo.
> Apelo improvido.

Não nos parece que seja assim. A desvinculação, na verdade, descaracteriza a contribuição como espécie tributária, o tributo que deixa de ter a destinação para a qual a Constituição autoriza sua criação deixa de ser aquele tributo constitucionalmente autorizado. Se couber no âmbito constitucional de outro tributo – vale dizer, se puder caracterizar-se como um outro tributo constitucionalmente autorizado –, assume a natureza jurídica deste. Assim, uma contribuição, ao ser desvinculada de sua destinação constitucional, pode passar a ser um tributo de outra espécie – a saber, um imposto.

Ressalte-se que, tratando-se de contribuições de seguridade social – espécie que adiante vamos examinar –, o sujeito ativo da relação de tributação há de ser uma pessoa jurídica paraestatal, por força da própria CF, que o determina em seus arts. 165, § 5º, III, e 194, VII. O sujeito ativo das contribuições de seguridade social, na verdade, é o Instituto

129. TRF-1ª Região, AMS 34000311435, rel. Des federal Hilton Queiroz, j. 11.3.2003, *DJU* 9.4.2003, p. 61.

Nacional da Seguridade Social, embora a União Federal tenha se apropriado das mais importantes dessas contribuições.

Ressalte-se também que no gênero *contribuições sociais* encartam-se as contribuições de intervenção no domínio econômico, que não são necessariamente parafiscais, mas são extrafiscais, no sentido de que o destino do produto da correspondente arrecadação está sempre vinculado à finalidade interventiva, e não ao suprimento do Tesouro Público.

8.4 Função das contribuições sociais

A função das contribuições sociais, em face da vigente Constituição, decididamente não é a de suprir o Tesouro Nacional de recursos financeiros. Neste sentido podemos dizer que tais contribuições têm função parafiscal, algumas, e extrafiscal, outras.

As contribuições de interesse de categorias profissionais ou econômicas bem como as contribuições de seguridade social ostentam nítida função parafiscal. Destinam-se a suprir de recursos financeiros entidades do Poder Público com atribuições específicas, desvinculadas do Tesouro Nacional, no sentido de que dispõem de orçamento próprio. A propósito, Ricardo Abdul Nour[130] ensina que em nosso ordenamento jurídico

> a parafiscalidade é a hipótese de sujeição ativa em que uma pessoa legalmente credenciada arrecada o tributo e dele se beneficia; as entidades que cobram contribuições pela via da parafiscalidade devem ter suas contas apreciadas pelos Tribunais de Contas a que se submetem, zelando, dessa forma, pelo aplicativo do princípio da moralidade em direito tributário. Assim, o instituto da parafiscalidade é concebido como instrumento para que as entidades que colaboram com o Estado na perseguição do bem comum possam fazer frente aos seus gastos e, consequentemente, dar continuidade às suas atividades, que são de interesse público.

As contribuições de interesse de categorias profissionais ou econômicas devem constituir receita nos orçamentos das entidades representativas dessas categorias, enquanto as contribuições de seguridade social constituem receita no orçamento da seguridade, de que trata o art. 165, § 3º, da CF. São, portanto, nitidamente parafiscais.

---

130. Ricardo Abdul Nour, in Ives Gandra da Silva Martins (coord.), *Comentários ao Código Tributário Nacional*, 2ª ed., vol. 2, São Paulo, Saraiva, 2002, pp. 562-563.

As contribuições de intervenção no domínio econômico, por seu turno, vinculam-se ao órgão do Poder Público incumbido de desenvolver ações intervencionistas ou de administrar fundos decorrentes da intervenção estatal na economia.

8.5 Espécies de contribuições sociais

8.5.1 Espécie ou subespécie

Pelo que foi dito nos itens precedentes destes comentários já é possível saber quantas e quais são as espécies de contribuições sociais abrigadas pela vigente Constituição Federal. Na verdade, as contribuições sociais constituem uma espécie do gênero *tributo*. A rigor, portanto, teríamos de dividi-las em subespécies. Preferimos, porém, fazer referência a elas como *gênero* e dividi-las em *espécies*, a saber: (a) contribuições de intervenção no domínio econômico; (b) contribuições de interesse de categorias profissionais ou econômicas; e (c) contribuições de seguridade social.

De todo modo, fica claro que, se considerarmos o gênero tributo, as contribuições sociais são uma espécie, e, assim, devem ser divididas em subespécies. Se tomarmos, porém, como gênero as contribuições sociais, certamente as dividiremos em espécies. Pura questão terminológica, sem maior relevância. Afinal, como ensina Carnelutti, nada impede que um mesmo ente seja, conforme o modo por que é considerado, um gênero ou uma espécie, e como o resultado da divisão de uma espécie tem a mesma natureza desta.[131]

8.5.2 Contribuições de intervenção no domínio econômico

Esta espécie de contribuições sociais caracteriza-se por ser instrumento de intervenção no domínio econômico. É certo que todo e qualquer tributo interfere no domínio econômico. Mesmo o tributo considerado neutro, vale dizer, com função predominantemente fiscal, posto que a simples transposição de recursos financeiros do denominado setor privado para o setor público, que realiza, configura intervenção no domínio econômico. Por isto se há de entender que a intervenção no domínio econômico que caracteriza essa espécie de contribuições sociais

---

131. Francesco Carnelutti, *Teoria Geral do Direito*, São Paulo, Lejus, 1999, p. 52.

é apenas aquela que se produz com objetivo específico perseguido pelo órgão estatal competente para esse fim, conforme a lei.

A finalidade da intervenção no domínio econômico caracteriza essa espécie de contribuição social como tributo de função nitidamente extrafiscal. Assim, um tributo cuja finalidade predominante seja a arrecadação de recursos financeiros jamais será uma contribuição social de intervenção no domínio econômico, que só estará caracterizada se sua finalidade for a intervenção estatal na atividade econômica; intervenção que somente pode ocorrer nos termos autorizados pela Constituição Federal.

A não ser assim, a União teria em seu poder um cheque em branco para instituir, com o nome de contribuição de intervenção no domínio econômico, os mais diversos impostos, violando, assim, por via oblíqua, as garantias que a Constituição Federal estabelece em favor dos cidadãos no que concerne à tributação, isto é, as limitações constitucionais ao poder de tributar.

Hugo de Brito Machado Segundo[132] ensina que o art. 149 da CF não confere competência assim tão ampla à União, e explica as razões nas quais fundamenta seu entendimento:

> Primeiro, porque, ao dizer-se que as contribuições são tributo cuja natureza é determinada pela finalidade, pressupõe-se que essa finalidade seja certa, de sorte a distinguir as contribuições dos demais tributos, e também distingui-las entre si, e não uma finalidade de desmedida amplidão, que termine por permitir que a contribuição seja instrumento parra qualquer fim, desnaturando-a. Com efeito, as contribuições pagas, essencialmente, para que *certas* finalidades sejam atendidas, e não para que *qualquer* finalidade seja atendida.
>
> Segundo, porque o sistema tributário nacional confere outras competências à União Federal, para instituir não apenas impostos, mas também outras contribuições. Admitir sentido lato para o termo "intervenção" tornaria sem sentido as demais competências, bem como as limitações a elas impostas, na medida em que através do rótulo de contribuições de intervenção qualquer tributo pode ser criado, para qualquer finalidade.
>
> Terceiro, se a própria Constituição Federal determina, ao tratar da ordem econômica, como, quando e principalmente *para quê* a União Fe-

---

132. Hugo de Brito Machado Segundo, "Perfil constitucional das contribuições de intervenção no domínio econômico", in Marco Aurélio Greco (coord.), *Contribuições de Intervenção no Domínio Econômico*, São Paulo, Dialética, 2001, pp. 115-116.

deral poderá nela intervir, é evidente que a contribuição em exame, instrumento dessa intervenção, somente poderá ser utilizada naquelas hipóteses constitucionalmente determinadas, para atingir objetivos também constitucionalmente previstos. Assim, seja remunerando um órgão, seja servindo à própria contribuição, diretamente, como instrumento de intervenção, o certo é que só finalidades previstas na Constituição Federal autorizam a instituição do tributo de que se cuida.

Por fim, com todo o respeito às opiniões em contrário, pensamos que as contribuições em exame devem realizar a intervenção diretamente, por meio da sua incidência, tal como os impostos sobre comércio exterior. Mas não apenas isso. O produto de sua arrecadação há, também, de ter aplicação relacionada com a finalidade que as justifica.

A mera utilização da contribuição como fonte de custeio de um órgão interventor não é possível em face do disposto no próprio art. 149 da Constituição, que assevera serem as contribuições nele referidas o próprio instrumento de atuação da União Federal nas respectivas áreas.

Realmente, o exame atento do texto da Constituição Federal de 1988 nos leva seguramente à conclusão de que as contribuições de intervenção no domínio econômico caracterizam-se como espécie de tributo precisamente por serem um instrumento do qual se pode valer a União Federal para, nos casos em que a Constituição Federal o autoriza, intervir no domínio econômico. Devem ser tais contribuições, elas mesmas, o instrumento da intervenção, além de que os recursos arrecadados devam também ser empregados no custeio da atividade estatal interventiva. Entendê-las de outra forma é transformá-las em verdadeiros impostos, cuja instituição visa a atender às necessidades gerais do Estado.

Infelizmente, porém, o que se está delineando atualmente nas finanças públicas é a preferência do Governo por essa espécie de tributo com evidente desvio de finalidade, para fins simplesmente arrecadatórios.

8.5.3 Seletividade e flexibilidade das contribuições

Como se não bastasse o casuísmo, com o elevado número de regras inseridas no capítulo em que trata do sistema tributário nacional, na parte em que cuida da ordem econômica e financeira a Constituição Federal albergou também regras referentes à tributação, entre as quais a constante do art. 177, § 4º, introduzido pela Emenda Constitucional 33, de 13.12.2001, a dizer que: "§ 4º. A lei que instituir contribuição de intervenção no domínio econômico relativa às atividades de importação ou comercialização de petróleo e seus derivados, gás natural e seus derivados e álcool combustível deverá atender aos seguintes requisitos: I – a alíquota da contribuição poderá ser: a) diferenciada por produto ou uso; b) reduzida e restabelecida por ato do Poder Executivo, não se lhe aplicando o disposto no art. 150, III, 'b'; II – os recursos arrecadados serão destinados: a) ao pagamento de subsídios a preços ou transporte de álcool combustível, gás natural e seus derivados e derivados de petróleo; b) ao financiamento de projetos ambientais relacionados com a indústria de petróleo e do gás; c) ao financiamento de programas de infraestrutura de transportes".

Como se vê, o dispositivo da Constituição Federal acima transcrito atribui à contribuição de intervenção no domínio econômico relativa às atividades de importação ou comercialização de petróleo e seus derivados, gás natural e seus derivados e álcool combustível as características de seletividade em razão do produto, ou de seu uso; de não sujeição completa ao princípio da legalidade, funcionando com a mesma flexibilidade de alíquota dos impostos ditos flexíveis, como o de importação, o de exportação, o sobre produtos industrializados e o sobre operações financeiras. E, ainda, estabelece a vinculação dos recursos arrecadados com as referidas contribuições às aplicações que menciona.

É mais um aspecto do casuísmo das regras da Constituição. E – o que é mais preocupante – um casuísmo que chega a ser incoerente em relação ao que o Governo tem feito questão de obter do Congresso Nacional, que é a desvinculação das receitas da União, que lhe permite aplicar parte dos recursos arrecadados nas vinculações constitucionalmente estabelecidas.

8.5.4 Contribuições de interesse de categorias profissionais ou econômicas

A contribuição social caracteriza-se como de interesse de categoria profissional ou econômica quando destinada a propiciar a organização dessa categoria, fornecendo recursos financeiros para a manutenção de entidade associativa.

Não se trata – é bom insistir neste ponto – de destinação de recursos arrecadados. Trata-se de vinculação da própria entidade representativa da categoria profissional ou econômica com o contribuinte. O sujeito ativo da relação tributária, no caso, há de ser a mencionada entidade.

A esta conclusão se chega através da interpretação do art. 149, combinado com o art. 8º, IV, da vigente CF. Realmente, este último dispositivo estabelece que: "IV – a assembleia-geral fixará a contribuição que, em se tratando de categoria profissional, será descontada em folha, para custeio do sistema confederativo da representação sindical respectiva, independentemente da contribuição prevista em lei; (...)".

A contribuição prevista em lei, no caso, é precisamente a contribuição social a que se refere o art. 149, restando claro, portanto, que a ressalva está a indicar a entidade representativa da categoria profissional ou econômica como credora das duas contribuições. Uma, a contribuição fixada pela assembleia-geral, de natureza não tributária. A outra, prevista em lei, com fundamento no art. 149 da CF, é a espécie de contribuição social de que se cuida.

Há quem sustente que a contribuição referida no art. 8º, IV, da CF é uma espécie de tributo, em relação à qual não se aplica o princípio da legalidade. Não nos parece que seja assim. Preferimos entender que se trata de contribuição de natureza não tributária, em tudo idêntica à contribuição cobrada por qualquer associação civil.

8.5.5 Contribuições de seguridade social

As contribuições de seguridade social constituem a espécie de contribuições sociais cujo regime jurídico tem suas bases mais bem-definidas na vigente Constituição. O art. 195, I, II e III, e seu § 6º e, ainda, os arts. 165, § 5º, e 194, VII, fornecem as bases do regime jurídico dessa importantíssima espécie de contribuições sociais.

Infelizmente a autonomia do orçamento da seguridade social terminou sendo anulada com a unificação das receitas federal e da seguridade social. Não obstante, nos termos do art. 165, § 5º, III, "o orçamento da seguridade social, abrangendo todas as entidades e órgãos a ela vinculados, da Administração direta ou indireta, bem como os fundos e fundações instituídos e mantidos pelo Poder Público", essa autonomia terminou sendo anulada.

Realmente, o orçamento da seguridade social não se confunde com o orçamento do Tesouro Nacional, e sua execução não constituía atribuição do Poder Executivo, posto que a *seguridade social* teria de ser organizada com base em princípios constitucionalmente estabelecidos, entre os quais destaca-se o "caráter democrático e descentralizado da gestão administrativa, com a participação da comunidade, em especial de trabalhadores, empresários e aposentados" (art. 194, parágrafo único, VII).

Como se vê, encontram-se na vigente Constituição bases bem-definidas para o regime jurídico das contribuições de seguridade social.

Tais contribuições caracterizam-se, portanto, precisamente pelo fato de ingressarem *diretamente* naquele orçamento a que se refere o art. 165, § 5º, III, da CF.

As contribuições com as quais os empregadores, os trabalhadores e os administradores de concursos de prognósticos financiam *diretamente* a seguridade social não podem constituir receita do Tesouro Nacional precisamente porque devem ingressar *diretamente* no orçamento da seguridade social. Por isto mesmo, lei que institua contribuição social com fundamento no art. 195 da CF indicando como sujeito ativo pessoa diversa da que administra a seguridade social viola a Constituição.

Não obstante inconstitucionais as contribuições criadas pela União com suposto fundamento no art. 195, I, da CF para integrarem o orçamento do Tesouro Nacional, continuam elas a ser arrecadadas pelo Tesouro Nacional, em flagrante violação ao disposto no art. 165, § 5º, combinado com o art. 194, parágrafo único, VII, da CF, que determinam tenha a seguridade social orçamento próprio e gestão descentralizada.

Não pode prevalecer, como sustentam alguns, por ignorância ou má-fé, o princípio da unidade orçamentária. Esse princípio não pode sobrepor-se à Constituição Federal, que estabeleceu de forma diferente exatamente para superar tal princípio, que ficou restrito às contas do Tesouro e das autarquias comuns. Não se aplica à seguridade social, que se tornou uma autarquia de nível constitucional por força dos supracitados dispositivos.

Desgraçadamente, o STF, em momento de rara infelicidade, chancelou o abuso praticado pelas autoridades do Poder Executivo federal, ávidas de recursos financeiros e para as quais é indiferente o destino dos pobres, velhos e doentes, em favor dos quais o constituinte de 1988 lançou as bases jurídicas para a edificação de um dos mais modernos e avançados – senão o mais moderno e avançado – sistemas de seguridade do mundo.

A desinformação de muitos e o descaso dos poucos que efetivamente decidem estão destruindo a obra do constituinte de 1988, e tudo leva a acreditar que em breve as contribuições sobre o faturamento e sobre o lucro serão transformadas em impostos, a engordar as burras do Tesouro Nacional.

O exame dos balanços gerais da União revela que as contribuições de previdência, cujo total representava em 1989 apenas 34% da receita tributária, passaram a oscilar entre 110% e 121% nos anos de 1990 até 1994. Em 1995 a arrecadação dessas contribuições correspondeu a mais de 148% da receita tributária. Em outras palavras, as contribuições de previdência corresponderam em 1995 a quase vez e meia de tudo quanto a União arrecadou com todos os seus tributos.[133]

Como se pode acreditar que a seguridade social esteja falida?

É mais razoável acreditar que as receitas desta, arrecadadas pelo Tesouro Nacional, sob as vistas complacentes do STF, estejam sendo desviadas para outras finalidades. E – o que é ainda mais grave – que as autoridades do Governo se utilizam do argumento de que a seguridade social, especialmente a área da saúde pública, está carente de recursos para obter o apoio na criação de novos tributos, como aconteceu com a CPMF, com vigência várias vezes prorrogada, porque a sensibilidade dos contribuintes não lhes permite recusar recursos para esse segmento do Estado. Segmento que desgraçadamente continuará carente, em virtude de inevitáveis desvios, prestando-se apenas como argumento para seguidos aumentos da carga tributária.

Não é preciso ser perito em finanças públicas para saber que os tributos atualmente arredados com o rótulo de contribuições – a saber, a contribuição social sobre o lucro, a CPMF e a COFINS – rendem recursos mais que suficientes para o custeio da seguridade social no País e que as insuficiências nesse setor decorrem simplesmente de desvios criminosos praticados pelo Governo, que também desta forma contribui para um vergonhoso aumento das desigualdades sociais, com poucos ricos cada vez mais ricos e muitos pobres cada vez mais pobres.

A seguridade social é valioso instrumento de redistribuição de renda, e seu amesquinhamento explica por que somos um dos Países onde essa redistribuição é mais injusta. Injustiça que se agrava a cada dia, em face do achatamento dos salários e da elevação dos juros.

A falta de sensibilidade dos nossos governantes é odiosa.

8.5.6 *Contribuições especiais*

Finalmente, nosso sistema constitucional tributário abriga como espécie das contribuições sociais aquelas que preferimos denominar

---

133. Dados obtidos pessoal e diretamente nos balanços gerais da União, publicação oficial do Ministério da Fazenda.

contribuições especiais e que, a rigor, não se enquadram como contribuições de intervenção no domínio econômico nem como contribuições de interesse de categorias profissionais ou econômicas, nem como contribuições de seguridade social. São as contribuições autorizadas em dispositivos constitucionais específicos, como é o caso dos arts. 212, § 5º, e 239 da CF, que se referem à contribuição denominada *salário--educação* e à contribuição para o Programa de Integração Social/PIS, respectivamente.

Além dessas contribuições especiais, temos ainda o que poderíamos denominar de *contribuições anômalas*, instituídas em verdadeira fraude às limitações constitucionais ao poder de tributar, como é o caso da denominada *contribuição de iluminação pública*, que a seguir vamos examinar.

8.5.7 Destinação como elemento essencial

As contribuições, diversamente do que ocorre com os demais tributos que integram o sistema tributário nacional, têm na destinação um elemento essencial. Com exceção da contribuição de melhoria, que está prevista no Código Tributário Nacional, todas as demais contribuições têm a destinação como elemento essencial à caracterização como espécie de tributo.

Na verdade, as contribuições constituem, como temos afirmado, um desastre para nosso sistema tributário, porque se prestam para incontáveis e intermináveis abusos, responsáveis pela elevação incontrolável de nossa carga tributária.

9. Contribuição de iluminação pública

9.1 Incompatibilidade conceitual

A Emenda Constitucional 39, de 19.12.2002, inseriu em nossa CF o art. 149-A, atribuindo competência aos Municípios e ao Distrito Federal para instituir "contribuição, na forma das respectivas leis, para o custeio do serviço de iluminação pública, observado o disposto no art. 150, I e III".

Diante desse dispositivo agora encartado na Constituição, coloca--se em primeiro lugar a questão de saber se é possível uma *contribuição* como concebida essa espécie tributária, com a destinação específica para o custeio da iluminação pública.

Na defesa dessa possibilidade alguém poderá sustentar que o elemento "finalidade" pode ser considerado presente na destinação dos recursos. A questionada "contribuição" teria finalidade específica, porque os recursos provenientes de sua arrecadação seriam destinados ao custeio de serviço ou atividade estatal, constitucionalmente indicados. Não nos parece, porém, que seja assim.

Como já neste estudo afirmamos, a contribuição identifica-se como espécie de tributo porque: (a) tem destinação constitucional especificamente estabelecida para o custeio de determinada atividade estatal designadamente referida a uma categoria ou grupo de pessoas, que provoca sua necessidade ou dela obtém especial proveito; e (b) tem como contribuinte pessoa que compõe a categoria ou grupo de pessoas que provoca a necessidade do agir estatal ou dele obtém proveito.

Assim, quando se diz que a contribuição há de ter finalidade constitucionalmente estabelecida não se quer dizer apenas que os recursos dela provenientes devem ser destinados ao financiamento de uma atividade estatal indicada na Constituição. Se fosse assim, poderíamos ter todas as atividades estatais custeadas mediante contribuições. Deixariam de ser necessários os impostos, e, assim, estaria destruído o sistema constitucional tributário.

Resta saber se a iluminação pública pode ser considerada uma atividade estatal pertinente a determinada categoria ou grupo social – vale dizer, atividade que interesse ou propicie vantagem a determinada categoria ou grupo social. Essa questão, porém, pode ser respondida negativamente sem qualquer dificuldade. A este propósito manifesta-se Kiyoshi Harada:[134]

> No caso da iluminação pública, pergunta-se: onde a particular vantagem propiciada aos contribuintes, se todos os munícipes são beneficiários desse serviço público? Seria legítimo considerar a população normal como beneficiários específicos, em confronto com o contingente de pessoas cegas a quem o serviço público não estaria trazendo os mesmos benefícios?
>
> Para caracterização da contribuição social ou da taxa de serviços não basta a destinação específica do produto da arrecadação do tributo. É preciso que se *defina o beneficiário específico* desse tributo, que passará a ser o seu contribuinte. Se a comunidade inteira for beneficiária, como no caso em estudo, estar-se-á diante de imposto, e não de contribuição.

---

134. Kiyoshi Harada, "Contribuição para custeio da iluminação pública", *Repertório de Jurisprudência IOB* 6-I/2003, São Paulo, IOB, 2ª quinzena de março/2003.

Esclarecemos apenas que o beneficiário específico da contribuição não há de ser necessariamente a pessoa do contribuinte, mas a categoria ou grupo social no qual este se encarta. Esta, aliás, a diferença essencial entre a taxa e a contribuição, neste aspecto. A taxa tem como contribuinte a pessoa que esteja diretamente vinculada à atividade estatal específica que constitui seu fato gerador. A contribuição, diversamente, tem como contribuinte pessoa que integra uma categoria ou grupo social favorecido pela atividade estatal para cujo custeio se destina, ou que a tenha tornado necessária – vale dizer, que a tenha provocado.

Hamilton Dias de Souza[135] faz cuidadosa análise da doutrina pertinente às contribuições, e assevera:

> Autores que negam seja a vantagem especial traço característico das contribuições não desconhecem que a exação é instituída no interesse de grupos de indivíduos. Ora, o interesse em questão se traduz em algo concreto, como uma vantagem ou benefício, ainda que vistos coletivamente. O certo, porém, é que sem essa referibilidade entre a atividade do Estado e a vantagem de um indivíduo ou grupo de indivíduos não há contribuição.

Como se vê, há verdadeira incompatibilidade conceitual entre a exação de que se cuida e a espécie tributária conhecida como contribuição. Resta saber se, tratando-se, como se trata, de uma norma encartada na própria Constituição Federal, essa é relevante na consideração da validade dessa norma.

9.2 Outras incompatibilidades

9.2.1 Destruição do sistema tributário

A utilização da espécie *contribuição* no caso em que ela *não* se destina ao custeio de uma atividade estatal referida a uma categoria ou grupo social, além da incompatibilidade conceitual já apontada, e talvez em decorrência dela, mostra-se com outras incompatibilidades com a vigente Constituição Federal, como se passa a demonstrar.

A Constituição veda a vinculação de receita de impostos a órgão, fundo ou despesa (art. 167, IV). E o faz guardando fidelidade à doutrina que considera ser a receita gerada pelo imposto destinada ao custeio das

---

135. Hamilton Dias de Souza, "Contribuições especiais", in Ives Gandra da Silva Martins (coord.), *Curso de Direito Tributário*, 7ª ed., São Paulo, Saraiva, 2000, p. 499.

atividades gerais do Estado, e não a determinadas atividades, especificamente consideradas.

Há quem sustente, com razão, que essa vedação não se aplica às contribuições.[136] É importante, porém, saber por quê. Não se aplica precisamente porque as contribuições devem ter destinação constitucionalmente determinada. Seria um absurdo, portanto, admitir que o denominado constituinte reformador – vale dizer, o Congresso Nacional –, no uso de sua competência para reformar a Constituição, possa burlar esse dispositivo, atribuindo aos Municípios e ao Distrito Federal competência para criar contribuição que, na verdade, como tal não se caracteriza, porque não é vinculada a uma categoria ou grupo social com o qual a atividade a ser custeada tenha alguma referibilidade, mas tem verdadeira natureza jurídica de imposto, porque destinada ao custeio de atividade de interesse geral.

Por esta razão, aliás, o art. 149-A, confirmando a natureza de imposto que realmente tem a "contribuição" destinada ao custeio da iluminação público, determina a observância não apenas do princípio da legalidade tributária, mas também do princípio da anterioridade ao exercício financeiro. Se é válida, porque autorizada por emenda constitucional, uma "contribuição" que tem as características essenciais de um imposto, poderá, então, o constituinte reformador substituir todos os impostos por contribuições, contornando, assim, a vedação do art. 167, IV. E por que não poderia, então, instituir contribuições sem obediência ao princípio da anterioridade ao exercício financeiro de cobrança? E por que não poderia, assim, aos poucos, destruir todas as garantias que a Constituição outorgou ao cidadão contribuinte?

Os recursos destinados ao custeio da iluminação pública eram obtidos com a denominada *taxa de iluminação pública*. O STF, todavia, declarou inconstitucional aquela "taxa". Poderia o constituinte reformador validar dita exação simplesmente dando-lhe o nome de *contribuição*?

Admitir a validade da norma introduzida na Constituição pela Emenda 39, como se vê, é admitir a destruição do sistema tributário.

9.2.2 *Separação de Poderes*

Não fiquemos, porém, apenas na afirmação genérica de que a Emenda 39 abre caminho para a destruição do sistema tributário, pela degra-

---

136. Maria Alessandra Brasileiro de Oliveira, "As contribuições no sistema tributário brasileiro", in Hugo de Brito Machado (coord.), *As Contribuições no Sistema Tributário Brasileiro*, São Paulo/Fortaleza, Dialética/ICET, 2003, p. 463.

dação dos conceitos nos quais se apoia. A referida Emenda, na verdade, tende a abolir a separação de Poderes e as garantias do contribuinte.

Realmente, admitir a possibilidade de contribuições com finalidades indicadas na própria Constituição, mesmo para o custeio dos serviços estatais de interesse geral, para cujo custeio se destinam os impostos, é caminhar para a supressão do orçamento público como instrumento de divisão e harmonia dos Poderes do Estado.

Quando a Constituição veda a vinculação das receitas de impostos a órgão, fundo ou despesa, ela o faz em atenção à separação de Poderes do Estado, tendo em vista que ao Poder Executivo cabe formular a proposta de orçamento anual para as receitas e despesas públicas. Se feita a vinculação na própria Constituição, estaria decretada a supremacia do Poder Legislativo, titular do poder de reforma da Constituição, e retirada do Poder Executivo a possibilidade de elaborar seu plano de governo, que, a final, é consubstanciado no orçamento.

Ressalte-se que a emenda constitucional sequer se submete a sanção (ou veto) do Presidente da República; e, assim, se por emendas fosse possível definir as receitas, mediante a criação de contribuições, e a respectiva aplicação de recursos, com a vinculação constitucional das receitas destas ao custeio de determinadas atividades, restaria amesquinhado a separação dos Poderes, concentrando-se no Legislativo o poder de governar, mediante a definição das atividades nas quais o Estado deveria atuar, pelo provimento dos recursos para esse fim.

Como a proposta orçamentária é atribuição privativa do Poder Executivo, tem-se de concluir que a supressão dessa prerrogativa, pela prévia vinculação das receitas públicas a despesas específicas, configura afronta à vedação contida no art. 60, § 4º, III, da CF. Ensina José Afonso da Silva:[137] "Atribuir a qualquer dos Poderes atribuições que a Constituição só outorga a outro importará tendência a abolir o princípio da separação de Poderes".

9.2.3 Garantias individuais do contribuinte

Por outro lado, como em relação às contribuições a Constituição não estabelece um *âmbito de incidência* – vale dizer, não circunscreve os fatos a serem utilizados pelo legislador na descrição da hipótese de incidência tributária –, o legislador teria ampla liberdade na instituição

---

137. José Afonso da Silva, *Curso de Direito Constitucional Positivo*, 37ª ed., São Paulo, Malheiros Editores, 2014, p. 69.

das contribuições, em evidente detrimento das garantias constitucionais do contribuinte.

Em outras palavras, com a substituição de todos os impostos por contribuições o legislador não teria limite algum na escolha dos fatos geradores desses tributos – e isto, evidentemente, constitui afronta ao direito fundamental do cidadão contribuinte de só pagar o tributo se e quando ocorrer o respectivo fato gerador, pois a definição deste por lei ordinária poderia ser feita – em face da ausência de limites constitucionais – de forma ampla, com total desprezo pelo princípio da tipicidade tributária, que constitui inegável garantia individual do contribuinte.

Como se vê, a introdução da norma do art. 149-A na CF revela também uma tendência para abolir direitos e garantias individuais do contribuinte.

9.2.4 Compreensão dos limites ao poder reformador

É da maior importância observarmos que o limite ao poder reformador da Constituição não diz respeito a emendas que eliminem a separação de Poderes, nem os direitos e garantias individuais. No dizer autorizado de José Afonso da Silva,[138]

> (...); basta que a proposta de emenda se encaminhe ainda que remotamente, "tenda" (emendas *tendentes*, diz o texto) para a sua abolição.

Efetivamente, toda tendência deve ser evitada. Se a proposta de emenda tende a abolir a separação de Poderes ou um direito ou garantia individual, ela está vedada pelo art. 60, § 4º, da vigente CF. E no caso de que se cuida a tendência é evidente tanto para abolir a separação de Poderes do Estado como para abolir direitos e garantias individuais do contribuinte. Dúvida, portanto, não pode haver de que o Congresso Nacional não foi feliz em aprová-la, sendo justo esperar-se que o Judiciário corrija o equívoco, restabelecendo o primado da Constituição.

9.3 Outras questões relevantes

Admitindo-se, porém, que o STF venha a validar a malsinada "contribuição" ou que a mesma não seja impugnada pelos respectivos contri-

---

138. José Afonso da Silva, *Curso de Direito Constitucional Positivo*, 37ª ed., São Paulo, Malheiros Editores, 2014, p. 69.

buintes, restarão questões, entre as quais destacamos a relativa à forma de sua cobrança e ao direito à compensação dos valores pagos indevidamente a título de taxa de iluminação pública com os valores que serão devidos a título de contribuição de iluminação pública.

Examinemos, pois, ainda que de forma superficial, essas questões.

9.3.1 *Forma de cobrança*

Estabelece o art. 149-A, em seu parágrafo único, ser facultada a cobrança da contribuição de que se cuida nas faturas de consumo de energia elétrica.

É possível que esse dispositivo tenha sido colocado na Emenda 39 com o propósito de validar a cobrança da "contribuição" da forma como era cobrada a "taxa" de iluminação pública em muitos Municípios, isto é, como condição para o pagamento da fatura relativa ao consumo de energia elétrica. Ainda que isto efetivamente tenha ocorrido, na verdade, a norma do parágrafo único do art. 149-A da CF não realizou aquele propósito.

Realmente, a "taxa" de iluminação pública era cobrada em muitos Municípios com seu valor incluído na fatura de consumo de energia elétrica, de tal sorte que o pagamento da tarifa de energia só era possível com o pagamento, conjuntamente, do valor daquela "taxa". Em outras palavras, o pagamento da "taxa" era uma condição *sine qua non* para o pagamento da energia consumida.

Ocorre que as concessionárias do serviço de distribuição de energia estão legalmente autorizadas a suspender o fornecimento de energia ao consumidor inadimplente, bastando que o avisem por escrito com a antecedência de 15 dias. Assim, os Municípios tinham poderosa arma para compelir o contribuinte ao pagamento da malsinada taxa. E o uso dessa arma foi posto em dúvida, tendo havido manifestação da Agência Nacional de Energia Elétrica no sentido de que, em face de disposições do Código de Defesa do Consumidor, não poderia haver a cobrança da "taxa" de iluminação pública de forma a viabilizar instrumento tão arbitrário.

Na verdade, porém, não é apenas o Código de Defesa do Consumidor que impede seja exigido o pagamento de um tributo como condição para o pagamento da conta de consumo de energia. Esse impedimento decorre do princípio constitucional do contraditório e da ampla defesa, que seria amesquinhado pelos Municípios na cobrança desse tributo embutido na fatura de consumo de energia.

9.3.2 Direito à compensação

Seja como for, se os contribuintes forem obrigados a suportar mais esse tributo, é indiscutível o direito que terão de ver compensados na quitação de seus débitos todos os valores que pagaram a título de taxa de iluminação pública, posto que a inconstitucionalidade desta é indiscutível e já foi declarada pelo STF.

Aliás, aqueles que não se dispuserem a questionar a validade da malsinada "contribuição" podem desde logo pleitear a compensação, com os débitos dela decorrentes, dos créditos dos quais são titulares em decorrência do pagamento indevido da "taxa" de iluminação pública.

Capítulo III
LIMITAÇÕES AO PODER DE TRIBUTAR

1. O Direito como sistema de limites. 2. Legalidade tributária: 2.1 O princípio e a norma – 2.2 Significados e origem do princípio – 2.3 Legalidade e tipicidade – 2.4 Legalidade tributária nas Constituições brasileiras: 2.4.1 Nas Constituições anteriores – 2.4.2 Na Constituição de 1988 – 2.4.3 A teoria jurídica e a adequada compreensão do princípio da legalidade – 2.4.4 A expressão "exigir ou aumentar tributo" – 2.4.5 O significado da palavra "lei" – 2.4.6 As medidas provisórias – 2.4.7 Exceções ou restrições ao alcance do princípio da legalidade. 3. Isonomia tributária: 3.1 Isonomia como princípio geral do Direito – 3.2 A isonomia como limitação ao poder de tributar – 3.3 Desigualdades regionais como critério de discrímen: 3.3.1 Interpretação sistêmica da Constituição Federal – 3.3.2 Redução das desigualdades como objetivo fundamental – 3.3.3 Outros dispositivos sobre a redução das desigualdades regionais – 3.3.4 Disputas entre as unidades federativas – 3.3.5 A denominada "guerra fiscal" – 3.3.6 Como a Constituição de 1988 pretendeu evitar a "guerra fiscal" – 3.3.7 A inconstitucionalidade de leis estaduais – 3.3.8 Uma possível justificativa para a "guerra fiscal" – 3.3.9 Caminho adequado para a superação das desigualdades regionais – 3.3.10 Respeito à Constituição Federal. 4. Irretroatividade da lei tributária: 4.1 Preservação da segurança jurídica – 4.2 Irretroatividade das leis tributárias: 4.2.1 Como limitação ao poder de tributar – 4.2.2 Retroatividade benéfica ao contribuinte – 4.2.3 A questão da lei interpretativa. 5. Anterioridade da lei tributária: 5.1 Anterioridade e anualidade do tributo – 5.2 Anterioridade e irretroatividade da lei – 5.3 Anterioridade anual e nonagesimal – 5.4 O contribuinte como destinatário das garantias constitucionais. 6. Vedação do confisco: 6.1 Questões relativas a conceitos – 6.2 Imposto real sobre o patrimônio – 6.3 Imposto sobre a renda e confisco – 6.4 Tributo confiscatório, direito de propriedade e empresa privada – 6.5 Proibição expressa do tributo confiscatório – 6.6 Tributo e carga tributária: 6.6.1 Colocação da questão – 6.6.2 Carga tributária e efetividade da garantia constitucional – 6.6.3 Solução adequada para evitar o efeito confiscatório – 6.6.4 Vedação ao confisco e tributo extrafiscal – 6.7 Vedação do tributo confiscatório e multas: 6.7.1 Extensão do princípio do não confisco – 6.7.2 Distinção essencial entre tributo e penalidade – 6.7.3 Sanção e tributo extrafiscal proibitivo – 6.8 Tributação nas atividades ilícitas – 6.9 A prática do tributo como sanção – 6.10 Ainda a distinção entre tributo e multa – 6.11 Multa sobre venda de mercadoria sem nota fiscal – 6.12 As multas e os princípios da proporcionalidade e da razoabilidade. 7. Liberdade de tráfego. 8. Imunidades: 8.1 Conceito e natureza jurídica – 8.2 Imunidade, isenção e não incidência – 8.3 A imunidade no capítulo das limitações ao poder de tributar: 8.3.1 O enunciado das imunidades – 8.3.2 Imunidade recíproca – 8.3.3 Imunidade dos templos – 8.3.4 Imunidade dos partidos políticos – 8.3.5 Imunidade das entidades sindicais e das entidades de educação e de assistência social sem fins lucrativos – 8.3.6 Imunidade dos livros, jornais e periódicos. 9. Consciência fiscal: 9.1 Como forma de limitação do poder de tributar – 9.2 Demonstração de consciência fiscal – 9.3 Importância da consciência fiscal como limitação do poder de tributar. 10. Especificidade da lei de isenção ou outros incentivos fiscais: 10.1 Exigência da Constituição Federal – 10.2 Razão provável da exigência – 10.3 Lei revogadora de isenção – 10.4 A isenção da COFINS para sociedades de profissionais – 10.5 Alguns conceitos de Teoria Geral do Direito relativos ao assunto: 10.5.1 Distinção entre lei e norma – 10.5.2 A norma e a lei instituidora da isenção – 10.5.3 Especificidade da norma de isenção – 10.5.4 Isenção como dispensa do tributo – 10.5.5 Isenção como hipótese de não incidência – 10.5.6 Isenção como exceção à norma de tributação. 11. Substituição tributária para a frente. 12. Uniformidade dos tributos federais. 13. Tributação da renda gerada pelo Poder Público. 14. Isenções heterônomas: 14.1 Preservação da autonomia dos Estados e dos Municípios – 14.2 Isenção mediante tratados internacionais. 15. Não discriminação em razão da procedência ou destino dos bens e serviços.

1. O Direito como sistema de limites

O Direito enquanto conjunto de princípios e regras – ou, como é geralmente designado, um sistema de normas – é, na verdade, um sistema de limites ao poder. Neste sentido já escrevemos:[1]

O Direito é um sistema de limites ao qual nos submetemos para que nos seja possível a vida em sociedade. *Sistema*, porque é um conjunto completo e harmonioso de prescrições.[1-A] O sistema é *completo* porque nele não existem espaços vazios, desprovidos de regulação. E harmonioso, ou coerente, porque nele não podem existir prescrições contraditórias, na medida em que estabelece mecanismo destinado a superar as contradições que eventualmente possam surgir na produção jurídica.

É um sistema de *limites*, porque sua finalidade essencial é limitar a liberdade de cada um, como forma de garantir a liberdade de todos. Em outras palavras, o Direito é o instrumento da partilha da liberdade.[1-B] Ma-

---

1. Hugo de Brito Machado, *Introdução ao Estudo do Direito*, 2ª ed., São Paulo, Atlas, 2004, pp. 23-24.

1-A. Em vez de dizermos que o Direito é um conjunto de normas, preferimos dizer que ele é um conjunto de *prescrições*. A *norma* jurídica, como nós a concebemos, é uma espécie de prescrição jurídica. Prescrição é o gênero. Por isto mesmo nos parece mais adequado falar do conjunto de prescrições, conceito no qual estão incluídas as normas.

ravilhoso instrumento, aliás. Seguramente o melhor, senão o único capaz de assegurar um razoável grau de harmonia entre os seres humanos. O melhor, senão o único instrumento capaz de reduzir a níveis toleráveis os conflitos e de viabilizar a solução pacífica, civilizada, racional, daqueles que se mostraram inevitáveis.[1-C] Em um encontro social na residência de um amigo, um psiquiatra comentou a avaliação pouco lisonjeira que os médicos em geral fazem da Psiquiatria, dizendo que um colega seu, não psiquiatra, certa vez lhe perguntou se Psiquiatria é mesmo Medicina. Ao que respondeu, prontamente: "É, colega, é exatamente o ramo da Medicina que nos permite distingui-la da Veterinária".

Colho aquela afirmação, que aparentemente nada tem a ver com o estudo do Direito, para demonstrar que o Direito é o elemento que nos permite distinguir o ser humano dos animais irracionais.

Enquanto os animais irracionais resolvem os seus problemas de convivência a partir dos instintos e das aptidões físicas de cada qual, os seres humanos procuram resolvê-los racionalmente. Por isto estabelecem normas reguladoras de suas condutas. O Direito é esse conjunto de normas. É esse *sistema de limites, fruto da racionalidade humana*.

A palavra "direito", porém, como de resto acontece com as palavras em geral, é utilizada com vários significados. É plurissignificativa, porque se presta para designar não apenas uma, mas diversas realidades, como a seguir se verá.

Temos afirmado repetidas vezes que o Direito é um sistema de limites do poder. E o poder de tributar é inerente ao Estado, pois, nas palavras de Aliomar Baleeiro,[2]

o tributo é vetusta e fiel sombra do poder político há mais de 20 séculos. Onde se ergue um governante, ela se projeta sobre o solo de sua

---

1-B. Neste sentido é a lição de Miguel Reale, a dizer que aos olhos do homem comum o Direito é lei e ordem, isto é, um conjunto de regras obrigatórias que garante a convivência social graças ao estabelecimento de limites à ação de cada um de seus membros (*Lições Preliminares de Direito*, 10ª ed., São Paulo, Saraiva, 1983, pp. 1-2).

1-C. Diz-se que o Direito reduz os conflitos a níveis toleráveis porque a observância das normas faz com que os conflitos não existam. Como, porém, não existem meios para fazer com que todos observem, sempre, as normas, diz-se que os conflitos são inevitáveis. Entretanto, exatamente por isto, o Direito estabelece os mecanismos para o equacionamento dos conflitos que inevitavelmente surgem entre as pessoas. Por isto se diz que o Direito é capaz de viabilizar a solução pacífica, civilizada, racional, de tais conflitos.

2. Aliomar Baleeiro, *Limitações Constitucionais ao Poder de Tributar*, 7ª ed., Rio de Janeiro, Forense, 1997, p. 1.

dominação. Inúmeros testemunhos, desde a Antiguidade até hoje, excluem qualquer dúvida.

Assim, podemos afirmar que o poder de tributar sempre foi exercido, sem lei ou nos termos desta.

Com o surgimento e a evolução dos sistemas jurídicos, então, podemos afirmar com segurança que o Direito funciona como um sistema de limites e que as regras jurídicas que cuidam da tributação constituem *limitações ao poder de tributar*. Entretanto, neste estudo tal expressão tem sentido restrito. Abrange apenas as regras jurídicas que estão em nossa Constituição Federal, que, ao tratar da tributação e do orçamento, tem um capítulo tratando do sistema tributário nacional, dividido em seções, a segunda das quais trata das limitações do poder de tributar. Assim, as limitações ao poder de tributar, às quais aqui nos referimos, são somente aquelas que estão nos arts. 150 a 152 da vigente CF, que compõem a seção em referência.

Entre essas limitações encontra-se o denominado *princípio da legalidade tributária*, expresso no art. 150, I, segundo o qual: "Sem prejuízo de outras garantias asseguradas ao contribuinte, é vedado à União, aos Estados, ao Distrito Federal e aos Municípios: I – exigir ou aumentar tributo sem lei que o estabeleça; (...)".

Começaremos, pois, o estudo dessas limitações constitucionais ao poder de tributar estudando o princípio da legalidade tributária.

2. Legalidade tributária

2.1 O princípio e a norma

Constitui ponto pacífico, atualmente, a assertiva segundo a qual a relação de tributação é uma relação *jurídica*, e não uma relação *simplesmente de poder*. Assim, submetida que está a *relação de tributação* ao disciplinamento jurídico, temos que examinar, em primeiro plano, as prescrições jurídicas mais importantes no disciplinamento dessa relação, as quais são geralmente designadas como *princípios jurídicos da tributação*.

Não há, é certo, consenso doutrinário em torno da questão de saber o que é um *princípio jurídico*. Terá o *princípio* a mesma natureza da *norma*?

A resposta, evidentemente, varia, de acordo com a postura jusfilosófica de cada um. Para os *jusnaturalistas*, não obstante divididos estes em várias correntes, é possível afirmar que os princípios jurídicos constituem o *fundamento* do direito positivo. Neste sentido, portanto, o princípio é algo que integra o chamado Direito Natural. Para os *positivistas* o princípio jurídico nada mais é que uma norma jurídica. Não uma norma jurídica qualquer, mas uma norma que se distingue das demais pela importância que tem no sistema jurídico. Essa importância decorre de ser o princípio uma norma dotada de grande abrangência, vale dizer, de universalidade, e de perenidade. Os princípios jurídicos constituem, por isto mesmo, a estrutura do sistema jurídico. São os princípios jurídicos os vetores do sistema. Daí por que, no dizer de Celso Antônio Bandeira de Mello, desobedecer a um princípio é muito mais grave que desobedecer a uma simples norma.[3]

Por isto mesmo, o princípio jurídico tem grande importância como diretriz para o hermeneuta. Na valoração e na aplicação dos princípios jurídicos é que o jurista se distingue do leigo que tenta interpretar a norma jurídica com conhecimento simplesmente empírico.

Doutrina Souto Borges,[4] com inteira propriedade:

> Ora, a violação de um princípio constitucional importa ruptura da própria Constituição, representando por isso mesmo uma inconstitucionalidade de consequências muito mais graves que a violação de uma simples norma, mesmo constitucional.
>
> A doutrina vem insistindo na acentuação da importância dos princípios para iluminar a exegese dos mandamentos constitucionais.
>
> Salientou, com propriedade e clareza, jovem Mestre paulista [*refere-se a Celso Antônio Bandeira de Mello, como se vê da nota de rodapé 9*] que o princípio deve ser entendido como a disposição, expressa ou implícita, de natureza categorial em um sistema, pelo quê conforma o sentido das normas interpretadas em uma dada ordenação jurídica. E mais: que o princípio é um mandamento nuclear de um sistema, verdadeiro alicerce dele, disposição fundamental que se irradia sobre diferentes normas compondo-lhes o espírito e servindo de critério para a exata compreensão e inteligência delas, exatamente porque define a lógica e a racionalidade do

---

3. Celso Antônio Bandeira de Mello, *Curso de Direito Administrativo*, 30ª ed., São Paulo, Malheiros Editores, 2014, p. 975.
4. José Souto Maior Borges, *Lei Complementar Tributária*, São Paulo, Ed. RT, 1975, pp. 13-14.

sistema normativo, conferindo-lhe a tônica que lhe dá sentido harmônico, donde poder concluir-se pela relevância do princípio e da sua supremacia até sobre as próprias normas constitucionais. Por todas as considerações antecedentes, impõe-se a conclusão pela eficácia eminente dos princípios na interpretação das normas constitucionais. É o princípio que iluminará a inteligência da simples norma; que esclarecerá o conteúdo e os limites da eficácia de normas constitucionais esparsas, as quais têm que harmonizar-se com ele.

É relevante notar que a concepção jusnaturalista de *princípio jurídico* não exclui e em nada prejudica a concepção positivista. A questão que se pode colocar é a de saber se um princípio – como, por exemplo, o princípio da capacidade contributiva – há de ser observado, ou não, pelo legislador tributário mesmo que não conste da Constituição. Parece-nos que essa não é bem uma questão específica do direito tributário, mas uma questão situada no âmbito da Filosofia do Direito, exatamente a mesma questão de saber se existem, ou não, normas de Direito Natural, cuja invocação é possível utilmente, tenham sido, ou não, consagradas pelo direito positivo.

O exame dessa questão no plano da Filosofia do Direito, evidentemente não se comporta nos limites deste *Curso*, de sorte que não a enfrentaremos, embora a consideremos de notável importância e sobre ela se tenha de adotar uma posição em qualquer estudo jurídico, com ou sem fundamentação explícita.

Examinaremos a seguir o princípio da legalidade da tributação.

2.2 Significados e origem do princípio

O princípio da legalidade pode ser entendido em dois sentidos, a saber: (a) o de que o tributo deve ser cobrado mediante o consentimento daqueles que o pagam; (b) o de que o tributo deve ser cobrado segundo normas objetivamente postas, de sorte a garantir plena segurança nas relações entre o Fisco e os contribuintes.

Em suas origens mais remotas, surgiu o princípio da legalidade com o primeiro dos referidos significados; vale dizer, o princípio da legalidade no sentido de princípio da tributação fundada no consentimento. Neste sentido o princípio é bastante antigo. Como demonstra Uckmar, manifestou-se inicialmente sob a forma de consentimento individual na Inglaterra, em 1096, para transformar-se, pouco a pouco, em consentimento coletivo.⁵ Sua origem, todavia, tem sido geralmente situada na *Magna Carta*, de 1215, outorgada por João-sem-Terra, por imposição dos barões.⁶

O tributo deve ser consentido – vale dizer, aprovado – pelo povo, por seus representantes nos Parlamentos. No dizer de Cláudio Pacheco, para quem a base do princípio da legalidade reside no art. 14 da "revolucionária Declaração Francesa dos Direitos do Homem e do Cidadão,"⁷ a obrigação tributária está ligada ao princípio da representação política. Nas palavras desse eminente constitucionalista:⁸

> As imposições tributárias deverão estar autorizadas em lei, mas a lei é obra do Poder Legislativo, cujo órgão é mais frequentemente e mais desejavelmente um corpo coletivo de base eletiva e de caráter representativo, autorizando a presunção de que são os contribuintes que, indiretamente, consentem essas imposições.

Sustentando este seu ponto de vista, Cláudio Pacheco⁹ assevera que

> essa base consensual do tributo foi uma das aspirações coletivas sustentadas em árduas lutas contra o Absolutismo monárquico, que se exercia desregradamente no campo das imposições fiscais, quando ainda não era bem patente sua finalidade de interesse público e saíam a cobrá-las a ordem e agentes de soberanos que precisavam de recursos para seus confortos, seus luxos, suas ostentações, para a realização de seus interesses dinásticos e para as suas guerras de pendor pessoal ou de conquista.

Alberto Xavier,¹⁰ fugindo, embora, à abordagem do tema das origens históricas do princípio da legalidade, assevera que o mesmo

> surgiu ligado à ideia de que os impostos só podem ser criados através das Assembleias representativas e, portanto, à ideia de sacrifício coletivamente consentido, ou seja, à autotributação.

5. Cf. Victor Uckmar, *Os Princípios Comuns de Direito Constitucional Tributário*, São Paulo, Ed. RT, 1976, pp. 9-20.
6. Cf. Fábio Fanucchi, *Curso de Direito Tributário Brasileiro*, 4ª ed., vol. I, São Paulo, IBET/Resenha Tributária, 1986, p. 54.
7. Cláudio Pacheco, *Tratado das Constituições Brasileiras*, vol. III, Rio de Janeiro, Freitas Bastos, 1965, p. 393.
8. Cláudio Pacheco, *Tratado das Constituições Brasileiras*, vol. III, Rio de Janeiro, Freitas Bastos, 1965, p. 393.
9. Cláudio Pacheco, *Tratado das Constituições Brasileiras*, vol. III, Rio de Janeiro, Freitas Bastos, 1965, p. 393.
10. Alberto Xavier, *Os Princípios da Legalidade e da Tipicidade da Tributação*, São Paulo, Ed. RT, 1978, p. 7.

O princípio da legalidade, outrossim, é a forma de preservação da segurança. Ainda que a lei não represente a vontade do povo, e por isto não se possa afirmar que o tributo é *consentido*, por ter sido instituído em lei, ainda assim, tem-se que o *ser instituído em lei* garante maior grau de segurança nas relações jurídicas.

Adotado o princípio da legalidade, pode-se afirmar, pelo menos, que a relação de tributação não é uma relação *simplesmente de poder*, mas uma relação *jurídica*. Isto, evidentemente, não basta, mas é alguma coisa, menos ruim que o arbítrio. Não garante que o tributo seja *consentido*, mas preserva de algum modo a segurança.

É oportuno lembrar a diferença que existe entre uma relação *simplesmente de poder* e uma relação *jurídica*. A relação simplesmente de poder nasce, desenvolve-se e se extingue sem qualquer ligação com normas, enquanto a relação jurídica nasce, desenvolve-se e se extingue nos termos das previsões normativas. Quem atua numa relação simplesmente de poder não se submete a nenhuma norma. Submete-se somente às limitações não normativas, tais como as de ordem física, psicológica, moral, religiosa; mas não se submete a nenhum limite decorrente de norma jurídica. Quem atua numa relação jurídica, diversamente, está submetido a normas. Submete-se a todas as limitações normativas.

Reportando-se à relação tributária como relação jurídica, Rubén O. Asorey[11] ensina, com inteira propriedade:

> El derecho tributario debe, en forma substancial, su desarrollo y evolución al esquema esencial de la relación jurídica tributaria. Los enfoques dinámicos o procedimentalistas aparecidos a partir de la década del 60 no pudieron relativizar el papel trascendental de esa relación dentro de la Teoría General del Derecho Tributario.
>
> Ese núcleo esencial, objeto de los más profundos análisis y disquisiciones intelectuales, permitió la incorporación legislativa de la juridicidad de tales desarrollos dogmáticos, convirtiendo en anatema el principio de subordinación del administrado a un poder estatal situado en un plano superior y consagrando la plena sumisión de los dos sujetos de la relación al mismo plano de igualdad.

---

11. Rubén O. Asorey, "Protección constitucional de los contribuyentes frente a la arbitrariedad de las Administraciones Tributarias", in Rubén O. Asorey (dir.), *Protección Constitucional de los Contribuyentes*, Madri/Barcelona (Espanha), Educa/Marcial Pons, 2000, p. 25.

É certo que as limitações normativas constituem limites do dever--ser. Por isto mesmo, às vezes não são respeitadas; mas isto não retira o caráter jurídico da relação. Pelo contrário, a não observância da norma que disciplina a relação ressalta o caráter jurídico desta, na medida em que faz presente a possibilidade de sanção. A relação é *jurídica* precisamente porque os atos que na mesma estão envolvidos *devem ser* praticados com observância das normas que a regulam.

A distância entre o que deve ser, segundo a Constituição, e o que na verdade é, na prática da relação tributária, é uma questão de eficácia da Constituição, que, como a questão da eficácia das normas jurídicas em geral, depende da crença que nelas se tenha. Infelizmente a conduta das autoridades em geral contribui para a descrença, mas temos de lutar contra isto, e o caminho nos é oferecido pelo próprio ordenamento jurídico. Na medida em que um número maior de pessoas passa a utilizar-se dos instrumentos de defesa de seus direitos, a eficácia da ordem jurídica tende a se fortalecer, embora esse fortalecimento dependa também da autonomia da qual desfrutem os órgãos incumbidos da prestação jurisdicional, que entre nós ainda está longe de ser alcançada.

2.3 Legalidade e tipicidade

O princípio da legalidade não teria grande utilidade como instrumento de proteção do contribuinte se nele não se incluísse o *princípio da tipicidade*. Por isto mesmo, desde Montesquieu tem-se preconizado que

> o princípio da competência legislativa do Parlamento em matéria tributária deve completar-se com o princípio da tipicidade.[12]

Insistimos em que o princípio da legalidade não quer dizer apenas que a relação de tributação é *jurídica*. Quer dizer que essa relação, no que tem de essencial, há de ser regulada em *lei*. Não em qualquer *norma* jurídica, mas em *lei*, no seu sentido específico.

Eusebio González García[13] identifica, com base em autorizadas manifestações doutrinárias, duas formas de *legalidade*, assim explicadas:

---

12. José Luís Pérez de Ayala, *Montesquieu y el Derecho Tributario Moderno*, Madri, Dykinson, 2001, p. 49.
13. Eusebio González García, "Principio de legalidad tributaria en la Constitución de 1978", in *Seis Estudios sobre Derecho Constitucional e Internacional Tributario*, Madri, Editorial de Derecho Financiero, 1980, pp. 62-63.

(a) En primer lugar, la modalidad de acto legislativo primario, que consiste en que se exige ley no para regular en su totalidad los elementos fundamentales del tributo, sino tan sólo para crearlo.

(b) Existe, después, el principio de reserva de ley propiamente dicho, para regular una materia determinada. Dentro de ésta, a su vez, suele distinguirse entre la reserva absoluta de ley, que se produce en el supuesto, harto infrecuente, de que la totalidad de la materia acotada deba venir regulada en exclusiva por la ley o, al menos, por actos con fuerza de ley; e la denominada reserva relativa o atenuada, que consiste en exigir la presencia de la ley tan sólo a efectos de determinar los elementos fundamentales o identidad de la prestación establecida, pudiendo confiarse al Ejecutivo la integración o desarrollo de los restantes elementos.

Como se vê, Eusebio González García entende "criar" como simplesmente "referir-se a", ou dizer que "fica criado". Em nosso sistema jurídico, porém, não é assim, como será explicado ao examinarmos o sentido da expressão "exigir ou aumentar tributo", albergada pelo art. 150, I, da CF/1988.

Segundo Eusebio González García, o princípio constitucional da legalidade pode ser entendido como simples exigência de lei para *criar* o tributo, no sentido por ele adotado, e não para regular em sua totalidade os elementos fundamentais do tributo; ou no sentido de reserva legal, vale dizer, no sentido de que só a lei pode regular os elementos fundamentais do tributo. Essa reserva legal, por seu turno, divide-se em reserva absoluta e reserva relativa. Para ele, a doutrina que tem estudado o princípio da reserva está sempre de acordo – com algumas exceções – em que sempre que se exige lei para criar um tributo, na verdade, não se exige que a lei regule todos os elementos do tributo, mas apenas os essenciais, como os sujeitos da relação e seu fato gerador, não tendo de ser precisa a regulação de outros elementos – como, por exemplo, a base de cálculo e a alíquota.[14]

Dejalma de Campos esclarece, com inteira propriedade, que o princípio da legalidade há de ser examinado tanto em razão da fonte produtora de normas como em razão do grau de determinação da conduta. Em razão da fonte produtora das normas, tem-se uma reserva de lei material e uma reserva de lei formal. No primeiro caso,

---

14. Eusebio González García, "Principio de legalidad tributaria en la Constitución de 1978", in *Seis Estudios sobre Derecho Constitucional e Internacional Tributario*, Madri, Editorial de Derecho Financiero, 1980, pp. 63-64.

basta simplesmente que a conduta da Administração seja autorizada por qualquer norma geral e abstrata, podendo ser tanto uma norma constitucional, ordinária ou mesmo um regulamento.

Já, no segundo caso é

necessário que o fundamento legal do Executivo seja uma norma emanada do Legislativo.

Por outro lado, no pertinente ao grau de determinação da conduta, tem-se a reserva legal absoluta e a reserva legal relativa, conforme esteja a conduta da Administração inteiramente estabelecida na lei ou apenas nesta tenha fundamento, podendo desenvolver-se com relativa liberdade.[15]

Como geralmente acontece com as divergências em temas jurídicos, a questão essencial também aqui reside nos conceitos. Aqui, a verdadeira questão está na determinação do significado da palavra "lei" e da expressão "criar ou aumentar tributo". Sabendo-se o que significa a palavra "lei", tem-se resolvida a questão de saber se a reserva legal há de ser simplesmente material ou também formal. Sabendo-se o que quer dizer "criar ou aumentar um tributo", tem-se resolvida a questão de saber se a reserva legal há de ser relativa ou absoluta. Em face da importância dessas questões, voltaremos a elas mais adiante.

Há quem se oponha à prevalência do princípio da legalidade absoluta, com o argumento segundo o qual esse princípio impede a utilização de instrumentos de política econômica, embaraçando o desenvolvimento. Tal argumento é falso.

O princípio da legalidade, como reserva absoluta de lei, não só não se revela incompatível com as modernas políticas econômicas, como é o que melhor se coaduna com os princípios em que assenta uma livre economia de mercado.[16]

Não podemos confundir medidas de política econômica com improvisações, posto que as primeiras caracterizam-se pelo planejamento,

15. Dejalma de Campos, "O princípio da legalidade no direito tributário", *Caderno de Pesquisas Tributárias*, São Paulo, CEEU/Resenha Tributária, 1981, pp. 217-219.
16. Alberto Xavier, *Os Princípios da Legalidade e da Tipicidade da Tributação*, São Paulo, Ed. RT, 1978, p. 53.

enquanto estas últimas caracterizam-se pela ausência deste, revelada muita vez pelos retrocessos, pelas mudanças bruscas, que incutem no empresário a insegurança inibidora de suas iniciativas.

Como assevera Alberto Xavier,[17] com apoio em Nissen e Sainz de Bujanda,

a livre iniciativa exerce-se através de planos econômicos elaborados pelos empresários para um dado período e nos quais se realiza uma previsão, mais ou menos empírica, dos custos da produção, do volume dos investimentos adequados à obtenção de dado produto e da capacidade de absorção do mercado. Tal previsão não pode deixar de assentar na presunção de um mínimo de condições de estabilidade, dentro do que a normal margem de riscos e incertezas razoavelmente comporte para o horizonte de planejamento a que respeita. O planejamento empresarial, por que a iniciativa privada se concretiza, supõe assim uma possibilidade de previsão objetiva e esta exige, por seu turno, uma segurança quanto aos elementos que a afetam. É sabido que o volume dos tributos – dado o papel que assumem na economia global – representa para a empresa não só elevada percentagem dos seus custos de produção, como determina as disponibilidades que, no mercado, representam procura para os seus produtos. Um sistema que autorize a Administração a criar tributos ou a alterar os elementos essenciais de tributos já existentes viria do mesmo passo a criar condições adicionais de insegurança jurídica e econômica, obrigando a uma constante revisão dos planos individuais, à qual a livre iniciativa não poderia resistir. Pelo contrário, um sistema alicerçado numa reserva absoluta de lei em matéria de impostos confere aos sujeitos econômicos a capacidade de prever objetivamente os seus encargos tributários, dando assim as indispensáveis garantias requeridas por uma iniciativa econômica livre e responsável.

Com o objetivo de dar ao empresário a segurança jurídica de que necessita no campo da tributação, o constituinte brasileiro tem prestigiado o princípio da legalidade tributária, como veremos a seguir.

2.4 Legalidade tributária nas Constituições brasileiras

2.4.1 Nas Constituições anteriores

Em todas as Constituições brasileiras o princípio da legalidade está de algum modo presente. Já a Constituição do Império o registrava, em seu art. 171, e o Ato Adicional de 1834 o estendeu às áreas provinciais,

---

17. Alberto Xavier, *Os Princípios da Legalidade e da Tipicidade da Tributação*, São Paulo, Ed. RT, 1978, pp. 53-54.

atribuindo às Assembleias Legislativas das Províncias competência para estabelecer os impostos locais.[18] Na Constituição de 1891 estava o princípio assim enunciado: "Nenhum imposto de qualquer natureza poderá ser cobrado senão em virtude de uma lei que o autorize" (art. 72, § 30).

Na Constituição de 1934 estava também o princípio, embora não consagrado como garantia individual, mas claramente configurado na regra que vedava à União, aos Estados e aos Municípios "cobrar quaisquer tributos sem lei especial que os autorize" (art. 17, VII).

A Constituição de 1937 foi a única que não o enunciou explícita e diretamente. Entretanto, mesmo assim pode ser nela encontrado na regra que dá ao Presidente da República o poder de expedir decretos-leis sobre as matérias da competência legislativa da União e coloca entre as ressalvas a matéria pertinente a impostos (art. 13).

Na Constituição de 1946 o princípio da legalidade aparece plenamente, colocado entre os direitos e garantias individuais, em dispositivo segundo o qual "nenhum tributo será exigido ou aumentado sem que a lei o estabeleça" (art. 141, § 34). Com a Emenda Constitucional 18/1965 (art. 2º, I) o princípio foi mantido com ressalvas. Assim, os impostos sobre o comércio exterior (importação e exportação) e o imposto sobre operações financeiras podiam ter suas alíquotas e bases de cálculo alteradas, nas condições e nos limites estabelecidos em lei, por ato do Poder Executivo (EC 18/1965, arts. 7º, § 1º, e 14, § 1º).

A Constituição de 1967 – que regulou pela primeira vez em capítulo específico o sistema tributário, incorporando normas da Emenda Constitucional 18/1965 – estabeleceu como limitação constitucional da competência tributária da União, dos Estados, do Distrito Federal e dos Municípios o princípio da legalidade, ao dispor que a tais pessoas *é vedado instituir ou aumentar tributo sem que a lei estabeleça*, ressalvados os casos nela previstos (art. 20, I). Tais ressalvas dizem respeito aos impostos sobre o comércio exterior e ao imposto sobre operações financeiras, relativamente aos quais tinha o Poder Executivo a faculdade de alterar as alíquotas e bases de cálculo, *nas condições e nos limites estabelecidos em lei* (CF/1967, art. 22, § 2º), pelas razões que adiante examinaremos. Além disto, reproduziu, entre os direitos e garantias individuais, o dispositivo da Constituição de 1946 segundo o qual *nenhum*

---

18. Cf. Cláudio Pacheco, *Tratado das Constituições Brasileiras*, vol. XI, Rio de Janeiro, Freitas Bastos, 1965, p. 267.

tributo será exigido ou aumentado sem que a lei o estabeleça (CF/1967, art. 150, § 29).

A Emenda Constitucional 1/1969 manteve o dispositivo vedando à União, aos Estados, ao Distrito Federal e aos Municípios *instituir ou aumentar tributo sem que a lei o estabeleça*, com as ressalvas nela previstas, as quais – reguladas, agora, mediante técnica legislativa diversa, eis que mencionadas nos próprios dispositivos definidores da competência da União – passaram a abranger, além dos impostos sobre o comércio exterior, o imposto sobre produtos industrializados (CF/1969, art. 21, I, II e V), deixando, todavia, de abranger o imposto sobre operações financeiras (art. 21, VI). Manteve, outrossim, entre os direitos e garantias individuais o dispositivo pelo qual *nenhum tributo será exigido ou aumentado sem que a lei o estabeleça* (art. 153, § 29).

2.4.2 Na Constituição de 1988

Na vigente Constituição Federal, promulgada a 5.10.1988, o princípio da legalidade está expresso no art. 150, I, que veda à União, aos Estados, ao Distrito Federal e aos Municípios *exigir ou aumentar tributo sem lei que o estabeleça*. Nisto não há novidade. Cumpre destacar, todavia, que o princípio da legalidade restou consideravelmente fortalecido em virtude de algumas normas não destinadas a regular especificamente a tributação, entre as quais podem ser mencionadas: (a) a que atribui competência ao Congresso Nacional para sustar os atos normativos do Poder Executivo que exorbitem do poder regulamentar ou dos limites de delegação legislativa (CF/1988, art. 49, V); e (b) a que revoga, a partir de 180 dias da promulgação da Constituição – sujeito este prazo a prorrogação por lei –, todos os dispositivos legais que atribuam ou deleguem a órgão do Poder Executivo competência assinalada pela Constituição ao Congresso Nacional, especialmente no que tange à ação normativa (CF/1988, art. 25, I, do Ato das Disposições Constitucionais Transitórias/ADCT). Por outro lado, também fortaleceram o princípio da legalidade tributária o fato de haver sido proibida a delegação de competência na matéria reservada à lei complementar (art. 68, § 1º) e o fato de haver deixado de ser da competência privativa do Presidente da República a iniciativa das leis sobre matéria tributária. Na verdade, só restou na competência privativa do Presidente da República a iniciativa das leis em matéria tributária relativamente aos Territórios (art. 61, § 1º, II, "b").

Para a adequada compreensão de um princípio jurídico devemos ter atenção para alguns conceitos fundamentais da Teoria do Direito. Por isto, vamos examinar alguns conceitos fundamentais, para uma adequada compreensão do princípio da legalidade tributária.

2.4.3 A teoria jurídica e a adequada compreensão do princípio da legalidade

A teoria nada mais é que um conjunto sistematizado de conceitos necessários ao conhecimento. Nas palavras de José de Albuquerque Rocha:[19]

> Teoria é um corpo de *conceitos sistematizados* que nos permite conhecer um dado domínio da realidade. A teoria não nos dá um *conhecimento direto e imediato* de uma realidade concreta, mas nos proporciona os meios (os conceitos) que nos permitem conhecê-la. E os meios ou instrumentos que nos permitem conhecer um dado domínio da realidade são justamente os *conceitos* que, sistematizados, formam a teoria. Daí a definição de teoria como um corpo de conceitos sistematizados que nos permite conhecer um dado domínio da realidade.

Para a adequada compreensão do princípio da legalidade como uma limitação constitucional ao poder de tributar, impõe-se desde logo a compreensão de que o sistema jurídico é organizado hierarquicamente. E o respeito pelos conceitos utilizados nas normas jurídicas é da maior importância para a preservação da hierarquia normativa. Se uma norma superior utiliza determinado conceito, não se pode admitir que a norma inferior o reformule. Muito menos que o intérprete o amplie ou restrinja, de sorte a prejudicar o alcance da norma superior, subvertendo a hierarquia normativa. Em outras palavras, o intérprete das normas jurídicas deve respeitar sempre a posição hierárquica de cada norma no sistema jurídico. Não pode interpretar a Constituição a partir do que dizem as leis. Deve fazer exatamente o contrário, deve interpretar as leis tendo em vista o que estabelece a Constituição, e sempre com o objetivo de preservar a hierarquia. Se a expressão literal de uma lei permite mais de uma interpretação, deve preferir aquela que empresta maior efetividade às normas constantes da Constituição.

---

19. José de Albuquerque Rocha, *Teoria Geral do Processo*, 6ª ed., São Paulo, Malheiros Editores, 2002, p. 17.

É da maior importância, pois, o exame de algumas expressões utilizadas nas regras da Constituição concernentes às limitações ao poder de tributar, entre as quais está o princípio da legalidade.

2.4.4 *A expressão "exigir ou aumentar tributo"*

A expressão "exigir ou aumentar" talvez não seja tecnicamente correta. Melhor seria dizer-se "instituir ou majorar tributo", como estava no art. 2º, I, da EC 18/1965; ou, então, "instituir ou aumentar tributo", como estava no art. 20, I, da CF/1967 e no art.19, I, da EC 1/1969. É que "exigir" tem significado mais próximo de "cobrar" do que de "criar". Melhor, portanto, seria o verbo "instituir", cujo significado mais se aproxima de "criar". Seja como for, a expressão "exigir ou aumentar" há de ser entendida no mesmo sentido da expressão "instituir ou majorar". A vedação constitucional é pertinente à atividade normativa de instituição, ou criação, do tributo.

Pode-se dizer que a vedação constitucional diz respeito à atividade administrativa de cobrança. Vedada, então, seria a ação de *exigir*. Neste caso, porém, estaria malcolocado o verbo "aumentar". Quem cobra, ou *exige*, cobra, ou exige, o que já foi criado ou aumentado. Assim, é inconstitucional a cobrança, ou exigência, de tributo que não tenha sido *criado* por lei; ou, tratando-se de aumento, se o tributo não tiver sido *aumentado* por lei.

Ocorre que nos dias atuais não se conhece caso de tributo que seja cobrado, ou exigido, sem que esteja previsto em alguma norma. Assim, é razoável afirmar que a vedação constitucional em exame volta-se, mesmo, é para o ato de instituir, ou criar. A instituição, ou criação, do tributo há de ser feita *por lei*. Este é o sentido que o elemento sistemático da interpretação recomenda para a norma constitucional em questão.

Não há, todavia, diferença de ordem prática entre vedar a instituição de tributo por meio de norma que não seja lei e vedar a exigência, ou cobrança, de tributo que não tenha sido instituído, ou aumentado, por lei. Resta saber o que significa *instituir* ou *criar* um tributo, pois de quase nada valeria saber que o tributo só pode ser instituído ou criado por lei se não se sabe o que quer dizer *instituir* ou *criar*.

A questão de saber em que consiste a *instituição ou criação do tributo* reside essencialmente em saber se o legislador pode atribuir a outros órgãos do Estado a função de estabelecer normas pertinentes à definição de elementos essenciais da obrigação tributária.

Criar um tributo é modificar o Direito vigente. É instituir norma jurídica. Assim, só tem competência para fazê-lo o órgão dotado de competência legislativa. Isto é afirmado por quase todas as Constituições do mundo, como informa Victor Uckmar, arrolando os dispositivos de expressivo número de Países. Segundo Uckmar, só a Constituição da antiga URSS não estabelecia o princípio da legalidade tributária.[20]

A questão essencial, porém, reside em saber se o legislador pode, ao instituir o tributo, apenas dizer, em lei, que determinado tributo é criado, deixando a cargo da Administração a tarefa de definir o núcleo da hipótese de incidência da norma tributária, a base de cálculo e a alíquota do tributo, bem como indicar os elementos necessários à identificação dos sujeitos passivos da obrigação tributária. Em outras palavras, a questão essencial reside em saber se pode o legislador deixar a cargo da Administração a competência para indicar os elementos a serem utilizados na definição da quantia devida pelo sujeito passivo da obrigação tributária.

Colocada essa questão no plano universal, tem-se de distinguir os Estados onde vigora o princípio da separação dos Poderes daqueles em que tal separação não existe. Tendo em vista o princípio da separação dos Poderes do Estado, a atribuição aos órgãos legislativos da competência para criar tributos deveria implicar

> a exclusão de toda e qualquer potestade normativa por parte do Executivo. Porém, a experiência demonstra que os Parlamentos não têm a possibilidade – seja pela quantidade de trabalho que devem realizar, seja pelo insuficiente conhecimento dos problemas práticos e dos pormenores – de exercer por inteiro a função legislativa, que, portanto, vai sendo confiada, sempre com maior frequência e amplitude, ao Executivo.[21]

Em alguns casos essa função legislativa é exercida pelo Poder Executivo de modo pleno, mediante decreto-lei, como ocorria no Brasil no regime da Constituição anterior. Na maioria dos casos, porém, a função normativa do Executivo em matéria tributária é apenas regulamentar. E essa atividade regulamentar tem sido considerada juridicamente válida desde que a criação do tributo, com a individualização dos sujeitos da obrigação tributária principal, seja reservada ao legislador, podendo

---

20. Victor Uckmar, *Os Princípios Comuns de Direito Constitucional Tributário*, São Paulo, Ed. RT, 1976, pp. 24-29.
21. Victor Uckmar, *Os Princípios Comuns de Direito Constitucional Tributário*, São Paulo, Ed. RT, 1976, p. 30.

o Judiciário negar aplicação às normas regulamentares que estejam em contraste com a lei.[22]

Há quem sustente que *criar* um tributo não é definir *todos* os elementos da relação tributária. É o que se viu na doutrina espanhola, de Eusebio González García, acima referida. Não nos parece correta, *data venia*, tal posição, independentemente das peculiaridades do Direito Brasileiro.

Referindo-se ao art. 23 da Constituição da Itália, doutrina Micheli:[23]

> Se a reserva da lei posta pelo art. 23 é somente relativa, isso significa que as normas tributárias podem vir contidas também em atos normativos que não sejam leis e que não tenham eficácia de lei; em outros termos, que a disciplina do exercício da potestade de imposição possa ser, pelo menos em parte, contida em atos diversos da lei (ou a esta equivalente). É de se ver, portanto, qual seja o significado preciso da expressão da Constituição pela qual nenhum tributo pode ser instituído senão com base na lei. A esse propósito a Corte Constitucional expressou-se, muitas vezes, no sentido de que é suficiente a determinação por parte da lei de alguns elementos básicos do tributo e critérios para a determinação dos outros. Tal tendência, apoiada também pela doutrina, não persuade completamente, pois o preceito constitucional não se limita a estabelecer que o tributo deve ser instituído com base na lei, mas diz com precisão que tal prestação coativa não pode ser imposta "senão com base na lei". O que implica a necessidade de que a lei institutiva do tributo deva conter todos os elementos idôneos a estabelecer o conteúdo da prestação, excluindo, portanto, qualquer arbítrio por parte do Executivo a esse respeito.

No sistema jurídico brasileiro antes da vigente Constituição já o princípio da legalidade estava posto, de sorte que não se podia admitir qualquer delegação legislativa no pertinente à definição da hipótese de incidência tributária, em todos os seus aspectos. A lei que institui ou aumenta tributo – afirmou, com propriedade, Roque Carrazza[24] –,

> deve alojar todos os elementos e supostos da relação jurídica (hipótese de incidência, base imponível, alíquota etc.), não se admitindo, de forma alguma, a delegação ao Poder Executivo da faculdade de defini-los, ainda que em parte.

22. Victor Uckmar, *Os Princípios Comuns de Direito Constitucional Tributário*, São Paulo, Ed. RT, 1976, pp. 33-37.
23. Gian Antonio Micheli, *Curso de Direito Tributário*, trad. de Marco Aurélio Greco e Pedro Luciano Marrey Jr., São Paulo, Ed. RT, 1978, p. 19.
24. Roque Antônio Carrazza, *O Regulamento no Direito Tributário Brasileiro*, São Paulo, Ed. RT, 1981, p. 95.

O alcance do princípio da legalidade define-se, assim, pela interpretação do texto constitucional, fundamentalmente no pertinente ao significado do verbo "criar", ou "instituir". O que foi *criado*, ou *instituído*, existe, e, como tal, pode ser conhecido. Admitir que a lei apenas se reporte ao tributo, deixando a definição de qualquer elemento essencial de sua hipótese de incidência, ou de seu mandamento, a ser feita em norma infralegal, é admitir que a lei apenas comece o processo de criação ou instituição do tributo, desmentindo o afirmado pela Constituição.

O *princípio da legalidade* – repita-se – exige que todos os elementos necessários à determinação da relação jurídica tributária – ou, mais exatamente, todos os elementos da obrigação tributária principal – residam na *lei*. Neste mesmo sentido é a lição dos mais autorizados tributaristas brasileiros, entre os quais podem ser citados: Amílcar de Araújo Falcão[25] Aliomar Baleeiro,[26] Ruy Barbosa Nogueira,[27] Geraldo Ataliba,[28] Paulo de Barros Carvalho,[29] Ives Gandra da Silva Martins,[30] Bernardo Ribeiro de Moraes[31], Fábio Fanucchi[32], Aires Fernandino Barreto,[33] Dejalma de Campos[34] e Yonne Dolácio de Oliveira.[35]

25. Amílcar de Araújo Falcão, *O Fato Gerador da Obrigação Tributária*, 2ª ed., São Paulo, Ed. RT, 1971, p. 37.
26. Aliomar Baleeiro, *Direito Tributário Brasileiro*, 10ª ed., Rio de Janeiro, Forense, 1981, p. 409.
27. Ruy Barbosa Nogueira, *Curso de Direito Tributário*, 6ª ed., São Paulo, Saraiva, 1986, p. 154.
28. Geraldo Ataliba, *Hipótese de Incidência Tributária*, 6ª ed., 15ª tir., São Paulo, Malheiros Editores, 2014, p. 119.
29. Paulo de Barros Carvalho, *Curso de Direito Tributário*, São Paulo, Saraiva, 1985, p. 20.
30. Ives Gandra da Silva Martins, "O princípio da legalidade no direito tributário brasileiro", *Caderno de Pesquisas Tributárias*, São Paulo, CEEU/Resenha Tributária, 1981, p. 336.
31. Bernardo Ribeiro de Moraes, *Compêndio de Direito Tributário*, Rio de Janeiro, Forense, 1984, pp. 398-399.
32. Fábio Fanucchi, *Curso de Direito Tributário Brasileiro*, 4ª ed., vol. I, São Paulo, IBET/Resenha Tributária, 1986, p. 125.
33. Aires Fernandino Barreto, "Princípio da legalidade e mapas de valores", *Caderno de Pesquisas Tributárias*, São Paulo, CEEU/Resenha Tributária, 1981, p. 39.
34. Dejalma de Campos, "O princípio da legalidade no direito tributário", *Caderno de Pesquisas Tributárias, Caderno de Pesquisas Tributárias*, São Paulo, CEEU/Resenha Tributária, 1981, p. 231.
35. Yonne Dolácio de Oliveira, "Legislação tributária, tipo legal tributário", in *Comentários ao Código Tributário Nacional*, São Paulo, José Bushatsky Editor, 1976, p. 141.

Por isto mesmo, nas ementas de vários acórdãos que lavramos em nossa rápida passagem pelo extinto TFR fizemos constar:[36]

> A lei que delega atribuição para fixar alíquota de tributo viola o princípio constitucional da legalidade, segundo o qual só a lei pode criar tributo, vale dizer, definir o respectivo fato gerador em todos os seus aspectos.

Realmente, é fácil compreender que bem pouco valeria a afirmação, feita pela Constituição Federal, de que *só a lei pode instituir tributo* se o legislador pudesse transferir essa atribuição, no todo ou em parte, a outro órgão estatal desprovido, segundo a Constituição, de competência para o exercício de atividade normativa.

Não vale o argumento de que a lei pode limitar-se a dizer que o tributo fica criado, reportando-se simplesmente ao *núcleo* de sua hipótese de incidência, posto que o Poder Executivo, com fundamento em seu poder regulamentar, estaria autorizado a estabelecer todos os elementos necessários à *fiel execução da lei*. Como assevera, com absoluta propriedade, Roque Antônio Carrazza,[37] invocando Jarach, equivocam-se

> os que apregoam que o Chefe do Executivo, no que tange aos tributos, pode terminar a obra do legislador, regulamentando tudo aquilo que ele se limitou a descrever com traços largos. Falando pela via ordinária, o poder regulamentar serve para *ressaltar* alguns *conceitos menos claros* contidos na lei, mas não para lhes agregar novos componentes ou, o que é pior, para defini-los a partir do nada.

O regulamento, realmente, nada mais é que uma *interpretação* dada pelo Chefe do Poder Executivo às normas contidas na lei. Não mais que isto. Assim, vincula apenas quem esteja subordinado hierarquicamente a ele. Pode apenas adotar, diante de conceitos vagos, uma das interpretações *razoáveis* da norma em que tais conceitos estejam encartados. E assim deve ser, para que fique assegurado um tratamento igual para todos os contribuintes, evitando-se que as diversas autoridades da Administração Tributária adotem cada qual a interpretação que lhe pareça melhor. Não pode, todavia, o regulamento, ou qualquer outra norma que não seja lei, criar nenhum dos elementos essenciais da obrigação tributária principal.

---

36. AC 143.769-RJ, *DJU* 24.10.1988, p. 27.520.
37. Roque Antônio Carrazza, *O Regulamento no Direito Tributário Brasileiro*, São Paulo, Ed. RT, 1981, p. 95.

Na lei não deve estar apenas a *hipótese de incidência* tributária. No dizer de Paulo de Barros Carvalho, a lei deve enunciar *os elementos indispensáveis à compostura do vínculo obrigacional*.[38] Assim, o que a lei deve prever não é apenas a *hipótese de incidência*, em todos os seus aspectos; deve estabelecer tudo quanto seja necessário à existência da relação obrigacional tributária. Deve prever, portanto, a *hipótese de incidência* e o consequente *mandamento*. A descrição do *fato temporal* e da correspondente *prestação*, com todos os seus elementos essenciais, e, ainda, a *sanção*, para o caso de não prestação.

O questionamento a respeito da contribuição para o SAT presta- -se como excelente exemplo. O TRF-2ª Região tem decidido que não é necessário constar da lei a definição dos graus de risco e da atividade preponderante. Já, os TRFs-1ª, 3ª, 4ª e 5ª Regiões afirmam ser contrária ao princípio da legalidade a previsão apenas em ato infralegal de tais elementos.[39]

2.4.5 *O significado da palavra "lei"*

Como as palavras em geral, a palavra "lei" tem diversos significados. Mesmo no campo da Ciência do Direito tal palavra é plurissignificativa. Há quem sustente, por exemplo, ser lei a *norma de conduta social obrigatória* – definição demasiadamente genérica e, por isto mesmo, absolutamente insuficiente.

A doutrina jurídica tem se referido a lei em sentido formal e em sentido material. Em sentido formal, ou orgânico, lei é o ato jurídico produzido pelo órgão estatal competente para exercer a função legislativa, com observância do processo para tanto estabelecido pela Constituição.[40] Lei, em sentido material, é a norma jurídica. É o ato jurídico de caráter hipotético, simples previsão, ou modelo de conduta, que a doutrina tradicional afirma ser dotado de abstratividade e generalidade. Assim, uma lei, como tal produzida pelo órgão estatal competente para exercer a função legislativa, com observância do processo constitucionalmente estabelecido para esse fim, que simplesmente autorize o Chefe

---

38. Paulo de Barros Carvalho, *Curso de Direito Tributário*, São Paulo, Saraiva, 1985, p. 20.
39. *Revista Dialética de Direito Tributário* 80/218-219, São Paulo, Dialética.
40. Hugo de Brito Machado, *O Conceito de Tributo no Direito Brasileiro*, 1ª ed., Rio de Janeiro, Forense, 1987, p. 68.

do Poder Executivo a criar uma empresa pública, por exemplo, ou determine a concessão de aposentadoria a determinada pessoa, é lei em sentido formal, mas não é lei em sentido material.[41] Por outro lado, uma norma, isto é, um ato regulador de conduta, dotado de hipoteticidade ou, como afirma geralmente a doutrina jurídica tradicional, dotado de abstratividade e generalidade, como um regimento de um tribunal ou de uma universidade, ou mesmo um contrato firmado entre particulares, é lei em sentido material.

Por isto se diz que a lei, mesmo no âmbito da Ciência do Direito, tem um sentido *amplo* e outro *restrito*.

(...). Lei, em sentido amplo, é qualquer ato jurídico que se compreenda no conceito de lei em sentido formal ou em sentido material. Basta que seja lei *formalmente*, ou *materialmente*, para ser lei em sentido amplo. Já, em sentido restrito só é lei aquela que o seja tanto em sentido formal como em sentido material.[42]

A nosso ver, quando a Constituição estabelece que somente a lei pode criar tributo, a palavra "lei" está aí empregada em sentido restrito. Há de ser *lei* tanto em sentido *formal* como em sentido *material*. Em sentido *formal*, pelas razões já apontadas. Em sentido *material*, como decorrência do princípio da isonomia jurídica, consagrado na Constituição.

Neste sentido, a palavra "lei" abrange tanto a *ordinária* como a *complementar*. Essas duas espécies de lei geralmente são, ambas, *leis em sentido restrito*. Distinguem-se uma da outra pela exigência de *quorum* qualificado para aprovação da lei complementar e por contar esta com uma gama de matérias das quais privativamente deve tratar. Assim, na criação de tributos pela União, no uso da chamada *competência tri-*

---

41. Há no ordenamento jurídico inúmeras prescrições que, não obstante tenham a forma de lei, têm conteúdo de ato administrativo, vale dizer, são desprovidas de caráter normativo, porque dizem respeito a uma situação particular, e não a uma ação-tipo. A Lei 7.145, de 23.11.1983, por exemplo, estabelece: "A pensão especial concedida pela Lei n. 2.637, de 9 de novembro de 1955, a Adelina de Gonçalves Campos, viúva do ex-magistrado Francisco Gonçalves Campos, fica reajustada no valor correspondente a duas vezes o maior salário-mínimo vigente no País" (art. 1º). Essa prescrição, embora veiculada em ato que é formalmente uma lei, não tem o caráter hipotético. Refere-se, como facilmente se vê, a um fato individualizado no tempo e no espaço. É, assim, uma prescrição concreta, ou um comando, mas não é uma norma jurídica.

42. Hugo de Brito Machado, *Curso de Direito Tributário*, 35ª ed., São Paulo, Malheiros Editores, 2014, p. 79.

butária residual, como na criação de empréstimos compulsórios, por exemplo, o instrumento há de ser a lei *complementar*, e não a *ordinária*, em face de exigência expressa dos arts. 154, I, e 148, respectivamente, da CF.

2.4.6 As medidas provisórias

Questionou-se a respeito da validade da instituição e da majoração de tributos por meio de medida provisória. Não obstante o respeito que temos pelas manifestações em sentido diverso, sempre nos pareceu que a resposta a essa questão não podia ser oferecida apenas com a interpretação literal do dispositivo que afirma o princípio da legalidade. Deveria ser buscada – isto, sim – no contexto da Constituição, e sem ignorarmos os pressupostos da relevância e da urgência. Por isso sustentamos que somente o imposto extraordinário de guerra e o empréstimo compulsório de emergência podiam ser instituídos por essa espécie normativa.

Nos termos do art. 62 da CF, com a redação que lhe deu a Emenda 32, em casos de relevância e urgência o Presidente da República poderá adotar medidas provisórias, com força de lei, devendo submetê-las de imediato ao Congresso Nacional. Estão mantidos, portanto, os pressupostos da relevância e da urgência para a edição válida das medidas provisórias. Por isto, é razoável entender que a instituição como o aumento de tributo por medida provisória, só são válidos se presentes tais pressupostos – o que se pode considerar ocorrente nos casos em que haja necessidade da instituição ou do aumento do tributo em final de exercício, para que a cobrança correspondente possa dar-se no exercício seguinte.

Ao cuidar da anterioridade ao exercício financeiro, porém, a Emenda 32 terminou por vedar a instituição por medida provisória de impostos submetidos a esse importante princípio constitucional. Agora, a rigor, as medidas provisórias já não podem instituir nem aumentar impostos, salvo aqueles excluídos do princípio da anterioridade tributária, prestando-se apenas como instrumento para iniciar o processo legislativo para sua instituição ou aumento. É assim porque a medida provisória que implique instituição ou majoração de impostos, exceto os previstos nos arts. 153, I, II, IV, V, e 154, II, só produzirá efeitos no exercício financeiro seguinte se houver sido convertida em lei até o último dia daquele em que foi editada. E como a lei somente se completa com sua publicação oficial, isto quer dizer que os impostos sujeitos ao princípio da anterioridade, que só podem ser cobrados a partir do exercício seguinte àquele em que ocorrer a publicação da lei que os instituiu ou aumentou, só por lei podem ser instituídos ou aumentados.

A norma do § 2º do art. 62 da CF, introduzida pela Emenda 32, que exige lei do exercício anterior para autorizar a cobrança dos impostos sujeitos ao princípio da anterioridade, tem natureza meramente interpretativa. O Congresso Nacional apenas disse o que deveria ter sido dito há muito tempo pelos tribunais, especialmente pela Corte Maior. Assim, aplica-se também às taxas e contribuições sujeitas ao princípio da anterioridade, nos termos do art. 150, III, "b", da CF.

Pela mesma razão, a anterioridade de 90 dias a que se sujeitam as contribuições sociais por força do art. 195, § 6º, da CF há de ser contada a partir da publicação da lei em que se tenha convertido a medida provisória.

Com as alterações introduzidas no texto constitucional pela Emenda 32, algumas matérias já não podem ser tratadas por medidas provisórias, destacando-se entre estas, porque relevante na relação de tributação, a que diz respeito à reserva de lei complementar.

Assim, todas as matérias que só por lei complementar podem ser tratadas já não podem ser objeto de medidas provisórias.

2.4.7 *Exceções ou restrições ao alcance do princípio da legalidade*

Como o princípio da legalidade é uma limitação constitucional do poder de tributar, as exceções a ele, ou restrições a seu alcance, são somente aquelas previstas na própria Constituição Federal.[43] O legislador ordinário não pode estabelecer exceções aos princípios jurídicos com sede constitucional, pela razão óbvia de que permitir que o fizesse seria permitir que alterasse a Constituição.

No pertinente à instituição de tributos pode-se afirmar que o princípio da legalidade não admite exceção alguma. Todo e qualquer tributo há de ser instituído por *lei* – conceito no qual se incluem as medidas provisórias, observadas as restrições peculiares a essa espécie normativa, como já explicamos.

As exceções ou restrições ao princípio da legalidade, assim, dizem respeito apenas à majoração de tributos, e mesmo esta só é admitida

---

43. Bernardo Ribeiro de Moraes, *Compêndio de Direito Tributário*, Rio de Janeiro, Forense, 1984, p. 399.

dentro de certos limites fixados pela lei. Nestes termos, as restrições ao princípio da legalidade são as mencionadas no § 1º do art. 153 da CF, que faculta ao Poder Executivo, atendidas as condições e os limites estabelecidos em lei, alterar as alíquotas dos impostos sobre: (a) importação de produtos estrangeiros; (b) exportação, para o exterior, de produtos nacionais ou nacionalizados; (c) produtos industrializados, e (d) operações de crédito, câmbio e seguro, ou relativas a títulos ou valores mobiliários. E, ainda, aquelas relativas às contribuições de intervenção no domínio econômico, decorrentes do § 4º inserido no art. 177 da CF pela Emenda 33, de 11.12.2001.

Destaque-se que essa faculdade concedida ao Poder Executivo *refere-se apenas a alíquotas*. Na Constituição anterior ela compreendia também a alteração das bases de cálculo. Aliás, desde a Emenda 18 à Constituição de 1946 foi atribuída ao Poder Executivo a faculdade de alterar *as alíquotas e as bases de cálculo* de alguns impostos, que por isto mesmo passaram a ser conhecidos como impostos *flexíveis*. Na vigência da referida Emenda, com fundamento na qual foi elaborado o Código Tributário Nacional, eram *flexíveis* os impostos de importação, de exportação (art. 7º, § 1º) e sobre operações de crédito, câmbio e seguro ou relativas a títulos ou valores mobiliários (art. 14, § 1º). Não o imposto sobre produtos industrializados. Com a Constituição de 1967 passou a ser flexível o imposto sobre produtos industrializados, mas perdeu essa qualificação o imposto sobre operações de crédito, câmbio e seguro ou relativas a títulos ou valores mobiliários. Com a Emenda 1/1969 tornaram-se *flexíveis* esses quatro impostos.

Não se há de confundir as restrições ao princípio da legalidade com as exceções ao princípio da anterioridade. As primeiras estão previstas no § 1º do art. 153, enquanto as últimas estão estabelecidas no § 1º do art. 150. Realmente, ao formular exceção ao princípio da legalidade, a norma do § 1º do art. 153 facultou aumentos de impostos por instrumento diverso da lei. O elemento relevante nessa norma considerado foi o *instrumento*, e não o *tempo*. Já, a norma do § 1º do art. 150, ao formular exceção ao princípio da anterioridade, afastou exigência relativa ao *tempo*, vedou a cobrança do tributo *no mesmo exercício* em que tenha sido publicada a lei que o instituiu ou aumentou.

Destaque-se que o imposto extraordinário de guerra não figura como exceção ao princípio da legalidade, o que reforça o entendimento, por nós há muito tempo sustentado, de que ele pode ser instituído por medida provisória. Figura, todavia, entre as exceções ao princípio da anterioridade, posto que as próprias circunstâncias que autorizam sua instituição indicam sua incompatibilidade com tal princípio.

É importante notar que a Constituição Federal de 1988, ao estabelecer a possibilidade da adoção de medidas provisórias pelo Presidente da República, corrigiu o defeito técnico consistente na falta de previsão da forma de instituição do imposto extraordinário de guerra e do empréstimo compulsório para atender a despesas extraordinárias decorrentes de guerra externa ou calamidade pública. As Constituições anteriores eram omissas neste ponto. É certo que na vigência da Constituição anterior já o problema encontrava solução na possibilidade de edição de decreto-lei pelo Presidente da República. De todo modo, a fórmula adotada pela Constituição de 1988 é tecnicamente mais adequada.

Realmente, a situação de guerra externa, ou sua iminência, é exemplo típico de situação que justifica o uso, pelo Presidente da República, de sua competência para editar medidas provisórias com força de lei, nos termos do art. 62 da vigente CF.

A faculdade atribuída ao Poder Executivo de alterar as alíquotas dos mencionados impostos não consubstancia poder discricionário. O ato pelo qual é exercitada é plenamente vinculado, posto que deve ser praticado "atendidas as condições e os limites estabelecidos em lei". Primeiro é preciso que a lei estabeleça as condições que ensejam modificação de alíquotas e determine os limites dentro dos quais essa alteração é admitida. Sem lei o Poder Executivo não poderá exercer a faculdade em referência.

3. Isonomia tributária

3.1 Isonomia como princípio geral do Direito

A Constituição Federal, ao cuidar dos direitos e garantias fundamentais, assegura que todos são iguais perante a lei, sem distinção de qualquer natureza, garantindo-se aos brasileiros e aos estrangeiros residentes no País a inviolabilidade do direito à vida, à liberdade, à igualdade, à segurança e à propriedade, nos termos que em seguida enuncia. E começa esse enunciado estabelecendo que "homens e mulheres são iguais em direitos e obrigações, nos termos desta Constituição" (art. 5º, I).

Este é o princípio da isonomia, enquanto princípio geral do Direito. Princípio segundo o qual todos são iguais perante a lei, que se presta como argumento para intermináveis questionamentos, porque, na verdade, a lei não deve tratar a todos igualmente. Deve tratar igualmente os iguais e desigualmente os desiguais, na medida de suas desigualdades. Nas palavras de Léon Duguit,[44]

> l'égalité véritable, celle qui consiste, suivant une vieille formule, à traiter également les choses égales et inégalemet les choses inégales. L'égalité absolue, mathématique des hommes, comprise à la manière de 1793, est, on l'a dit très justement, le paradoxe de l'égalité; elle aboutit, en réalité, à l'inégalité.

Este pensamento do ilustre constitucionalista francês foi por ele exposto em livro traduzido e divulgado entre nós,[45] no qual ensina, com toda razão, que

> a igualdade absoluta de todos os homens, que constitui premissa lógica da doutrina individualista, revela-se contraditória na prática. Os homens, muito longe de serem iguais, são essencialmente diferentes entre si, e essas diferenças, por sua vez, acentuam-se conforme o grau de civilização da sociedade.

Realmente, a verdadeira igualdade consiste em tratar desigualmente os desiguais na medida de suas desigualdades. Este é o sábio ensinamento de Duguit, em que reproduz pensamento de Aristóteles, divulgado no Brasil por Rui Barbosa,[46] nestes termos:

> A regra da igualdade não consiste senão em quinhoar desigualmente aos desiguais, na medida em que se desigualam. Nesta desigualdade social, proporcionada à desigualdade natural, é que se acha a verdadeira lei da igualdade. Tratar com desigualdade a iguais, ou a desiguais com igualdade, seria desigualdade flagrante, e não igualdade real. Os apetites humanos conceberam inverter a norma universal da criação, pretendendo não dar a cada um, na razão do que vale, mas atribuir o mesmo a todos, como se todos se equivalessem.

Verdade incontestável é que as pessoas não são iguais. Assim, a lei deve tratá-las desigualmente, na medida de suas desigualdades. A ques-

---

44. Léon Duguit, *Traité de Droit Constitutionnel*, 30ª ed., vol. III, Paris, Fontemoing, 1930, p. 629.
45. Léon Duguit, *Fundamentos do Direito*, 2ª ed., São Paulo, Ícone, 2006, p. 16.
46. Rui Barbosa, *Oração aos Moços*, Rio de Janeiro, Casa de Rui Barbosa, 1949, pp. 33-34.

tão reside em saber qual é o critério de discrímen e qual a relação existente entre esse critério e o objetivo que o legislador pretende ao adotá-lo. Assim, por exemplo, quando, em um concurso público para o provimento do cargo de juiz, se estabelece o conhecimento jurídico como critério de discrímen entre os candidatos, não há violação da isonomia. Entretanto, nesse mesmo concurso público, seria contrário ao princípio da isonomia o critério da altura ou do peso dos candidatos. É que o conhecimento jurídico está diretamente relacionado com a finalidade do concurso, que é selecionar pessoas mais habilitadas ao desempenho do cargo, enquanto a altura ou o peso nada têm a ver com esse desempenho.

3.2 A isonomia como limitação ao poder de tributar

Ao cuidar das limitações ao poder de tributar, a Constituição estabelece que: "Art. 150. Sem prejuízo de outras garantias asseguradas ao contribuinte, é vedado à União, aos Estados, ao Distrito Federal e aos Municípios: (...) II – instituir tratamento desigual entre contribuintes que se encontrem em situação equivalente, proibida qualquer distinção em razão da ocupação profissional ou função por eles exercida, independentemente da denominação jurídica dos rendimentos, títulos ou direitos; (...)".

Na parte em que proíbe tratamento desigual entre contribuintes que se encontrem em situação equivalente, a regra acima transcrita nada acrescenta ao princípio geral da isonomia. Por isto, não avança na proteção do contribuinte contra o arbítrio estatal. É decisiva, todavia, essa regra no que exclui como critério de discrímen a ocupação profissional ou a função exercida pelo contribuinte.

Prevalece, portanto, no âmbito da tributação a mesma ideia segundo a qual a verdadeira igualdade consiste em tratar desigualmente os desiguais, na medida em que se desigualam, podendo, para tanto, o legislador utilizar os critérios de discrímen geralmente aceitos. Assim, não é contrária ao princípio da isonomia tributária a lei que concede isenção do imposto de renda sobre proventos da aposentadoria de portadores de doenças graves, por exemplo. Apenas a ocupação profissional ou função exercida pelo contribuinte não pode ser utilizada como critério de discrímen.

A regra em referência parece ter tido o propósito de afastar a isenção do imposto de renda que no passado favorecia titulares de certos cargos, como os de juiz.

Estabelece, ainda, a Constituição: "Art. 151. É vedado à União: I – instituir tributo que não seja uniforme em todo o território nacional, ou que implique distinção ou preferência em relação a Estado, ao Distrito Federal ou a Município, em detrimento de outro, admitida a concessão de incentivos fiscais destinados a promover o equilíbrio do desenvolvimento socioeconômico entre as diferentes regiões do País; (...)".

3.3 Desigualdades regionais como critério de discrímen

3.3.1 Interpretação sistêmica da Constituição Federal

O significado e o alcance das regras da Constituição que tratam da isonomia tributária não podem ser determinados senão mediante uma interpretação sistêmica. E esta, com certeza, nos autoriza a dizer que as desigualdades sociais e econômicas regionais constituem um critério de discrímen que não apenas *pode* mas, com certeza, *deve* ser adotado.

Realmente, além de não ser vedada a adoção desse critério de discrímen, ele está preconizado em pelo menos seis dispositivos da Constituição Federal, que o coloca como um dos objetivos fundamentais de nossa República.

3.3.2 Redução das desigualdades como objetivo fundamental

Realmente, a redução das desigualdades regionais está em nossa Constituição como um objetivo fundamental a ser perseguido. Logo em seu art. 3º está dito: "Art. 3º. Constituem objetivos fundamentais da República Federativa do Brasil: (...) III – erradicar a pobreza e a marginalização e reduzir as desigualdades sociais e regionais; (...)".

Dúvida, portanto, a esse respeito, não pode haver. E não é razoável esperar que um empresário resolva instalar indústria em uma região pobre para contribuir na realização desse objetivo quando se sabe que a mesma indústria terá muito maior lucratividade se instalada em meio mais desenvolvido, seja porque estará mais próxima dos centros consumidores como porque ali dispõe de mão de obra especializada. E em muitos casos estará também mais próxima do produtor de suas matérias-primas.

3.3.3 Outros dispositivos
sobre a redução das desigualdades regionais

Em vários outros dispositivos a Constituição Federal de 1988 preconiza a redução das desigualdades regionais, pelo quê podemos afirmar que este é o objetivo por ela mais insistentemente preconizado. Em seu art. 151, I, diz que é vedado à União instituir tributo que não seja uniforme em todo o território nacional, mas ressalva a concessão de incentivos fiscais que tenham esse objetivo.

No art. 159, I, "c", estabelece que: "Art. 159. A União entregará: I – do produto da arrecadação dos impostos sobre renda e proventos de qualquer natureza e sobre produtos industrializados, 49% (quarenta e nove por cento), na seguinte forma: (...) c) 3% (três por cento), para aplicação em programas de financiamento ao setor produtivo das Regiões Norte, Nordeste e Centro-Oeste, através de suas instituições financeiras de caráter regional, de acordo com os planos regionais de desenvolvimento, ficando assegurada aos Semiárido do Nordeste a metade dos recursos destinados à Região, na forma que a lei estabelecer; (...)".

No art. 161, II, estatui: "Art. 161. Cabe à lei complementar: (...) II – estabelecer normas sobre a entrega dos recursos de que trata o art. 159, especialmente sobre os critérios de rateio dos fundos previstos em seu inciso I, objetivando promover o equilíbrio socioeconômico entre Estados e entre Municípios; (...)".

No art. 165, § 7º, diz:

"Art. 165. Leis de iniciativa do Poder Executivo estabelecerão: (...).

"(...).

"§ 7º. Os orçamentos previstos no § 5º, I e II, deste artigo, compatibilizados com o plano plurianual, terão entre suas funções a de reduzir desigualdades inter-regionais, segundo critério populacional."

E, ainda, no art. 170, VII, ao cuidar da ordem econômica, estabelece: "Art. 170. A ordem econômica, fundada na valorização do trabalho humano e na livre iniciativa, tem por fim assegurar a todos existência digna, conforme os ditames da justiça social, observados os seguintes princípios: (...) VII – redução das desigualdades regionais e sociais; (...)".

Como se vê, a Constituição Federal de 1988 preconiza insistentemente a redução das desigualdades regionais, de sorte que fica difícil qualificar como inconstitucional uma lei, seja federal ou estadual, que estabeleça providências tendo em vista esse objetivo.

3.3.4   *Disputas entre as unidades federativas*

Em todas as Nações organizadas sob a forma de Federação ou Confederação, no mundo inteiro, há disputas entre as entidades do Poder

Público pela arrecadação dos tributos. Essa disputa pode ser mais ou menos intensa; entretanto, seja como for, é a principal responsável pela complexidade dos sistemas tributários, e não há dúvida de que o atrito entre as entidades tributantes é sempre mais forte que o atrito naturalmente existente entre as partes na relação tributária.

Esse atrito entre as entidades tributantes, aliás, está presente mesmo nas relações internacionais. E tende a ser mais forte em uma Nação quando esta abrange regiões mais e regiões menos desenvolvidas, sem que isto signifique sejam essas desigualdades a única causa das disputas.

Aqui, vamos examinar a questão das providências já adotadas e que se pretende adotar para a redução da "guerra fiscal" entre os Estados-membros de nossa Federação. Começaremos estudando o que se deve entender por "guerra fiscal", como a Constituição Federal de 1988 pretendeu evitá-la, como a técnica da não cumulatividade adotada para o ICMS tem contribuído para seu incremento, e as questões relativas à inconstitucionalidade das leis estaduais que concedem incentivos fiscais. Depois examinaremos as desigualdades regionais como explicação para a "guerra fiscal". Finalmente, vamos cogitar de incentivos fiscais federais, especialmente consubstanciados na adoção de alíquotas diferenciadas para o imposto sobre produtos industrializados (CF/1988, art. 153, IV) e para o imposto sobre importação de produtos estrangeiros (art. 153, I), como o caminho que nos parece mais adequado para a redução das desigualdades regionais.

Não temos dúvida de que, se o Governo Federal estiver realmente empenhado em reduzir as desigualdades econômicas regionais, afastando a motivação mais significativa para a denominada "guerra fiscal" entre os Estados, adotará alíquotas regionalizadas para seus impostos, especialmente para os dois referidos impostos federais.

3.3.5 *A denominada "guerra fiscal"*

A expressão "guerra fiscal" tem sido utilizada para designar as práticas adotadas pelos Estados, em matéria tributária, para atrair empresas para seus territórios. Essas práticas são as mais diversas, que vão desde a isenção pura e simples do ICMS por determinado prazo até a concessão de empréstimo correspondente ao valor desse imposto, para resgate a prazo tão longo e com descontos tão grandes que praticamente anulam a obrigação de resgate.

A "guerra fiscal" é bastante antiga em nosso País. Já em face do antigo imposto sobre vendas e consignações ela existia. Consistia especialmente na concessão de isenção ou redução de alíquota. Entretanto, era praticamente insignificante se comparada à "guerra fiscal" que temos atualmente com o ICMS.

A introdução da técnica da não cumulatividade propiciou significativo aumento da "guerra fiscal". Em primeiro lugar porque, a pretexto de sua implantação, foram consideravelmente elevadas as alíquotas do ICMS – o que significa dizer que os efeitos financeiros dos incentivos fiscais passaram a despertar reação mais forte dos Estados que se sentiam prejudicados. E especialmente porque o contribuinte industrial beneficiário do incentivo consistente na isenção do ICMS, mesmo sem pagar esse imposto, ao fazer vendas para comerciantes estabelecidos em outros Estados enseja a estes a utilização do crédito correspondente. E, na medida em que foi crescendo a tensão entre os Estados, aqueles nos quais estão os estabelecimentos comerciais que adquirem produtos de indústrias incentivadas sediadas em outros Estados passaram a vedar a utilização de tais créditos.

A introdução da técnica da não cumulatividade do ICMS no Brasil, além de outros graves inconvenientes, prestou-se para incrementar significativamente a "guerra fiscal" e gerar enorme quantidade de atritos na relação Fisco/contribuinte. Além de servir como pretexto para considerável aumento da carga tributária. É a velha mania de copiar de Países estrangeiros fórmulas que aqui não funcionam. Seja porque são incompatíveis com as condições geográficas, econômicas e culturais de nosso País, seja porque são violentamente deturpadas já em sua implantação em nosso ordenamento jurídico – como parece ser o caso dessa técnica de tributação criada por financistas franceses nos anos 50 do século passado.

Não temos dúvida, portanto, de que a solução definitiva para o problema da "guerra fiscal" exige, entre outras providências, a abolição da malsinada técnica da não cumulatividade do ICMS, que somente se presta para aumentar as oportunidades de fraudes e de arbítrio. É uma excelente técnica para os contribuintes desonestos e o Fisco arbitrário. Oferece muitas oportunidades para práticas fraudulentas, justificando o incremento dos instrumentos de controle, que muitas vezes consubstanciam medidas restritivas da liberdade de ação dos contribuintes em geral, algumas das quais ultrapassam os limites da razoabilidade.

3.3.6 Como a Constituição de 1988 pretendeu evitar a "guerra fiscal"

A Constituição Federal de 1988 pretendeu evitar a "guerra fiscal" estabelecendo regramento minudente e casuístico para o ICMS, no qual se destaca a regra segundo a qual cabe à lei complementar regular a forma como, mediante deliberação dos Estados e do Distrito Federal, isenções, incentivos e benefícios fiscais serão concedidos e revogados (art. 155, § 2º, XII, "g").

Vê-se que os constituintes acreditaram na possibilidade de entendimento entre os Estados a respeito da concessão de incentivos no âmbito do ICMS, admitindo que os inimigos "em guerra" pudessem chegar a um acordo para a realização do que preconiza a Constituição – vale dizer, para a redução das desigualdades regionais.

O que se viu, todavia, foi o legislador complementar, a pretexto de regular a forma como, mediante deliberação dos Estados e do Distrito Federal, serão concedidos incentivos e benefícios fiscais, inviabilizar, na prática, a concessão de tais incentivos, como adiante será demonstrado.

3.3.7 A inconstitucionalidade de leis estaduais

O STF já declarou a inconstitucionalidade de algumas leis estaduais que estabelecem incentivos fiscais, e em breve deverá decidir sobre a arguição de inconstitucionalidade de lei do Estado do Ceará que também prevê incentivo a empresas que se estabelecem nesse Estado. A prevalecer o mesmo entendimento já adotado quanto às leis de outros Estados, o mais provável é que a arguição seja acolhida, consumando-se grave injustiça contra o Ceará e contra as empresas aqui instaladas e que desfrutam do referido incentivo.

A propósito, relevante é a questão de saber se o vício da inconstitucionalidade está nas leis estaduais que concedem os incentivos fiscais ou se na lei complementar federal que estabelece a forma pela qual os Estados podem conceder tais incentivos.

A Constituição Federal estabelece que cabe à lei complementar regular a forma como, mediante deliberação dos Estados e do Distrito Federal, isenções, incentivos e benefícios fiscais serão concedidos e revogados. (art. 146, XII, "g"). Deixa claro, portanto, que a concessão de incentivos e benefícios fiscais depende de deliberação dos Estados. Entretanto, essa regra deve ter uma interpretação que não a ponha em conflito com outras regras constitucionais, em especial aquelas que dizem respeito aos princípios fundamentais. E a Constituição em pelo menos seis de seus dispositivos preconiza providências para reduzir as desigualdades regionais, começando por colocar entre os objetivos fundamentais da República Federativa do Brasil erradicar a pobreza e a marginalização e reduzir as desigualdades sociais e regionais. E, ao estabelecer que os tributos federais devem ser uniformes em todo o território nacional, faz expressa ressalva, afirmando ser admitida a concessão de incentivos fiscais destinados a promover o equilíbrio do desenvolvimento socioeconômico entre as diferentes regiões do País.

Não se pode admitir, portanto, que o legislador complementar, ao regular a forma como, mediante deliberação dos Estados e do Distrito Federal, isenções, incentivos e benefícios fiscais serão concedidos e revogados, o faça de tal modo que torne inviável a concessão de incentivos fiscais destinados exatamente a reduzir as desigualdades regionais – que, sabemos todos, são gritantes.

Ocorre que a Lei Complementar 24, de 7.1.1975, regulou a matéria de tal forma que tornou praticamente impossível qualquer convênio contrário ao interesse dos Estados ricos. Exigiu unanimidade de votos dos representantes dos Estados e, como se não bastasse, facultou, ainda, aos Estados, presentes ou não à reunião na qual foi celebrado o convênio, a sua não ratificação.

Não é razoável a exigência de unanimidade, pois nos órgãos colegiados deve prevalecer o princípio majoritário. Pior, ainda, é que aos Estados seja facultada a não ratificação do convênio. Inconstitucionais, portanto, são os dispositivos da Lei Complementar 24/1975, e não as leis estaduais que concedem incentivos fiscais para a realização de objetivo preconizado pela Constituição Federal. Entretanto, é inegável que também Estados situados em regiões mais ricas eventualmente podem conceder incentivos fiscais que não serão, assim, instrumentos para a redução das desigualdades regionais. Podem ser, aliás, instrumentos que agravam essas desigualdades.

3.3.8 *Uma possível justificativa para a "guerra fiscal"*

Os Estados podem ter como motivo especial para a concessão de incentivos fiscais a imensa desigualdade econômica existente entre as regiões do País. Entretanto, esta, na verdade, é apenas uma justificativa possível para a concessão de incentivos, porque é evidente que o Estado mais rico do País eventualmente pode conceder incentivo fiscal com a finalidade de não perder essa condição de destaque em nossa economia. E, sendo assim, fica muito difícil admitir que os incentivos fiscais estaduais sejam um instrumento adequado para a redução das desigualdades regionais.

Na verdade, a concessão de incentivos fiscais pelos Estados tem sido uma forma desesperada de lutar pela redução das desigualdades. Luta que poderia ser desnecessária se a União Federal concedesse incentivos fiscais, como lhe faculta expressamente a Constituição.

3.3.9 Caminho adequado para a superação das desigualdades regionais

A nosso ver, o caminho adequado para a superação das desigualdades regionais consiste no tratamento tributário diferenciado, por parte da União, em favor de empresas que se instalarem nas regiões mais pobres do País. Caminho que certamente oferece grandes dificuldades de ordem política, mas do ponto de vista jurídico é o mais fácil de ser adotado, porque prescinde de qualquer reforma constitucional.

A vigente Constituição Federal estabelece: "Art. 151. É vedado à União: I – instituir tributo que não seja uniforme em todo o território nacional ou que implique distinção ou preferência em relação a Estado, ao Distrito Federal ou ao Município, em detrimento de outro, admitida a concessão de incentivos fiscais destinados a promover o equilíbrio do desenvolvimento socioeconômico entre as diferentes regiões do País; (...)".

É evidente, portanto, que a uniformidade dos tributos federais em todo o território nacional pode ser quebrada, desde que o critério de discrímen seja a redução das desigualdades econômicas regionais, que é um dos objetivos fundamentais de nossa República Federativa, além de ser expressamente preconizado em outros dispositivos constitucionais, inclusive no próprio art. 151, I, onde está afirmado o princípio da uniformidade dos tributos federais.

A redução das desigualdades regionais deve ser buscada com o estabelecimento de alíquotas de impostos federais regionalizadas. Em outras palavras, com a concessão, pela União Federal, de tratamento tributário favorecido a empresas que se instalarem em determinadas regiões do País consideradas menos desenvolvidas.

Imaginamos, assim, alíquotas reduzidas do imposto de importação para importadores que venham a se estabelecer nas regiões Norte e Nordeste, por exemplo. E alíquotas reduzidas do imposto sobre produtos industrializados para fábricas que se estabeleçam nessas ou em outras regiões pobres – sendo importante registrarmos que a redução de alíquotas desses dois impostos federais implica redução também do ônus correspondente ao ICMS, pois este incide sobre o valor das operações, no qual se inclui o valor daqueles impostos federais.

Destaca-se como vantagem dessa forma de incentivo fiscal o fato de que do mesmo não decorre necessariamente perda de receita para a Fazenda Nacional, porque nada impede a elevação de alíquotas dos mesmos impostos para contribuintes de outras regiões, de sorte que a arrecadação total resulte inalterada.

Do ponto de vista estritamente jurídico, a grande vantagem dessa forma de incentivo fiscal reside em sua conformidade com a Constituição Federal – já afirmada, aliás, pelo STF. É o que registra Hugo de Brito Machado Segundo:[47]

> Por conta da ressalva contida no art. 151, I, da CF/1988, o STF tem considerado válida a fixação de alíquotas regionalizadas para o IPI (Lei 8.393/1991 e Decreto 2.501/1998) (1ª Turma, RE 344.331-PR, rela. Min. Ellen Gracie, j. 11.2.2003, *DJU* 14.3.2003, p. 40).

O TRF-4ª Região julgou legítima a instituição de alíquotas regionalizadas do IPI incidente sobre o açúcar extraído da cana, e essa decisão motivou recurso extraordinário no qual a recorrente – uma cooperativa agropecuária – pretendia a extensão dos benefícios concedidos aos produtores das regiões Norte e Nordeste, invocando princípios constitucionais, entre os quais o da isonomia e o da uniformidade de tributos federais. É evidente, porém, que tais princípios não amparam dita pretensão, pois devem ser interpretados no contexto da Constituição Federal. E esta formula expressa exceção à uniformidade dos tributos federais, como acima ficou demonstrado.

Quanto ao princípio da isonomia, o que importa, na verdade, é o critério de discrímen, que, no caso, é precisamente a localização do contribuinte, a justificar o objetivo do tratamento favorável, que é a redução

---

47. Hugo de Brito Machado Segundo, *Código Tributário Nacional*, 2ª ed., São Paulo, Atlas, 2009, p. 62

das desigualdades regionais. Critério que, além de não ser vedado, é preconizado pela Constituição Federal em vários de seus dispositivos.

3.3.10 Respeito à Constituição Federal

O respeito à Constituição Federal tem sido invocado pelos que se posicionam contra a concessão de incentivos fiscais. Entretanto, nada está na mesma com maior ênfase que o objetivo de redução das desigualdades regionais. Tanto que à uniformidade dos tributos federais, que é uma forma de expressão do princípio da isonomia, está feita expressa exceção para o atendimento desse objetivo. Por isto, não se pode negar que o respeito à Constituição exige providências no sentido da redução das desigualdades regionais.

Por outro lado, o imposto sobre a importação de produtos estrangeiros e o imposto sobre produtos industrializados estão colocados na Constituição como impostos com função extrafiscal. Assim, nada mais razoável que a utilização desses impostos com a finalidade de alcançar aquele objetivo que nela está com maior ênfase.

Assim, se realmente existe a vontade política do Governo Federal anunciada a propósito de uma reforma tributária que eliminaria a "guerra fiscal" entre os Estados, o caminho mais simples consiste na adoção de alíquotas regionalizadas para os dois citados impostos federais – sem prejuízo, obviamente, de outras providências que podem ser adotadas com o mesmo objetivo.

4. Irretroatividade da lei tributária

4.1 Preservação da segurança jurídica

A irretroatividade das leis é uma forma de preservar a segurança jurídica. O juízo do que é certo e do que é errado perante o Direito há de ser feito com base em leis vigentes na data do ato avaliado. Assevera Radbruch:[48]

> Podemos resumir o nosso pensamento dizendo que os elementos universalmente válidos da ideia de Direito são só a *justiça* e a *segurança*.

---

48. Gustav Radbruch, *Filosofia do Direito*, 5ª ed., trad. de L. Cabral de Moncada, Coimbra, Arménio Amado Editor, 1974, p. 162.

Daí se pode concluir que o sistema normativo que não tende a preservar a justiça, nem a segurança, efetivamente não é Direito.[49] Legaz y Lacambra, embora coloque a justiça como valor supremo, termina por reconhecer que a segurança é necessária para que se possa realizar a justiça. Em suas palavras:[50]

> Ciertamente, si se toma la justicia como valor en sí y se la compara con el orden o la seguridad como valores igualmente en sí, habrá que reconocer la superioridad de rango que corresponde a la primera. La justicia es la más alta cosa que interesa al Derecho. Además, ninguna orden y ninguna seguridad es posible al margen de la justicia. Esto no sólo es una necesidad ontológica, sino una necesidad ética y práctica, pues si una sociedad estima injusto el orden que sobre ella pesa (que, sin embargo, realiza una determinada idea de justicia), ese orden no puede subsistir y corre el continuo peligro de ser derrocado por la fuerza, cuando sólo por la fuerza se mantiene; y, del mismo modo, la seguridad que un orden semejante ofrece no es apreciada como un valor positivo, pues es la seguridad de la injusticia, frente a la cual se reclama, por de pronto, el imperio de una justicia ideal que imponga un orden nuevo. La justicia, pues, no sólo es un valor más alto que el orden y la seguridad, sino que es un valor condicionante de estos valores, los cuales no pueden existir el margen de ella.
>
> Pero, al mismo tiempo, el orden y la seguridad son valores más consistentes y ontológica y ónticamente condicionantes de la justicia. Pues ésta no puede realizar su estructura – a la cual pertenece su inserción en la realidad – sino en cuanto que existe precisamente un orden. Sólo sobre la base de un orden se puede hablar de justicia o injusticia en la sociedad; si ese orden no existe, entonces se puede hablar de ideas e ideales de justicia, pero no de justicia existente en las relaciones de la vida, pues desde el momento que se admite que la vida social está regida por la justicia se presupone que existe un orden social establecido precisamente por el Derecho en cuanto que es Derecho.

É o que afirma, em oportuna síntese, o professor Arnaldo Vasconcelos[51] ao dizer que:

> (...). Sem ordem não há como fazer justiça, e sem justiça não há meio de manter a ordem.

---

49. Hugo de Brito Machado, *Os Princípios Jurídicos da Tributação na Constituição de 1988*, 5ª ed., São Paulo, Dialética, 2004, p. 123.
50. Luís Legaz y Lacambra, *Filosofia del Derecho*, Barcelona, Bosch, 1961, p. 586.
51. Arnaldo Vasconcelos, *Teoria da Norma Jurídica*, 6ª ed., São Paulo, Malheiros Editores, 2006, p. 18.

A propósito da segurança, enquanto ordem, no direito tributário, escreve o professor Diogo Leite de Campos:[52]

Existe uma ordem no direito fiscal português? As normas de direito fiscal podem ser entendidas em termos de sistema, orientado por princípios de justiça, organizadas por níveis de generalidade ou imperatividade, harmônicas, não contraditórias?

Basta contemplar as constantes alterações a que estão sujeitas as leis fiscais, mesmo as mais recentes e as de presumida maior valia técnica, para se pôr imediatamente em dúvida qualquer sentido de ordem, e se começar a suspeitar que as normas tributárias nada mais serão de que um "agregado" informe, unidas só pela vontade "imperiosa" do legislador. Agregadas por força de múltiplos interesses e pressões, sobretudo pelo interesse do legislador em obter cada vez mais receitas – os fins justificando os meios.

Tudo em prejuízo do interesse público, do "governo do povo, pelo povo e para o povo", que está na base da Democracia. E o povo, presumido autor das normas tributárias através dos seus representantes no Parlamento, deixa de reconhecer os seus interesses nessas normas que surgem cada vez mais como um sorvedoiro insaciável de bens. Perante o qual qualquer evasão se afigura mera legítima defesa. "Defesa" a que corresponde um crescendo de violência tributária, de aumento das taxas, dos impostos, de sanções desproporcionadas. Numa espiral injustiça – evasão – injustiça – evasão.

A primeira – talvez principal – vítima desta espiral é a *segurança* do Direito. Segurança que, ao lado da *justiça*, constitui o pilar do Direito e da própria sociedade. Os agentes econômicos, famílias e empresas, veem-se impossibilitados de fazer previsões; uma sociedade que se constitui para prosseguir um certo objecto tem de se extinguir por uma alteração inopinada do direito fiscal tornar inviável a prossecução dessa finalidade; leis retroactivas vêm pôr em causa as mais estáveis economias domésticas ou empresariais; etc.

O legislador fiscal parece incapaz de prever para mais que um ano civil; mesmo diplomas baptizados pomposamente com o nome de "códigos", passados poucos exercícios estão descaracterizados. A ponto de o cidadão se perguntar se a culpa também não será da doutrina que terá revelado dificuldade em estabelecer os princípios axiológicos e as técnicas que informam o direito fiscal.

Com o efeito, o direito fiscal como ramo autônomo do Direito só tem vindo a consolidar-se, mesmo nos Estados mais avançados nesta matéria, desde os anos 40 deste século. E, a partir daí, a doutrina pouco mais tem podido do que fazer emergir alguns critérios de justiça, muito genéricos,

---

52. Diogo Leite de Campos, *Direito Tributário*, 2ª ed., Belo Horizonte, Del Rey, 2001, pp. 15-16.

e algumas escassas regras técnicas, uns e outras olhados, frequentemente, com suma indiferença pelos legisladores e pelos tribunais.

Para preservar a segurança jurídica nossa Constituição Federal assegura que "a lei não prejudicará o direito adquirido, o ato jurídico perfeito e a coisa julgada" (art. 5º, XXXVI).

É o princípio universal da irretroatividade das leis, que, por razões óbvias, não podia deixar de estar presente no direito tributário. Entretanto, esse princípio está também expressamente colocado em nossa Constituição Federal entre as limitações constitucionais ao poder de tributar, nos termos que vamos estudar a seguir.

4.2 Irretroatividade das leis tributárias

4.2.1 Como limitação ao poder de tributar

Ao cuidar das limitações ao poder de tributar, a Constituição de 1988 estabelece que: "Art. 150. Sem prejuízo de outras garantias asseguradas ao contribuinte, é vedado à União, aos Estados, ao Distrito Federal e aos Municípios: (...) III – cobrar tributos: a) em relação a fatos geradores ocorridos antes do início da vigência da lei que os houver instituído ou aumentado; (...)".

É o *princípio da irretroatividade das leis tributárias*.

Cuida-se, a nosso ver, de simples explicitação, porque, em face do princípio da irretroatividade das leis, não se poderia, mesmo, admitir a exigência de tributo relativamente a fatos ocorridos antes do início de sua vigência. Por outro lado, como se trata de uma limitação ao poder de tributar, a irretroatividade das leis tributárias não pode ser invocada pela entidade pública titular desse poder, em seu favor. Trata-se de garantia assegurada ao contribuinte. Assim, se uma lei reduz a alíquota ou a base de cálculo de um tributo e diz expressamente que tal redução se opera a partir de tal data, anterior ao início de sua vigência, a retroatividade, neste caso, não contraria a Constituição.

4.2.2 Retroatividade benéfica ao contribuinte

A retroatividade a favor do contribuinte, no que diz respeito aos elementos essenciais para a determinação do valor do tributo, não ocorre automaticamente, mas pode ser determinada pela lei. Em outras palavras, é válida, mas só é possível em face de dispositivo expresso. Entretanto, a lei tributária que define infrações ou comina penalidades tem efeito retroativo automático. É o que estabelece o art. 106, II, do CTN, a dizer: "Art. 106. A lei aplica-se a ato ou fato pretérito: (...) II – tratando-se de ato não definitivamente julgado: a) quando deixe de defini-lo como infração; b) quando deixe de tratá-lo como contrário a qualquer exigência de ação ou omissão, desde que não tenha sido fraudulento e não tenha implicado em falta de recolhimento de tributo; c) quando lhe cominar penalidade menos severa que a prevista na lei vigente ao tempo da sua prática".

Também opera efeitos retroativos a lei tributária no que concerne à repercussão que tiver, em matéria pena, favorável ao acusado, pois prevalece, neste caso, o princípio da retroatividade da lei penal benigna. Retroatividade que ultrapassa, inclusive, a coisa julgada.

4.2.3 A questão da lei interpretativa

Em tema de irretroatividade das leis, leva a problema a questão das denominadas *leis interpretativas*, pois o Código Tributário Nacional estabelece que a lei se aplica ao ato ou fato pretérito, "em qualquer caso, quando seja expressamente interpretativa, excluída a aplicação de penalidade à infração dos dispositivos interpretados" (art. 106, I).

É razoável admitir a retroatividade da lei interpretativa quando favorável ao contribuinte. Admitir a retroatividade de lei interpretativa contra o contribuinte é colocar nas mãos do legislador um meio de burlar a garantia constitucional da irretroatividade. Basta batizar a lei como "lei interpretativa" para fazê-la retroativa, em detrimento da limitação ao poder de tributar consubstanciada na regra expressa do art. 150, III, "a", da CF, que veda a cobrança de tributos em relação a fatos geradores ocorridos antes do início da vigência da lei que os houver instituído ou aumentado.

A questão da lei interpretativa ganhou grande repercussão quando a Lei Complementar 118, de 9.2.2005, a pretexto de interpretar o inciso I do art. 168 do CTN, relativo ao prazo para o pedido de restituição de tributo pago indevidamente, na verdade, alterou a referida regra jurídica. E para lhe garantir aplicação retroativa fez referência ao art. 106, I, do CTN, que diz ter aplicação retroativa, em qualquer caso, a lei expressamente interpretativa. Em artigo no qual examinamos amplamente essa importante questão, firmamos, entre outras, a seguinte conclusão:[53]

> Admitir a retroatividade de uma lei apenas por ostentar o rótulo de lei interpretativa significa abolir o princípio constitucional da irretroatividade das leis, porque o referido rótulo o legislador colocará em qualquer lei, sempre que pretenda vê-la aplicável a fatos do passado.

A irretroatividade da lei tributária não se confunde com a anterioridade, que é garantia especificamente tributária e tem os contornos que vamos, a seguir, examinar.

5. Anterioridade da lei tributária

5.1 Anterioridade e anualidade do tributo

A vigente Constituição Federal estabelece que, sem prejuízo de outras garantias asseguradas ao contribuinte, é vedado à União, aos Estados, ao Distrito Federal e aos Municípios cobrar tributos no mesmo exercício em que haja sido publicada a lei que os instituiu ou aumentou. E, ainda, antes de decorridos 90 dias da data em que haja sido publicada a lei que os instituiu ou aumentou, que deve ter ocorrido antes do início do exercício financeiro em que a cobrança pode ser feita (CF/1988, art. 150, III, "b" e "c").

Esse princípio não se confunde com o da anualidade do tributo, previsto na Constituição de 1946, que, ao cuidar dos direitos e garantias individuais, assegurava: "Nenhum tributo será exigido ou aumentado sem lei anterior que o estabeleça; nenhum será cobrado em cada exercício sem prévia autorização orçamentária, ressalvada, porém, a tarifa aduaneira e o imposto lançado por motivo de guerra" (art. 141, § 34).

Sobre o princípio da anualidade dos tributos escreveu Baleeiro:[54]

> O princípio da anualidade, expresso na Constituição Federal de 1946, restitui ao Congresso a velha arma da representação parlamentar na batalha de séculos idos contra a desenvoltura dos monarcas absolutos, as leis

---

53. Hugo de Brito Machado, "A questão da lei interpretativa na Lei Complementar 118/2005: prazo para repetição do indébito", *Revista Dialética de Direito Tributário* 116/52-68, São Paulo, Dialética, maio/2006.
54. Aliomar Baleeiro, *Limitações Constitucionais ao Poder de Tributar*, 7ª ed., Rio de Janeiro, Forense, 1997, p. 55.

de impostos continuam válidas e em vigor, mas só se aplicam e só vinculam a competência dos funcionários do Fisco, para criação dos atos administrativos do lançamento ou das arrecadações, se o orçamento mencionar a autorização naquele exercício. Esta costuma ser dada por um dispositivo da lei orçamentária que faz remissão a todas as leis tributárias arroladas em quadro anexo – o chamado *ementário da legislação da Receita*. Destarte, o sentido político do orçamento ficou restaurado e preservado. Plano de governo, proposto pelo Executivo, ele traz em seu ventre a exposição das vantagens que ao povo advirão dos serviços e realizações públicas programadas. É em face das necessidades e medidas planejadas para satisfazê-las que os representantes concedem, ou não, autorização para cobrança dos impostos regulados pelas várias leis anteriormente existentes.

E esclareceu a importância desse princípio, esclarecendo que[55]

o principal fundamento da anualidade é o princípio de que os representantes do povo concedem "x" de receitas porque aprovam "x" de despesas para fins específicos e só estes. Limitam por esse meio o arbítrio do Executivo. Daí dizer-se que detêm o "poder da bolsa".

Na CF/1967 o princípio estava no art. 150, § 29, com redação igual à do art. 141, § 34, da CF/1946, acima transcrito. O alcance desses dispositivos constitucionais, todavia, foi amesquinhado pelo STF, que entendeu ser bastante a publicação da lei antes do início do exercício financeiro para justificar a cobrança dos tributos. E sumulou sua jurisprudência no sentido de que é legítima a cobrança do tributo que houver sido aumentado após o orçamento mas antes do início do respectivo exercício financeiro.[56] O princípio da anualidade ficou, desta forma, reduzido ao princípio da anterioridade anual.

Com a Emenda 1 à Constituição de 1967, que se tornou conhecida como *Constituição Federal de 1969*, porque, na verdade, abrangeu todo o texto da Constituição, o princípio da anterioridade figurou definitivamente reduzido ao princípio da anterioridade, em seu art. 153, § 29, que tinha a seguinte redação: "§ 29. Nenhum tributo será exigido ou aumentado sem lei que o estabeleça, nem cobrado, em cada exercício, sem que a lei que o houver instituído ou aumentado esteja em vigor antes do início do exercício financeiro, ressalvados a tarifa alfandegária e a

---

55. Aliomar Baleeiro, *Limitações Constitucionais ao Poder de Tributar*, 7ª ed., Rio de Janeiro, Forense, 1997, p. 56.
56. STF, Súmula 66.

de transporte, o imposto sobre produtos industrializados e outros especialmente indicados em lei complementar, além do imposto lançado por motivo de guerra, e demais casos previstos nesta Constituição".

Referindo-se a esse dispositivo constitucional, afirmou Aliomar Baleeiro,[57] com inteira razão:

> O debate perdeu a utilidade com a vigência do do § 29 do art. 153 da Constituição, na redação da Emenda 1/1969. O princípio da anualidade não está mais condicionado à exigência de prévia autorização orçamentária. Basta que a lei do tributo seja anterior ao exercício – vale dizer, anterior a 1º de janeiro. O § 29, citado, consagrou a doutrina da Súmula 67 do STF, talvez não a melhor interpretação do Direito anterior.
>
> Com a devida vênia, é a cristalização de um êrro político-jurídico e a negação de um princípio básico da Democracia.

Acreditamos que os membros do Congresso Nacional não chegaram a avaliar o caráter democrático do princípio da anualidade. Não avaliaram o poder que do mesmo decorria para o Legislativo. Seja como for, ficou definitivamente afastado o princípio da anualidade, restando em seu lugar o princípio da anterioridade anual. E a inadequada redação desse dispositivo constitucional ensejou seu questionamento. Houve quem pretendesse que a cobrança do tributo só seria possível se instituído ou aumentado por lei que tivesse entrado em vigor no exercício anterior. Confundiu-se *publicação* com *vigência*. Mas o STF, neste caso com inteira propriedade, decidiu que:[58]

> Se a lei tributária foi publicada no exercício anterior para vigorar a partir do primeiro dia do exercício seguinte, o melhor entendimento é de dar-se pela incidência tributária, eis que em tal caso o contribuinte não é surpreendido com a exigência do tributo.

5.2 Anterioridade e irretroatividade da lei

Repita-se que o princípio da anterioridade, que é especificamente tributário, não se confunde com o princípio da irretroatividade da lei, que tem natureza geral.

---

57. Aliomar Baleeiro, *Direito Tributário Brasileiro*, 2ª ed., Rio de Janeiro, Forense, 1970, p. 83.
58. Parte da ementa do acórdão proferido pela 2ª Turma do STF no RE 85.829-SP, *RTJ* 80/296.

A exigência constitucional da anterioridade da lei tributária não tem por finalidade garantir apenas a segurança jurídica, embora seja um forte instrumento para esse fim. A segurança, ou previsibilidade, não apenas na relação tributária, mas nas relações jurídicas em geral, é garantida pelo princípio da irretroatividade das leis. O princípio da anterioridade da lei tributária ao exercício financeiro em que se dá a cobrança do tributo garante mais, ao assegurar que o ônus dos tributos não será aumentado durante o exercício financeiro, permitindo, assim, o planejamento anual das atividades empresariais.

Ocorre que se tornou rotina a publicação de leis criando ou aumentando tributo, nos últimos dias do ano, tributo que passava a ser cobrando imediatamente. Talvez por isto terminou sendo introduzido na Constituição o princípio da anterioridade nonagesimal, que passou a existir simultaneamente com o princípio da anterioridade anual.

A existência simultânea das duas anterioridades e a existência de exceções a uma e a outra geram algumas dificuldades, que a seguir vamos tentar explicar.

5.3 Anterioridade anual e nonagesimal

O princípio da anterioridade da lei tributária está hoje dividido em dois, a saber: o da anterioridade ao exercício financeiro – segundo o qual a cobrança do tributo depende de haver a lei que o instituiu ou aumentou sido publicada antes do início do exercício financeiro – e o princípio da anterioridade nonagesimal – segundo o qual a cobrança do tributo depende de haver a lei que o instituiu ou aumentou sido publicada pelo menos 90 dias antes da cobrança.

Talvez as dificuldades geradas pela existência simultânea da anterioridade anual e da anterioridade nonagesimal, com exceções diversas, tenham levado o Governo Federal a elevar alíquotas do imposto sobre produtos industrializados incidente sobre veículos importados e determinar a imediata entrada em vigor do aumento. O STF,[59] todavia, corrigiu o equívoco:

> Por votação unânime, o Plenário do STF suspendeu a vigência do Decreto n. 7.567/2011, que aumenta a alíquota do imposto sobre produtos industrializados (IPI) para automóveis importados e reduz a alíquota desse

---

59. BIJ/Boletim Informativo Juruá 538/1, 16-31.10.2011.

imposto para os fabricados no País. O decreto fica suspenso até que tenha transcorrido o prazo de 90 dias da publicação da norma. A decisão foi tomada em medida liminar concedida em uma ação direta de inconstitucionalidade ajuizada pelo Partido Democratas e relatada pelo Min. Marco Aurélio. O Plenário, em apreciação da medida cautelar, suspendeu a eficácia do art. 16 do referido decreto, que previa sua vigência imediata, a partir da publicação (ocorrida em 16 de setembro deste ano). Isso porque não foi obedecido o prazo constitucional de 90 dias para entrar em vigor, previsto no art. 150, III, "c", da CF (ADI n. 4.661).

O princípio da anterioridade anual não se aplica aos impostos sobre: (a) importação de produtos estrangeiros (art. 153, I); (b) exportação, para o exterior, de produtos nacionais ou nacionalizados (art. 153, II); produtos industrializados (art. 153, IV); operações de crédito, câmbio e seguro ou relativas a títulos ou valores mobiliários; e não se aplica, ainda, ao imposto extraordinário de guerra. Também não se aplica ao empréstimo compulsório instituído para atender a despesas extraordinárias, decorrentes de calamidade pública, guerra externa ou sua iminência (art. 148, I). Nem às contribuições de intervenção no domínio econômico relativas às atividades de importação ou comercialização de petróleo e seus derivados, gás natural e seus derivados e álcool combustível (art. 177, § 4º).

O princípio da anterioridade nonagesimal, por sua vez, não se aplica aos impostos sobre: (a) importação de produtos estrangeiros (art. 153, I); (b) exportação, para o exterior, de produtos nacionais ou nacionalizados (art. 153, II); (b) renda e proventos de qualquer natureza (art. 153, III); (c) operações de crédito, câmbio e seguro ou relativas a títulos ou valores mobiliários (art. 153, V); e não se aplica, ainda, ao imposto extraordinário de guerra (art. 154, II). Também não se aplica ao empréstimo compulsório instituído para atender a despesas extraordinárias, decorrentes de calamidade pública, guerra externa ou sua iminência (art. 148, I). Nem à fixação da base de cálculo do imposto sobre a propriedade de veículos automotores (art. 155, III) e do imposto sobre a propriedade predial e territorial urbana (art. 156, I).

Parece que a não aplicação do princípio da anterioridade nonagesimal ao imposto sobre produtos industrializados decorreu simplesmente de equívoco na referência ao inciso III, que diz respeito ao imposto de renda, quando o certo seria fazer referência ao inciso IV do art. 153, que diz respeito ao imposto sobre produtos industrializados. Entretanto, a referência ao inciso III para deixar o imposto de renda fora do alcance do princípio da anterioridade nonagesimal explica-se como forma de evitar o questionamento de dispositivos legais frequentemente presentes em leis publicadas durante o ano vedando a dedução de certas despesas na determinação da base de cálculo do imposto de renda.

A extensão da ressalva à fixação da base de cálculo do imposto sobre a propriedade de veículos automotores tem o propósito de facilitar a utilização do mesmo com finalidade extrafiscal. Já, a extensão da ressalva à fixação da base de cálculo do imposto sobre a propriedade territorial urbana é resultante da confusão que se tem feito entre o que seja a base de cálculo do IPTU, que é o valor venal do imóvel, e os critérios para a definição desse valor. Como muitos Municípios costumam alterar suas plantas de valores durante o ano e tais alterações têm sido questionadas judicialmente, os prefeitos municipais utilizaram o poder político que têm sobre deputados e senadores para introduzir tal ressalva no texto constitucional. É um equívoco para afastar outro equívoco.

5.4 O contribuinte como destinatário das garantias constitucionais

Basta a simples leitura do art. 5º e seus incisos da CF para que não se tenha mais dúvida de que as garantias constitucionais neles enumeradas destinam-se à proteção do cidadão, especialmente contra o Estado. E como o Direito é, na verdade, um sistema de limites ao poder, não há exagero em afirmar que as garantias jurídicas em geral destinam-se aos administrados; e, ainda quando se destinam à sociedade, deve esta ser compreendida como agrupamento de indivíduos distinto do Estado enquanto pessoa.

Na verdade, o destinatário das garantias constitucionais é o povo, que nelas encontra proteção contra o arbítrio estatal. No dizer de Segundo V. Linares Quintana, a Constituição tem por finalidade essencial garantir a liberdade, a dignidade e o bem-estar dos homens na sociedade, impondo limitações aos governantes. Em suas palavras:[60]

> La finalidad última de la Constitución es asegurar la libertad, la dignidad y el bienestar del hombre en la sociedad, mediante limitaciones a la acción del Poder Público.

---

60. Segundo V. Linares Quintana, *Tratado de Interpretación Constitucional*, Buenos Aires, Abeledo-Perrot, 1998, p. 430.

Fiel a essa doutrina, o STF já afirmou que os princípios constitucionais da tributação, como limitações da competência tributária, operam apenas a favor do contribuinte, contra o poder estatal.[61]

Essa postura do jurista na interpretação dos princípios constitucionais é da maior importância para orientar decisões a respeito das mais diversas questões em face das quais está se tornando frequente a presença do Poder Público em juízo a defender a aplicação de princípios constitucionais em detrimento de contribuintes.

A lei é forma de manifestação do Estado, que não pode retroagir em prejuízo do cidadão, mas pode alcançar fatos do passado para favorecê-lo. O princípio da irretroatividade é garantia do cidadão. Não do Estado. E não apenas o princípio da irretroatividade. Todos os princípios constitucionais foram elaborados, ao longo do tempo, como instrumentos jurídicos contra o arbítrio. Garantias do cidadão contra os abusos de poder dos governantes.

Com muita habilidade, porém, alguns representantes judiciais do Estado sustentam que a Administração Pública, como pessoa, desfruta da proteção dos princípios constitucionais. Alguns Municípios, por exemplo, têm sustentado a não recepção pela Constituição de 1988 do dispositivo legal que determina a tributação das sociedades de profissionais mediante critério especial. Haveria lesão ao princípio da isonomia. Essa tese, porém, já está superada pela jurisprudência do STF.

A consistência das teses que defendem garantias constitucionais a favor do Estado, contra o cidadão, é apenas aparente. A Administração Pública, embora tratada como pessoa para certos fins, não se pode confundir com as pessoas em geral. Por isto mesmo desfruta de inúmeras prerrogativas processuais. Não é pessoa para desfrutar da proteção jurídica consubstanciada nos princípios constitucionais da tributação. Na disputa entre o sujeito ativo e o sujeito passivo da tributação, é evidente que os princípios constitucionais operam apenas em favor do último.

Também nos demais setores do Direito as garantias constitucionais são garantias do cidadão contra o Estado, e jamais o contrário. Por isto, o STF[62] que

> o princípio esculpido no inciso XXXVI do art. 5º da Constituição (garantia do direito adquirido) não impede a edição, pelo Estado, de norma retroativa (lei ou decreto) em benefício do particular.

61. STF, ADI/MC 712-DF, *DJU* 19.2.1993, p. 2.032.
62. STF, RE 184.099-4-DF, rel. Min. Octávio Gallotti, j. 10.12.1996, *Informativo STF* 57.

A própria supremacia constitucional é garantia do cidadão contra o Estado, na medida em que é – no dizer do Min. Celso de Mello – um instrumento que o Direito oferece contra o arbítrio do legislador. São inadmissíveis as teses autoritárias que invocam direitos e garantias constitucionais para favorecer o Estado contra o cidadão.

Em apoio da tese segundo a qual não é o Estado o destinatário das garantias constitucionais, o STF[63] tem-se manifestado, como se vê do julgado assim noticiado:

> Enquanto garantia do indivíduo contra o Estado, a regra que assegura a intangibilidade do direito adquirido e do ato jurídico perfeito (CF, art. 5º, XXXVI) não impede o Estado de dispor retroativamente, mediante lei ou simples decreto, em benefício do particular. Com base nesse entendimento, a Turma confirmou acórdão do TJDF que, fundado em decreto do Executivo local (Decreto 10.349/1987), determinou correção monetária do valor do contrato firmado com a Administração em dezembro/1986, a despeito da inexistência de cláusula de reajuste.

No mesmo sentido manifestou-se o Plenário do STF no acórdão em que apreciou a ADI 712-2-DF (rel. Min. Celso de Mello), em cuja ementa está dito, entre outras coisas, que o princípio da irretroatividade da lei tributária deve ser visto como uma garantia constitucional *instituída em favor dos sujeitos passivos da atividade estatal no campo da tributação*. E, ainda, que se trata,[64]

> à semelhança dos demais postulados inscritos no art. 150 da Carta Política, de princípio que – por traduzir limitação ao poder de tributar – é tão somente oponível pelo contribuinte à ação do Estado.

6. Vedação do confisco

6.1 Questões relativas a conceitos

Ao tratar das limitações ao poder de tributar, a Constituição Federal estabelece que é vedado às entidades dotadas desse poder *utilizar tributo com efeito de confisco* (art. 150, IV).

No estudo dessa garantia constitucional suscita-se desde logo a questão de saber o que se deve entender por "confisco" – além de outras

---

63. STF, RE 184.099-4-DF, rel. Min. Octávio Gallotti, j. 10.12.1996, *Informativo* STF 57.
64. STF, *DJU* 19.2.1993, *Ementário* 1.692-2.

questões igualmente importantes, como a de saber se o que não pode ter efeito de confisco é um tributo, isoladamente considerado, ou o conjunto dos tributos integrantes do sistema, vale dizer, a carga tributária.

A respeito do significado da palavra "confisco", registra De Plácido e Silva:[65]

> *Confisco:* Ou confiscação, é vocábulo que se deriva do Latim *confiscatio*, de *confiscare*, tendo o sentido de ato pelo qual se apreendem e se adjudicam ao *Fisco* bens pertencentes a outrem, por ato administrativo ou por sentença judiciária, fundados em lei.
>
> Em regra, pois, o *confisco* indica uma punição. Quer isto dizer que sua imposição, ou decretação, decorre da evidência de crimes ou contravenções praticados por uma pessoa, em virtude do quê, além de outras sanções, impõe a lei a perda de todos ou parte dos bens em seu poder, em proveito do *erário público*.
>
> Por esta forma, o confisco ou confiscação pode ser *total* ou *parcial*.
>
> Total ou geral quando abrange todo o patrimônio do condenado; parcial, quando somente incide sobre uma certa porção de bens.
>
> O confisco se efetiva preliminarmente pela *apreensão* ou pelo *sequestro*. Mas não pode ser tomado por nenhuma destas medidas judiciárias.
>
> Ele é, em verdade, o ato de *adjudicação dos bens* ao patrimônio do Estado, em virtude de determinação legal ou qualquer outro ato que o autorize.
>
> Em matéria fiscal, o confisco indica o ato de apreensão de mercadoria *contrabandeada* ou que seja posta no comércio em contravenção às leis fiscais. Dá-se a apreensão, e o Poder Público a *confisca* para cobrar-se dos impostos e das multas devidas. Mesmo neste caso, embora não se adjudique ao erário a soma de mercadorias apreendidas, adjudica-se o seu preço, isto é, o seu valor.
>
> *Confisco*, na linguagem penal, é o ato de apreensão, autorizado pelo juiz, dos instrumentos e do produto do crime.

Assim, tributo *com efeito de confisco* é tributo que, por ser excessivamente oneroso, seja sentido como penalidade. É este o entendimento de que se pode extrair da lição de Cláudio Pacheco,[66] para quem

> vigora um princípio básico em relação ao tributo e que é aquele pelo qual nunca se deve expandir ou crescer até afetar a atividade ou a produção

---

65. De Plácido e Silva, *Vocabulário Jurídico*, Rio de Janeiro, Forense, 1987, p. 505.

66. Cláudio Pacheco, *Tratado das Constituições Brasileiras*, vol. III, Rio de Janeiro, Freitas Bastos, 1965, pp. 397-398.

da pessoa ou entidade tributada, quando esta atividade ou produção é de proveito ou de benefício coletivo. Assim, o tributo não deve ser antieconômico ou antissocial, nem pela sua natureza, nem pelas bases de sua incidência, de seu lançamento ou de sua cobrança. Ele nunca deve ser criado, calculado ou cobrado de modo a prejudicar, tornando ineficiente, ainda menos paralisando ou obstruindo, a atividade produtiva do contribuinte, desde que esta atividade se possa reputar como benéfica à sociedade.

Esse princípio de moderação ou razoabilidade dos tributos deve ser encarado por outro aspecto, e então, como o encarou Linares Quintana, referindo-se à antiga e reiterada jurisprudência da Côrte Suprema da Argentina, pode ser denominado de princípio da não confiscatoriedade dos tributos, o qual se funda principalmente na garantia do direito de propriedade. Sob êste ponto de vista, referiu o mesmo autor que, para determinar o limite que separa um tributo confiscatório de outro não confiscatório, a jurisprudência da Côrte Suprema estabeleceu diversas fórmulas, inspiradas nos princípios da equidade e da razoabilidade, as quais devem ser ajustadas às circunstâncias especiais de cada caso particular, sem que, entretanto, forneçam ao intérprete um critério de certeza bastante para eliminar tôdas as dúvidas.

Ainda segundo Linares Quintana, o eixo em tôrno do qual "gira todo o sistema jurisprudencial da Côrte Suprema, no que respeita à confiscatoriedade das contribuições, é a regra de que um tributo é confiscatório quando o montante de sua taxa é desarrazoado", o que ocorre quando equivale a "uma parte substancial do valor do capital, ou de sua renda, ou da utilidade, ou quando ocasiona o aniquilamento do direito de propriedade em sua substância ou em qualquer dos seus atributos" (*Tratado de la Ciencia del Derecho Constitucional Argentino y Comparado*, t. IV, §§ 2.824-2.826).

Para Villegas[67] tem-se o confisco quando se está *ante exigência tributária que excede a razoável possibilidade de colaborar para os gastos públicos, isto é, que vai além do que permite a capacidade contributiva do particular afetado.*

De todo modo, resta a questão de saber até que limite o tributo é tolerável – vale dizer, não tem efeito de confisco. A questão configura um daqueles pontos nos quais o quadro ou moldura que a Ciência do Direito pode oferecer é exageradamente amplo.

6.2 *Imposto* real *sobre o patrimônio*

Tratando-se de imposto sobre o patrimônio, poder-se-ia considerar confiscatório aquele imposto que os doutrinadores classificam como

---

67. Héctor Villegas, *Curso de Direito Tributário*, trad. de Roque Antônio Carrazza, São Paulo, Ed. RT, 1980, p. 89.

imposto *real* sobre o patrimônio, isto é, aquele para cujo pagamento a renda produzida pelo patrimônio tributado não é suficiente, vendo-se o contribuinte obrigado a se desfazer de parte de seu patrimônio para poder pagar o imposto.

Henry Tilbery, autor do melhor estudo a respeito do imposto sobre o patrimônio escrito no Brasil, refere-se – invocando estudos de financistas ingleses – à possibilidade de um imposto sobre o patrimônio com o deliberado objetivo de fragmentação de fortunas muito grandes, como instrumento de uma política fiscal voltada para a correção de concentração exagerada de riquezas. Assevera, porém, que esse tributo, quando atinge o patrimônio de sorte a reduzi-lo, para promover "a redistribuição das riquezas e maior igualdade entre diversas camadas da Nação, teria uma conotação confiscatória e socializante", na medida em que não respeita a propriedade privada.[68]

É preciso considerar, entretanto, que um imposto sobre o patrimônio, sob tal aspecto, pode ser confiscatório para uns, e para outros não. O contribuinte que auferir renda elevada poderá pagar o imposto sem sacrificar parcela de seu patrimônio, enquanto outro, com renda baixa ou sem nenhuma renda, terá de sofrer redução patrimonial. O critério, como se vê, não tem consistência jurídica.

Um dos objetivos mais importantes do imposto sobre o patrimônio deve ser o de desestimular a existência de patrimônios improdutivos. Assim, poder-se-á considerar confiscatório o imposto sobre o patrimônio cuja alíquota seja superior à renda que razoavelmente se possa esperar seja produzida por aquele patrimônio. Pouco importa que o contribuinte, por quaisquer meios, aufira renda superior e consiga permanecer com seu patrimônio inatingível. Se o imposto tiver alíquota superior à renda que se pode razoavelmente esperar seja produzida pelo patrimônio sobre o qual incide, será confiscatório. Por outro lado, um imposto com alíquota inferior àquele limite, mesmo que o contribuinte, por inabilidade como administrador ou por qualquer outro motivo, não aufira renda suficiente para o respectivo pagamento e tenha, por isto, de se privar de parte de seu patrimônio, não será considerado confiscatório.

---

68. Henry Tilbery, "Reflexões sobre a tributação do patrimônio", in *Princípios Tributários no Direito Brasileiro e Comparado*, Rio de Janeiro, Forense, 1988, p. 320.

6.3 Imposto sobre a renda e confisco

A nosso ver, não apenas o imposto sobre o patrimônio pode ser considerado confiscatório. Assim, o imposto de renda com alíquotas muito elevadas também pode ser considerado confiscatório. Afinal de contas, não há diferença essencial entre privar alguém do patrimônio e privar alguém da renda, posto que é com esta que aquele se constrói. Nesta linha de raciocínio, é possível considerar confiscatório o imposto de renda atualmente cobrado das instituições financeiras, cuja alíquota pode atingir 45% da renda tributável. Aliás, como na determinação da renda tributável nem todas as despesas podem ser consideradas, é possível que em certos casos essa alíquota seja realmente superior a 50% da renda líquida real.

Se considerarmos, outrossim, que os coeficientes de correção monetária dos balanços não correspondem à realidade, são inferiores à inflação real, teremos de concluir que o lucro alcançado pelo imposto de renda é sempre superior ao lucro *real*. Assim, um imposto de renda da ordem de 50% de um lucro superior ao *real* terminará por consumir o patrimônio da empresa.

Situação semelhante também pode ocorrer com a pessoa física. Considerando-se que as deduções e os abatimentos admitidos pela legislação situam-se abaixo das despesas realmente efetuadas, tem-se que o imposto termina por incidir sobre significativa parcela de renda consumida. Assim, e tendo esse imposto alíquotas elevadas, é indiscutível que ele atinge o patrimônio em sua essência, consubstanciando, assim, verdadeiro confisco.

O denominado *mínimo individual de isenção* ou de não incidência do imposto, fixado em quantia muito pequena, pode ser também uma forma de tributação confiscatória. Em momento no qual os salários estão já há alguns anos sem qualquer reajustamento, a simples manutenção do mínio de isenção já pode ser considerada uma forma de confisco.

Não se pode ignorar que o STF, com todo acerto, determinou a correção monetária do valor de restituição de tributo indevidamente pago quando não havia lei determinando, por entender ser caso de aplicação da analogia, com fundamento no art. 108, I, do CTN. No caso da atualização das tabelas do imposto de renda, penso que a omissão cria verdadeiro momento de incongruência em nosso sistema jurídico, na medida em que implica aumento de tributo sem lei que o estabeleça e – o que é pior – confere a esse aumento caráter confiscatório e contrário, também, ao princípio da capacidade contributiva.

6.4 Tributo confiscatório, direito de propriedade e empresa privada

Há quem sustente ser a vedação aos tributos confiscatórios uma decorrência da garantia constitucional da propriedade. Sendo assim, mesmo sem um dispositivo constitucional vedando, especificamente, o tributo com efeito de confisco essa vedação seria decorrência lógica em todas as Constituições que garantem o direito de propriedade. Qual seria, então, a significação da norma contida no art. 150, IV, da vigente CF? Seria ela meramente explicitante?

Segundo Jarach,[69] se a Constituição garante amplamente o direito de propriedade, que considera inviolável, só admite a desapropriação nos casos estabelecidos em lei e mediante prévia indenização e veda a pena de confisco mas não veda os impostos confiscatórios, limitando-se a determinar que o Congresso estabelecerá os impostos, a consequência lógica que qualquer intérprete constitucional extrairia desse texto

> es la siguiente: que los constituyentes han querido, en materia impositiva, salvaguardar el derecho de propiedad con una garantía meramente formal. El derecho de propiedad está a salvo cuando los impuestos sean aprobados por ley del Congreso. Esto es lo que texto de la Constitución expresa.

Depois de citar julgados da Corte Suprema de seu País confirmatórios do seu mencionado entendimento, esclarece aquele eminente tributarista argentino:[70]

> Pero con posterioridad, en una larga serie de fallos, la Corte Suprema ha ido elaborando una doctrina totalmente distinta, en que la garantía de propiedad deja de ser simplemente formal para convertirse en verdaderamente sustancial. Podemos decir, sin duda alguna, que se trata de una evolución también de conciencia jurídica con respecto al contenido del derecho de propiedad, porque en sus aplicaciones prácticas veremos que la Corte no ha quedado en una posición firme y constante, sino que ha ido evolucionando, pero siempre dentro de un límite que está dado por la

---

69. Dino Jarach, *Curso Superior de Derecho Tributario*, Buenos Aires, Liceo Profesional Cima, 1969, p. 140.
70. Dino Jarach, *Curso Superior de Derecho Tributario*, Buenos Aires, Liceo Profesional Cima, 1969, p. 141.

característica fundamental del Estado Constitucional, en que se reconoce el derecho de propiedad.

No regime da Constituição anterior, Bernardo Ribeiro de Moraes[71] já doutrinava:

> No Direito pátrio vigente não se encontra dispositivo que vede expressamente o imposto confiscatório. Todavia, a tributação não pode, por via direta ou indireta, fazer nulas as garantias constitucionais, notadamente a do direito de propriedade.

Também Fábio Fanucchi[72] sustentava, no regime da Constituição anterior, ser

> vedado o exercício de tributação confiscatória, constituindo-se o confisco admitido constitucionalmente apenas em sanção de ato ilícito.

No exame do princípio de vedação ao tributo confiscatório tem-se de considerar qual o regime econômico consagrado pela Constituição. Se esta consagrou o regime da economia de livre iniciativa, isto é, o regime da livre empresa, ou empresa privada, a conclusão inevitável será a de que, mesmo não expressamente previsto, o uso de tributo com efeito de confisco está proibido.

O Estado, ao adotar o regime da livre empresa, utiliza o tributo como instrumento através do qual as empresas privadas suprem seus cofres dos recursos financeiros necessários ao desempenho de suas atividades. Assim, tributá-las até a exaustão seria uma atitude absurdamente incoerente. Seria matar a "galinha dos ovos de ouro". Extinguir a fonte de onde se nutre de recursos financeiros. Inadmissível, portanto, a interpretação de uma Constituição que consagra o regime da livre empresa de sorte a concluir que ela, por ser omissa, permite o tributo confiscatório.

6.5 Proibição expressa do tributo confiscatório

Colocando entre as limitações ao poder de tributar a vedação do tributo com efeito de confisco, a Constituição em vigor evitou controvér-

---

71. Bernardo Ribeiro de Moraes, *Compêndio de Direito Tributário*, Rio de Janeiro, Forense, 1984, p. 417.
72. Fábio Fanucchi, *Curso de Direito Tributário Brasileiro*, 4ª ed., vol. I, São Paulo, IBET/Resenha Tributária, 1986, p. 130.

sias a respeito da questão de saber se a garantia do direito de propriedade estaria, ou não, preservada pelo fato de serem os tributos instituídos por lei. E da questão de saber se a adoção do regime da livre empresa implica realmente, como sustentamos, uma implícita proibição ao tributo confiscatório.

Assim, o tributo com efeito de confisco, no regime da vigente Constituição, está proibido sob todos os aspectos, seja qual for a interpretação adotada para os dispositivos pertinentes ao direito de propriedade (art. 5º, XXII) e ao regime econômico prevalecente (art. 170, II e IV). O disposto em seu art. 150, IV, não permite dúvidas a este respeito.

É certo que o significado da expressão "tributo com efeito de confisco" é extremamente problemático. Isto, porém, não invalida o dispositivo constitucional, sendo importante observar que inúmeros outros dispositivos, da Constituição e das leis, albergam conceitos igualmente vagos, sendo a respectiva interpretação, por isto mesmo, problemática. Não obstante, vários dos dispositivos onde residem conceitos vagos já foram aplicados e produziram resultados práticos consideráveis. Assim, por exemplo, aquele que estabelece que as desapropriações devem ser precedidas de *justa* indenização.

De todo modo, mesmo em face das dificuldades de interpretação resultantes da indefinição do que seja um *tributo com efeito de confisco*, o preceito constitucional demonstra um rumo a ser seguido pela tributação no Brasil. Ela deve ser um instrumento pelo qual o Estado há de obter os meios financeiros para o atendimento de seus gastos. Nunca, porém, um instrumento de extinção da propriedade privada. Essa diretriz servirá de bússola para o hermeneuta, especialmente para o juiz.

6.6 Tributo e carga tributária

6.6.1 Colocação da questão

Da maior importância é a questão de saber se a vedação constitucional de que se cuida impede que um tributo que seja, isoladamente, confiscatório ou se impede um sistema tributário que, no seu conjunto, resulte confiscatório.

E, se considerarmos que a vedação diz respeito ao conjunto dos tributos, uma outra questão pode ser suscitada, que é a de saber se inconstitucionais serão os tributos, ou os aumentos de tributos, a partir de certo limite, ou se o caráter confiscatório será atribuído a todos os tributos, decorrendo daí o dever das entidades tributantes de reduzi-los proporcionalmente.

6.6.2 Carga tributária e efetividade da garantia constitucional

É pacífico o entendimento dos constitucionalistas no sentido de que o intérprete deve dar preferência à interpretação que confere maior efetividade ao dispositivo. Em outras palavras, deve-se evitar a interpretação que permita reduzir a eficácia do preceito. E no caso de que se cuida é da maior evidência que, se entendermos ser a vedação dirigida apenas ao tributo que, individualmente, represente um confisco, a garantia constitucional ficará decididamente amesquinhada. Basta que sejam criados mais e mais tributos, todos de pequena expressão econômica, mas formando um conjunto que acaba por confiscar o patrimônio dos contribuintes.

A este propósito já escrevemos:[73]

> O tributo é um instrumento de transferência compulsória de recursos do contribuinte para o Poder Público. Instrumento que há de ser permanente, posto que é através dele que todos devem contribuir para o custeio das despesas do Estado. Não pode, porém, destruir a fonte que o produz. Por isto mesmo é que não pode ser, em nenhuma hipótese, utilizado com efeito de confisco, vale dizer, não pode prestar-se para exaurir a fonte que o produz.
>
> Note-se que a Constituição não se refere à instituição de um tributo com efeito de confisco, mas à utilização do tributo com efeito de confisco. Isto quer dizer que não é um tributo, especificamente considerado, que pode ter o efeito de confisco, e sim que qualquer tributo pode, eventualmente, em face das circunstâncias do caso concreto, ter o efeito de confisco. Daí por que se há de entender que o objetivo do constituinte foi precisamente o de proibir que o tributo seja utilizado para confiscar o patrimônio do particular. Entendimento, esse, que harmoniza plenamente o dispositivo albergado pelo art. 150, IV, com outros preceitos da Constituição, entre os quais o que assegura o direito de propriedade e o que assegura a liberdade econômica.
>
> A atividade econômica é, por natureza, uma atividade de risco. Por isto mesmo uma pessoa que desenvolve essa atividade poderá eventualmente, em virtude de circunstâncias conjunturais da economia, entrar em crise financeira e não ter como quitar suas dívidas para com o Tesouro Público. Em tais situações não pode a Fazenda Pública cobrar o tributo le-

---

73. Hugo de Brito Machado, *Comentários ao Código Tributário Nacional*, vol. I, São Paulo, Atlas, 2003, pp. 165-166.

vando aquele contribuinte a extinguir-se. Há de propiciar-lhe condições de sobrevivência, em benefício da comunidade, que de certa forma depende daquela atividade.

Por outro lado e pela mesma razão, a ocorrência do efeito de confisco há de ser examinada em face dos tributos, e não em face de um determinado tributo. Aliás, se o efeito de confisco fosse examinado em face de cada tributo especificamente, o Poder Público bem poderia praticar o confisco mediante a instituição e cobrança de vários tributos sem que nenhum deles, isoladamente, pudesse ser tido como confiscatório.

Merece destaque, a propósito, a afirmação do Min. Oscar Dias Corrêa, em estudo publicado em 1986, segundo a qual os contribuintes, no Brasil, já estão no limite da capacidade contributiva, não sendo aconselhável onerá-los ainda mais.[74] E ninguém pode negar que daquela época aos dias atuais a carga tributária no Brasil tem crescido significativamente.

O STF manifestou-se já no sentido de que o efeito confiscatório é identificado em função da totalidade da carga tributária. Como registra Hugo de Brito Machado Segundo, a Corte Maior, ao declarar inconstitucional a contribuição criada pela Lei 9.783/1999, afirmou que[75]

> a identificação do efeito confiscatório deve ser feita em função da totalidade da carga tributária, mediante verificação da capacidade de que dispõe o contribuinte – considerando-se o montante de sua riqueza (renda e capital) – para suportar e sofrer a incidência de todos os tributos que ele deverá pagar, dentro de determinado período, à mesma pessoa política que os houver instituído (a União Federal, no caso), condicionando-se, ainda, a aferição do grau de insuportabilidade econômico-financeira, à observância, pelo legislador, de padrões de razoabilidade destinados a neutralizar excessos de ordem fiscal eventualmente praticados pelo Poder Público. Resulta configurado o caráter confiscatório de determinado tributo sempre que o efeito cumulativo – resultante das múltiplas incidências tributárias estabelecidas pela mesma entidade estatal – afetar, substancialmente, de maneira irrazoável, o patrimônio e/ou os rendimentos do contribuinte.

Não nos parece que devamos considerar apenas as diversas incidências impostas pela mesma pessoa política, mas todos os tributos a

---

74. Oscar Dias Corrêa, *A Crise da Constituição, a Constituinte e o Supremo Tribunal Federal*, São Paulo, Ed. RT, 1986, p. 107.
75. STF, ADI/MC 2.010-DF, *DJU* 12.4.2002, p. 51, cit. por Hugo de Brito Machado Segundo no estudo "A 'contribuição' dos inativos", *Revista Estudos Tributários* 38/153, Porto Alegre/São Paulo, IET/Síntese, julho-agosto/2004.

serem pagos pelo contribuinte no mesmo período. Só assim será efetiva a garantia constitucional do não confisco.

6.6.3 Solução adequada para evitar o efeito confiscatório

Admitindo-se que a confiscatoriedade é determinada pela totalidade das incidências tributárias, suscita-se a questão de saber qual dessas incidências deve ser considerada inconstitucional. Em outras palavras, suscita-se a questão de saber qual a solução adequada para evitar o efeito confiscatório dos diversos tributos em conjunto. Seriam inconstitucionais todos eles, impondo-se uma redução proporcional em cada um? Ou seria inconstitucional somente o criado por último? Ou os criados por último a partir da ultrapassagem do limite adotado como razoável?

A questão é deveras delicada, especialmente tratando-se de tributos instituídos por diversas pessoas políticas. Quando se trata de tributos instituídos por uma só pessoa política é razoável dizer desde logo que a melhor solução seria a exclusão, por inconstitucionalidade, daquele em razão do qual se constatasse a ultrapassagem do limite do razoável, para ingressar no plano do confisco. Sendo o caso de tributos instituídos por pessoas políticas diversas, a melhor solução seria a redução proporcional de cada um deles. Mas tal solução é praticamente inviável, porque não se dispõe de mecanismo jurídico processual para esse fim. Por questão de ordem prática, portanto, impõe-se a solução de considerar inconstitucional a incidência por último instituída.

É claro que tal solução há de ser precedida de cuidadoso exame da partilha das competências tributárias, para que se verifique possível invasão da competência de uma por outra das pessoas jurídicas tributantes. Havendo dúvida sobre a competência de uma delas, certamente o melhor critério seria identificar como inconstitucional a incidência que se mostrasse invasora da área de competência de outra das pessoas políticas.

Como se vê, as questões são complexas, e em torno delas muito existe, ainda, a ser construído pela doutrina e pela jurisprudência. Mas não se pode esquecer que o Poder Judiciário – e especialmente o STF – pode colocar limites à voracidade fiscal, sendo o princípio da vedação de tributo confiscatório um excelente instrumento para esse fim.

6.6.4 Vedação ao confisco e tributo extrafiscal

Mesmo que o tributo seja instituído com finalidade extrafiscal, em regra há de ser respeitado o princípio da vedação do confisco. Todavia, quando a finalidade extrafiscal seja a realização de um valor constitucionalmente consagrado, ter-se-á instaurada uma antinomia. De um lado a necessidade de realização daquele valor, e de outro o princípio do não confisco.

Assim é que Baleeiro, depois de explicar que o princípio da vedação do tributo confiscatório tem por finalidade fazer com que a tributação seja exercida "sem destruir a propriedade, impedir o trabalho, desencorajar a iniciativa ou ultrapassar a capacidade econômica," esclarece:[76]

> Mas não ofendem a Constituição impostos que, em função extrafiscal, são instituídos com propósito de compelir ou afastar o indivíduo de certos atos ou atitudes. Nesse caso, o caráter destrutivo e agressivo é inerente a essa tributação admitida por tribunais americanos e argentinos e da qual há exemplos no direito fiscal brasileiro quando visa ao protecionismo à indústria, ao incentivo à natalidade, ao combate ao ausentismo, ao latifúndio etc.

Não nos parece que o simples fato de ser instituído o tributo com determinada finalidade extrafiscal visando à realização de um valor constitucionalmente consagrado possa afastar inteiramente o princípio da vedação do tributo com efeito de confisco. A nosso ver, o que se há de fazer em tais casos é o balanceamento dos princípios. E em especial a aplicação do princípio da proporcionalidade, sobre cuja utilização manifesta-se Paulo Bonavides,[77] ensinando que:

> Tanto a jurisprudência constitucional em vários países da Europa como os órgãos da Comunidade Europeia já não vacilam em fazer uso frequente desse princípio. A doutrina, por sua vez, busca consolidá-lo como regra fundamental de apoio e proteção dos direitos fundamentais e de caracterização de um novo Estado de Direito, fazendo assim da proporcionalidade um princípio essencial da Constituição.

Nessa linha de pensamento, Hugo de Brito Machado Segundo e Raquel Cavalcanti Ramos Machado,[78] em judicioso estudo sobre as contribuições no sistema tributário brasileiro, depois de incursões na doutrina

---

76. Aliomar Baleeiro, *Limitações Constitucionais ao Poder de Tributar*, 7ª ed., Rio de Janeiro, Forense, 1997, p. 567.
77. Paulo Bonavides, *Curso de Direito Constitucional*, 29ª ed., São Paulo, Malheiros Editores, 2014, p. 405.
78. Hugo de Brito Machado Segundo e Raquel Cavalcanti Ramos Machado, "As contribuições no sistema tributário brasileiro", em livro do mesmo nome, de nossa coordenação, São Paulo/Fortaleza, Dialética/ICET, 2003, p. 271.

de Mestres como Kelsen, Karl Larenz, Ronald Dworkin e Robert Alexy, apontam, com apoio em Paulo Bonavides, doutrina de Aristóteles como fonte de inspiração da *Tópica*, de Teodor Viehweg, e preconizam:

Na verdade, o sopesamento de princípios é inerente não apenas ao Direito, mas à conduta de uma maneira geral, frente à vida. Toda pessoa racional e de bom senso realiza-o a cada passo, a cada escolha realizada. De todo modo, o mérito dos modernos teóricos do Direito foi o de procurar teorizá-lo, explicando objetivamente como esse sopesamento deve ser feito. É a postura que, em linhas gerais, procuraremos seguir neste texto. Partiremos, para tanto, de duas premissas básicas.

A primeira é a de que os princípios constitucionais têm eficácia normativa, representando os valores que devem orientar toda a criação, interpretação e aplicação do Direito. De uma posição subsidiária à lei, passaram à medula das Constituições pós-modernas, inclusive da Constituição da República Federativa do Brasil, promulgada em 1988.

A segunda premissa, decorrente da primeira, é a de que o conflito entre princípios não se resolve com o completo afastamento de um deles, tal como ocorre entre as regras, submetidas aos conhecidos critérios de solução de antinomias (hierárquico, cronológico e da especialidade). Realmente, por conta de sua estrutura normativa, os princípios não prescrevem condutas a serem seguidas se e quando determinadas hipóteses ocorrerem, tais como as regras. Assim, os conflitos entre eles verificados não se resolvem com a aplicação de critérios que impliquem um *all or nothing*, no dizer de Dwordin, mas sim *com a atribuição de maior preponderância, ou de maior peso, àquele princípio que, em prevalecendo, cause menores estragos nos demais*. A regra maior do Direito por princípios, portanto, é a proporcionalidade.

Tudo isto é da maior importância no estudo de um problema jurídico, a fim de que estudiosos não fiquem às voltas com as várias interpretações que um positivismo estéril ofereceria, cada um pugnando pelo maior acerto de uma delas, sem contudo oferecer critérios racionais para justificar sua escolha.

Assim, diante do conflito entre o princípio da vedação do tributo com efeito de confisco e um preceito constitucional que consagra determinado valor, a aceitação de um tributo confiscatório como instrumento de realização desse valor há de se submeter ao teste da proporcionalidade e da razoabilidade como forma de controle contra o arbítrio. No dizer de Hugo de Brito Machado Segundo e Raquel Cavalcante Ramos Machado,[79] devemos considerar que:

---

79. Hugo de Brito Machado Segundo e Raquel Cavalcante Ramos Machado, "O imposto de renda das pessoas jurídicas e os resultados verificados no exterior", in

Pelo princípio da razoabilidade, os meios empregados para atingir determinada finalidade devem ser não apenas adequados e necessários a essa finalidade, mas devem, também, estar em conformidade com o senso comum, o que nos conduz a uma ideia de consenso, de legitimidade, de compatibilidade com os valores prevalentes naquela comunidade na qual o princípio será aplicado.

Em outras palavras, o tributo confiscatório somente será válido se for um meio adequado, necessário e não excessivo para a realização do valor constitucionalmente consagrado.

6.7 Vedação do tributo confiscatório e multas

6.7.1 Extensão do princípio do não confisco

Estariam as multas fiscais incluídas no conceito de tributo para os fins da vedação contida no art. 150, IV, de nossa CF? Vale dizer, o princípio do não confisco poderia ser invocado para invalidar a imposição de multas que, por serem elevadas, podem ser consideradas confiscatórias?

Há quem ofereça a tal questão resposta afirmativa. O ilustre professor Zelmo Denari, por exemplo, sustenta a tese segundo a qual o princípio do não confisco abrange as multas tributárias.[80] Nessa mesma linha de entendimento, o STF, no dia 17.6.1998, concedeu medida liminar na ADI/MC 1.075-DF, promovida pela Federação Nacional do Comércio, para suspender a vigência do art. 3º, parágrafo único, da Lei 8.846/1994, que comina para a hipótese de venda de mercadoria sem a emissão de nota fiscal multa de 300% do valor da operação. Considerou relevante a tese de ofensa ao art. 150, IV, da CF, que veda a utilização do tributo com efeito de confisco.

Com a devida vênia, este não é nosso entendimento. À questão de saber se o princípio do não confisco aplica-se às multas fiscais nossa resposta é negativa, pelas razões que a seguir vamos expor.

6.7.2 Distinção essencial entre tributo e penalidade

É sabido que o tributo não constitui sanção de ato ilícito (CTN, art. 3º). Enquanto a ilicitude é essencial na definição da hipótese de incidên-

---

Valdir de Oliveira Rocha (coord.), *Grandes Questões Atuais do Direito Tributário*, 7º vol., São Paulo, Dialética, 2003, p. 110, nota de rodapé 24.

80. Zelmo Denari, conferência proferida em Congresso da Academia Brasileira de Direito Tributário, em São Paulo, 10.11.2000.

cia da norma que define infração e, assim, estabelece o pressuposto para a cobrança da multa, é inteiramente estranha à definição da hipótese de incidência do tributo.

Isto não quer dizer que não possa haver tributo sobre uma atividade ilícita. Na verdade, a ilicitude é irrelevante. Não pode estar presente na definição da hipótese de incidência, mas pode estar presente no fato gerador do tributo, como elemento circunstancial, cuja presença não afasta a incidência da norma de tributação.

Se tivermos em conta a finalidade de desestimular a conduta, a sanção ou pena confunde-se com o denominado tributo extrafiscal proibitivo. O estudo da hipótese de incidência da norma de tributação e da norma punitiva, todavia, afasta qualquer dúvida sobre a distinção essencial que, na verdade, existe entre a sanção, ou penalidade, e o tributo extrafiscal proibitivo.

6.7.3 *Sanção e tributo extrafiscal proibitivo*

Esta compreensão do significado da *sanção* permite distingui-la do tributo, inclusive do chamado *tributo extrafiscal proibitivo*, que, no plano axiológico, com ela se confundiria. Na verdade, o tributo extrafiscal proibitivo – como já afirmamos e é de todos sabido – tem o mesmo objetivo da sanção, vale dizer, tem por fim desestimular determinada conduta. Por isto, no plano axiológico a distinção é impossível. No plano jurídico, porém, tal distinção é indiscutível. A sanção, como visto, pressupõe um cometimento ilícito. É consequência da não prestação. Já, o tributo extrafiscal proibitivo não tem ilícito em sua hipótese de incidência.

Há situações nas quais o tributo parece resultar de um cometimento ilícito. É o caso, por exemplo, da pessoa jurídica legalmente obrigada a manter escrituração contábil para a determinação de seu lucro sujeito ao imposto de renda e que, por qualquer motivo, não faz tal escrituração. O imposto, neste caso, é calculado mediante arbitramento do lucro, podendo parecer que é uma consequência da ilicitude consistente no não cumprimento do dever jurídico de manter escritura contábil. Na verdade, porém, assim não é. O imposto decorre do auferimento da renda, cujo valor é determinado por arbitramento à míngua dos meios para conhecer seu valor *real*. Cuida-se de simples critério de determinação da base de cálculo do imposto, legalmente estabelecido por motivos de ordem prática. A conduta ilícita consistente em *não fazer a escrituração contábil* enseja a aplicação da multa correspondente, vale dizer, a sanção.

Ocorre, porém, que a legislação do imposto de renda estabelece critérios para a determinação do lucro presumido, considerado como base de cálculo do imposto nas hipóteses em que a lei permite ao contribuinte a opção de não fazer a demonstração regular de seu lucro real. Assim, quando se têm critérios legais para a definição da base de cálculo do imposto de renda na ausência de escrituração contábil destinada à apuração do lucro real, pode-se considerar que a adoção, pela lei, de critérios dos quais resulte tributo mais oneroso, nos casos em que o contribuinte não cumpre o dever de demonstrar contabilmente o lucro real, constitui uma forma de sanção.

É razoável, pois, considerar-se que os dispositivos concernentes ao arbitramento do lucro não são compatíveis com a definição de tributo albergada pelo art. 3º do CTN.

Por outro lado, mesmo que tenha função extrafiscal proibitiva, o tributo não pode ser, em princípio, utilizado com efeito de confisco, em face do dispositivo constitucional que expressamente o impede. A opção do legislador, neste caso, será a consideração do que seria hipótese de incidência do tributo extrafiscal proibitivo como ilícito e, assim, em vez de tributo, instituir penalidade. Assim não é, todavia, no caso em que a função extrafiscal de um tributo seja destinada à realização de um valor constitucionalmente consagrado. Como já explicado neste estudo, em tal situação impõe-se a necessidade de superação da antinomia, com o balanceamento dos princípios em conflito.

Talvez à míngua de uma distinção clara entre tributo e sanção, uma outra questão a esta relacionada às vezes não tem sido compreendida adequadamente pelos estudiosos do assunto. É a questão da tributação nas atividades ilícitas. Assim, embora não essencial no contexto de um estudo em que se cuida da vedação constitucional do tributo com efeito de confisco, vamos, a seguir, examinar essa questão, tentando afastar os preconceitos dos quais alguns estudiosos do tema ainda se revelam contaminados.

6.8 Tributação nas atividades ilícitas

A distinção entre o *tributo* e a *sanção* – de fácil percepção, como demonstrado no item precedente deste estudo – é de grande utilidade para a Ciência do Direito, pois permite a explicação satisfatória de diversas questões, entre as quais aquela de saber se é possível, ou não, a tributação de atividades ilícitas.

Insistimos, desde logo, em fixar uma distinção. Uma coisa é a atividade ilícita. Essencialmente ilícita. Outra, bem diferente, é a atividade que em si mesma é lícita, ou, dito de outro modo, atividade que em princípio é lícita, mas eventualmente está sendo praticada de forma ilícita. Atividade na qual a ilicitude não é essencial, mas simplesmente ocasional, ou circunstancial.

Diante do que por nós já foi aqui exposto, é certo ser inadmissível um tributo em cuja hipótese de incidência reside a ilicitude. Isto, porém, não impede a tributação de um rendimento auferido em atividade ilícita, como já tivemos oportunidade de esclarecer.[81]

A questão da incidência do imposto sobre rendimentos decorrentes de atividades ilícitas já foi motivo de muitas divergências. O art. 26 da Lei 4.506, de 30.11.1964, estabelece: "Os rendimentos derivados de atividades ou transações ilícitas, ou percebidos com infração à lei, são sujeitos a tributação, sem prejuízo das sanções que couberem". E, embora estivesse apenas explicitando aquilo que, segundo a melhor doutrina, se deveria entender, essa norma

> causou divergências no Congresso, quando foi examinada, sustentando alguns que esses rendimentos não deveriam ser objeto de legalização, de vez que seria reconhecer uma situação de fato, ou pelo menos uma demonstração de que o Estado estava tolerando as atividades ilícitas, pois reconhecia os seus ganhos como rendimentos iguais aos outros.[82]

Para Micheli,[83] a norma tributária pode definir como hipótese de incidência de um tributo fatos contrários a outras normas, vale dizer, fatos ilícitos:

> Se o tributo não dever ser considerado como uma reação contra a prática de um ilícito, não se pode excluir, porém, que um ilícito apresente um índice de "capacidade contributiva" e sirva para constituir – segundo a avaliação do legislador – o pressuposto de um tributo.

Como se vê, o eminente tributarista italiano identifica o *tributo* pelo fato de que seu *pressuposto* é um indicador de capacidade contributiva.

81. Hugo de Brito Machado, *Curso de Direito Tributário*, 35ª ed., São Paulo, Malheiros Editores, 2014, p. 59.
82. Erymá Carneiro, *Lei 4.506 – A Nova Lei do Imposto de Renda*, Rio de Janeiro, Edições Financeiras, 1965, p. 81.
83. Gian Antonio Micheli, *Curso de Direito Tributário*, trad. de Marco Aurélio Greco e Pedro Luciano Marrey Jr., São Paulo, Ed. RT, 1978, p. 46.

Esse critério, porém, é inaceitável no plano da Ciência do Direito, e especialmente em face do Direito Brasileiro vigente.

Amílcar Falcão[84] adota o mesmo entendimento de Micheli, sustentando que se deve

> tomar em consideração a natureza do fato gerador da obrigação tributária, como um fato jurídico de acentuada consistência econômica, ou um fato econômico de relevância jurídica, cuja eleição pelo legislador se destina a servir de índice de capacidade contributiva.

Sustenta ele[85] que a ilicitude há de ser indiferente para o direito tributário,

> não porque prevaleça naquele ramo do Direito uma concepção ética diversa, mas sim porque o aspecto que interessa considerar para a tributação é o aspecto econômico do fato gerador ou a sua aptidão a servir de índice de capacidade contributiva.

Os argumentos geralmente utilizados tanto a favor como contra a tributação de atividades ilícitas têm fundamentos pré-jurídicos, de natureza ética ou econômica.[86] Diz-se, sustentando a incidência do imposto de renda sobre os lucros decorrentes de atividades ilícitas, que a não exigência do tributo representaria uma vantagem adicional para os marginais, os ladrões, os que lucram com o furto, o crime, o jogo de azar, o proxenetismo etc.[87] Os rendimentos de atividades ilícitas deveriam ser tributados mais pesadamente. Na pior das hipóteses, deve ser cobrado pelo menos tributo igual ao devido por quem exerce atividade honesta.

O que clama aos céus, todavia, é a conclusão de que essa renda, por ser trabalho delituoso, há de ficar livre de encargos fiscais. O imposto não é prêmio. É ônus. É lamentável, degradante, que o Estado consinta na exploração de jogo de azar. Pior, admitir que os exploradores desse jogo tenham rendas em posição melhor do que a renda proveniente das atividades

---

84. Amílcar Falcão, *O Fato Gerador da Obrigação Tributária*, 2ª ed., São Paulo, Ed. RT, 1971, p. 89.

85. Amílcar Falcão, *O Fato Gerador da Obrigação Tributária*, 2ª ed., São Paulo, Ed. RT, 1971, p. 91.

86. Alfredo Augusto Becker, *Teoria Geral do Direito Tributário*, São Paulo, Saraiva, 1963, p. 548.

87. Amílcar Falcão, *O Fato Gerador da Obrigação Tributária*, 2ª ed., São Paulo, Ed. RT, 1971, p. 90.

honestas, entendendo que o peso do imposto deve afetar só as últimas e deixar, incólumes, as primeiras.[88]

Em sentido contrário, sustentou-se que

o Estado cometeria grave incoerência se participasse por meio do produto do imposto das atividades nocivas que lhe cumpre combater e eliminar. O simples fato de estar inscrito no rol dos contribuintes gera a presunção de que o indivíduo exercita as suas atividades dentro das normas reconhecidas e consagradas pelo Direito.[89]

Colocando a questão em termos estritamente jurídicos, Alfredo Augusto Becker esclarece que o problema da tributação dos atos ilícitos deve ser analisado em dois momentos distintos. No primeiro momento deve ser examinada a questão de saber se a lei, ao instituir o tributo, pode colocar a ilicitude como elemento integrante de sua hipótese de incidência. No segundo momento,

o problema que pede solução é o de se examinar se, juridicamente, a autoridade incumbida de proceder ao lançamento de um tributo (em cuja hipótese de incidência a lei *não* incluiu a ilicitude) pode abstrair ou ignorar a ilicitude porventura constatada quando examina a realização da hipótese de incidência.

E adverte[90] que

são duas posições jurídicas diametralmente opostas: no primeiro momento há a prévia *ciência* da ilicitude de ato futuro; no segundo momento há o *desconhecimento* da ilicitude de ato passado ou presente. Lá tributa--se porque se toma conhecimento da natureza ilícita do ato; aqui tributa-se porque se ignora, deliberadamente, a natureza ilícita.

Alfredo Augusto Becker registra que, de todos os autores por ele consultados, apenas Giorgio Tesoro, Francesco Forte e principalmente Antonio Berliri observaram essa colocação – vale dizer, cuidaram do problema admitindo essa dicotomia.[91]

88. Erymá Carneiro, *Lei 4.506 – A Nova Lei do Imposto de Renda*, Rio de Janeiro, Edições Financeiras, 1965, p. 86.
89. Bernardo Ribeiro de Moraes, "Tributação das atividades ilícitas", in *Interpretação no Direito Tributário*, São Paulo, EDUC/Saraiva, 1975, p. 324.
90. Alfredo Augusto Becker, *Teoria Geral do Direito Tributário*, São Paulo, Saraiva, 1963, p. 548.
91. Alfredo Augusto Becker, *Teoria Geral do Direito Tributário*, São Paulo, Saraiva, 1963, p. 549.

Efetivamente, Berliri entende ser distinto dizer que o legislador pode colocar como fato gerador do tributo uma atividade qualquer geradora de renda, sem incluir como elemento qualificador de tal atividade a ilicitude, de outra coisa que é perguntar se o legislador pode unir o nascimento de uma obrigação tributária a uma atividade ilícita enquanto tal. E sustenta que em um sistema constitucional flexível não há dúvida de que o legislador pode criar um imposto sobre atividades ilícitas enquanto tais, já que em tal sistema o legislador é praticamente onipotente. Ademais, no plano ético, um tributo sobre atividades ilícitas pode parecer justificado como sanção indireta. Em um sistema constitucional rígido, porém, seria necessária para tanto uma norma da própria Constituição, pois não se deve esquecer que cada um deve contribuir para o atendimento dos gastos públicos na proporção de sua capacidade contributiva – e, portanto, para admitir a legitimidade de um imposto sobre atividades ilícitas, enquanto tais, seria necessário demonstrar serem elas indicadoras de capacidade contributiva apenas por serem ilegais, o que não é fácil de demonstrar.[92]

Discorda Berliri[93] da posição de Tesoro. Para este último,

> el presupuesto deL ato, o sea, la causa jurídica de una obligación tributaria, no puede en ningún caso estar constituido por un hecho ilícito – civil, administrativo o penal – realizado por el sujeto pasivo de la obligación; cuando por un hecho ilícito surge la obligación de satisfacer una prestación pecuniaria, ésta tiene carácter de sanción, no de tributo: corresponde a la pretensión penal del Estado, no a su actividad financiera.

A lição de Becker, seguindo os ensinamentos de Tesoro, foi compreendida como contrária à tributação das atividades ilícitas.[94] Na verdade, porém, as lições destes Mestres, neste ponto, são incontestáveis. A elas não se pode opor qualquer objeção no plano da lógica jurídica, nem muito menos no plano do direito positivo brasileiro em vigor. Talvez seja possível, porém, recolocar tais ensinamentos à luz da distinção entre *hipótese de incidência* e *fato gerador* do tributo.

De inegável importância para a Ciência do Direito é a distinção entre *hipótese de incidência* e *fato gerador*. Aliás, a necessidade des-

---

92. Antonio Berliri, *Principios de Derecho Tributario*, vol. 2, Madri, Editorial de Derecho Financiero, 1971, p. 338.
93. Antonio Berliri, *Principios de Derecho Tributario*, vol. 2, Madri, Editorial de Derecho Financiero, 1971, p. 339.
94. Newton Cardoso, *Tributação do Ato Ilícito*, Recife, Regis, 1966, pp. 35-37.

sa distinção tem sido sentida por tributaristas os mais ilustres. Como demonstra Geraldo Ataliba, o professor Rubens Gomes de Sousa, preocupado com o rigor nos conceitos que se deve observar nos estudos jurídicos, referindo-se a fato gerador, viu-se compelido a esclarecer que estava se referindo à "concretização da definição legal da hipótese abstrata de incidência", e em outra parte refere-se a "fato gerador abstrato", reportando-se à hipótese de incidência. Alfredo Augusto Becker também viu-se na contingência de usar a expressão "hipótese realizada" para designar o fato gerador, expressão cujo uso repele, terminantemente.[95]

Não pretendemos defender o uso da expressão "fato gerador". O que afirmamos é a necessidade de distinguir as duas realidades: uma a descrição legal, outra a ocorrência, no mundo fático, do que está contido naquela descrição. Sustentamos a necessidade de distinguir a simples descrição, contida na norma geral, denominando-a "hipótese de incidência", do acontecimento daquilo que está contido na descrição, denominando-o "fato gerador", ou "fato imponível" como prefere Ataliba, ou "suporte fático". O essencial é compreendermos que há uma inescusável diferença entre uma descrição, contida na norma, e a ocorrência do que nesta está descrito. Uma coisa é a descrição legal de um fato, e outra coisa é o acontecimento desse fato. Uma coisa é a descrição da hipótese em que um tributo é devido. Por exemplo: a aquisição de disponibilidade econômica ou jurídica de renda ou de proventos de qualquer natureza. Outra coisa é o fato de alguém auferir renda. Por exemplo: João recebeu dividendo de uma sociedade anônima da qual é acionista. A expressão "hipótese de incidência" designa com maior propriedade a descrição, contida na lei, da situação necessária e suficiente ao nascimento da obrigação tributária, enquanto a expressão "fato gerador" diz da ocorrência, no mundo dos fatos, daquilo que está descrito na lei. A *hipótese* é simples descrição, abstrata, enquanto o *fato* é a concretização da hipótese.

O Min. Djalma da Cunha Melo,[96] embora tenha utilizado também argumentos metajurídicos, foi preciso ao afirmar que,

> em termos de imposto de renda, a obrigação de pagar o tributo surge sempre que se apresenta o fato objetivo, previsto na lei, ou seja, o lucro, a renda, a capacidade contributiva passível de imposição.

---

95. Cf. Geraldo Ataliba, *Hipótese de Incidência Tributária*, 6ª ed., 15ª tir., São Paulo, Malheiros Editores, 2014, especialmente pp. 54-58.
96. Cit. por Erymá Carneiro, *Lei 4.506 – A Nova Lei do Imposto de Renda*, Rio de Janeiro, Edições Financeiras, 1965, p. 86.

É que a *hipótese de incidência* é a aquisição da disponibilidade econômica ou jurídica da renda ou dos proventos de qualquer natureza. Não a atividade que gera a renda, mas o próprio auferimento desta, sem figurar como elemento integrativo da hipótese de incidência a ilicitude, pois auferir renda não é, em si mesmo, ilícito.

Ensina Karl Engisch,[97] com absoluta propriedade:

Assim como os juízos hipotéticos no sentido lógico são constituídos por conceitos, de igual modo o são a prótese e a apódose de um imperativo jurídico condicional. Por isso, a "hipótese legal" e a "consequência jurídica" (estatuição), como elementos constitutivos da regra jurídica, não devem ser confundidas com a concreta situação da vida e com a consequência jurídica concreta, tal como esta é proferida ou ditada com base naquela regra. Para maior clareza chamamos por isso "situação de facto" ou "concreta situação da vida" à hipótese legal concretizada.

Na verdade, tem-se: (a) de um lado, a definição da hipótese de incidência da norma e sua estatuição, vale dizer, a consequência decorrente da concretização daquela hipótese; e, do outro, (b) a situação concreta que realiza a hipótese de incidência, e a consequência, também concreta, daquela estatuição.

Na norma tributária a definição da hipótese de incidência não alberga o descumprimento de qualquer outra norma. Na norma penal, diversamente, a hipótese de incidência alberga necessariamente o descumprimento de uma outra norma. Nessa linha é a lição de Kleber Giardino, embora utilizando a expressão "suporte fático" para designar o que designamos como "hipótese de incidência".[98]

Por isto não acolhemos a lição de Villegas,[99] segundo a qual

la finalidad de cobertura de gastos públicos permite diferenciar a los tributos de los ingresos por sanciones patrimoniales (v., supra, Capítulo III, punto 8). El Código Tributario Nacional brasileño pone esta diferencia especialmente de relieve al definir a los tributos como prestaciones pecuniarias compulsorias que no constituyen sanción por acto ilícito (art. 3º).

---

97. Karl Engisch, *Introdução ao Pensamento Jurídico*, 7ª ed., trad. de J. Baptista Machado, Lisboa, Fundação Calouste Gulbenkian, 1996, p. 57.

98. Kleber Giardino, "A propósito da teoria da tributação penal", *Revista Dialética de Direito Tributário* 6/145, São Paulo, Dialética.

99. Héctor B. Villegas, *Curso de Finanzas, Derecho Financiero y Tributario*, 3ª ed., t. I, Buenos Aires, Depalma, 1979, p. 75.

É certo que o tributo é instituído com a finalidade de propiciar ao Estado os recursos financeiros de que necessita para o desempenho de suas atividades, enquanto as penalidades são instituídas com a finalidade de desestimular os comportamentos ilícitos O critério da finalidade, porém, não nos permite distinguir a penalidade do tributo com função extrafiscal proibitiva. Parece-nos, pois, que a distinção essencial reside, mesmo, é na definição da hipótese legal. Assim, entendemos que a expressão "que não constitua sanção de ato ilícito", no art. 3º do CTN, nada tem a ver com a finalidade. Sanção e tributo não se distinguem pela finalidade, nem mesmo no plano axiológico, como já demonstramos. Distinguem-se pela respectiva hipótese de incidência.

Estabelecida a distinção entre *hipótese de incidência* e *fato gerador* do tributo, é fácil entender que a cobrança do imposto sobre rendimentos auferidos em atividades ilícitas, prevista em nossa legislação, não significa a existência no Direito Brasileiro de tributo sobre atividade ilícita. Não contraria a definição legal do tributo. É que a hipótese de incidência do imposto, no caso, é a aquisição da disponibilidade econômica ou jurídica de renda ou de proventos de qualquer natureza. A ilicitude não é elemento integrante dessa *hipótese de incidência*, embora eventualmente possa estar presente, como elemento acidental do *fato gerador*.

6.9 A prática do tributo como sanção

O art. 3º do CTN, determinando que o tributo não constitui sanção de ato ilícito, colocou no plano do direito positivo brasileiro um conceito de lógica jurídica, com notável significação pragmática. Assim é que o STF, apreciando questão entre a Prefeitura Municipal de São Paulo e um contribuinte de imposto sobre a propriedade predial e territorial urbana, decidiu que o acréscimo de 200% da alíquota daquele imposto relativamente aos imóveis onde haja construções irregulares configura penalidade, sendo incompatível com a definição legal de tributo. Argumentou o Min. Moreira Alves[100] que, em face do art. 3º do CTN, é vedada, em nosso sistema jurídico, a utilização de tributo com a finalidade de penalizar a ilicitude, afirmando:

> Tributo não é multa, nem pode ser usado como se o fosse – se o Município quer agravar a punição de quem constrói irregularmente, cometendo ilícito administrativo, que crie ou agrave multas com essa finalidade,

100. STF, RE 94.001-SP, Min. José Carlos Moreira Alves, *DJU* 11.6.1983, p. 5.680.

por ser contrário ao art. 3º do CTN, e, consequentemente, por não se incluir no poder de tributar que a Constituição Federal lhe confere.

Esse julgado da Corte Maior coloca a questão com absoluta propriedade, valendo como importante exemplo do alcance pragmático da definição legal de tributo. Exemplo no qual se deve inspirar o legislador, para evitar o estabelecimento de alíquotas mais elevadas em função da ilicitude eventualmente presente na ocorrência do fato gerador do tributo.

6.10 Ainda a distinção entre tributo e multa

Zelmo Denari[101] aponta a distinção essencial entre o tributo e a multa, ao dizer que

> as multas fiscais são ontologicamente inconfundíveis com os tributos. Enquanto estes derivam de hipótese material de incidência tributária, aquelas decorrem do descumprimento dos deveres administrativos afetos aos contribuintes, vale dizer, da inobservância de condutas administrativas legalmente previstas.

Por outro lado, Denari também afirma – sem razão, neste ponto – não ser aplicável às multas o princípio da anterioridade, porque, ao enunciá-lo, "o art. 150, III, da CF somente faz menção aos *tributos*".[102]

A prevalecer o argumento fundado no elemento literal, tem-se de concluir que o princípio do não confisco não se aplica também às multas, porque o art. 150 da CF, também no inciso IV, ao enunciar esse princípio, somente faz menção aos tributos. Entretanto, não é apenas o argumento literal que leva à não aplicação do princípio do não confisco às multas fiscais. A tese que sustentamos, não obstante a decisão acima referida, do STF, tem amparo especialmente em argumentos construídos à base dos elementos lógico, sistêmico e teleológico, como se vai, a seguir, demonstrar.

Como ensina Misabel Derzi,[103]

---

101. Zelmo Denari, *Curso de Direito Tributário*, 6ª ed., Rio de Janeiro, Forense, 1998, p. 63.
102. Zelmo Denari, *Curso de Direito Tributário*, 6ª ed., Rio de Janeiro, Forense, 1998, p. 63.
103. Misabel Derzi, "Nota 10.2.5" de atualização da obra de Aliomar Baleeiro, *Limitações Constitucionais ao Poder de Tributar*, 7ª ed., Rio de Janeiro, Forense, 1997, p. 579.

no exame dos efeitos confiscatórios do tributo, deve ser feita abstração de multas e juros acaso devidos. As sanções, de modo geral, desde a execução judicial até as multas, especialmente em caso de cumulação, podem levar à perda substancial do patrimônio do contribuinte, sem ofensa ao Direito.

O regime jurídico do tributo não pode ser aplicado à multa, porque tributo e multa são essencialmente distintos. No plano estritamente jurídico, ou plano da Ciência do Direito, em sentido estrito, a multa distingue-se do tributo porque em sua hipótese de incidência a ilicitude é essencial, enquanto a hipótese de incidência do tributo é sempre algo lícito. Em outras palavras, a multa é necessariamente uma sanção de ato ilícito e o tributo, pelo contrário, não constitui sanção de ato ilícito.

No plano teleológico, ou finalístico, a distinção também é evidente. O tributo tem por finalidade o suprimento de recursos financeiros de que o Estado necessita, e por isto mesmo constitui uma receita ordinária. Já, a multa não tem por finalidade a produção de receita pública, e sim desestimular o comportamento que configura sua hipótese de incidência, e por isto mesmo constitui uma receita extraordinária ou eventual.

Porque constitui receita ordinária, o tributo deve ser um ônus suportável, um encargo que o contribuinte pode pagar sem sacrifício do desfrute normal dos bens da vida. Por isto mesmo é que não pode ser confiscatório. Já, a multa, para alcançar sua finalidade, deve representar um ônus significativamente pesado, de sorte a que as condutas que ensejam sua cobrança restem efetivamente desestimuladas. Por isto mesmo, pode ser confiscatória.

6.11 Multa sobre venda de mercadoria sem nota fiscal

A multa de 300% do valor da mercadoria vendida sem nota fiscal é, sem dúvida, um excelente instrumento de combate à sonegação de tributos. Muito melhor que a ameaça de cadeia resultante da criminalização da conduta evasiva, ilícita, do contribuinte. Nenhum comerciante pode alegar que não sabe ser obrigatória a emissão da nota fiscal, e não é razoável lhe seja permitida a prática dessa infração tão evidente e tão significativa no controle da arrecadação tributária.

Pretender-se que a multa legalmente cominada para a venda de mercadoria sem nota fiscal não seja confiscatória, mas suportável, de sorte a que os comerciantes possam incluí-la nos seus custos operacionais, é pretender inteiramente ineficaz a sanção, que restará, assim, convertida num verdadeiro tributo de exigência eventual.

Diversamente da pena prisional, cuja aplicação depende de um processo complicado e custoso, caro e demorado, a pena pecuniária rigorosa de que se cuida é de aplicação singela e eficaz; e, exatamente porque elevada, tem caráter intimidatório capaz de inibir essa forma primária de sonegação. Além disto, quando não tenha funcionado esse efeito intimidatório, e tenha a multa de ser aplicada, sua arrecadação propicia ao Tesouro Público os recursos de que necessita, inclusive para melhorar seu aparelho de fiscalização.

Logo que instituída, quando se pensava que a lei seria aplicada, ninguém conseguia comprar coisa alguma sem nota fiscal. O efeito preventivo inicial foi notável. Depois, as autoridades da Administração Tributária passaram a demonstrar absoluto e injustificável desinteresse na aplicação da lei, que hoje está praticamente esquecida. E agora vem a entidade maior dos comerciantes pedir ao Supremo que declare inconstitucional, por ser confiscatória, a sanção, que, se aplicada, será eficaz exatamente por ser confiscatória, e que constitui, inegavelmente, excelente instrumento de defesa do Tesouro Público.

O princípio do não confisco – segundo o qual é vedado ao Poder Público utilizar tributo com efeito de confisco –, consubstanciado no art. 150, IV, da vigente CF, é necessário para tornar o tributo compatível com a garantia do livre exercício de atividades econômicas. Se fosse possível tributo confiscatório, estaria negada aquela garantia. Como a atividade econômica constitui o suporte mais geral da tributação, bastaria a instituição de tributo confiscatório para impedir seu exercício. Tem-se, pois, que a garantia do não confisco é, na verdade, um reforço ou, mesmo, uma explicitação da garantia do exercício da atividade econômica.

Aquela garantia, porém, não se aplica às multas, pois seria absurdo dizer que a Constituição garante o exercício da ilicitude. As multas têm como pressuposto a prática de atos ilícitos, e, por isto mesmo, garantir que elas não podem ser confiscatórias significa, na verdade, garantir o direito de praticar atos ilícitos.

Neste sentido doutrinou, com propriedade, Aliomar Baleeiro:[104]

---

104. Aliomar Baleeiro, *Limitações Constitucionais ao Poder de Tributar*, 7ª ed., Rio de Janeiro, Forense, 1997, pp. 579-580.

Finalmente, no exame dos efeitos confiscatórios do tributo deve ser feita abstração de multas e juros acaso devidos. As sanções, de modo geral, desde a execução judicial até as multas, especialmente em caso de cumulação, podem levar à perda substancial do patrimônio do contribuinte, sem ofensa ao Direito.

Aliás, o art. 150, IV, é dirigido ao legislador, o qual não pode criar tributo excessivamente oneroso, expropriatório do patrimônio ou da renda (ou de sua fonte). Não impede, entretanto, a aplicação de sanções e a execução de créditos. Não se pode abrigar no princípio que veda utilizar tributo com efeito de confisco o contribuinte omisso que lesou o Fisco, prejudicando os superiores interesses da coletividade.

A propósito do art. 22 da Constituição do México instalou-se discussão interessante, pois esse dispositivo proíbe o confisco de bens mas prescreve que não será considerada como tal a aplicação total ou parcial dos bens de uma pessoa para o pagamento de impostos ou multas. De la Graza, citando Morgáin, ao analisar a referida norma, insiste em que fica vedada a criação de impostos confiscatórios por lei, embora o cidadão que infrinja dever tributário possa sofrer a cumulação de impostos e sanções correspondentes, equivalentes à confiscação de bens (contra, Flores Zavala opina no sentido de que o citado artigo da Constituição mexicana autoriza o estabelecimento de tributos confiscatórios. V. Sergio de la Garza, *Derecho Financiero Mexicano*, ob. cit., p. 288).

Igualmente, o art. 150, IV, da CF brasileira não transforma tributo em confisco, nem equipara esses institutos, apenas veda efeitos iguais; também não visa a proteger os incautos, omissos e infratores dos deveres jurídicos.

Em síntese, qualquer que seja o elemento de interpretação ao qual se dê ênfase, a conclusão será contrária à aplicação do princípio do não confisco às multas fiscais. Se prestigiarmos o elemento literal, temos que o art. 150, IV, da CF refere-se apenas aos tributos. O elemento teleológico não nos permite interpretar o dispositivo constitucional de outro modo, posto que a finalidade das multas é exatamente desestimular as práticas ilícitas. O elemento lógico-sistêmico, a seu turno, não leva a conclusão diversa, posto que a não confiscatoriedade dos tributos é garantia destinada a preservar o livre exercício da atividade econômica, e não é razoável invocar qualquer garantia jurídica para o exercício da ilicitude.

6.12 As multas e os princípios da proporcionalidade e da razoabilidade

Ressalte-se, todavia, que as multas, como as sanções em geral, devem ser limitadas pelos princípios da proporcionalidade e da razoabilidade. Esta é a primorosa lição de Schubert de Farias Machado,[105] forte na jurisprudência do STF e do STJ:

> O STF tem aplicado o princípio da proporcionalidade no controle de constitucionalidade da lei que comina penas desproporcionais à infração. De fato, na ADI 551-1-RJ, o Plenário do STF, por unanimidade, declarou a inconstitucionalidade dos dispositivos da Constituição do Estado do Rio de Janeiro que estipulavam limites mínimos para as multas decorrentes do não recolhimento de impostos e taxas estaduais, não inferiores a duas vezes o valor do tributo em atraso e, havendo sonegação, não inferiores a cinco vezes o valor do respectivo tributo.
>
> Naquele acórdão o STF deixa muito claro que o princípio da proporcionalidade deve funcionar como limite constitucional para o excesso cometido pelo legislador ao fixar as penalidades tributárias, uma vez que, conforme salientou o Min. Ilmar Galvão, a validade da lei que trata das multas fiscais não pode ser dissociada "da proporcionalidade que deve existir entre a violação da norma jurídica tributária e sua consequência jurídica, a própria multa".
>
> O STJ também tem aplicado o princípio da proporcionalidade no exame da validade do ato administrativo sancionador, que deve "estrita observância ao princípio da proporcionalidade, ou seja, a devida correlação na quantidade e qualidade da sanção com a grandeza da falta e o grau de responsabilidade do servidor".
>
> Decidindo caso que envolvia o pedido de relevar a exigência de pagamento de multa diante da ausência de má-fé do contribuinte, que apenas havia dado à legislação interpretação diferente daquela conferida pelo Fisco, o STJ confirmou a decisão que excluía a multa, entendendo que "o Judiciário pode graduar ou excluir a multa, de acordo com a gravidade da infração e com a importância desta para os interesses da arrecadação", fundado em precedente do STF e dando ao art. 136 do CTN interpretação conforme com a Constituição de 1988.

Em síntese, para não entrar em conflito com os princípios da razoabilidade e da proporcionalidade, as multas devem ser fixadas tendo-se em vista a gravidade do ilícito ao qual dizem respeito. Por isto mesmo, não parece que sejam compatíveis com a Constituição Federal os dispositivos de leis que estabelecem multas proporcionais ao valor do tributo para infrações a obrigações simplesmente acessórias, especialmente quando está fora de dúvida que não ocorreu descumprimento de nenhuma obrigação principal.

---

105. Schubert de Farias Machado, "O princípio da proporcionalidade e as multas fiscais do art. 44 da Lei 9.430/1996", *Revista Dialética de Direito Tributário* 107/70-71, São Paulo, Dialética, agosto/2004.

7. Liberdade de tráfego

A vigente Constituição estabelece: "Art. 150. Sem prejuízo de outras garantias asseguradas ao contribuinte, é vedado à União, aos Estados, ao Distrito Federal e aos Municípios: (...) V – estabelecer limitações ao tráfego de pessoas ou bens, por meio de tributos interestaduais ou intermunicipais, ressalvada a cobrança de pedágio pela utilização de vias conservadas pelo Poder Público; (...)".

Tem-se entendido que nas operações relativas à circulação de mercadorias, que ensejam a incidência do imposto, se não ocorre a transposição de fronteiras é possível a cobrança do imposto mesmo sendo interestaduais. Em outras palavras, a incidência do imposto em tais casos não implica limitação ao tráfego interestadual.

Nos Estados Unidos da América do Norte é vedada a cobrança do imposto sobre vendas nas operações interestaduais. O fundamento dessa proibição, todavia, parece não ser a liberdade de tráfego, mas a ideia de que o contribuinte na condição de consumidor de bens deve pagar imposto apenas ao Estado no qual reside.

8. Imunidades

8.1 Conceito e natureza jurídica

A expressão "imunidade tributária" designa a proibição, estabelecida pela Constituição ao legislador, de instituir tributo sobre os fatos ou contra as pessoas que indica. Os fatos ou as pessoas ficam, assim, excluídos do alcance do legislador infraconstitucional. Ficam *imunes* ao tributo.

A imunidade tributária pode ser assim definida:[106]

> É uma espécie de limitação da competência tributária, que consiste em retirar do alcance do legislador tributário determinadas pessoas, ou determinados fatos. As pessoas imunes não podem ser colocadas pelo legislador como sujeito passivo da relação obrigacional tributária e os fatos imunes não podem ser utilizados na definição de hipóteses de incidência de leis tributárias. A imunidade é subjetiva quando diz respeito à pessoa e objetiva quando diz respeito ao fato. Pode ser também objetivo-subjetiva, quando sua caracterização dependa do fato e da pessoa com o mesmo envolvida. A

---

106. Hugo de Brito Machado e Schubert de Farias Machado, *Dicionário de Direito Tributário*, São Paulo, Atlas, 2011, pp. 108-109.

imunidade tributária tem, na prática, o mesmo efeito da isenção tributária, mas desta se distingue porque é estabelecida sempre por regra da própria Constituição Federal, enquanto a isenção tributária é estabelecida pelo legislador ordinário ou, em certos casos, pelo legislador complementar.

Desde a 1ª edição do nosso *Curso de Direito Tributário* temos, em definição reproduzida literalmente por vários doutrinadores, afirmado que:[107]

> Imunidade é o obstáculo decorrente de regra da Constituição à incidência de regra jurídica de tributação. O que é imune não pode ser tributado. A imunidade impede que a lei defina como hipótese de incidência tributária o que é imune. É limitação da competência tributária.

Assim, toda e qualquer impossibilidade de instituição de tributo resultante de regra da Constituição deve ser considerada imunidade, ainda que na regra da Constituição tenha sido utilizada a palavra "isenção". A imunidade tributária tem natureza jurídica indiscutível. É uma limitação constitucional ao poder de tributar. Ainda que decorra de regra da Constituição que esteja fora do capítulo onde são tratadas as limitações constitucionais ao poder de tributar.

8.2 Imunidade, isenção e não incidência

Consideramos de grande importância no estudo do Direito o conhecimento dos conceitos. Por isto, ao examinarmos o conceito de *imunidade tributária*, é de grande importância o exame dos conceitos de *isenção* e de *não incidência*, muito utilizados na Teoria do Direito Tributário e que, mesmo assim, não estão ainda suficientemente claros em seu contexto, ensejando alguns equívocos.

É certo que, do ponto de vista do resultado prático, a *imunidade*, a *isenção* e a *não incidência* podem ser consideradas equivalentes, pois levam à situação na qual o tributo não é devido. Talvez por isto mesmo muitos não se interessam na delimitação desses conceitos. Entretanto, para quem estuda Direito seriamente essa delimitação é importante, porque em certas situações pode ser decisiva para a solução de questões eventualmente suscitadas.

---

107. Hugo de Brito Machado, *Curso de Direito Tributário*, 1ª ed., São Paulo, Resenha Tributária, 1979, p. 156; v. 35ª ed., São Paulo, Malheiros Editores, 2014, pp. 287-288.

A *imunidade*, como acima se viu, é o obstáculo decorrente de regra da Constituição à incidência de regra de tributação. Resulta da superioridade da Constituição na hierarquia do sistema jurídico. A *isenção* nada tem a ver com a hierarquia das normas jurídicas. Resulta da lei, que está na mesma posição hierárquica da lei que cria o tributo e define sua hipótese de incidência. Já, a *não incidência*, que também não depende da hierarquia das normas jurídicas, identifica-se por exclusão, em face da hipótese de incidência da regra de tributação. Sobre o assunto já escrevemos:[108]

> Distingue-se a *isenção* da *não incidência*. Isenção é a exclusão, por lei, de parcela da hipótese de incidência, ou suporte fático da norma de tributação, sendo objeto da isenção a parcela que a lei retira dos fatos que realizam a hipótese de incidência da regra de tributação. A *não incidência*, diversamente, configura-se em face da própria norma de tributação, sendo objeto da não incidência todos os fatos que não estão abrangidos pela própria definição legal da *hipótese de incidência*.

Muitas vezes o legislador estabelece que o tributo não incide nas situações que indica, apenas para evitar dúvidas e questionamentos. É o que podemos denominar *não incidência juridicamente qualificada*.

8.3 A imunidade no capítulo das limitações ao poder de tributar

8.3.1 O enunciado das imunidades

Ao tratar das limitações ao poder de tributar, a vigente Constituição Federal estabelece: "(...), é vedado à União, aos Estados, ao Distrito Federal e aos Municípios: (...) VI – instituir impostos sobre: a) patrimônio, renda ou serviços, uns dos outros; b) templos de qualquer culto; c) patrimônio, renda ou serviços dos partidos políticos, inclusive suas fundações, das entidades sindicais dos trabalhadores, das instituições de educação e de assistência social, sem fins lucrativos, atendidos os requisitos da lei; d) livros, jornais, periódicos e o papel destinado à sua impressão".

Este é o enunciado das imunidades, constante do art. 150, VI, da CF/1988, que em seus §§ 2º a 5º formula regras para explicitar o alcance dessas imunidades e as restrições a que estão submetidas – regras que examinaremos a seguir, com os enunciados aos quais correspondem.

---

108. Hugo de Brito Machado, *Curso de Direito Tributário*, 35ª ed., São Paulo, Malheiros Editores, 2014, pp. 232-233.

8.3.2 Imunidade recíproca

Ao vedar às entidades titulares do poder de tributar a instituição de impostos sobre *patrimônio, renda ou serviços, uns dos outros*, a Constituição estabelece o que se fez conhecido como *imunidade recíproca* (art. 150, VI, "a"). Essa imunidade é extensiva às autarquias e às fundações instituídas e mantidas pelo Poder Público no que se refere ao patrimônio, à renda e aos serviços vinculados a suas finalidades essenciais ou às delas decorrentes (art. 150, § 2º). Não se aplica, porém, ao patrimônio, à renda nem aos serviços relacionados com a exploração de atividades econômicas regidas pelas normas aplicáveis a empreendimentos privados ou em que haja contraprestação ou pagamento de preços ou tarifas pelo usuário, nem exonera o promitente comprador da obrigação de pagar imposto relativo ao bem imóvel (art. 150, § 3º). Sobre este assunto já escrevemos:[109]

> É plenamente justificável a exclusão da imunidade quando o patrimônio, a renda e o serviço estejam ligados a atividade econômica regulada pelas normas aplicáveis às empresas privadas. A imunidade implicaria tratamento privilegiado, contrário ao princípio da liberdade de iniciativa. Ocorre que também não há imunidade quando haja contraprestação ou pagamento de preços ou tarifas pelo usuário. Isto quer dizer que um serviço, mesmo não considerado atividade econômica, não será imune se houver cobrança de contraprestação, ou de preço ou de tarifa. Podem ser tributados pelos Municípios, por exemplo, os serviços de fornecimento de água e de esgoto prestados pelos Estados.
>
> Pode-se argumentar, é certo, que a expressão "ou em que haja contraprestação ou pagamento de preços ou tarifas pelo usuário" apenas se presta, no caso, para qualificar a atividade como de natureza econômica, e, assim, afastar a imunidade, evitando disputas em torno do que seja uma atividade econômica. Ocorre que, se a cobrança de preços ou tarifas qualifica a atividade como de natureza econômica, neste caso o alcance da ressalva será igualmente amplo, posto que, havendo tal cobrança, não se há de perquirir a respeito da natureza da atividade. Basta a cobrança para qualificá-la como de natureza econômica. Havendo cobrança de contraprestação, de preços ou de tarifas, não há imunidade, seja qual for a natureza da atividade desenvolvida pela entidade estatal.

Seja como for, não faz sentido a cobrança de tributo por uma entidade estatal de outra entidade estatal, posto que o tributo, na verdade, é

---

109. Hugo de Brito Machado, *Curso de Direito Tributário*, 35ª ed., São Paulo, Malheiros Editores, 2014, p. 289.

um instrumento de transferência de recursos financeiros do setor privado para o setor público.

8.3.3 *Imunidade dos templos*

A imunidade dos templos de qualquer culto está ligada à liberdade de religião. O Estado não pode utilizar o tributo como instrumento para reprimir a atividade religiosa. Há, porém, sérias divergências sobre o alcance dessa imunidade, a partir do significado da palavra "culto". Sobre o assunto já escrevemos:[110]

(...). *Templo* não significa apenas a edificação, mas tudo quanto seja ligado ao exercício da atividade religiosa. Não pode haver imposto sobre missas, batizados ou qualquer outro ato religioso. Nem sobre qualquer bem que esteja a serviço do culto. Mas pode incidir imposto sobre bens pertencentes à igreja, desde que não sejam instrumentos desta. Prédios alugados, por exemplo, assim como os respectivos rendimentos, podem ser tributados. Não a casa paroquial, ou o convento, ou qualquer outro edifício utilizado para atividades religiosas, ou para residência dos religiosos.

(...).

Nenhum requisito pode a lei estabelecer. Basta que se trate de culto religioso.

Para ampliar ou restringir a imunidade de que se cuida trabalha-se com o conceito de *templo* e com o conceito de *culto*.

Há quem sustente que templo é apenas o prédio, o local físico, em que são praticados os atos religiosos, não sendo imune, pois, a ordem religiosa.[111] Mas há quem sustente que a palavra "templo" está empregada no texto constitucional para significar a *entidade religiosa*, com seu patrimônio, seus serviços e suas rendas, desde que não empregados com finalidades econômicas,[112] posto que,

(...) Mais que o templo propriamente dito – isto é, o local destinado a cerimônias religiosas –, o benefício alcança a própria entidade mantenedo-

---

110. Hugo de Brito Machado, *Curso de Direito Tributário*, 35ª ed., São Paulo, Malheiros Editores, 2014, pp. 291-292.

111. Sacha Calmon Navarro Coelho, *Comentários à Constituição de 1988*, 7ª ed., Rio de Janeiro, Forense, 1998, p. 352. No mesmo sentido: Celso Ribeiro Bastos, "Imunidade dos templos", *RDTributário* 5/221-224, São Paulo, Ed. RT, julho-setembro/1978.

112. Aliomar Baleeiro, *Direito Tributário Brasileiro*, 10ª ed., Rio de Janeiro, Forense, 1981, pp. 88-89.

ra (a Igreja), além de se estender a tudo quanto esteja vinculado às liturgias (batizados, celebrações religiosas, vigílias etc.).[113]

Há quem sustente que só se pode considerar culto aquele desenvolvido segundo preceitos da moral vigente, devendo ser excluídos os cultos ditos satânicos, aqueles que visam apenas ao enriquecimento ilícito[114] e aqueles que atentem contra os bons costumes e a moralidade pública.[115] Mas há quem defenda um significado mais amplo para a palavra "culto", afirmando que:[116]

> Cabem no campo de sua irradiação semântica todas as formas racionalmente possíveis de manifestação organizada de religiosidade, por mais estrambóticas, extravagantes ou exóticas que sejam. E as edificações onde se realizarem esses rituais haverão de ser consideradas templos. Prescindível dizer que o interesse da coletividade e todos os valores fundamentais tutelados pela ordem jurídica concorrem para estabelecer os limites de efusão da fé religiosa e a devida utilização dos templos onde se realize.

A imunidade de que se cuida é objetiva, no sentido de que se dirige à entidade religiosa. A palavra "culto" significa seita religiosa. Designa, pois, a entidade. E a palavra "qualquer", no contexto da norma em estudo, tem exatamente a finalidade de evitar discriminações. A imunidade é outorgada aos templos de *qualquer* culto, e não apenas aos templos dos cultos que eventualmente contem com a simpatia das autoridades. Já, a palavra "templo" está na norma imunizante para indicar o instrumento, o meio material, de que se vale o culto, e não apenas o imóvel onde se realizam as cerimônias ou rituais.

A respeito da imunidade dos templos de qualquer culto, já escrevemos:[117]

> Nenhum imposto incide sobre os *templos de qualquer culto*. Templo não significa apenas a edificação, mas tudo quanto seja ligado ao exercício da atividade religiosa. Não pode haver imposto sobre missas, batizados ou

---

113. Roque Antônio Carrazza, *Curso de Direito Constitucional Tributário*, 29ª ed., São Paulo, Malheiros Editores, 2013, p. 855.
114. Denise Lucena Rodrigues, *A Imunidade como Limitação à Competência Impositiva*, São Paulo, Malheiros Editores, 1995, p. 54.
115. Yoshiaki Ichihara, *Imunidades Tributárias*, São Paulo, Atlas, 2000, p. 233.
116. Paulo de Barros Carvalho, *Curso de Direito Tributário*, 11ª ed., São Paulo, Saraiva, 1999, p. 136.
117. Hugo de Brito Machado, *Curso de Direito Tributário*, 35ª ed., São Paulo, Malheiros Editores, 2014, pp. 291 e 292.

qualquer outro ato religioso. Nem sobre qualquer bem que esteja a serviço do culto. Mas pode incidir imposto sobre bens pertencentes à Igreja, desde que não sejam instrumentos desta. Prédios alugados, por exemplo, assim como os respectivos rendimentos, podem ser tributados. Não a casa paroquial, ou o convento, ou qualquer outro edifício utilizado para atividades religiosas, ou para residência dos religiosos.

A imunidade concerne ao que seja necessário para o exercício do culto. Nem se deve restringir seu alcance, de sorte que o tributo constitua um obstáculo, nem se deve ampliá-lo, de sorte que a imunidade constitua um estímulo à prática do culto religioso.

Há quem sustente que os imóveis alugados, e os rendimentos respectivos estão ao abrigo da imunidade desde que sejam estes destinados à manutenção do culto. A tese é razoável quando se trate de locação eventual de bens pertencentes ao culto. Não, porém, quando se trate de atividade permanente deste. A locação de imóveis, com a ressalva feita há pouco, é uma atividade econômica que nada tem a ver com um culto religioso. Colocá-la ao abrigo da imunidade nos parece exagerada ampliação. A ser assim, as entidades religiosas poderiam também, ao abrigo da imunidade, desenvolver atividades industriais e comerciais quaisquer, a pretexto de angariar meios financeiros para a manutenção do culto, e ao abrigo da imunidade estariam praticando verdadeira concorrência desleal, em detrimento da livre iniciativa e, assim, impondo maus tratos ao art. 170, IV, da CF.

Que existem limites à norma imunizante em questão é inegável, porque nenhum direito é absoluto. Mas é muito difícil a definição desses limites, em tese. Podemos ter como limites do alcance da expressão "templos de qualquer culto" os direitos dos membros da comunidade em que a atividade do culto seja desenvolvida. O direito à vida, à integridade física, à honra, à saúde, à paz e ao sossego públicos, por exemplo, devem ser respeitados sempre.

8.3.4 *Imunidade dos partidos políticos*

A imunidade dos partidos políticos justifica-se como princípio democrático, na medida em que constitui estímulo à criação e ao desenvolvimento desses organismos essenciais ao exercício das atividades políticas no Estado Democrático.

No Direito Brasileiro o exercício do direito de votar independe dos partidos políticos; vale dizer, o cidadão não precisa estar inscrito em nenhum partido político para poder votar. E tem de ser assim, porque o voto em nosso País é obrigatório e sua prática não é considerada atividade política. Muitas pessoas, por serem titulares de certos cargos públicos, como os da Magistratura, são proibidas de exercer atividades políticas – o que tem sido entendido como proibição para o exercício da denominada política partidária. Mesmo assim são obrigadas a votar. Já, o exercício do direito de ser votado depende do ingresso em um partido político. Sem ser inscrito em um partido político não se pode ser indicado como candidato a cargo eletivo. Por isto, é da maior importância, para o desenvolvimento de uma sociedade democrática, a vinculação dos eleitores aos partidos políticos. Não basta o direito de escolher entre os candidatos apontados pelos partidos, é preciso escolher, dentro de cada partido, o candidato.

A norma imunizante abrange também as fundações instituídas pelos partidos políticos. Não pode haver tributo sobre o patrimônio, a renda ou os serviços dos partidos políticos, inclusive suas fundações. Os constituintes não perderam a oportunidade. Colocaram na Constituição de 1988 a regra que convalida expressamente, pelo menos no plano estritamente jurídico-formal, tais fundações, instituídas com o fim de fugir a certas normas da legislação partidária e eleitoral.

A imunidade dos partidos políticos é legítima sob todos os aspectos. Temos dúvidas, porém, quanto à legitimidade da extensão dessa imunidade às fundações partidárias, na medida em que, a rigor, os partidos não necessitam delas para exercer plenamente suas atividades e alcançar suas finalidades.

8.3.5 *Imunidade das entidades sindicais e das entidades de educação e de assistência social sem fins lucrativos*

São também imunes as *entidades sindicais*. Essa imunidade visa a ajudar as várias categorias sociais em que se agrupam as pessoas na sociedade, na defesa de seus direitos. Em um Estado que preserva, ou pretende preservar, as liberdades públicas e a cidadania, os sindicatos constituem instrumentos de grande importância e, por isto, merecedores da imunidade tributária. Embora o dispositivo constitucional se refira apenas às *entidades sindicais dos trabalhadores*, sua interpretação a partir dos elementos sistêmico e teleológico nos leva a entender, como temos sustentado,[118] que a imunidade abrange todas as entidades sindicais.

Conhecemos e respeitamos valiosas manifestações em sentido contrário, na doutrina e na jurisprudência. Os que adotam a interpretação literal da norma imunizante em questão partem da distinção entre *sindi-*

---

118. Hugo de Brito Machado, *Curso de Direito Tributário*, 35ª ed., São Paulo, Malheiros Editores, 2014, pp. 292-293.

cato e *associação*. Sindicato só os trabalhadores podem constituir. Já, a associação pode ser constituída por qualquer categoria social.[119]

Não nos parece que a distinção entre sindicatos e associações seja útil para negar a imunidade a estas. É certo que a Constituição se refere a associações e a sindicatos – o que deixa inegável a existência de dois entes distintos. Mas a distinção entre esses dois entes não se deve sobrepor aos aspectos essenciais que os identificam, vale dizer, à finalidade de ambos, que é a defesa coletiva do interesse de categorias de pessoas e a ausência de fins econômicos ou lucrativos.

O intérprete da norma de imunidade há de ter em vista os elementos teleológico e sistêmico. O teleológico, ou finalístico, impõe um tratamento igual entre os sindicatos e associações, posto que essas duas categorias de entidades têm os mesmos fins. O sistêmico leva-nos a considerar que a própria CF, em seu art. 149, atribui competência à União para instituir contribuições de interesse de categorias profissionais ou econômicas – o que demonstra que, do ponto de vista tributário, as categorias profissionais e as categorias econômicas devem ter o mesmo tratamento.

Também o princípio da razoabilidade, que funciona como diretriz para o intérprete de toda e qualquer norma jurídica, leva-nos a entender que a imunidade tributária de que se cuida aplica-se também às associações de categorias econômicas, pois não é razoável admitir que tais entidades tenham de pagar tributos quando o objetivo essencial destas é simplesmente a congregação das pessoas que integram a categoria, para fortalecê-la como célula da sociedade da qual participam.

São também imunes as *instituições de educação*. Como *instituição de educação* se deve entender toda e qualquer instituição cujo objetivo seja a prestação de ensino, a transmissão de conhecimento, seja de que natureza for. Não apenas o ensino formal, reconhecido pelo Estado. Educação não é apenas instrução. Educação é "acção de desenvolver no indivíduo, especialmente na criança e no adolescente, as suas capacidades intelectuais e físicas, e de lhe transmitir valores morais e normas de conduta que visam à sua integração social".[120]

Essa imunidade, todavia, é condicionada. Só existe para aquelas instituições sem fins lucrativos – conceito que tem sido muito malcom-

---

119. Adotando interpretação restritiva, com extensa argumentação, v. Yoshiaki Ichihara, *Imunidades Tributárias*, São Paulo, Atlas, 2000, pp. 248-257.

120. *Dicionário da Língua Portuguesa Contemporânea da Academia das Ciências de Lisboa*, vol. I, Lisboa, 2001, p. 1.331.

preendido e com muita insistência distorcido pelas autoridades fazendárias, ao argumento de que tais instituições, na verdade, são verdadeiras empresas.

Nos termos do art. 150, VI, "c", da CF, a imunidade das instituições de educação está condicionada apenas a um requisito essencial, que é o de não terem fins lucrativos. A parte final desse dispositivo da Constituição, a dizer "atendidos os requisitos da lei", refere-se aos requisitos formais para a demonstração da ausência de fins lucrativos.

Registre-se, entretanto, que o Governo Federal já tentou abolir a imunidade das instituições de educação, enviando ao Congresso Nacional projeto de lei complementar que alterou os dispositivos do Código Tributário Nacional que tratam dos requisitos para o gozo da imunidade de que se cuida. A aprovação do referido projeto, nos termos propostos pelo Poder Executivo, implicaria, na prática, a extinção pura e simples da imunidade tributária das instituições de educação e de assistência social. Independentemente de outras exigências absurdas, superpostas no dispositivo legal, bastaria a obrigação de prestar serviços gratuitos à comunidade em geral para inviabilizar inteiramente ditas instituições.

Felizmente o Congresso Nacional rejeitou aquelas restrições, com as quais estaria o legislador a violar flagrantemente a Constituição, inclusive porque as normas de imunidade não comportam interpretação restritiva capaz de amesquinhá-las, frustrando seus objetivos.[121] E fez muito bem, porque na interpretação da norma constitucional de imunidade não se pode admitir tenha esta outorgado ao legislador o poder de, mediante o estabelecimento de requisitos a serem atendidos pelo destinatário da imunidade, torná-la inviável. Muito pelo contrário, o moderno constitucionalismo recomenda que se prefira a interpretação que empresta efetividade às normas da Constituição, adotando-se o princípio da máxima efetividade, a respeito do qual vale a pena transcrever a lição de Gomes Canotilho:[122]

> Este princípio, também designado por *princípio da eficiência* ou *princípio da interpretação efectiva*, pode ser formulado da seguinte maneira: a uma norma constitucional deve ser atribuído o sentido que maior

---

121. Para um estudo amplo da questão, sugerimos a leitura do nosso *Comentários ao Código Tributário Nacional*, 2ª ed., vol. II, São Paulo, Altas, 2007, na parte em que comentamos os arts. 9º e 14.

122. José Joaquim Gomes Canotilho, *Direito Constitucional*, 6ª ed., Coimbra, Livraria Almedina, 1996, p. 227.

eficácia lhe dê. É um princípio operativo em relação a todas e quaisquer normas constitucionais, e, embora sua origem esteja ligada à tese da actualidade das normas programáticas (Thoma), é hoje sobretudo invocado no âmbito dos direitos fundamentais (no caso de dúvidas deve preferir-se a interpretação que reconheça maior eficácia aos direitos fundamentais.

Esse princípio no caso de que se cuida é, com maior razão, aplicável, porque a imunidade tributária das instituições de educação tem a finalidade de viabilizar o exercício de um direito fundamental, que é o direito à educação.

Aliás, a nosso ver, a melhor forma de assegurar a todos o direito à educação seria, sem prejuízo da imunidade tributária hoje existente, a criação de uma parceria entre o Estado e a iniciativa privada nas instituições de educação. Assim, preconizamos a imunidade tributária também para as instituições de educação que colocarem determinado percentual de suas vagas à disposição das entidades públicas que autorizam o respectivo funcionamento. Vinte por cento, ou percentual considerado mais adequado, das vagas abertas pela instituição seriam postas à disposição da entidade pública, para indicação de alunos a serem matriculados. O percentual de vagas seria em cada sala de aula, evitando-se qualquer discriminação relativamente aos que pagam suas mensalidades.

Com essa providência, muito simples, seriam abertas, de uma só vez, muitas vagas no ensino gratuito, com a vantagem de se garantir qualidade exatamente igual à do ensino particular. Considerável vantagem da fórmula que preconizamos consiste em evitar as transferências financeiras das instituições de ensino para o Poder Público, a título de tributo, e deste para instituições de ensino público, a título de custeio dessas instituições, pois sabemos todos que essas transferências financeiras abrem espaço para desvios e corrupções de toda ordem. E a fiscalização, pelo Poder Público, da efetiva oferta de ensino aos alunos por ele indicados seria extremamente fácil. Um inspetor de ensino, de posse da relação dos alunos indicados, poderia conferir se os mesmos realmente estavam matriculados e frequentando a instituição. Conferência que poderia ser feita nas salas de aula, sem que os alunos ficassem sabendo quem seria beneficiário do ensino gratuito.

E, ainda, são imunes *as instituições de assistência social sem fins lucrativos*. Como *instituição de assistência social* devemos entender todas as instituições que se dediquem a auxiliar as pessoas de várias formas para que possam viver melhor.

Assistência social pode ser definida como "conjunto de organismos que zelam, de acordo com a legislação em vigor, pelo bem-estar do cidadão".[123]

Tem o sentido de instituição que ajuda, presta auxílio, e o qualificativo "social" indica que a assistência deve ser comunitária ou grupal. Não precisa ser universal. Pode ser, por exemplo, aos empregados de determinada empresa ou grupo empresarial.

Assistência social ainda pode ser definida como "proteção e auxílio geral e indistinto que o Estado presta aos hipossuficientes, sob o ponto de vista familiar, econômico, educacional, higiênico etc.".[124]

Justifica-se, pois, plenamente, a imunidade tributária às instituições privadas que se dedicam a atividade própria do Estado. Mas não basta ser uma instituição de assistência social, pois a imunidade também aqui é condicionada. A instituição de assistência social, para ser imune, há de ser *sem fins lucrativos*.

Não se deve confundir assistência social com assistência médica e hospitalar, pois a assistência ou ajuda às pessoas no que diz respeito ao direito à saúde é apenas uma espécie de assistência social. Talvez a mais importante, mas não a única. Toda e qualquer forma de auxílio às pessoas, para a superação de dificuldades que surgem na vida das pessoas, pode ser qualificada como assistência social, de sorte que a exigência de que a instituição prestadora da assistência social seja sem fins lucrativos se faz inerente ao próprio conceito de assistência social, no sentido de ajuda prestada aos hipossuficientes.

Gozam de imunidade tributária as instituições de assistência social sem fins lucrativos. Em relação a tais instituições a imunidade abrange, indiscutivelmente, todas as contribuições de seguridade social, por força do art. 195, § 7º, da vigente CF, que, embora se reporte a isenção, na verdade, confere imunidade tributária, porque a lei, seja complementar ou ordinária, não a pode contrariar.

Em face do Código Tributário Nacional, o tratamento das instituições de assistência social e das instituições de educação, no que diz respeito à imunidade tributária, deve ser rigorosamente o mesmo. E qualquer exigência a mais feita por lei ordinária às instituições de assistên-

---

123. *Dicionário da Língua Portuguesa Contemporânea da Academia das Ciências de Lisboa*, vol. I, Lisboa, 2001, p. 390.

124. Pedro Nunes, *Dicionário de Tecnologia Jurídica*, 8ª ed., vol. I, Rio de Janeiro/São Paulo, Freitas Bastos, 1974, p. 156.

cia social, com suposto fundamento no art. 195, § 7º, da CF, pode ser considerada inconstitucional, porque, embora se refira a isenção, esse dispositivo, na verdade, institui uma limitação ao poder de tributar, devendo a referência à lei, nele feita, ser entendida como relativa à lei complementar.

8.3.6 Imunidade dos livros, jornais e periódicos

Elaborado o Código Tributário Nacional na vigência da Emenda 18 à Constituição de 1946, seu art. 9º, IV, "d", considera imune "o papel destinado exclusivamente à impressão de jornais, periódicos e livros". Assim também estava tal imunidade expressa no art. 31, "c", da CF/1946. Mas na Constituição de 1967, em sua redação original como na decorrente da Emenda 1/1969, a norma imunizante foi modificada, passando a considerar que são imunes "o livro, o jornal e os periódicos, assim como o papel destinado à sua impressão" (art. 19, III, "d"). A Constituição Federal de 1988 manteve a imunidade para livros, jornais e periódicos e o papel destinado à sua impressão (art. 150, VI, "d").

Cuida-se de imunidade tipicamente objetiva. Não importa a pessoa a quem pertença o livro, o jornal ou periódico ou o papel – embora este último tenha a imunidade condicionada à destinação. Também não importa se tais objetos são comercializados com intuito de lucro. Considerou o constituinte que tanto a produção como a comercialização desses objetos devem ser estimuladas com a imunidade tributária.

A imunidade do livro, jornal ou periódico e do papel destinado à sua impressão há de ser entendida em seu sentido finalístico. E o objetivo da imunidade poderia ser frustrado se o legislador pudesse tributar qualquer dos meios indispensáveis à produção dos objetos imunes. Ou qualquer ato que tenha por fim colocar esses objetos em seu destino final. A produção, a venda ou distribuição, a qualquer título, de livro, jornal ou periódico não podem ser tributadas. A imunidade, para ser efetiva, abrange todo o material necessário à confecção do livro, do jornal ou do periódico. Não apenas o exemplar deste ou daquele, materialmente considerado, mas o conjunto. Por isso, nenhum imposto pode incidir sobre qualquer insumo ou, mesmo, sobre qualquer dos instrumentos, ou equipamentos, que sejam destinados exclusivamente à produção desses objetos.

O STF decidiu, com inteira propriedade, que a imunidade dos livros, jornais e periódicos "alcança não só o papel utilizado diretamente na confecção dos bens referidos, como também os insumos nela utilizados, como são os filmes e papéis fotográficos".[125]

Essa decisão foi adotada por maioria. Restaram vencidos os Mins. Maurício Corrêa, Ilmar Galvão, Octávio Gallotti, Sydney Sanches e Moreira Alves. O primeiro deles, Relator do caso, chegou a reconhecer que

> a imunidade tributária relativa aos livros, jornais, periódicos e papel destinado à sua impressão, vedando a incidência de impostos (ICMS e IPI) sobre esses bens, é objetiva e incondicionada, com o fito de assegurar a liberdade de comunicação e de pensamento, objetivando proteger a educação e a cultura, bem como para impedir que através do imposto se possam exercer pressões de cunho político.[126]

Entretanto, sustentou que o papel é o único insumo imune, não havendo "como expender exegese ampliativa, para declarar imunes os demais insumos utilizados na confecção de jornais, livros e periódicos, como se pretende".[127]

O Min. Ilmar Galvão argumentou especialmente com o fato de haver o constituinte de 1988 rejeitado proposta de Ives Gandra da Silva Martins no sentido de incluir no dispositivo imunizante, ao lado do papel, "outros insumos e atividades".[128] E concluiu que o papel é o único insumo contemplado na norma da Constituição, "justamente por ser ele o decisivo para assegurar maiores tiragens e, consequentemente, maior circulação das publicações, que, assim, poderão alcançar amplas faixas da população".[129]

E, para justificar sua postura literalista, sustentou que:[130]

> Tem aplicação à espécie não o antigo aforismo *in claris non fit interpretatio*, do qual tanto se abusou no passado, mas a correta orientação, apontada por De Ruggiero (*Instituições*, Saraiva, 1957, vol. I, p. 149) de que "quando pelas palavras do preceito não seja dúbia a vontade legislativa não se deve admitir, sob pretexto de interpretar a norma, a investigação de um pensamento ou de uma vontade diversa".

125. STF, Pleno, RE 174.476-6-SP, rel. Min. Maurício Corrêa (rel. para o acórdão Min. Marco Aurélio), j. 26.9.1996, *DJU*-I 12.12.1997, p. 65.580, e *Revista Dialética de Direito Tributário* 3/155-172.
126. *Revista Dialética de Direito Tributário* 30/159.
127. *Revista Dialética de Direito Tributário* 30/160.
128. *Revista Dialética de Direito Tributário* 30/162.
129. *Revista Dialética de Direito Tributário* 30/163.
130. *Revista Dialética de Direito Tributário* 30/163.

Não se está, realmente, neste caso, diante de dicção cujo significado, por sua ambiguidade, imponha o recurso ao elemento filológico, nem tampouco em face de circunstâncias cuja investigação conduza à convicção da necessidade de reconstrução do espírito da norma contida no texto examinado, para estender a todos os insumos empregados na produção de livros e jornais o benefício fiscal nele expressamente instituído em favor apenas de um deles.

Na verdade, porém, a afirmação segundo a qual "quando pelas palavras do preceito não seja dúbia a vontade legislativa (...)" apenas reproduz, com outras palavras, o antigo aforismo que Galvão diz não estar aplicando. A questão que se há de colocar é a de saber se na interpretação da norma de imunidade deve-se, ou não se deve, prestigiar o elemento finalístico para garantir sua máxima efetividade, como preconizam os modernos constitucionalistas.

O Min. Marco Aurélio[131] sustentou que a imunidade abrange todos os insumos utilizados para a produção dos objetos imunes e invocou, em seu voto-vista, precedente da Corte Maior, em cuja ementa está expresso:

> Em se tratando de norma constitucional relativa às imunidades tributárias genéricas, admite-se a interpretação ampla, de modo a transparecerem os postulados nela consagrados. O livro, como objeto da imunidade tributária, não é apenas o produto acabado, mas o conjunto de serviços que o realiza, desde a redação até a revisão da obra, sem restrição dos valores que o formam e que a Constituição protege.

E argumentou, com inteira propriedade:[132]

> Abandone-se, na espécie, a tentação ligada ao literalismo, perquirindo-se o objetivo maior da norma constitucional, isso diante da impossibilidade e, diria mesmo, da inconveniência de o legislador ser casuísta. Para mim – e aí não estaríamos agora a discutir o alcance do preceito constitucional – seria suficiente a referência a livros, jornais e periódicos. A alusão ao papel, destinado à impressão, outro sentido não tem senão o de exemplificar um dos itens que entram na produção do bem. Os demais também estão abrangidos pela imunidade tributária, sob pena de tornar-se restrita a imunidade, desconhecendo-se o objetivo precípuo que, há de ser incansavelmente repetido, é o verdadeiro estímulo à veiculação de notícias e ideias, tal como inerente ao próprio Estado Democrático de Direito.

---

131. STF, 2ª Turma, RE 102.141-I-RJ, rel. Min. Aldir Passarinho, *DJU* 29.11.1985, p. 21.920.
132. *Revista Dialética de Direito Tributário* 30/165-166.

O Min. Carlos Velloso,[133] por sua vez, asseverou, em seu voto:

> O fato de a Constituição estabelecer, expressamente, no art. 150, VI, "d", que o papel está imune a imposto não quer dizer que os insumos essenciais ao processo industrial de impressão de normais não estejam abrangidos pela mesma imunidade.
> Repito: é preciso interpretar a imunidade inscrita no art. 150, VI, "d", tendo em vista os valores que a norma visa a proteger: valores da cultura, da liberdade de expressão, de crítica, de informação. Ora, é incontestável que o livro, o jornal e o periódico estão a serviço de tais valores, certo que a proteção a esses valores é a tônica do constitucionalismo brasileiro.
> O entendimento em sentido contrário assenta-se, na verdade, numa interpretação puramente literal do texto constitucional. A interpretação literal, entretanto, não presta obséquio nem ao Direito nem à Justiça. Ela não chega a ser, aliás, interpretação. É técnica de trabalho, tão só.

O Min. Celso de Mello[134] também desenvolveu sólida argumentação a favor da imunidade ampla dos livros, jornais e periódicos, a partir da ideia fundamental na edificação do Estado de Direito, segundo a qual:

> O respeito incondicional aos princípios constitucionais evidencia-se como dever inderrogável do Poder Público. A ofensa do Estado a esses valores – que desempenham, enquanto categorias fundamentais que são, um papel *subordinante* na própria configuração dos direitos individuais ou coletivos – introduz um perigoso fator de desequilíbrio sistêmico e rompe, por completo, a harmonia que deve presidir as relação, sempre tão estruturalmente desiguais, entre as pessoas e o poder.

E assim concluiu:[135]

> Em suma: o fato de inquestionável relevo na análise deste tema tão impregnado de significação político-jurídica, que transcende a própria esfera de índole meramente fiscal, reside na circunstância de que o instituto da imunidade tributária há de ser definido e interpretado em função da própria razão que justifica a sua previsão constitucional. Desse modo, é preciso ter presente – como já precedentemente referido – o próprio sentido finalístico, a teleologia mesma da cláusula constitucional que institui a garantia da imunidade como típica e insuprimível limitação ao poder de tributar do Estado.
> Incensurável, sob este aspecto, o magistério de Hugo de Brito Machado (*Curso de Direito Tributário*, pp. 191-192, item 3.11, 7ª ed., 1993,

---

133. *Revista Dialética de Direito Tributário* 30/167.
134. *Revista Dialética de Direito Tributário* 30/167.
135. *Revista Dialética de Direito Tributário* 30/170.

Malheiros), que, em precisa abordagem do tema, salienta: "A imunidade do livro, jornal ou periódico, e do papel destinado à sua impressão, há de ser entendida em seu sentido finalístico. E o objetivo da imunidade poderia ser frustrado se o legislador pudesse tributar qualquer dos meios indispensáveis à produção dos objetos imunes. Assim, a imunidade, para ser efetiva, abrange todo o material necessário à confecção do livro, do jornal ou do periódico".

Concluo meu voto, Sr. Presidente. Tendo presente estas considerações, peço vênia para não conhecer do presente recurso extraordinário.

Infelizmente, o STF[136] tem admitido restrições a essa imunidade, entendendo que,

além do próprio papel de impressão, a imunidade tributária conferida aos livros, jornais e periódicos somente alcança o chamado papel fotográfico – filmes não impressionados.

A possibilidade de incidência tributária sobre qualquer insumo essencial pode frustrar a imunidade, na medida em que abre caminho para a tributação exacerbada, tanto pelo imposto de importação como pelo IPI e, ainda, pelo ICMS – impostos que admitem alíquotas seletivas que podem se prestar para abusos do Governo contra as liberdades que a imunidade tributária buscou proteger.

Embora a imunidade, em face da expressão literal do art. 150, VI, da CF, diga respeito apenas a impostos, há fortes razões para entender que também é vedada a cobrança de taxas e contribuições de melhoria. Os princípios que inspiram a imunidade tributária não permitem que a pessoa ou a coisa imune fique submetida a qualquer tributo, pois tal submissão poderia ensejar o amesquinhamento da imunidade.

Questão das mais relevantes consiste em saber se a imunidade dos livros, jornais e periódicos e do papel destinado à sua impressão abrange os produtos da moderna tecnologia, como os CD-ROMS e os disquetes para computadores.

A melhor interpretação das normas da Constituição é aquela capaz de lhes garantir a máxima efetividade. Toda imunidade tem por fim a realização de um princípio que o constituinte considerou importante para a Nação. A imunidade dos livros, jornais e periódicos tem por fim

---

136. STF, Pleno, RE 203.859-8-SP, rel. Min. Carlos Velloso, j. 11.12.1996, *DJU* I-E 24.8.2001, p. 62, e *Revista Dialética de Direito Tributário* 77/207-215 – que, além de publicar a íntegra do referido julgado, indica outras decisões a respeito da matéria.

assegurar a liberdade de expressão do pensamento e a disseminação da cultura. Como é inegável que os meios magnéticos, produtos da moderna tecnologia, são, hoje, de fundamental importância para a realização desse mesmo objetivo, a resposta afirmativa se impõe. O entendimento contrário, por mais respeitáveis que sejam – e são – seus defensores, leva a norma imunizante a uma forma de esclerose precoce, inteiramente incompatível com a doutrina do moderno constitucionalismo, especialmente no que concerne à interpretação especificamente constitucional.

É certo que o constituinte de 1988 teve oportunidade de adotar redação expressamente mais abrangente para a norma imunizante, e não o fez. Isto, porém, não quer dizer que o intérprete da Constituição não possa adotar para a mesma norma a interpretação mais adequada, tendo em vista a realidade de hoje. Realidade que já não é aquela vivida pelo constituinte, pois nos últimos 10 anos a evolução da tecnologia, no setor de Informática, tem sido simplesmente impressionante. Se em 1988 não se tinha motivo para acreditar na rápida substituição do livro convencional pelos instrumentos e meios magnéticos, hoje tal substituição mostra-se já evidente, embora o livro tradicional ainda não tenha perdida sua notável importância.

A evolução no setor da Informática é tão rápida, que o CD ainda nem ocupou espaços significativos no mercado brasileiro e já está sendo substituído, com imensa vantagem, pelo DVD, levando várias empresas a incluir drivers especiais em alguns de seus micros. Previa-se, mesmo, que até o final de 1998 "esses drivers terão substituído totalmente os de CD-ROM, que serão, então, peças de museu".[137]

Não pode, pois, o intérprete deixar de considerar essa evolução. Nem esperar que o legislador modifique o texto. O melhor caminho, sem dúvida, para que o Direito cumpra seu papel na sociedade é a interpretação evolutiva.

9. Consciência fiscal

9.1 Como forma de limitação do poder de tributar

A Constituição estabelece: "A lei determinará medidas para que os consumidores sejam esclarecidos acerca dos impostos que incidam sobre mercadorias e serviços" (art. 150, § 5º). E, ao fazê-lo, cuidando das limitações ao poder de tributar, reconhece, com razão, que a principal

---

137. *INFO-Exame* 12/44, dezembro/1997.

limitação ao poder de tributar reside na vontade popular. É preciso que os cidadãos em geral se sintam contribuintes – o que vem a cada dia se tornando mais difícil, em razão da preferência dos governos pelos impostos indiretos.

Para que todos os cidadãos se sintam contribuintes, na verdade, falta a denominada *consciência fiscal*, a consciência de que a carga tributária não pesa apenas nos ombros de quem tem o dever legal de efetuar o pagamento dos tributos, mas também sobre os ombros de quem, como comprador de mercadorias ou tomador de serviços, paga um preço no qual estão embutidos os tributos.

Há mais de meio século Aliomar Baleeiro escreveu que numa Democracia essa consciência nítida da parte que incumbe a cada cidadão na distribuição das despesas indispensáveis ao funcionamento do Estado é reputada essencial a um elevado padrão cívico. E advertiu, com toda razão:[138]

> Mas, ainda assim, é manifesta a insensibilidade fiscal: muita gente pensa que não paga impostos e muita gente nada pensa a respeito dêles. Daí resulta a indiferença da maior parte em relação aos mais importantes problemas públicos, malogrando-se o regime democrático pela falta de adesão ativa e efetiva de todos os cidadãos.
>
> Ora, na realidade, nem os mendigos escapam ao Fisco. Quando aplicam em compras as esmolas recebidas, suportam, pelo menos, o imposto de consumo e o de vendas, dissimulados no preço das mercadorias. Mais de dois terços das receitas federais e estaduais não são "sentidos" pelos contribuintes. Os fenômenos da repercussão e amortização e difusão de impostos explicam essa insensibilidade.

Tal situação – que, sem dúvida, ainda perdura – justifica plenamente o dispositivo constitucional prevendo que a lei determinará medidas para que os consumidores sejam esclarecidos acerca dos impostos que incidem sobre mercadorias e serviços.

Não é fácil determinar com exatidão o valor total dos tributos que em geral oneram as atividades de produção e comercialização de bens e de prestação de serviços, porque nosso sistema tributário é extremamente complexo. Nada impede, porém, que a lei estabeleça critérios para a determinação aproximada desse valor. E estabeleça que na publicação de preço de qualquer mercadoria ou serviço seja indicado o valor dos

---

138. Aliomar Baleeiro, *Uma Introdução à Ciência das Finanças*, vol. I, Rio de Janeiro, Forense, 1955, pp. 239-240.

tributos nele contido. Desta forma, conhecendo o valor dos tributos que pagam ao comprar qualquer mercadoria ou utilizar qualquer serviço, os consumidores em geral passarão a opor resistência sempre que os governantes pretenderem criar ou aumentar tributos.

9.2 Demonstração de consciência fiscal

Embora muito lentamente, parece que entre nós está se formando essa consciência fiscal ou sentimento das pessoas quanto ao ônus que o tributo representa em suas vidas. Como demonstração disto podemos apontar a não aprovação, pelo Senado Federal, da proposta de emenda constitucional que prorrogava a contribuição provisória sobre movimentação financeira/CPMF. E, ainda, o fato de que nenhum político de prestígio nacional atreveu-se a defender a instituição de um imposto para financiar a saúde pública, de que recentemente se cogitou.

Outro fato que, embora possa ter sido motivado por outras razões, pode ser entendido como demonstração de consciência fiscal é a manifestação amplamente majoritária dos eleitores do Estado do Pará contra o desmembramento daquele Estado, com a criação de dois novos Estados, o Tapajós e o Carajás, em plebiscito realizado no dia 11.12.2011.

Quem defende a criação de novos Estados e de novos Municípios pode ter argumentos, pode apontar vantagens, mas, na verdade, o que quer, mesmo, é criar mais cargos públicos. Mais espaço para os que vivem ou pretendem viver às custas dos cofres públicos. E, no caso do Pará, se tivesse sido aprovada a divisão pretendida, teríamos multiplicado por três o custo do Poder Público naquele território. Seriam três governadores com o respectivo secretariado, três Assembleias Legislativas, três tribunais de justiça, e assim por diante. Todo o Poder Público seria triplicado, triplicando-se o custo de sua manutenção. E aumentado, ainda, o custo de órgãos federais, como a Câmara dos Deputados e o Senado Federal.

9.3 Importância da consciência fiscal como limitação do poder de tributar

A consciência fiscal é a mais importante das limitações do poder de tributar. Mais importante porque é uma limitação substancial, e, sendo assim, sua remoção pelo governante é praticamente impossível. Enquanto as limitações formais de maior alcance, como os princípios da legalidade e da anterioridade, podem eventualmente ser removidas da

Constituição, a consciência fiscal não pode ser removida e pode chegar, mesmo, a impedir a remoção daquelas limitações formais.

A maior importância da consciência fiscal revela-se também porque ela pode atuar contra providências que, embora não digam respeito diretamente à tributação, implicam aumento do custo do Estado e, portanto, implicam a necessidade de aumento da receita tributária. É o que ocorre, por exemplo, com a criação de novos Estados e Municípios.

10. Especificidade da lei de isenção ou outros incentivos fiscais

10.1 Exigência da Constituição Federal

O poder de isentar é inerente ao poder de tributar. Assim, razoável admitir que uma limitação ao poder de isentar esteja colocada entre as limitações ao poder de tributar. Assim é que a Constituição Federal, ao cuidar dessas limitações, estabelece (art. 150, § 6º, com redação dada pela Emenda Constitucional 3, de 17.3.1993):

> Qualquer subsídio ou isenção, redução de base de cálculo, concessão de crédito presumido, anistia ou remissão, relativos a impostos, taxas ou contribuições, só poderá ser concedido mediante lei específica, federal, estadual ou municipal, que regule exclusivamente as matérias acima enumeradas ou o correspondente tributo ou contribuição, sem prejuízo do disposto no art. 155, § 2º, XII, "g".[139]

Como se vê, qualquer isenção tributária só pode ser concedida mediante lei específica. E como tal, nesse contexto, há de ser entendida: (a) a lei que se ocupa apenas do assunto *isenção*, porque a isenção, evidentemente, pode ser estabelecida depois que o tributo a que se refere já está instituído; e ainda, (b) a lei que regula o tributo ao qual se refere a isenção.

10.2 Razão provável da exigência

Explica-se essa limitação imposta pela Constituição ao Poder Legislativo porque vinha se tornando comum a inserção, em projetos de lei que tratavam de outras matérias, de dispositivos concedendo benefícios fiscais, geralmente do interesse de empresários ligados a parlamentares e até como forma de retribuição pelo financiamento de campanhas eleitorais. E isto retira dos parlamentares em geral a oportunidade de

---

139. Art. 155, § 2º, XII, "g": concessão de incentivos fiscais relativos ao ICMS.

fazer um exame efetivo da isenção ou outro incentivo fiscal, que termina sendo aprovado muitas vezes sem que os parlamentares dele tomem conhecimento.

A razão provável da exigência de lei específica para a concessão de isenção e outros benefícios fiscais, a nosso ver, é evitar oportunidade para práticas sorrateiras com o objetivo de favorecer alguém com vantagem fiscal, sem que isto expresse efetivamente a vontade do Poder Legislativo.

10.3 Lei revogadora de isenção

Estar o regime jurídico das isenções tributárias submetido à especificidade da lei é uma inegável consequência dessa exigência constitucional. Assim, também a lei que revogue uma lei isentiva deve ser específica. Aliás, a Lei Complementar 95, de 26.2.1998, estabelece que cada lei tratará de um único objeto (art. 7º, I). Essa lei, todavia, não passa de um excelente compêndio de técnica legislativa, posto que ela própria anula o caráter normativo de seus dispositivos, ao estabelecer que: "Art. 18. Eventual inexatidão formal de norma elaborada mediante processo legislativo regular não constitui escusa válida para o seu descumprimento".

Em outras palavras, a Lei Complementar 95/1998 diz que cada lei tratará de um único objeto. Assim, da isenção de um tributo não pode tratar uma lei que cuide de outro assunto. Somente a lei que cuide do tributo ao qual se refere, ou uma lei que cuide exclusivamente da isenção. Mas, ao dizer que "eventual inexatidão formal de norma elaborada mediante processo legislativo regular não constitui escusa válida para seu descumprimento", a Lei Complementar 95/1998 (art. 18) deixou de ter a denominada *força de lei*. Deixou de obrigar. Passou a ser apenas um compêndio de técnica legislativa.

No que concerne ao regime jurídico das isenções tributárias, todavia, a exigência de lei específica decorre da Constituição Federal. O trato do assunto "isenção tributária" em leis que cuidam também de outros assuntos viola flagrantemente o art. 150, § 6º, da CF. Exemplo dessa violação temos no art. 56 da Lei 9.430, de 27.12.1996, que vamos examinar a seguir.

10.4 A isenção da COFINS para sociedades de profissionais

A Lei Complementar 70, de 30.12.1991, concedeu isenção da COFINS às sociedade civis de prestação de serviços profissionais referidas no art. 1º do Decreto-lei 2.397, de 2.12.1987. O Fisco federal, todavia, tem lutado contra essa isenção de forma impiedosa.

A primeira agressão à isenção de que se cuida foi feita mediante interpretação literal da norma que a concedeu. Sustentou o Fisco que somente as sociedades civis tributadas pelo imposto de renda no regime previsto no art. 1º do Decreto-lei 2.397/1987 seriam beneficiárias da isenção. As sociedades civis que, embora enquadradas nas condições para serem tributadas pelo imposto de renda naquele regime, optassem pela tributação pelo lucro real perderiam a isenção.[140] Essa interpretação não prevaleceu, nem poderia prevalecer, porque é, evidentemente, absurda. A referência feita pelo art. 6º, II, ao art. 1º do Decreto-lei 2.397/1987 teve apenas a finalidade de identificar o tipo de sociedade civil favorecido com a isenção da COFINS, mas nenhuma relação tinha – nem seria razoável que tivesse – com o regime de tributação pelo imposto de renda das pessoas jurídicas.

Depois, o Fisco federal conseguiu que fosse inserido na Lei 9.430/1996 dispositivo estabelecendo a tributação das sociedades civis em questão (art. 56). Uma forma sutil e inaceitável de revogar a isenção em tela. Inaceitável, porque uma lei ordinária não pode revogar dispositivo de lei complementar, como já tivemos oportunidade de demonstrar sobejamente.[141] Inaceitável, também, porque viola flagrantemente o disposto no art. 150, § 6º, da CF.

Realmente, como já dito, o art. 150, § 6º, da CF/1988 estabelece que qualquer subsídio, *isenção*, redução de base de cálculo, concessão de crédito presumido etc. só poderá ser concedido mediante lei específica, federal, estadual ou municipal, que regule exclusivamente as matérias enumeradas no art. 150 da CF ou o correspondente tributo ou contribuição. Em outras palavras, as isenções devem ser tratadas em leis específicas a respeito de limitações ao poder de tributar *ou na lei específica do tributo, vale dizer, aquela que "consolida" toda a legislação relativa ao tributo.*

140. Coordenação Geral do Sistema de Tributação, Parecer Normativo 3, de 25.3.1994, *DOU* 28.3.1994.
141. Hugo de Brito Machado, "Posição hierárquica da lei complementar", *Revista Dialética de Direito Tributário* 14/19, São Paulo, Dialética, novembro/1996, e "A identidade específica da lei complementar", *Revista Dialética de Direito Tributário* 117/51-69, São Paulo, Dialética, junho/2005; Hugo de Brito Machado e Hugo de Brito Machado Segundo, "A segurança jurídica e a identidade específica da lei complementar na Constituição Federal de 1988", *Revista Dialética de Direito Tributário* 133/102-120, São Paulo, Dialética, outubro/2006.

Ora, a Lei 9.430/1996 – diploma que pretendeu revogar a isenção concedida às sociedades civis prestadoras de serviços – cuida de uma série de matérias inteiramente diversas umas das outras. Altera a legislação do imposto de renda, da CSLL e, de quebra, ainda cuida de procedimento administrativo para o cancelamento de imunidades (art. 32), aplicação de penalidades (art. 44), procedimento de compensação (art. 74) – apenas para enumerar alguns exemplos bem diversificados. A pretensa revogação da isenção, portanto, está em conflito também com o art. 150, § 6º, da CF/1988.

Trata-se de mais uma circunstância que revela a invalidade da revogação pretendida pelo art. 56 da Lei 9.430/1996; circunstância, esta, que também prescinde e independe da conclusão a que se chegue quanto à identidade e à hierarquia da lei complementar.

10.5 Alguns conceitos de Teoria Geral do Direito relativos ao assunto

10.5.1 Distinção entre lei e norma

Embora às vezes utilizados como sinônimos, *norma* e *lei* são conceitos distintos. Norma é um conceito próprio da Teoria Geral do Direito. Lei, embora presente em áreas outras do conhecimento significando uma relação entre causa e efeito, na literatura jurídica é conceito próprio do direito positivo.

A respeito da distinção entre *norma* e *lei* já escrevemos:[142]

> Importante é a distinção que se há de fazer entre *norma* e *lei*. A norma pode ser veiculada através da lei, mas com esta não se confunde. Lei, em sentido formal, é o ato estatal, produzido pelo órgão do Estado, geralmente o Parlamento, dotado de competência para o exercício da função legislativa. Pode albergar uma norma, e pode albergar uma prescrição jurídica concreta, vale dizer, destinada a uma situação concreta determinada. A lei, em sentido material, esta, sim, é uma norma. Mas a norma não é necessariamente uma lei. Pode estar na Constituição, e pode estar em um ato estatal inferior, como o regulamento, uma portaria etc. Por outro lado, uma norma pode estar em mais de uma lei. Parte em uma e parte em outra. A palavra "lei" designa o veículo, que pode conduzir uma *norma* ou um *ato de efeitos concretos*. A palavra "norma" designa a prescrição jurídica de efeito repetitivo, e pode ser veiculada através da Constituição, da lei, do regulamento, da portaria etc.
>
> A diferença entre norma e lei fica bem clara quando se constata que a *norma* é um conceito de Teoria Geral do Direito, ou de lógica jurídica,

---

142. Hugo de Brito Machado, *Introdução ao Estudo do Direito*, 2ª ed., São Paulo, Atlas, 2004, pp. 88-89.

enquanto *lei* é um conceito de direito positivo. É certo que a palavra "lei" pode ser utilizada com outros significados, mas em Direito convém reservá-la para designar o ato em que se expressa a função legislativa do Estado. Assim, lei é o ato produzido pelo órgão ao qual a Constituição atribui a função legislativa, praticado com observância do procedimento previsto para esse fim. Diz-se que lei é um conceito de direito positivo porque em cada ordenamento jurídico a palavra "lei" pode ter um significado diverso, no sentido de que pode ser um ato unipessoal ou coletivo, praticado com obediência a esse ou àquele procedimento. E ainda porque em cada ordenamento jurídico é que se define o que há de ser o conteúdo das leis. É possível que a prática de determinado ato dependa de autorização da lei, em cada caso concreto. A lei, então, não conterá uma prescrição normativa, mas um verdadeiro ato administrativo. Será lei, formalmente, mas será um ato administrativo, substancialmente. Tudo isto fica a depender de cada ordenamento jurídico. Por outro lado, em determinado ordenamento jurídico o ato legislativo pode ter outro nome. Pode ter o nome de *resolução* ou de *deliberação*, por exemplo.

A *norma* é uma prescrição jurídica de eficácia repetitiva, vale dizer, uma prescrição que incide e tende a produzir seus efeitos sempre que a situação de fato nela prevista se concretize. Sempre que se concretize sua hipótese de incidência. Pode ser veiculada pela Constituição, pela lei complementar, pela lei ordinária, pelo regulamento e pelos atos normativos inferiores. É um conceito da Teoria Geral do Direito. Já, a *lei*, em sentido jurídico, é uma espécie dos atos normativos que ganha esse nome em razão do ordenamento jurídico no qual está encartada.

10.5.2 *A norma e a lei instituidora da isenção*

A norma instituidora da isenção tributária é aquela cuja hipótese de incidência consubstancia uma exceção à hipótese de incidência do tributo respectivo. A norma que descreve a hipótese de incidência do tributo é descritora de um gênero, enquanto a norma que descreve a hipótese de isenção é descritora de uma espécie.

Essa norma descritora da hipótese de isenção há de ser albergada por uma lei. É a lei que concede a isenção (CTN, art. 97, VI). Tanto a norma descritora da isenção é específica em relação à norma descritora da hipótese de incidência do tributo como a lei que alberga a norma de isenção há de ser, por exigência constitucional, específica em relação às demais leis integrantes do ordenamento jurídico.

É dessa especificidade, da norma e da lei, que vamos nos ocupar a seguir.

10.5.3 Especificidade da norma de isenção

Muito se tem discutido em torno da natureza da isenção tributária. O ilustre Professor Roque Antônio Carrazza,[143] buscando apoio no § 3º do art. 2º da Lei de Introdução às Normas do Direito Brasileiro, assevera:

> A lei que concede uma isenção *revoga* (no todo ou em parte) a lei anterior que mandava tributar (se e quando ocorrido determinado fato). Pois bem, revogada a lei isentante, nem por isto a primeira lei tributária voltará a vigorar. Por quê? Simplesmente porque não há o chamado *efeito repristinatório* no direito tributário brasileiro.

Data maxima venia, não nos parece que seja assim. É certo que em nosso sistema jurídico não existe a repristinação, e também é certo que as normas albergadas pela Lei de Introdução às Normas do Direito Brasileiro são aplicáveis aos diversos ramos do Direito, inclusive ao direito tributário. Inaceitável, porém, é a assertiva segundo a qual "a lei que concede uma isenção *revoga* (no todo ou em parte) a lei anterior que mandava tributar (se e quando ocorrido determinado fato)". A antinomia que se pode vislumbrar entre a norma de tributação e a norma de isenção não se resolve pelo critério cronológico, e sim pelo critério da especialidade. Mesmo quando a lei que alberga a norma de isenção seja posterior à que alberga a norma de tributação, o que ocorre é apenas uma alteração da lei anterior, e não sua revogação.

Na verdade, a norma de isenção não revoga a norma de tributação, posto que a aparente antinomia entre ambas é superada pelo critério da especialidade. A norma de isenção pode estar na mesma lei que alberga a norma de tributação. Neste caso, evidentemente, não se pode falar de revogação. Resta evidente que as duas normas – a de tributação e a de isenção – convivem uma com a outra. E mesmo quando a norma de isenção esteja em lei posterior não se opera a revogação da norma de tributação. Mesmo em parte, como pode parecer. O aparente conflito entre as duas normas deve ser superado pelo critério da especialidade.

Realmente, a norma de isenção, seja contemporânea à norma de tributação, como ocorre na generalidade dos casos, seja posterior, como às vezes ocorre, com ela convive. A antinomia entre ambas resolve-se

---

143. Roque Carrazza, *Curso de Direito Constitucional Tributário*, 29ª ed., São Paulo, Malheiros Editores, 2013, p. 245.

pelo critério da especialidade. A norma que concede isenção é sempre mais específica que a norma de tributação. Seu suporte fático é necessariamente menos abrangente. Daí por que a norma de tributação continua plenamente vigente. Apenas não incide sobre aquela parte do seu suporte fático abrangida pela norma de isenção.

A norma que concede isenção apenas retira uma parte do suporte fático da norma que define o fato gerador do tributo. Assim, por exemplo, a lei que institui o imposto sobre renda e proventos contém norma definindo como fato gerador desse imposto a aquisição da disponibilidade de renda ou de proventos de qualquer natureza. Pode um outra lei albergar norma a dizer que fica isenta do referido imposto a renda auferida de determinada atividade. Essa lei não revoga a anterior, que segue plenamente vigente. No plano da abstração jurídica, continua inteira. Uma parte do seu suporte fático, todavia, foi excluída pela lei que concedeu a isenção, albergando norma cujo suporte fático é exatamente aquele pedaço retirado do suporte fático da norma de tributação.

10.5.4 Isenção como dispensa do tributo

Rubens Gomes de Sousa,[144] o pioneiro nos estudos do direito tributário no Brasil e Mestre de todos os tributaristas brasileiros, afirmou que

> a norma legal de isenção pressupõe a existência da obrigação tributária e apenas dispensa o seu pagamento.

Essa doutrina foi invocada pelo STF para negar a aplicação do princípio da anterioridade à lei que revoga isenção tributária – o que não nos parece, *data venia*, acertado, porque a revogação da lei de isenção implica induvidoso aumento do tributo.

A tese segundo a qual a isenção é uma dispensa do tributo teria sido adotada pelo Código Tributário Nacional quando capitulou a isenção como forma de exclusão do crédito tributário (art. 175). O próprio Rubens Gomes de Sousa,[145] porém, cuidou de desmentir essa tese ao afirmar que o Código

---

144. Rubens Gomes de Sousa, "Imposto de renda e desapropriação", *RDP* 9/159, São Paulo, Ed. RT, cit. por Hugo de Brito Machado, *Imposto de Circulação de Mercadorias – ICM*, São Paulo, Sugestões Literárias, 1971, p. 56.

145. Rubens Gomes de Sousa, "Parecer", *RDA* 88/256, Rio de Janeiro, FGV, cit. por Hugo Machado, *Imposto de Circulação de Mercadorias – ICM*, São Paulo, Sugestões Literárias, 1971, p. 57.

não tomou partido nessa controvérsia doutrinária, limitando-se a dispor, no art. 175, I, que a isenção exclui o crédito tributário. Isso pode significar que, nos casos de isenção, inexiste a própria obrigação tributária, de vez que o crédito é simples decorrência daquela (art. 139). Ou pode significar que a obrigação existe mas é incobrável, porquanto a obrigação de pagar é inexigível quando inexista o crédito correspondente.

Na verdade, a isenção pode ser considerada uma dispensa de tributo, se tomarmos a palavra "tributo" no sentido que ela tem no plano da abstração. Quando dizemos que somente a lei pode criar tributo, estamos empregando a palavra "tributo" no sentido que ela tem no plano da abstração jurídica. No plano da norma, e não no plano do fato. Neste mesmo sentido está a palavra "tributo" quando se afirma que

a supressão ou a redução de tributo compete ao Legislativo, não podendo efetuá-la o particular, por definição.[146]

Certo é que a palavra "tributo", como quase todas as palavras, é plurissignificativa. Como demonstra Paulo de Barros Carvalho, em pelo menos seis sentidos essa palavra tem sido empregada pela doutrina do direito tributário. Assim, *tributo* pode significar: (1) quantia em dinheiro; (2) prestação correspondente ao dever jurídico do sujeito passivo; (3) direito subjetivo de que é titular o sujeito ativo; (4) relação jurídica tributária; (5) norma jurídica tributária; e, ainda, (6) norma, fato e relação jurídica.[147]

Na verdade, quando se diz que a isenção é uma dispensa do tributo, a afirmação estará correta se entendermos a palavra "tributo", aí empregada, no sentido de norma jurídica tributária. Não estará correta, todavia, se entendermos a palavra "tributo", aí empregada, no sentido de relação jurídica tributária, cuja existência pressupõe a concretização da hipótese de incidência tributária que lhe deu origem.

O que faltou ao grande mestre Rubens Gomes de Sousa foi simplesmente a distinção entre o plano normativo, ou plano da abstração jurídica, no qual reside a hipótese de incidência tributária, e o plano do fato, ou plano da concreção jurídica, onde reside o fato gerador do tributo. Isto fica muito claro quando Rubens Gomes de Sousa se reporta à distinção entre *não incidência* e *isenção*, como a seguir se verá.

146. Juary G. Silva, *Elementos de Direito Penal Tributário*, São Paulo, Saraiva, 1998, p. 90.
147. Paulo de Barros Carvalho, *Curso de Direito Tributário*, 15ª ed., São Paulo, Saraiva, p. 19.

10.5.5 *Isenção como hipótese de não incidência*

José Souto Maior Borges[148] afirma que a isenção

> configura hipótese de não incidência legalmente qualificada, como a imunidade configura hipótese de não incidência *constitucionalmente* qualificada (...).

E tal afirmação é correta se tomarmos a palavra "incidência" no sentido de surgimento da obrigação tributária. Não se tomarmos a palavra "incidência" no sentido em que é geralmente utilizada na Teoria Geral do Direito, significando ocorrência no mundo fenomênico do suporte fático de uma norma jurídica.

A rigor, a situação qualificada como de não incidência tributária está fora da hipótese de incidência da norma de tributação, mas sobre ela incide a norma de isenção. As dificuldades da doutrina resultam, sem dúvida, do uso da palavra "incidência" com sentido diverso daquele que lhe é atribuído pela Teoria Geral do Direito. Em sentido no qual é usual no direito tributário, para significar o nascimento da obrigação tributária.

Rubens Gomes de Sousa, ao explicar a distinção entre isenção e não incidência, depois de insistir em que na isenção ocorre dispensa de tributo devido, assevera:

> Finalmente, a não incidência decorre da própria definição do fato gerador contida na lei tributária: desde que o fato ocorrido não corresponda àquela definição, dá-se a não incidência; a isenção, ao contrário, depende de lei expressa, justamente por ser um favor, isto é, uma exceção à regra de que, verificado o fato gerador, é devido o tributo.

Como se vê, Rubens Gomes de Sousa afirma que a regra de isenção estabelece uma exceção à regra de tributação. Apenas não deixou claro que regra e exceção, no caso, estão situadas no plano da normatividade, vale dizer, no plano da abstração jurídica, pelo quê devem ser examinadas, a regra e a exceção, independentemente da concreção do Direito, vale dizer, sem que se precise cogitar da concretização do suporte fático nem de uma, nem da outra.

10.5.6 *Isenção como exceção à norma de tributação*

Realmente, a compreensão da natureza jurídica da isenção tributária tem sido perturbada exatamente pela confusão que tem sido feita

---

148. José Souto Maior Borges, *Teoria Geral da Isenção Tributária*, 3ª ed., 3ª tir., São Paulo, Malheiros Editores, 2011, p. 183.

entre os planos da normatividade ou da abstração jurídica e o da concreção do Direito ou da realização no mundo dos fatos daquelas hipóteses descritas nas normas.

A norma de tributação descreve uma situação que, se e quando concretizada, fará nascer a obrigação tributária. É o suporte fático dessa norma. O denominado *fato gerador do tributo*, denominação que é mais adequada para designar o fato concretizado. A concretização da hipótese de incidência tributária.

A norma de isenção, seja contemporânea à norma de tributação, como ocorre na generalidade dos casos, seja posterior, como às vezes ocorre, institui uma exceção. Enquanto a situação descrita como suporte fático da norma de tributação consubstancia um gênero, a situação descrita como suporte fático da norma de isenção consubstancia uma exceção. Regra e exceção que podem ser examinadas desde o plano normativo, vale dizer, desde o plano da abstração jurídica, sem que se tenha de cogitar se uma incidiu, ou não. Se o suporte fático de uma ou da outra concretizou-se, ou não. Já, no plano da normatividade – vale dizer, no plano da abstração jurídica –, têm-se uma regra e uma exceção. Por exemplo, tem-se uma regra a dizer que constitui fato gerador do imposto de renda a aquisição de disponibilidade econômica ou jurídica de renda ou de proventos de qualquer natureza. E uma exceção, a dizer que é isento do imposto o rendimento tal ou qual. Auferido nessa ou naquela condição. Por tais ou quais pessoas.

A isenção distingue-se da não incidência tributária exatamente por ser uma exceção à norma de tributação, enquanto a não incidência resulta pura e simplesmente da definição da hipótese de incidência. Por isto mesmo, aliás, não pode existir isenção sem norma específica, enquanto a não incidência tributária prescinde de norma que a defina. Define-se por exclusão. Tudo o que não está compreendido na hipótese de incidência da norma de tributação está necessariamente fora dela – e, assim, constitui hipótese de não incidência tributária.

A relação entre a norma de tributação e a norma de isenção é simplesmente a mesma relação que existe entre toda regra e a exceção a ela. A norma de isenção institui, indiscutivelmente, exceção à norma de tributação.

11. Substituição tributária para a frente

A Constituição Federal estabelece: "A lei poderá atribuir a sujeito passivo de obrigação tributária a condição de responsável pelo pagamento de imposto ou contribuição cujo fato gerador deva ocorrer posteriormente, assegurada a imediata e preferencial restituição da quantia paga, caso não se realize o fato gerador presumido" (art. 150, § 7º, com redação da Emenda Constitucional 3, de 17.3.1993). É a fórmula que se tornou conhecida como *substituição tributária para a frente* e que, a rigor, não é propriamente substituição tributária, mas cobrança antecipada do imposto.

Com o pretexto de contornar as fraudes e de simplificar o controle do imposto, foi adotado no ICMS esse regime de *substituição tributária*, que, na prática, implica substituir o imposto plurifásico não cumulativo por um imposto monofásico.

Essa forma de substituição tributária, além de eliminar a vantagem apontada pelos defensores da não cumulatividade, que consistia em gravar sucessivamente as operações de circulação de mercadorias, dividindo o ônus do tributo nas sucessivas operações, restabeleceu a prática antiga e já repelida pela jurisprudência, da utilização de pautas fiscais. Como na substituição tributária dita *para a frente*, tributam-se antecipadamente operações futuras, tornou-se imprescindível a fixação de bases de cálculo arbitradas, o que enseja a arrecadação, em muitos casos, de tributo maior que o realmente devido.

Por força do que é expressamente afirmado na regra da Constituição Federal, o contribuinte tem direito à restituição dos valores pagos a maior na antecipação. Esse direito, porém, nem sempre era respeitado pelas Fazendas, criando-se, aí, mais um ponto de atrito. Por outro lado, garantindo-se esse direito, anula-se praticamente a substituição como mecanismo contra práticas fraudulentas. Além disto, desaparece também da substituição a vantagem da simplificação do controle.

Com tais argumentos, o STF decidiu que o valor do ICMS pago por substituição tributária é definitivo. E, com isto, anulou definitivamente as vantagens da não cumulatividade, especialmente a da distribuição do ônus do imposto nas diversas etapas da circulação dos bens. Mesmo assim, manteve a maioria das desvantagens, inclusive a da complexidade e a do excessivo controle burocrático, ensejando práticas arbitrárias agora mais evidentes e injustas, como é o caso da imposição de multas por infrações formais não obstante tenha sido o imposto recolhido por substituição tributária e nenhum ajuste deva mais ser feito em razão do preço final.

Na verdade, a decisão do STF instituiu um modelo misto para o ICMS, com a desvantagem da tributação monofásica somada à desvantagem do ressurgimento das pautas fiscais e, ainda, com todas as desvantagens da não cumulatividade, como tivemos oportunidade de demonstrar em estudo no qual criticamos aquela decisão, no qual afirmamos:[149]

4.8.6 O imposto misto e confuso com base de cálculo arbitrária

A decisão da Corte Maior, ora criticada, na verdade institui um ICMS misto de imposto monofásico para certas mercadorias, cobrado com base em valores arbitrados pelas autoridades da Administração Tributária, ao arrepio do princípio da legalidade, convivendo com um imposto plurifásico não cumulativo, com o qual são mantidos os inconvenientes de um sistema extremamente burocratizado, de difícil administração, gerador de intermináveis atritos na relação Fisco/contribuinte.

A rigor, o regime de substituição tributária progressiva ou para frente, no ICMS, apenas serve para demonstrar a impraticabilidade da técnica da não cumulatividade adotada deste a Emenda Constitucional n. 18/1965 à Constituição de 1946, que tem gerado imensas dificuldades para a arrecadação do tributo e criado oportunidades para as práticas fraudulentas, em face das quais multiplicaram-se os instrumentos de controle, complicados, onerosos e de certa forma inúteis, como as restrições à impressão e utilização de notas fiscais que se transformaram em verdadeiros cheques em branco nas mãos de contribuintes inescrupulosos, e as restrições muita vez arbitrárias à utilização de créditos, que terminam por sacrificar as parcas vantagens do princípio constitucional.

As desvantagens de ordem prática da técnica da não cumulatividade, porém, não justificam a substituição tributária para frente como foi implantada em nosso sistema e ficou fortalecida com a Emenda Constitucional n. 3/1993 à Constituição de 1988. Elas justificam, isto, sim, a extinção do ICMS plurifásico não cumulativo e a implantação, em seu lugar, de um imposto monofásico na produção e na importação, e outro, também monofásico, nas vendas a varejo ou prestação de serviço a consumidor final.

O único argumento consistente que vimos colocado contra essa tese, que sustentamos desde quando estava sendo elaborada a Constituição de 1988, foi o de que o imposto monofásico na produção e na importação, para gerar uma arrecadação equivalente ao do ICMS não cumulativo, implicaria elevado ônus para o capital de giro das empresas.

Essa desvantagem certamente pode ser minimizada com o estabelecimento de prazos maiores para o recolhimento do tributo, que permitirão aos industriais e importadores a concessão de prazos também maiores a seus clientes revendedores. E o imposto monofásico na produção e na importação pode ter base de cálculo estabelecida em lei, sem qualquer margem para o arbítrio, oferecendo a desejada segurança tanto para o Fisco como para os contribuintes.

---

149. Hugo de Brito Machado, *Comentários ao Código Tributário Nacional*, 2ª ed., vol. I, São Paulo, Atlas, 2007, pp. 620-622.

O que a final resultou, porém, da decisão da Corte Maior, ora em questão, foi a terrível mistura de um imposto plurifásico não cumulativo, complicado e por isto mesmo de difícil administração, com um imposto monofásico na produção ou importação implantado a pretexto de uma substituição tributária para a frente, a critério das autoridades fazendárias, com base de cálculo arbitrária, sem qualquer segurança para os contribuintes, e que implica a final ônus com certeza maior que o devido sem a malsinada substituição tributária.

4.8.7 Perspectiva de aumento das pressões e dos atritos

Não é preciso ser um futurólogo para se ver que a transformação, pelo STF, da substituição tributária para frente no ICMS em tributação definitiva trará como consequência o aumento das pressões, de um lado as autoridades fazendárias buscando elevar as bases de incidência desse imposto antecipado, e do outro dos contribuintes substituídos no sentido de reduzir essas mesmas bases, que, elevadas como já estão, implicam ônus tributário maior que o decorrente da aplicação da alíquota legalmente fixada sobre o preço efetivamente praticado nas operações de venda ao consumidor.

Além das pressões, aumentarão com certeza os atritos na relação Fisco/contribuinte, provocados especialmente pelas exigências do imposto em operações subsequentes não obstante as mercadorias tenham sido já tributadas no regime de substituição.

4.8.8 A pressão governamental sobre as montadoras de automóveis

No caso do comércio de veículos automotores, que mereceu especial destaque no voto do Min. Ilmar Galvão, os contribuintes são colocados em posição de absoluto desconforto pelas circunstâncias do mercado brasileiro. As revendedoras, como se sabe, submetem-se às determinações das montadoras, e estas às determinações do Governo Federal, que contra elas dispõe de fortíssimo instrumento de convicção, que é o imposto de importação.

Facultado, como é, ao Poder Executivo alterar as alíquotas do imposto de importação, poderá o Governo Federal a qualquer momento sacrificar a margem de lucro das montadoras de veículos automotores do País, bastando para tanto reduzir as alíquotas do imposto de importação desses bens. Os produtos estrangeiros, com incentivos dos Países onde estão instalados, suprirão o mercado nacional a preços bem mais baixos que os praticados pelas montadoras instaladas em nosso território. Assim, não é preciso dizer mais para explicar por que tais montadoras submetem-se às determinações do Governo.

Por outro lado, tais montadoras têm interesse na prática da substituição tributária do ICMS porque, como agentes arrecadadores desse imposto, permanecem durante um certo tempo com os valores correspondentes, com as vantagens naturalmente daí decorrentes.

A propósito dessa decisão do STF, podemos acrescentar que ela contrariou o próprio fundamento do julgado anterior pelo qual a Corte Maior considerou válida a substituição tributária no ICMS, vale dizer, a garantia de que não seria burlado o princípio da não cumulatividade, posto que estaria assegurada a restituição do imposto na hipótese de venda a final por preço menor que o valor que servira como base de cálculo na substituição.

Alimenta-se a esperança de que o STF venha a modificar sua orientação nessa matéria, posto que a substituição tributária como está concebida naquela Corte Suprema consegue reunir todas as desvantagens que o ICMS pode ter; assim: (a) admite tributação definitiva com base em pautas fiscais arbitrariamente fixadas pelo Fisco; e (b) onera demasiadamente a atividade de produção e circulação de bens, porque incide com alíquota bastante elevada logo na primeira etapa, vale dizer, na operação praticada pelo contribuinte substituto.

12. Uniformidade dos tributos federais

Ainda na parte em que cuida das limitações ao poder de tributar, a vigente Constituição Federal veda à União "instituir tributo que não seja uniforme em todo o território nacional ou que implique distinção ou preferência em relação a Estado, ao Distrito Federal ou a Município, em detrimento de outro, admitida a concessão de inventivos fiscais destinados a promover o equilíbrio do desenvolvimento socioeconômico entre as diferentes regiões do País" (art. 151, I).

Como se vê, a Constituição admite expressamente que a União pode utilizar seus tributos para promover a igualdade socioeconômica entre as diversas regiões do País. E nem poderia, mesmo, ser diferente, para que não restasse quebrada a coerência, pois a redução dessas desigualdades está em seu texto como um dos objetivos fundamentais de nossa República, assim: "Art. 3º. Constituem objetivos fundamentais da República Federativa do Brasil: (...) III – erradicar a pobreza e a marginalização e reduzir as desigualdades sociais e regionais; (...)".

Além disso, em vários outros dispositivos – entre eles os arts. 159, I, "c"; 161, II; 165, § 7º; e 170, VII – preconiza providências para a redução das desigualdades sociais e regionais.

Aliás, para a redução das desigualdades regionais o melhor instrumento, no âmbito da tributação, é a instituição, pela União, de tratamento tributário diferenciado, com alíquotas menores, especialmente do imposto sobre produtos industrializados e do imposto de importação, criando estímulo a que empresários instalem seus empreendimentos nas regiões menos desenvolvidas. A não ser assim, por razões óbvias relacionadas aos mercados, eles continuarão preferindo as regiões mais desenvolvidas.

13. Tributação da renda gerada pelo Poder Público

A Constituição Federal veda à União tributar a renda das obrigações da dívida pública dos Estados, do Distrito Federal e dos Municípios bem como a remuneração e os proventos dos respectivos agentes públicos em níveis superiores aos que fixar para suas obrigações e para seus agentes (art. 151, II). Evita, desta forma, que o imposto sobre renda e proventos de qualquer natureza, da competência da União, seja por esta utilizado como instrumento para discriminar aplicações em títulos da dívida pública e a prestação de serviços em atividades vinculadas a entidades públicas. Quem faz aplicação financeira em títulos da dívida pública dos Estados e do Distrito Federal ou dos Municípios tem garantido um limite para o imposto de renda sobre os rendimentos respectivos, que é o do imposto de renda sobre idênticos rendimentos pagos pela União. O mesmo ocorre em relação aos rendimentos proporcionados aos servidores públicos.

Não conhecemos as razões de ordem prática que motivaram a inserção do dispositivo constitucional contendo a referida limitação. Aliás, é razoável sustentar que se trata de mera explicitação do princípio da isonomia, que seria invocável contra a exigência pela União, nos casos indicados, de imposto de renda maior que o cobrado quando idênticos rendimentos são por ela propiciados.

A rigor, o tratamento desigual, com imposto de renda maior sobre rendimentos produzidos por Estados e Municípios do que o incidente sobre rendimentos produzidos pela própria União, seria uma agressão à denominada *imunidade tributária recíproca*. Na verdade, a União estaria, de certa forma, tributando o patrimônio dessas pessoas jurídicas.

14. Isenções heterônomas

14.1 Preservação da autonomia dos Estados e dos Municípios

Entre as limitações ao poder de tributar, a Constituição Federal inclui dispositivo a dizer que é vedado à União instituir isenções de tributos da competência dos Estados, do Distrito Federal ou dos Municípios. Com isto, proíbe a denominada *isenção heterônoma*, isto é, isenção concedida por pessoa jurídica diversa daquela que institui o tributo.

A expressão "isenção heterônoma" não é de uso comum. Muitos dicionários nem a registram, como não esclarecem bem o sentido da palavra "heterônomo". Em nosso *Dicionário*, assim a definimos:[150]

> É a isenção de um tributo da competência de uma pessoa jurídica de direito público concedida por outra. Isenção de um tributo estadual, ou municipal, concedida pela União. A isenção heterônoma já foi expressamente autorizada pela Constituição, mas hoje é expressamente vedada.[150-A] Restou a polêmica em torno da questão de saber se a União pode, mediante tratado internacional, conceder isenção de imposto estadual, ou municipal. A resposta afirmativa é na verdade a melhor, porque ao celebrar um tratado internacional a União está representando toda a Nação, posto que Estados e Municípios não são pessoas jurídicas no plano internacional, vale dizer, essas pessoas jurídicas de direito público interno são, no plano internacional, representadas pela União.

Realmente, o poder de isentar é inerente ao poder de tributar, de sorte que o dispositivo em questão é simplesmente explicitante. Na verdade, a União não poderia, mesmo, instituir isenções de tributos estaduais ou municipais. Mas essa explicitação tem uma explicação razoável. É que na Constituição anterior havia regra expressa em sentido contrário. Regra estabelecendo que: "A União, mediante lei complementar e atendendo a relevante interesse social ou econômico nacional, poderá conceder isenções de impostos estaduais e municipais" (CF/1967, com a redação que lhe deu a Emenda Constitucional 1/1969, art. 19, § 2º).

Assim, para evitar dúvidas, o constituinte de 1988, com o intuito de reforçar a autonomia dos Estados e dos Municípios, inverteu a regra. Vedou à União conceder isenção de tributos estaduais e municipais. Sobre o assunto já escrevemos:[151]

> O inciso III do art. 151, finalmente, impede que a União isente de tributos da competência dos Estados, do Distrito Federal ou dos Municípios.

---

150. Hugo de Brito Machado e Schubert de Farias Machado, *Dicionário de Direito Tributário*, São Paulo, Atlas, 2011, p. 123.

150-A. CF/1988, art. 151, III.

151. Hugo de Brito Machado, *Curso de Direito Tributário*, 35ª ed., São Paulo, Malheiros Editores, 2014, p. 297.

Essa regra também tem apenas o mérito de eliminar controvérsias, eis que na verdade bastaria o silêncio constitucional, posto que competente para isentar é o titular da competência para tributar. Na Constituição anterior havia regra expressa atribuindo à União competência para, mediante lei complementar, isentar de tributos estaduais e municipais. Era norma evidenciadora do excesso de centralismo. Por isto explica-se o cuidado do constituinte de 1988, que afastou, com o inciso III do art. 151, a possibilidade de se argumentar com a sobrevivência daquela norma centralizadora de poder.

Suscitou-se, então, a questão de saber se é válida a isenção de tributos estaduais e municipais concedida pela União mediante tratado ou convenção internacional.

14.2 Isenção mediante tratados internacionais

O Código Tributário Nacional, editado há mais de 40 anos, alberga norma que indica não serem os tratados internacionais simples leis da União, tanto que são superiores às leis internas (art. 98). Não obstante, a questão de saber se pode a União, mediante tratado internacional, conceder isenção de tributos estaduais ou municipais tem dado ensejo a sérias divergências.

Questiona-se a autonomia dos Estados e dos Municípios. Um equívoco, porque os tratados internacionais não se submetem de nenhum modo à influência das tendências autonomistas ou concentradoras no pacto federativo. Essas tendências realmente se manifestaram em sentido nitidamente oposto. No período dos governos militares a concentração de poder político foi muito forte, resultando daí regra expressa na Constituição de 1967/1969 autorizando a União a isentar de tributos estaduais e municipais. Com a denominada redemocratização prevaleceu a tendência autonomista, do que resultou regra constitucional expressa em sentido oposto, além da adequada desconcentração da própria competência impositiva. E nos dias atuais, ou, mais exatamente, pouco tempo depois de editada a Constituição Federal de 1988, passou a manifestar-se novamente forte tendência centralizadora, que se vê revelada em diversas emendas constitucionais em matéria tributária.

A questão da concessão de isenção mediante tratados internacionais, todavia, não deve ser colocada no plano dessas tendências. Ela deve ser tratada – isto, sim – no plano das relações internacionais.

A Constituição Federal de 1967, com redação que lhe deu a Emenda 1/1969, albergava regra expressa no sentido de que: "A União, mediante lei complementar e atendendo a relevante interesse social ou econômico nacional, poderá conceder isenções de impostos estaduais e municipais" (art. 19, § 2º).

Tínhamos, então, autorização constitucional expressa à União para conceder isenção de impostos estaduais e municipais. Fruto, certamente, da concentração do poder político em mãos do Governo Federal. Não se podia, portanto, pôr em dúvida a validade de lei complementar da União que concedia isenção de impostos estaduais e municipais.

Durante o funcionamento da Assembleia Constituinte no final dos anos 80 a pressão de prefeitos e governadores se fez valer, no sentido da desconcentração do poder político, e um dos resultados dessa pressão foi não apenas a não reprodução daquela regra autorizativa, mas a edição de regra expressa em sentido oposto. E diante dessa regra estabeleceu-se a divergência em torno da questão de saber se a União pode, mediante tratado ou convenção internacional, conceder isenção de tributos estaduais e municipais.

Há quem sustente que sim, com o argumento de que o tratado seria uma lei interna do Estado Brasileiro, e não simplesmente da União, obrigando a esta da mesma forma que obriga aos demais entes que formam a República Federativa do Brasil.[152] Há, todavia, quem ofereça resposta negativa.[153] Tese, aliás, prestigiada pelo STJ, que decidiu:[154]

> Isenção – Tratado internacional. O STJ tem decisão no sentido de que a União não pode isentar do ICMS mediante tratado internacional, sem lei do Estado, porque "o art. 98 do CTN deve ser interpretado com base no panorama jurídico imposto pelo novo sistema tributário nacional".

Colocada no plano federativo interno, a tese autonomista albergada pelo STJ é incensurável. Vedado, como é, à União conceder isenção de tributos estaduais e municipais (CF/1988, art. 151, III), é razoável entender que essa vedação há de ser respeitada ainda quando a norma

---

152. Daniela Ribeiro de Gusmão, "A concessão pela União de isenções relativas a tributos estaduais e municipais – Possibilidade no âmbito dos tratados internacionais", *Revista Trimestral de Jurisprudência dos Estados* 168/19, São Paulo, Jurid Vellenich, janeiro-fevereiro/1999.

153. Edgard Neves da Silva, "Tratados e convenções internacionais – Outorga de isenção – Imposto municipal sobre serviços – Inconstitucionalidade", *Revista da Faculdade de Direito de São Bernardo do Campo* 5/44-53.

154. STJ, 1ª Turma, REsp 90.871-PE, rel. Min. José Delgado, j. 17.6.1997, *DJU*-I 20.10.1997, p. 52.977, e *Repertório IOB Jurisprudência* 5/97, 1ª quinzena de março/1998, texto 1/11.982.

que concede a isenção seja veiculada por tratado internacional. Por isto mesmo, aliás, na proposta de emenda constitucional com a qual o Governo pretendeu, em 1995, alterar o sistema tributário foi colocada uma norma fazendo ressalva àquela vedação para isenções previstas em tratado, convenção ou ato internacional do qual o Brasil seja signatário.[155]

Ocorre que o tratado internacional não deve ser colocado no plano das normas que regulam relações internas. Por isto, preferimos admitir a possibilidade de concessão, mediante tratado internacional, de isenção de impostos estaduais e municipais. Não se pode deixar de considerar que os tratados internacionais, embora celebrados por órgãos da União, na verdade, são atos da soberania externa, praticados pelo Estado Brasileiro, que há de ser visto por um prisma diferente daquele pelo qual se vê a União como órgão da soberania interna. Nos atos internacionais a União representa toda a Nação, na qual se incluem, obviamente, os Estados-membros e Municípios.

Por tal razão, Valdir de Oliveira Rocha[156] afirma que

> as isenções de quaisquer tributos podem ser decorrentes de tratados internacionais; se concedidas antes da nova Constituição, foram por ela recepcionadas. Tratado é lei interna do Estado Brasileiro, e não simplesmente da União; assim, obriga a esta como aos demais entes que formam a República Federativa do Brasil.

No mesmo sentido manifesta-se, com inteira propriedade, Valério de Oliveira Mazzuoli,[157] que escreve:

---

155. Proposta de Emenda Constitucional 175/1995, apresentada pelo Presidente da República com a Mensagem 888, de 23.8.1995, na qual é sugerida para o inciso III do art. 151 da CF a redação seguinte: "III – instituir isenção de tributo da competência dos Estados, do Distrito Federal ou dos Municípios, salvo quando prevista em tratado, convenção ou ato internacional do qual o Brasil seja signatário".

156. Valdir de Oliveira Rocha, "Tratados internacionais e vigência das isenções por eles concedidas, em face da Constituição de 1988", *Repertório IOB de Jurisprudência* 5/91, texto 1/3.964. Fundamentando seu entendimento, Valdir de Oliveira Rocha invoca lição de Miguel Reale, a dizer: "Geralmente se pratica o erro de pensar que o Estado Brasileiro é a União, quando a União é efetivamente um dos aspectos internos do Estado Brasileiro. Para quem focaliza o Brasil, digamos assim, considerando-o de fora, como um todo, não existem Municípios, nem Estados, nem União: existe apenas e tão somente a pessoa jurídica unitária do Estado Brasileiro" (*Lições Preliminares de Direito*, 13ª ed., São Paulo, Saraiva, 1986, p. 235).

157. Valério de Oliveira Mazzuoli, *Curso de Direito Internacional Público*, 2ª ed., São Paulo, Ed. RT, 2007, p. 320.

Nos termos do art. 18 da Constituição de 1988, os Estados e Municípios brasileiros são entes dotados de autonomia, podendo assim legislar em matéria tributária em assuntos de sua competência, levando em consideração os seus interesses particulares caso a caso. Daí então a regra do art. 151, III, do texto constitucional, segundo a qual é vedado à União "instituir isenções de tributos da competência dos Estados, do Distrito Federal ou dos Municípios". Com base nesse dispositivo fica a questão de saber se a vedação da União de isentar tributos estaduais, distritais ou municipais se estende aos tratados internacionais firmados pela República Federativa do Brasil com outros Países.

Reportando-se a manifestação do STJ em sentido afirmativo da vedação, Mazzuoli[158] esclarece:

> Segundo entendemos, tal posicionamento jurisprudencial encontra-se equivocado, uma vez que não é a União que celebra tratados, mas sim a República Federativa do Brasil, da qual a União é apenas parte. Em verdade, o comando do legislador constituinte que proíbe a concessão de isenções heterônomas (aquelas concedidas por normas emanadas de pessoa pública que não é titular da competência para instituir o tributo) está direcionado tão somente à União (que é pessoa jurídica de Direito interno) e não à República Federativa do Brasil (que é pessoa jurídica de Direito internacional, à qual o texto constitucional dá competência para assumir compromissos exteriores). É a República Federativa do Brasil, e não a União (que é, assim como os Estados e Municípios, apenas um dos componentes da República), que tem personalidade jurídica de direito das gentes e, portanto, pode celebrar tratados internacionais com outros Estados soberanos. É clara a regra constitucional do art. 1º da Carta Magna de 1988, segundo a qual a República Federativa do Brasil é "formada pela União indissolúvel dos Estados e Municípios e do Distrito Federal". Assim, quando se celebra um tratado internacional, ainda que prevendo determinada isenção que, internamente, seria da competência tributária dos Estados ou Municípios, o ente que o está celebrando é a *República Federativa do Brasil*, da qual a União, os Estados e os Municípios apenas fazem parte. Portanto, a representação externa da Nação é *única* e não fracionada, razão pela qual a Constituição não atribuiu aos componentes da Federação personalidade jurídica de direito internacional público. Quando o Presidente da República celebra um tratado internacional (à luz do art. 84, VIII, da Constituição) o faz não como chefe de governo (figura de Direito interno) mas como chefe de Estado (figura de Direito internacional), com competência para disciplinar quaisquer dos seus interesses, sejam eles do conjunto federativo (interesses da União) ou de cada um dos componentes da Federação (interesses dos Estados e dos Municípios).

---

158. Valério de Oliveira Mazzuoli, *Curso de Direito Internacional Público*, 2ª ed., São Paulo, Ed. RT, 2007, pp. 320-321.

O STF, que se havia manifestado no sentido de que os tratados internacionais equivalem à lei ordinária, em julgamento que começou com a decisão de sua 1ª Turma, em 14.12.1998, de submeter o caso ao Plenário, finalmente acolheu a tese que temos adotado, e afirmou que o art. 98 do CTN "possui caráter nacional, com eficácia para a União, os Estados e os Municípios" (voto do Min. Ilmar Galvão). O acórdão, unânime, porta a seguinte ementa:[159]

> Direito tributário – Recepção pela Constituição da República de 1988 do Acordo Geral de Tarifas e Comércio – Isenção de tributo estadual prevista em tratado internacional firmado pela República Federativa do Brasil – Art. 151, inciso III, da Constituição da República – Art. 98 do CTN – Não caracterização de isenção heterônoma – Recurso extraordinário conhecido e provido.
> 1. A isenção de tributos estaduais previstos no Acordo Geral de Tarifas e Comércio para as mercadorias importadas dos Países signatários quando o similar nacional tiver o mesmo benefício foi recepcionada pela Constituição da República de 1988.
> 2. O art. 98 do CTN "possui caráter nacional, com eficácia para a União, os Estados e os Municípios" (voto do eminente Min. Ilmar Galvão).
> 3. No Direito internacional apenas a República Federativa do Brasil tem competência para firmar tratados (arts. 52, § 2º, da Constituição da República), dela não dispondo a União, os Estados ou os Municípios. O Presidente da República não subscreve tratados como chefe de governo, mas como chefe de Estado, o que descaracteriza a existência de uma isenção heterônoma, vedada pelo art. 151, inciso III, da Constituição.
> 4. Recurso extraordinário conhecido e provido.

Desde 1999 temos afirmado a inconsistência da tese anteriormente acolhida pelo STF, escrevendo:[160]

> Argumenta-se, em defesa do entendimento da Corte Maior, que a elaboração legislativa cabe ao Congresso Nacional (CF, art. 44) e tal competência não pode ser tolhida por tratados internacionais, até porque compete privativamente ao Congresso Nacional resolver definitivamente sobre estes, quando acarretem encargos ou compromissos gravosos ao patrimônio nacional (CF, art. 49, I). O argumento, porém, é inconsistente. As normas da Constituição, como quaisquer outras do sistema jurídico,

---

159. STF, Plenário, RE 229.096-0-RS, rel. originário Min. Ilmar Galvão, rela. para o acórdão Min. Cármen Lúcia, j. 16.8.2007, v.u., *DJe* 065, divulgação em 10.4.2008, publicação em 11.4.2008.

160. Hugo de Brito Machado, *Curso de Direito Tributário*, 16ª ed., São Paulo, Malheiros Editores, 1999, pp. 68-69 (v. 35ª ed., São Paulo, Malheiros Editores, 2014, p. 87).

devem ser interpretadas com atenção para o contexto. Nenhuma deve ser interpretada isoladamente. A norma que atribui ao Congresso Nacional a função legislativa e a que lhe atribui competência privativa para resolver definitivamente sobre tratados internacionais devem ser entendidas em harmonia com norma, da mesma Constituição, que atribui ao Presidente da República competência para iniciar o processo legislativo na forma e nos casos nela previstos (CF, art. 84, III) e também para celebrar tratados, convenções e atos internacionais, sujeitos a referendo do Congresso Nacional (CF, art. 84, VIII). Os tratados internacionais, portanto, devem ser respeitados pelo Congresso Nacional, que os referenda, e somente devem ser alterados pela via própria. Não por leis internas.

Por outro lado, a alteração, por lei interna, de um tratado internacional não tem apoio nos princípios da moralidade, que devem presidir também as relações internacionais. Alterando, por lei interna, regras de tratado internacional, o País perde credibilidade.

Assim, temos fortalecido o nosso entendimento, no sentido de que os tratados internacionais não podem ser revogados por lei interna. Tanto no plano da Ciência do Direito, como no plano ético.

Em julgamento que teve início em 14.12.1998, quando sua 1ª Turma decidiu remeter o caso ao Tribunal Pleno, o STF, a final, decidiu pela prevalência dos tratados internacionais sobre a lei interna, acolhendo, assim, a norma do art. 98 do CTN. Considerou que o referido dispositivo tem caráter nacional e que é válida a concessão de isenção de tributo estadual pela União, mediante tratado internacional.

Aliás, não fosse assim, o Brasil não teria como negociar isenções tributárias com outras Nações para a celebração de tratados, até porque o imposto mais significativo em ônus sobre a comercialização, em nosso País, é o ICMS.

15. Não discriminação em razão da procedência ou destino dos bens e serviços

Finalmente, como limitação ao poder de tributar a Constituição Federal estabelece que é vedado aos Estados, ao Distrito Federal e aos Municípios estabelecer diferença tributária entre bens e serviços, de qualquer natureza, em razão da sua procedência ou destino (art. 152).

O objetivo dessa limitação é evitar a "guerra fiscal" entre Estados e entre Municípios, que não podem alegar a necessidade de reduzir desigualdades econômicas regionais. Esse objetivo deve ser buscado pela União, a quem essa limitação não alcança.

Capítulo IV
ATRIBUIÇÃO CONSTITUCIONAL DE COMPETÊNCIAS TRIBUTÁRIAS

1. Supremacia constitucional e tributação: 1.1 Preservação da segurança na tributação – 1.2 Supremacia constitucional e os conceitos utilizados pelas normas. 2. Atribuição de competências e âmbito constitucional dos tributos: 2.1 Atribuição constitucional de competência tributária – 2.2 Âmbito constitucional dos tributos. 3. Âmbito constitucional das taxas e das contribuições: 3.1 O âmbito constitucional das taxas – 3.2 O âmbito constitucional da contribuição de melhoria – 3.3 O âmbito constitucional das contribuições sociais. 4. Âmbito constitucional dos impostos: 4.1 Imposto de importação de produtos estrangeiros – 4.2 Imposto de exportação – 4.3 Imposto sobre renda e proventos de qualquer natureza: 4.3.1 A Constituição e a lei complementar – 4.3.2 O conceito legalista de "renda" – 4.3.3 Vaguidade ou ambiguidade das palavras – 4.3.4 Liberdade do legislador complementar – 4.4 Imposto sobre produtos industrializados: 4.4.1 A Constituição e a lei complementar – 4.4.2 Antes da Constituição de 1934 – 4.4.3 Nas Constituição de 1934 e de 1937 – 4.4.4 Na Constituição de 1946 e sua Emenda 18 – 4.4.5 Nas Constituições de 1967, 1969 e 1988 – 4.4.6 Conceito de "produto industrializado" – 4.4.7 A industrialização no exterior – 4.4.8 A alegada bitributação – 4.4.9 A superposição ou bis in idem – 4.5 Imposto sobre operações financeiras: 4.5.1 A Constituição e a lei complementar – 4.5.2 A função extrafiscal e as restrições a princípios constitucionais – 4.5.3 Fundamentação do ato do Poder Executivo que altera o imposto – 4.6 Imposto territorial rural: 4.6.1 A Constituição e a lei complementar – 4.6.2 Propriedade, domínio útil e posse – 4.6.3 A lei civil definidora do imóvel por natureza – 4.6.4 Distinção entre imóvel rural e imóvel urbano – 4.7 Imposto sobre grandes fortunas: 4.7.1 O âmbito constitucional e a lei complementar – 4.7.2 Competência tributária não exercitada – 4.7.3 Viabilidade técnica – 4.7.4 Razão da não criação – 4.7.5 Deformação do imposto – 4.8 Impostos da competência residual – 4.9 Imposto extraordinário de guerra. 5. Âmbito constitucional dos impostos estaduais: 5.1 Imposto sobre heranças e doações – 5.2 Imposto sobre operações relativas à circulação de mercadorias: 5.2.1 A extrema complexidade – 5.2.2 A não cumulatividade do ICMS – 5.2.3 Deformação do ICMS – 5.2.4 Seletividade – 5.2.5. Produtos e serviços supérfluos – 5.3 Imposto sobre a propriedade de veículos automotores. 6. Âmbito constitucional dos impostos municipais: 6.1 Imposto sobre propriedade predial e territorial urbana: 6.1.1 A Constituição e a lei complementar – 6.2 Imposto sobre transmissão de bens imóveis: 6.2.1 A Constituição e a lei complementar – 6.2.2 A imunidade e os dispositivos do Código Tributário Nacional – 6.3 Imposto sobre serviços de qualquer natureza: 6.3.1 O âmbito constitucional e a delimitação feita pela lei complementar – 6.3.2 A questão das subempreitadas – 6.3.3 O caráter taxativo da Lista de Serviços – 6.3.4 Interpretação dos itens da Lista.

1. Supremacia constitucional e tributação

1.1 Preservação da segurança na tributação

Para a preservação da segurança jurídica na tributação, e especialmente para tornar mais efetivas as limitações ao poder de tributar, muitas regras concernentes à tributação foram inseridas na Constituição Federal, que, por ocupar a posição mais elevada na hierarquia do sistema jurídico, impõe-se sobre as demais regras de tributação.

Além disto, a exigência de *quorum* especial, mais elevado, para sua aprovação faz com que seja mais difícil a alteração das regras da Constituição, o que também contribui para a segurança nas relações de tributação.

A supremacia constitucional contribui, ainda, para a preservação da segurança jurídica nas relações de tributação porque projeta efeitos na aplicação das leis tributárias, que devem ser interpretadas de conformidade com as regras da Constituição.

1.2 Supremacia constitucional e os conceitos utilizados pelas normas

Na interpretação das leis tributárias devemos entender os conceitos nelas utilizados no sentido que as faça compatíveis com a Constituição, porque, se vemos em uma lei um conceito que a coloca em conflito com a Constituição, temos de concluir pela invalidade da lei, em face da hierarquia das normas no sistema jurídico. Realmente, como a lei está em posição hierárquica inferior, ela deve respeitar os conceitos utilizados na Constituição. Neste sentido doutrina, com propriedade, Aires Barreto,[1] escrevendo:

> Ao valer-se de determinado verbete empregado pela Constituição, tem-se por certo, salvo inequívoca demonstração em contrário, que a lei atribuiu-lhe o exato sentido, alcance e conteúdo que lhe foi dado pela Lei Suprema.

---

1. Aires F. Barreto, *ISS na Constituição e na Lei*, São Paulo, Dialética, 2003, p. 95.

Sim, porque admitir o contrário seria consentir que o legislador infraconstitucional, alterando o significado da terminologia constitucional, terminasse alterando as próprias competências, ampliando ou restringindo direitos constitucionalmente estabelecidos; seria consentir que a Constituição é flexível, mutável por atos inferiores.

Como a rigidez constitucional constitui ponto pacífico em nosso sistema jurídico e como a atribuição constitucional de competências tributárias é feita em caráter privativo, o respeito pelos conceitos utilizados em regras da Constituição Federal atributivas de competências tributárias é algo que se impõe ao legislador e ao aplicador das regras de tributação.

Aliás, a rigidez das regras atributivas de competência, especialmente tratando-se de impostos, é de tal ordem, que o constituinte teve a preocupação de estabelecer que: "Art. 146. Cabe à lei complementar: (...) III – estabelecer normas gerais em matéria de legislação tributária, especialmente sobre: a) definição de tributos e de suas espécies, bem como, em relação aos discriminados nesta Constituição, a dos respectivos fatos geradores, bases de cálculo e contribuintes; (...)".

2. Atribuição de competências e âmbito constitucional dos tributos

2.1 Atribuição constitucional de competência tributária

Entende-se por *atribuição constitucional de competência tributária* a outorga pela Constituição Federal, a cada uma das pessoas jurídicas de direito público que integram a Federação, de parcelas do poder de tributar.

A Constituição Federal, ao cuidar do sistema tributário nacional, começa por estabelecer que a União, os Estados, o Distrito Federal e os Municípios, podem instituir e cobrar impostos, taxas e contribuição de melhoria (art. 145, I, II e III). Mais adiante trata dos impostos da União, estabelecendo que a União pode instituir e cobrar os impostos que expressamente indica (art. 153, I a VII, e 154). Depois trata dos impostos dos Estados e do Distrito Federal (art. 155), e em seguida trata dos impostos dos Municípios (art. 156).

A Constituição Federal estabelece, ainda, que compete à União instituir e cobrar as contribuições que indica; aos Estados, ao Distrito Federal e aos Municípios, instituir e cobrar contribuições previdenciárias de seus servidores; e aos Municípios, instituir e cobrar contribuição para custeio da iluminação pública.

Como se vê, a atribuição constitucional de competências tributárias é bastante extensa e casuística. Importante, porém, é o estudo de alguns aspectos relevantes para o direito constitucional tributário ligados a essa atribuição constitucional de competências, entre os quais destacamos o estudo do *âmbito constitucional dos tributos*.

2.2 Âmbito constitucional dos tributos

Ao atribuir às pessoas jurídicas de direito público interno a competência para a instituição de seus tributos, a Constituição Federal define o que temos denominado o *âmbito constitucional* de cada um deles. Assim, as taxas, a contribuição de melhoria, as demais contribuições e todos os impostos têm seus âmbitos constitucionais de incidência.

O âmbito constitucional de incidência de um tributo, que se encontra na regra da Constituição atributiva da competência para sua instituição, é a situação de fato da qual se pode valer o legislador para a instituição desse tributo. Sobre isto já escrevemos:[2]

> É importante observarmos que nossa Constituição Federal delimita, com razoável precisão, a matéria fática de que se pode valer o legislador na instituição dos tributos. Em relação aos impostos ela o faz ao partilhar as competências entre a União, os Estados e Distrito Federal e os Municípios. Ao atribuir a cada uma dessas entidades a respectiva competência para instituir impostos, a Constituição Federal delimita a matéria de que se pode valer o legislador de cada uma dessas pessoas jurídicas de direito público para instituí-los, vale dizer, para definir a hipótese de incidência de cada um desses impostos.

O conhecimento do âmbito constitucional de um tributo é de fundamental importância para lidarmos com o direito tributário, porque, diante de uma lei federal, estadual ou municipal que institui um tributo, nos permite saber se esse tributo é, ou não, autorizado pela Constituição. Em outras palavras, é a partir do conhecimento do âmbito constitucional de um tributo que podemos avaliar sua constitucionalidade.

---

2. Hugo de Brito Machado, *Curso de Direito Tributário*, 35ª ed., São Paulo, Malheiros Editores, 2014, p. 279.

3. Âmbito constitucional das taxas e das contribuições

3.1 O âmbito constitucional das taxas

A Constituição Federal estabelece que a União, os Estados, o Distrito Federal e os Municípios poderão instituir "taxas, em razão do exercício do poder de polícia ou pela utilização, efetiva ou potencial, de serviços públicos específicos e divisíveis, prestados ao contribuinte ou postos à sua disposição" (art. 145, II). Temos, assim, definido o âmbito constitucional das taxas, que é composto por duas espécies de atividade estatal, a saber: (a) o "exercício do poder de polícia" e (b) a "utilização, efetiva ou potencial, de serviços públicos específicos e divisíveis, prestados ao contribuinte ou postos à sua disposição".

Quanto às taxas cobradas em razão do exercício do poder de polícia não conhecemos questões que tenham maior interesse prático. Já, quanto às taxas cobradas por serviços públicos específicos e divisíveis prestados ao contribuinte ou postos à sua disposição, algumas questões de grande interesse prático já foram suscitadas, e muitas delas submetidas à apreciação do Poder Judiciário. No âmbito deste *Curso* tais questões foram examinadas quando estudamos os princípios gerais do sistema tributário, onde está situado o art. 145, II, que cuida das taxas. Aqui, vamos apenas esclarecer que, sendo o serviço público de uso compulsório – e, por isto mesmo, capaz de ensejar a cobrança de taxa –, tal serviço não pode ter sua prestação suspensa ou condicionada ao pagamento, pelo usuário, da taxa correspondente. É o que ensina, com inteira propriedade, Diógenes Gasparini:[3]

> Com efeito, se a Administração Pública os considera essenciais e os impõe, coercitivamente, aos usuários situados no interior da área de prestação, como ocorre com os serviços de coleta de esgoto sanitário, não os pode suprimir ante a falta de pagamento. Ademais, sendo o serviço compulsório remunerado por taxa, espécie do gênero tributo, e tendo a Administração Pública ao seu dispor meio eficaz e próprio (ação de execução) para obter o valor devido e os acréscimos legais, não lhe cabe impor outras sanções.

Realmente, não é razoável admitir que a Administração imponha o uso de um serviço público como a única forma de satisfação de determi-

---

3. Diógenes Gasparini, *Direito Administrativo*, 8ª ed., São Paulo, Saraiva, 2003, p. 280.

nada necessidade e, ao mesmo tempo, suspenda a prestação de tal serviço pelo fato de não ter o usuário pago a contraprestação correspondente.

3.2 O âmbito constitucional da contribuição de melhoria

Voltamos a nos referir ao âmbito constitucional da contribuição de melhoria, apenas por uma questão de sistematização dos assuntos neste *Curso*, pois este assunto já foi exaustivamente examinado quando estudamos os princípios gerais do sistema tributário, a propósito do que estabelece o art. 145, III, da CF. E aqui mais uma vez insistimos em que subsistem os limites, tanto o individual quanto o geral, da contribuição de melhoria; limites sem os quais essa espécie de tributo ficaria inteiramente descaracterizada. Perderia sua razão de ser como espécie de tributo, que é a realização da justiça, evitando que os proprietários de imóveis valorizados por obra pública sejam mais favorecidos por ela que a população em geral. Ou, em outras palavras, fazer com que a valorização de imóveis decorrente de obra pública retorne aos cofres públicos.

Insistimos também na afirmação de que a contribuição de melhoria caiu em desuso em nosso País porque ela constitui uma razão especial para que os contribuintes examinem e questionem o custo das obras públicas, o que os governantes em geral não querem, porque, infelizmente, nelas predomina o superfaturamento. Como o custo da obra é um limite para o valor da contribuição de melhoria, o proprietário de imóveis por ela valorizados tem todo o interesse em demonstrar que o custo da obra é menor que o publicado, que geralmente é maior que o custo real, porque no mesmo se incluem parcelas que têm destinações escusas.

3.3 O âmbito constitucional das contribuições sociais

Ainda apenas por questão de sistematização dos assuntos neste *Curso*, voltamos a nos referir ao âmbito constitucional das contribuições sociais, tal como fizemos em relação às taxas, posto que o assunto já foi examinado quanto estudamos os princípios gerais do sistema tributário, onde está inserido o art. 149, que dispõe sobre as contribuições sociais.

A rigor, as contribuições sociais, que não estão reguladas no Código Tributário Nacional, constituem a válvula de escape da qual se vale o Governo Federal para fugir das limitações da competência tributária. Com elas nossa carga tributária ultrapassou os limites da razoabilidade, porque – conforme afirmou o Min. Oscar Dias Corrêa em texto publicado em 1986, que colhemos em estudo a respeito da proibição do tributo confiscatório[4] – os contribuintes já estão no limite da capacidade contributiva.

Seja como for, certo é que o âmbito constitucional das contribuições sociais é extremamente largo, e com isto ficam amesquinhadas as limitações constitucionais ao poder de tributar. O único elemento essencial na caracterização de cada uma dessas contribuições – diversamente do que ocorre com as outras espécies de tributo – é a destinação do produto da arrecadação; e mesmo esse elemento é em geral indicado de forma muito ampla, de sorte que sua utilidade resta amesquinhada.

A seguir examinaremos o âmbito constitucional de cada um dos impostos que integram nosso sistema tributário.

4. *Âmbito constitucional dos impostos*

4.1 *Imposto de importação de produtos estrangeiros*

O âmbito constitucional do imposto de importação é descrito no art. 153, I, da CF de forma simplíssima: "importação de produtos estrangeiros". Assim, o legislador complementar nada teve a esclarecer. Nenhuma vaguidade teve a afastar, limitando-se a estabelecer que "o imposto, de competência da União, sobre a importação de produtos estrangeiros tem como fato gerador a entrada destes no território nacional" (CTN, art. 19). E o legislador ordinário, ao criar esse imposto, ao definir sua hipótese de incidência, não teve como deixar de apenas repetir a descrição do seu âmbito constitucional.

Não obstante tamanha simplicidade, o Decreto-lei 37, de 18.11.1966, que disciplina esse imposto, contém regras que ampliam sua incidência e que suscitam questões relativas ao momento em que se deve considerar consumado seu fato gerador. Sobre o assunto já escrevemos:[5]

> (...). Com efeito, o Decreto-lei 37, de 18.11.1966, estabelece que o imposto de importação incide sobre mercadoria estrangeira e tem como fato gerador sua entrada no território nacional (art. 1º). Estabelece, porém, que, tratando-se de mercadoria despachada para consumo, considera-se

---

4. Hugo de Brito Machado, *Os Princípios Jurídicos da Tributação na Constituição de 1988*, 3ª ed., São Paulo, Ed. RT, 1994, p. 98.
5. Hugo de Brito Machado, *Curso de Direito Tributário*, 35ª ed., São Paulo, Malheiros Editores, 2014, pp. 309-310.

ocorrido o fato gerador na data do registro, na repartição aduaneira, da declaração feita para fins de desembaraço aduaneiro (arts. 23 e 44). Em face disto, poderia haver dúvida a respeito de saber se o fato gerador seria a entrada da mercadoria no território nacional ou o respectivo desembaraço aduaneiro.

Admitir-se que o fato gerador do imposto é o desembaraço aduaneiro levaria ao absurdo, criando uma intolerável incongruência no sistema jurídico. Com efeito, o crime de descaminho consiste, no caso da importação, em importar mercadoria sem o pagamento do imposto devido. Se o imposto somente se tornasse devido no ato do requerimento do desembaraço aduaneiro, não se conceberia que, sem este, já houvesse imposto devido e, em consequência, o crime.

Realmente, considerando-se que o crime de descaminho geralmente é praticado com a entrada clandestina de mercadoria estrangeira no território nacional sem que o importador ao menos cogite de requerer desembaraço aduaneiro, se tal requerimento fosse o fato gerador do imposto, o crime de descaminho praticamente deixaria de existir.

Como se vê, é um verdadeiro absurdo admitir que o fato gerador do imposto de importação é o pedido de desembaraço aduaneiro. Não obstante, já tivemos manifestações judiciais, inclusive do STF, validando a cobrança desse imposto com alíquotas elevadas depois que o navio, com os produtos importados, se encontra ancorado no porto brasileiro, ao argumento de que naquela data ainda não havia sido requerido o desembaraço aduaneiro e, assim, tal cobrança não seria contrária à garantia de irretroatividade da lei tributária.

Examinamos exaustivamente essas questões relacionadas ao fato gerador do imposto de importação em nosso livro *Comentários ao Código Tributário Nacional*,[6] onde citamos a doutrina e a jurisprudência pertinentes.

4.2 Imposto de exportação

O âmbito constitucional do imposto de exportação está descrito no art. 153, II, da CF/1988, que atribui à União competência para instituir imposto sobre "exportação, para o exterior, de produtos nacionais ou nacionalizados".

---

6. Hugo de Brito Machado, *Comentários ao Código Tributário Nacional*, 2ª ed., vol. II, São Paulo, Atlas, 2007, pp. 276-295.

Prevalece no mundo o entendimento de que os tributos aduaneiros devem ser da competência da entidade dotada de personalidade jurídica no plano internacional – o que é razoável, porque eles dizem respeito a relações internacionais. Não obstante, em nossa Constituição de 1946 o imposto de exportação era da competência dos Estados-membros (art. 19, V).

O Código Tributário Nacional estabelece que o imposto de "exportação, para o estrangeiro, de produtos nacionais ou nacionalizados tem como fato gerador a saída destes do território nacional" (art. 23). Entretanto, tal como aconteceu com o imposto de importação, o legislador ordinário tratou do assunto de modo que terminaram surgindo controvérsias sobre a questão de saber quando esse fato gerador se considera ocorrido. Questão com efeito prático relevante nos casos de alteração de alíquotas, em cujo enfrentamento o Fisco foi flagrantemente incoerente em relação ao que sustentou quanto ao imposto de importação. E, infelizmente, terminou por conseguir a chancela do STF para a sua incoerência.

Estudamos exaustivamente o assunto em nosso livro *Comentários ao Código Tributário Nacional*,[7] onde citamos a doutrina e a jurisprudência pertinentes.

4.3 Imposto sobre renda e proventos de qualquer natureza

4.3.1 A Constituição e a lei complementar

A Constituição Federal atribui à União competência para instituir imposto sobre *renda e proventos de qualquer natureza*. À lei complementar cabe a tarefa de definir o que devemos entender por "renda" e por "proventos de qualquer natureza" – deixando, assim, completo o âmbito constitucional desse imposto.

No desempenho dessa tarefa o legislador complementar não é completamente livre, pois a expressão cujo alcance lhe cabe definir já tem, no plano pré-jurídico, alguns significados. Ao legislador complementar cabe escolher um deles para definir o campo dentro do qual deve operar o legislador ordinário na criação do denominado imposto sobre a renda. E, assim, o CTN estabeleceu: "Art. 43. O imposto de competência da União, sobre a renda e proventos de qualquer natureza tem como fato

---

7. Hugo de Brito Machado, *Comentários ao Código Tributário Nacional*, 2ª ed., vol. I, São Paulo, Atlas, 2007, pp. 332-338.

gerador a aquisição da disponibilidade econômica ou jurídica: I – de renda, assim entendido o produto do capital, do trabalho ou da combinação de ambos; II – de proventos de qualquer natureza, assim entendidos os acréscimos patrimoniais não compreendidos no inciso anterior".

Como se vê, o Código Tributário Nacional delimitou os conceitos utilizados na definição do âmbito de incidência do imposto em questão, especialmente quando se referiu à aquisição da disponibilidade econômica ou jurídica e quando definiu a renda como acréscimo patrimonial decorrente do capital, do trabalho ou da combinação desses dois fatores e, ainda, os proventos de qualquer natureza como acréscimos patrimoniais que não caibam no conceito de renda – quer dizer, acréscimos patrimoniais que sejam produzidos por outros fatores.

Podemos, então, dizer que o imposto de que se cuida tem como âmbito constitucional de incidência a aquisição de disponibilidade econômica ou jurídica de quaisquer acréscimos patrimoniais.

4.3.2 O conceito legalista de "renda"

Afirmando – como afirmamos no item precedente – que o imposto sobre renda e proventos de qualquer natureza tem como âmbito constitucional a aquisição da disponibilidade econômica ou jurídica de acréscimos patrimoniais, já estamos refutando o denominado conceito legalista de renda, que, infelizmente, já se prestou para autorizar importante decisão judicial, evidentemente equivocada.

Rubens Gomes de Sousa tem sido citado, no Brasil e no estrangeiro, como um dos expoentes da doutrina que atribui ao legislador inteira liberdade para definir o significado da palavra "renda".[8] E, em razão de sua indiscutível autoridade como conhecedor do direito tributário, essa doutrina chegou a influenciar decisões judiciais equivocadas, como é o caso da decisão proferida pelo antigo TFR na AMS 114.287-RJ, da qual foi relator o Min. Ilmar Galvão.[9] Trata-se, porém, de injustiça ao notável

---

8. Cf.: Aliomar Baleeiro, *Uma Introdução à Ciência das Finanças*, 14ª ed., Rio de Janeiro, Forense, 1987, p. 312; Marilene Talarico Martins Rodrigues, "Imposto de renda-pessoa física", in Ives Gandra da Silva Martins (coord.), *Curso de Direito Tributário*, São Paulo, Saraiva, 1982, p. 237; C. M. Giuliani Fonrouge e Suzana Camila Navarrine, *Procedimiento Tributario*, Buenos Aires, Depalma, pp. 26-27; Horacio A. García Belsunce, *El Concepto de Crédito en la Doctrina y en el Derecho Tributario*, Buenos Aires, Depalma, 1967, pp. 186-188.

9. *RTFR* 147/303-305.

Professor, que foi, com certeza, o maior estudioso do direito tributário em nosso País.

É certo que em estudo publicado no Brasil em 1970, mas escrito cerca de 20 anos antes e publicado na Europa,[10] Rubens Gomes de Sousa afirmou que "os resultados da arrecadação prevalecem sobre a preocupação com o aprimoramento científico do sistema tributário". E acrescentou:[11]

> Não seria, portanto, exagerado ampliar a definição para dizer que o imposto de renda é aquele que incide sobre o que a lei define como renda.

Isto, porém, não quer dizer que o referido Mestre considerasse aceitável esse conceito legalista de renda, nem muito menos que tenha sido um conceito por ele sustentado. Na verdade, Rubens Gomes de Sousa não defendeu o conceito legalista de renda. Nem é, mesmo, possível admitir tamanha liberdade do legislador ordinário para definir o que se deve entender como "renda" para fins de incidência do imposto sobre renda e proventos de qualquer natureza, porque isto implicaria negar inteiramente a utilidade da discriminação constitucional das competências impositivas e a própria supremacia constitucional.

Realmente, admitir que o legislador ordinário é livre para definir o que é *renda*, para fins tributários, implica admitir que o legislador ordinário modifique a Constituição, dando às suas regras o sentido e o alcance que lhe parecerem convenientes – o que constitui evidente absurdo jurídico.

4.3.3 *Vaguidade ou ambiguidade das palavras*

Não se diga, a pretexto de justificar a liberdade do legislador ordinário na definição do significado da expressão "acréscimo patrimonial", que se trata de expressão de sentido vago ou ambíguo.

> Afirmar que as palavras e expressões jurídicas são, em regra, ambíguas e imprecisas não quer dizer, porém, que não tenham elas significado determinável.[12]

---

10. V. a nota do autor na edição brasileira de seu texto, na *RDP* 14/339, São Paulo, Ed. RT, 1970.

11. Rubens Gomes de Sousa, "A evolução do conceito de rendimento tributável", *RDP* 14/339, São Paulo, Ed. RT, 1970.

12. Eros Roberto Grau, *Direito, Conceitos e Normas Jurídicas*, São Paulo, Ed. RT, 1988, p. 60.

Por isto mesmo, a afirmação da vaguidade ou ambiguidade de uma palavra ou expressão utilizada em uma norma jurídica não se presta como fundamento para justificar a inteira liberdade de seu intérprete ou aplicador.

No dizer de Genaro Carrió:[13]

> Los lenguajes naturales contienen palabras vagas. Con esto quiero referirme al siguiente fenómeno: muchas veces el foco de significado es único, y no plural ni parcelado, pero el uso de una palabra tal como de hecho se la emplea hace que sea incierta o dudosa la inclusión de un hecho o de un objeto concreto dentro del campo de acción de ella. Hay casos típicos frente a los cuales nadie en su sano juicio dudaría en aplicar la palabra en juego. Hay casos claramente excluidos del campo de aplicación del vocablo. Pero hay otros que, a diferencia de los primeros y de los segundos, no están claramente incluidos ni excluidos.

Seguindo-se esse raciocínio, tem-se que alguns fatos podem ser seguramente incluídos no conceito de *acréscimo patrimonial*. Outros fatos podem ser dele seguramente excluídos. A liberdade do legislador ordinário ficará, então, restrita àqueles fatos cuja inclusão, ou exclusão, seja duvidosa e deva ser, por isto mesmo, objeto de uma decisão *política*.

É admissível, igualmente, a liberdade do legislador para estabelecer normas reguladoras da determinação do montante da renda tendentes a evitar práticas fraudulentas. Não pode ele, porém, a esse pretexto, criar ficções legais absolutas. Nem pode de qualquer outro modo regular de tal forma a determinação da base de cálculo do imposto que este termine por ser devido sem que tenha ocorrido o fato *renda* – vale dizer, *acréscimo patrimonial*.

Há, ainda, outros aspectos do imposto de renda a serem considerados. Vejamos, por exemplo, o que ocorre com o cálculo do imposto de renda das pessoas físicas.

Os impostos geralmente são calculados mediante a aplicação de uma alíquota sobre determinada expressão econômica denominada *base de cálculo*, que é um aspecto do fato gerador do imposto. É o aspecto material que nos permite dimensionar o imposto, determinar seu montante. Desnecessário é dizer que, como aspecto, é inerente ao fato gerador. Não pode ser desligado deste.

---

13. Genaro Carrió, *Algunas Palabras sobre las Palabras de la Ley*, Buenos Aires, Abeledo-Perrot, 1971, p. 18.

No caso do imposto de renda das pessoas físicas existe uma tabela para o cálculo correspondente, que indica o denominado mínimo isento e acima deste as faixas de renda submetidas a determinadas alíquotas. O mínimo isento, ou mínimo existencial, é o valor dos ganhos do contribuinte que se presume sejam indispensáveis à sua subsistência e, por isto mesmo, não constituem acréscimo patrimonial. No dizer de Mary Elbe Queiroz:[14]

> O mínimo existencial não se configura como acréscimo ou riqueza nova. Ele é, exatamente, a mínima quantia imprescindível à manutenção da vida, e a quantidade ínfima para que o indivíduo e sua família possam atender às suas necessidades vitais e viver com dignidade.

Para que se tenha o valor sobre o qual são aplicadas as alíquotas e, assim, determinada quantia do imposto de renda devido, algumas quantias devem ser deduzidas do valor dos rendimentos. Algumas com valor fixado em lei, que se presume ser o mínimo indispensável – como ocorre com a manutenção de dependentes. Outras a depender de comprovação em cada caso – como ocorre com as despesas com honorários de médicos e dentistas, por exemplo.

O imposto de renda das pessoas físicas em nosso País já foi muito mais racional. A legislação classificava os rendimentos por cédulas segundo a origem ou a natureza da fonte produtora, indicando as *deduções* admitidas em cada cédula, vale dizer, as despesas que podiam ser deduzidas dos rendimentos brutos de cada cédula, todas ligadas à produção do rendimento. Considerava *renda bruta* a soma dos rendimentos líquidos de cada cédula e autorizava fossem abatidos dessa renda bruta os gastos relacionados à pessoa do contribuinte, que eram os *abatimentos da renda bruta*. Hoje, porém, já não prevalecem esses conceitos, nem existem essas distinções que tornavam o imposto de renda mais racional e mais justo. A pretexto de simplificar, o legislador aboliu o que havia de mais racional e mais justo no imposto, inclusive sua progressividade. Daí por que Mary Elbe Queiroz[15] afirma, com razão, que:

> Os primados constitucionais foram tão desfigurados que hoje a exação que incide sobre rendas e proventos não mais guarda qualquer conexão

---

14. Mary Elbe Queiroz, *Imposto sobre a Renda e Proventos de Qualquer Natureza*, Barueri/SP, Manole, 2004, p. 58.
15. Mary Elbe Queiroz, *Imposto sobre a Renda e Proventos de Qualquer Natureza*, Barueri/SP, Manole, 2004, p. 408.

com o imposto sobre a renda e proventos de qualquer natureza como está previsto na Constituição.

No âmbito do imposto de renda das pessoas físicas, o estabelecimento de limite para a dedução de gastos com educação na base de cálculo desse imposto pode ser mencionado como exemplo das mais flagrantes violações da Constituição Federal.

Também é inconstitucional o dispositivo de lei que define como renda aquilo que é apenas a possibilidade de obtenção de renda – como ocorre, por exemplo, com o art. 23, VI, da Lei 4.506, de 30.11.1964, que define como rendimento o valor locativo do prédio urbano construído quando cedido seu uso gratuitamente. Esse dispositivo, que reproduz o que já estava no art. 7º, parágrafo único, do antigo Decreto-lei 5.844, de 23.9.1943, define como hipótese de incidência do imposto de renda o que na verdade é apenas uma possibilidade de renda. Podemos perceber, é certo, que se trata de uma presunção de que a renda foi ocultada, sendo a cessão gratuita uma fraude. Mesmo assim, se entendermos que se trata de presunção absoluta concluiremos que o dispositivo em causa é inconstitucional. Neste sentido, aliás, manifestou-se Miguel Delgado Gutierrez,[16] que, depois de analisar com propriedade a questão, assevera:

> Dessa forma, entendemos ser inconstitucional o art. 23, VI, da Lei 4.506/1964, seja por não haver aquisição de renda ou proventos na cessão gratuita de imóvel a terceiros, seja pelo fato de o dispositivo legal adotar regime de tributação a partir de uma hipótese de presunção legal absoluta, o que é absolutamente vedado pelo nosso ordenamento jurídico.

Realmente, admitir que o legislador pode definir a hipótese de incidência de um imposto tomando como elemento algo que somente por presunção legal absoluta está dentro do âmbito constitucional desse tributo é uma forma de violar a regra da Constituição que atribui competência para a instituição desse imposto. É uma forma de ampliar o alcance da regra que atribui competência para a instituição do imposto, porque toda regra atributiva de competência contém, sempre, uma limitação desta.

---

16. Miguel Delgado Gutierrez, "Da renda imputada", *Revista Direito Tributário Atual* 23/365, São Paulo, IBDT/Dialética, 2009, p. 365.

4.3.4 Liberdade do legislador complementar

Finalmente, resta-nos examinar a questão de saber se a definição de renda albergada pelo art. 43 do CTN pode ser alterada pelo legislador complementar, de forma a que o imposto possa incidir sobre algo que não cabe no conceito de renda no mesmo definido.

O legislador constituinte teve liberdade para atribuir à União competência para instituir imposto sobre renda e proventos de qualquer natureza ou sobre qualquer outra forma de expressão de capacidade contributiva. Preferiu autorizar a instituição de imposto sobre a renda. Instituiu-se, assim, limite à liberdade do legislador complementar. A liberdade deste, agora, para definir "renda e proventos de qualquer natureza" não vai além da liberdade que tem o intérprete para escolher uma das significações razoáveis dessa expressão. Admitirmos que o legislador complementar tem ampla liberdade para estabelecer o significado dessa expressão é destruir inteiramente a superioridade hierárquica da Constituição.

4.4 Imposto sobre produtos industrializados

4.4.1 A Constituição e a lei complementar

A Constituição Federal atribui à União competência para instituir imposto sobre produtos industrializados (art. 153, IV). Já o Código Tributário Nacional, elaborado em face da Emenda Constitucional 18 à Constituição de 1946, completou a definição do seu âmbito constitucional de incidência, estabelecendo:

"Art. 46. O imposto, de competência da União, sobre produtos industrializados tem como fato gerador: I – o seu desembaraço aduaneiro, quando de procedência estrangeira; II – a sua saída dos estabelecimentos a que se refere o parágrafo único do art. 51; III – a sua arrematação, quando apreendido ou abandonado e levado a leilão.

"Parágrafo único. Para os efeitos deste imposto, considera-se industrializado o produto que tenha sido submetido a qualquer operação que lhe modifique a natureza ou a finalidade, ou o aperfeiçoe para o consumo."

E, no parágrafo único do seu art. 51, o CTN estabelece que, para os efeitos desse imposto, "considera-se contribuinte autônomo qualquer estabelecimento de importador, industrial, comerciante ou arrematante", de forma que o inciso III do art. 46, acima transcrito, deve ser entendido como *a saída do produto do estabelecimento do importador, do industrial, do comerciante ou do arrematante.*

A cobrança do imposto sobre produtos industrializados na importação de produtos estrangeiros suscita, entre outras, as questões de saber: (a) se é juridicamente possível a cobrança do IPI, tendo-se em vista que a industrialização do produto não ocorreu no território nacional, mas no exterior; (b) se tal cobrança caracteriza, ou não, uma *bitributação*, tendo-se em vista que sobre o mesmo fato são cobrados dois impostos, o de importação e o IPI; e (c) se, mesmo não caracterizada a bitributação, é juridicamente válida a cobrança do IPI, tendo em vista que seu fato gerador, no caso, superpõe-se ao fato gerador do imposto de importação.

A resposta adequada a essas questões exige que se examine o âmbito constitucional do IPI, tanto no regime da vigente Constituição como em face das anteriores, com atenção especial para a Emenda Constitucional 18 à Constituição de 1946, que o colocou no lugar do antigo imposto de consumo, bem como a legislação ordinária pertinente, buscando verificar se ocorreu mudança essencial no imposto, ou se a alteração foi simplesmente em sua denominação.

4.4.2 Antes da Constituição de 1934

No período anterior à Constituição de 1934 não se podia falar em âmbito constitucional do imposto em exame, porque as Constituições de então nenhuma referência faziam a ele, que existia apenas no plano da legislação inferior.

> Restrito a pouquíssimas mercadorias na Colônia e no Império, esse imposto se expandiu rápida e amplamente no campo da competência concorrente deixado pela Constituição de 1891, passando a ser o mais produtivo dos tributos do País.[17]

Realmente, a Constituição de 1891 atribuía à União competência exclusiva para decretar "impostos sobre a importação de procedência estrangeira" e "direitos de entrada, sahida e estada de navios", além de "taxas de sello" e "taxas dos correios e telegraphos federaes" (art. 7º). E atribuía aos Estados competência exclusiva para decretar impostos

---

17. Aliomar Baleeiro, *Direito Tributário Brasileiro*, 10ª ed., Rio de Janeiro, Forense, 1981, p. 200.

ATRIBUIÇÃO CONSTITUCIONAL DE COMPETÊNCIAS TRIBUTÁRIAS   325

"sobre a exportação de mercadorias de sua própria produção", "sobre immoveis ruraes e urbanos", "sobre transmissão de propriedade" e "sobre indústrias e profissões", além de "taxa de sello quanto aos actos emanados de seus respectivos governos e negócios de sua economia" e "contribuições concernentes aos seus telegraphos e correios" (art. 9º). Entendia-se, então — como se vê da lição de Baleeiro, acima mencionada —, que quaisquer outros impostos eram admissíveis e se situavam no campo da denominada competência concorrente.

4.4.3 Nas Constituição de 1934 e de 1937

A Constituição Federal de 1934 foi a primeira a albergar uma partilha do poder de tributar entre União, Estados e Municípios e a primeira a fazer expressa referência ao imposto de consumo, posto que atribuiu à União competência privativa para instituir imposto "de consumo de quaesquer mercadorias, excepto os combustíveis de motor a explosão" (art. 6º, I, "b").

A mesma Constituição também atribuiu à União competência para instituir imposto "sobre a importação de mercadorias de procedência estrangeira" (CF/1934, art. 6º, I, "a").

A Constituição de 1937 reproduziu as mesmas normas, atribuindo à União competência para decretar impostos *sobre a importação de mercadorias de procedência estrangeira* (art. 20, I, "a") e também *de consumo de quaisquer mercadorias* (art. 20, I, "b").

Poder-se-ia argumentar, então, que o âmbito constitucional do imposto *de consumo* não abrangeria a importação, pois esta consubstanciaria o âmbito de incidência de um outro imposto, o *sobre a importação*. Tal argumento poderia, porém, ser refutado dizendo-se que a previsão para a instituição de ambos os impostos estava claramente colocada na própria Constituição, não podendo prevalecer a tese restritiva.

4.4.4 Na Constituição de 1946 e sua Emenda 18

Na Constituição Federal de 1946 foi atribuída à União competência para decretar impostos sobre *importação de mercadorias de procedência estrangeira* (art. 15, I) e sobre *consumo de mercadorias* (art. 15, II). Não foi mais utilizada a palavra "quaisquer", e isto poderia ser visto como uma restrição, para que o imposto de consumo passasse a ter como âmbito constitucional apenas o consumo das mercadorias produzidas no País.

Com a Emenda 18, de 1.12.1965 (art. 7º, I), foram atribuídos à competência da União o *imposto sobre a importação de produtos estrangeiros* e também o *imposto sobre produtos industrializados* (art. 11). Este último foi classificado entre os "Impostos sobre a Produção e a Circulação", na Seção IV do Capítulo II, sendo, na verdade, o antigo imposto de consumo, com um novo nome. O Ministro da Fazenda de então justificou a mudança de denominação com o fato de os impostos então classificados como sobre a produção e a circulação *serem pagos pelos produtores e comerciantes*.[18]

Como se vê, o imposto sobre produtos industrializados não é novo. O exame do seu âmbito constitucional e de suas hipóteses de incidência bem demonstra o acerto da lição de Baleeiro,[19] para quem esse imposto tem de novo apenas o nome: "Em verdade, o tributo que, nas águas da Emenda 18, de 1965, recebeu o nome de "imposto sobre produtos industrializados" é o mesmo imposto de consumo das Constituições de 1946 e anteriores".

E não incide sobre o *consumo*, mas sobre a produção de bens. Inclusive daqueles que não se caracterizam como bens de consumo, mas como bens de capital, porque não se destinam ao consumo, mas à utilização na produção de outros bens. Era àquela época, e ainda hoje é, um imposto sobre a produção de bens, porque restou inteiramente frustrada a perspectiva, vislumbrada pelo professor Octávio Gouveia de Bulhões, então Ministro da Fazenda, expressa na Exposição de Motivos acima referida, de que, "em futuro próximo, com o aperfeiçoamento do processo de arrecadação o imposto venha a recair na fase final de consumo".[20]

4.4.5 *Nas Constituições de 1967, 1969 e 1988*

Na Constituição de 1967 foi atribuída à União competência para decretar, entre outros, impostos sobre a *importação de produtos estrangei-*

---

18. "Exposição de Motivos do Ministro da Fazenda", que acompanhou a Proposta de Reforma Tributária a final convertida na Emenda 18 à Constituição de 1946, in *Emendas à Constituição de 1946 – n. 18 – Reforma Tributária*, Brasília, Câmara dos Deputados, 1966, p. 51.

19. Aliomar Baleeiro, *Direito Tributário Brasileiro*, 10ª ed., Rio de Janeiro, Forense, 1981, p. 199.

20. "Exposição de Motivos do Ministro da Fazenda", que acompanhou a proposta de reforma tributária a final convertida na Emenda 18 à Constituição de 1946, in *Emendas à Constituição de 1946 – n. 18 – Reforma Tributária*, Brasília, Câmara dos Deputados, 1966, p. 51.

ros (art. 22, I) e sobre *produtos industrializados* (art. 22, V). A Emenda 1/1969, que se tornou conhecida como *Constituição de 1969*, reproduziu a norma atributiva de competência tributária à União, limitando-se a trocar o verbo "decretar" por "instituir" e a acrescentar nos próprios incisos em que se refere aos dois impostos a faculdade atribuída ao Poder Executivo para, nos limites e nas condições estabelecidas em lei, alterar-lhes as alíquotas e bases de cálculo (art. 21, I e V).

A Constituição Federal de 1988 atribui competência à União para instituir, entre outros, impostos sobre *importação de produtos estrangeiros* (art. 153, I) e sobre *produtos industrializados* (art. 153, IV).

Como se vê, a única alteração no âmbito constitucional desse imposto foi a mudança de sua denominação que se operou com a Emenda 18/1965. Nenhuma alteração substancial, portanto, tendo-se em vista que a mudança de nome não alterou a natureza do imposto.

4.4.6 Conceito de "produto industrializado"

Tendo-se em vista que a regra da vigente Constituição Federal atributiva de competência impositiva à União refere-se expressamente a "produtos industrializados", consideramos da maior importância estabelecer os contornos desse conceito. Em outras palavras, coloca-se a questão de saber se o legislador ordinário é livre para definir o que se deve entender por *produto industrializado*.

Insistimos em que no regime da Constituição de 1988 cabe à lei complementar estabelecer normas gerais sobre a definição dos fatos geradores dos impostos nela discriminados (art. 146, III, "a"). Não cabe à lei complementar definir os fatos geradores dos impostos, evidentemente, mas estabelecer normas gerais sobre tais definições; e entre essas normas gerais pode-se entender que está aquela que delimita conceitos utilizados na norma da Constituição, como é o caso do conceito de *produto industrializado*.

Realmente, o conceito de *produto industrializado* independe de lei. É um conceito pré-jurídico. Mesmo assim, para evitar ou minimizar conflitos, a lei complementar pode e deve estabelecer seus contornos. Assim é que o Código Tributário Nacional estabeleceu que: "Para os efeitos deste imposto, considera-se industrializado o produto que tenha sido submetido a qualquer operação que lhe modifique a natureza ou a finalidade, ou o aperfeiçoe para o consumo" (parágrafo único do art. 46).

Não obstante, o Regulamento do IPI ampliou tal conceito, incluiu nele operações como o simples acondicionamento ou embalagem, que, na verdade, não lhe modificam a natureza nem a finalidade, nem o aperfeiçoam para o consumo. Isto constitui evidente abuso do poder regulamentar, em afronta ao disposto no parágrafo único do art. 46 do CTN.

Mesmo sem a análise de todas as normas concernentes ao IPI – desde a Constituição, que se refere a "produtos industrializados", passando pelo Código Tributário Nacional, que em seu art. 46 descreve o âmbito constitucional desse imposto, pela lei ordinária que o regula e pelo regulamento dessa lei –, é possível afirmarmos que há alguns pontos de conflito entre normas de posições hierárquicas diversas. Existe evidente conflito entre a lei ordinária e o Código Tributário Nacional, especialmente quando aquela contempla hipóteses de incidência do imposto que não se compreendem no dispositivo deste, e também entre normas do regulamento e normas da lei. Em todos esses conflitos, evidentemente, há de prevalecer a norma de hierarquia superior.

Assim é que não se pode considerar válida a cobrança do imposto quando não se trate de produto industrializado. Nem se pode admitir a ampliação, por lei ordinária, desse conceito fundamental no regime jurídico desse imposto. Nem tampouco a ampliação desse conceito, ou de outros estabelecidos em lei, pelo regulamento correspondente, que se há de limitar a expressar normas necessárias à fiel execução da lei.

4.4.7 A industrialização no exterior

A cobrança do IPI sobre a importação de produtos industrializados no exterior não é nova. Mesmo quando ainda denominado *imposto de consumo* já vinha sendo praticada. Seria um defeito antigo, só agora combatido, ou teria havido alguma alteração nos fundamentos do imposto, capaz de gerar sua incompatibilidade com a atual Constituição?

Edvaldo Brito sustenta que a Lei 4.502/1964 tributava o *consumo* do produto industrializado, e, embora este tivesse como pressuposto o ato industrial, ou industrialização, não tinha qualquer relevo a questão de saber se a industrialização ocorrera no País ou no exterior. Entretanto, segundo ele, a referida lei não é compatível com a Constituição de 1988, pois:

> Ela alcança não o *consumo* do *produto* resultante do ato industrial; ela alcança *não* o ato industrial do qual resultou o *produto*; ela alcança *o próprio produto* resultante do *ato industrial*. E, alcançando o *produto*

resultante do *ato industrial*, só pode ser aquele produto do ato praticado no território brasileiro (elemento espacial; considerando que entre nós – já foi dito linhas atrás – a regra é a territorialidade da tributação). Nesses termos, pode-se afirmar, de logo, que não é possível, juridicamente, admitir a tributação, pelo IPI, do *desembaraço aduaneiro de produtos de procedência estrangeira*.[21]

O âmbito constitucional do imposto sobre produtos industrializados, como acima demonstramos, vem se mantendo inalterado desde a Emenda 18 à Constituição de 1946, que mudou o nome do imposto, que era até então "de *consumo*" e passou a ser "sobre *produtos industrializados*". Não foi, portanto, a Constituição de 1988 que introduziu a inovação – como afirma Edvaldo Brito –, e desde 1966 o imposto sobre produtos industrializados vem sendo cobrado sem qualquer oposição.

É certo que o fato de vir sendo o imposto cobrado sem oposição não se presta para demonstrar a validade jurídica da cobrança, nem a aceitação do tributo inconstitucional o convalida. Não vemos, porém, a inconstitucionalidade apontada por Edvaldo Brito. A mudança do nome "imposto de consumo" para "imposto sobre produtos industrializados" não alterou a natureza jurídica do tributo, que é determinada pelo aspecto material de seu fato gerador, e não pelo nome ou outra característica formal. Em face da Constituição de 1946, tanto antes como depois da Emenda 18, a materialidade do imposto repousava na existência do produto industrializado. Os momentos de exteriorização do fato gerador do imposto eram definidos pela Lei 4.502/1964, entre os quais o desembaraço aduaneiro de produtos de procedência estrangeira.

Por outro lado, se o ato industrial não era essencial para a tributação do *consumo* do produto respectivo, de sorte que poderia ocorrer tanto no País como no estrangeiro, não é razoável considerar que esse ato industrial tenha passado a ser essencial para a tributação do próprio produto dele resultante. Assim, embora não se possa negar a habilidade da construção de Edvaldo Brito, com ela não nos colocamos de acordo. Se em face da Lei 4.502/1964 o tributo incidia sobre o *consumo* de produto industrializado e a industrialização podia ocorrer tanto no País como no estrangeiro, o fato de o imposto ter passado a incidir sobre o próprio *produto* industrializado não tem a força de tornar necessária a ocorrência da industrialização no território nacional.

21. Edvaldo Brito, in Ives Gandra da Silva Martins (coord.), *Comentários ao Código Tributário Nacional*, vol. 1, São Paulo, Saraiva, 1998, p. 379.

O âmbito constitucional do imposto em tela é *o produto industrializado*. Basta a existência deste. Não importa onde tenha ocorrido a industrialização. Assim, o CTN podia validamente delimitar, como delimitou em seu art. 46, esse âmbito constitucional.

4.4.8 *A alegada bitributação*

Tomada a palavra "bitributação" em sentido amplo – que se pode, sem dúvida, a ela atribuir –, a cobrança dos impostos de importação e sobre produtos industrializados no desembaraço aduaneiro de produtos estrangeiros caracteriza, com toda certeza, bitributação.

Ocorre que tal palavra, tomada para significar cobrança *indevida* de tributo, tem sentido restrito. Significa a cobrança, sobre um mesmo fato, de tributos pertencentes a diferentes pessoas jurídicas.

> Caracteriza-se pela tributação de um mesmo fato jurídico tributário por duas pessoas constitucionais.[22]

"Bitributação", portanto, no sentido em que a palavra se tornou conhecida no direito tributário brasileiro, é tributação inconstitucional. Não se confunde com a dupla ou múltipla tributação de um mesmo fato pela mesma pessoa jurídica de direito público, que tem sido designada pela expressão *bis in idem*. Neste sentido é o registro de Igor Tenório e José Motta Maia:[23]

> A distinção de multiplicidade de tributação, no direito tributário nacional, entre bitributação e *bis in idem* já não oferece dúvidas ou problemas de qualquer natureza, tão definidos estão os conceitos: a dupla tributação pela mesma entidade caracteriza o *bis in idem*. Quando se tratar de múltipla ou dupla tributação de vários sujeitos ativos ou entidades tributantes, caracteriza-se bitributação, vedada pela Constituição.

O *bis in idem* é lícito, salvo, é claro, quando seja ultrapassada alguma limitação constitucional. Já, a *bitributação* é sempre inconstitucional, porque viola a partilha constitucional das competências tributárias, além de poder, eventualmente, violar também outras limitações constitucionais.

---

22. Eduardo Marcial Ferreira Jardim, *Dicionário Jurídico Tributário*, São Paulo, Saraiva, 1995, p. 14.

23. Igor Tenório e José Motta Maia, *Dicionário de Direito Tributário*, 2ª ed., Rio de Janeiro, Forense, 1996, p. 33.

Vê-se, portanto, que a cobrança do imposto de importação no desembaraço aduaneiro de produtos estrangeiros importados em face da cobrança, também no mesmo ato, do imposto de importação não caracteriza a *bitributação*, mas simplesmente *bis in idem*, que, no caso, não viola nenhuma limitação constitucional. Como assevera José Roberto Vieira, não obstante esse deslize de técnica jurídica que permitiu a invasão do campo de um pelo outro imposto, certo é que não se deu violação da discriminação constitucional de competências tributárias, pois tanto um como outro imposto pertencem à competência de uma só pessoa política, a União, configurando-se um como adicional do outro,[24] a nosso ver sem qualquer conflito com a Constituição.

4.4.9 A superposição ou bis in idem

José Roberto Vieira[25] aponta um deslize de técnica jurídica, consubstanciado pela penetração de um dos impostos no âmbito constitucional do outro, afirmando, com razão, que,

> se o Código Magno atribui à União competência para instituir imposto sobre "importação de produtos estrangeiros" (art. 153, I), claro está que as *operações com produtos industrializados* não poderão estender seu manto por sobre a importação de produtos industrializados estrangeiros, sob pena de invadirem a materialidade de hipótese de outro tributo.

A tese de José Roberto Vieira é consistente. Na verdade, o âmbito constitucional do imposto de *importação de produtos de procedência estrangeira* (art. 153, I) é invadido pelo âmbito de incidência do *imposto sobre produtos industrializados*, definido nos termos do art. 46, I, do CTN – vale dizer, o *desembaraço aduaneiro*. Se o produto estrangeiro é suporte do imposto de importação ao entrar no território nacional, a incidência do imposto sobre produtos industrializados configura, evidentemente, *bis in idem*. Este, porém, como acima ficou demonstrado, não invalida sua cobrança.

Não há, todavia, no desembaraço aduaneiro de produtos importados uma completa superposição do IPI e do imposto de importação. A superposição é apenas parcial, pois o âmbito constitucional de incidên-

---

24. José Roberto Vieira, *IPI – Regra Matriz de Incidência*, Curitiba, Juruá, 1993, p. 99.
25. José Roberto Vieira, *IPI – Regra Matriz de Incidência*, Curitiba, Juruá, 1993, p. 98.

cia do imposto de importação é a *importação de produtos estrangeiros* (CF/1988, art. 153, I), que não abrange a importação de produtos brasileiros exportados.

Por isto mesmo, aliás, a incidência do imposto sobre produtos industrializados no desembaraço aduaneiro desempenha importante papel de proteção da Fazenda Nacional contra a fraude quando se trata de importação de produtos brasileiros exportados. Como o imposto de importação não pode incidir em tal caso, posto que não se trata de importação de produtos estrangeiros, e a exportação dos produtos brasileiros ocorre sem a incidência de impostos, poderia a exportação destes ser feita com o propósito de sua posterior importação, simplesmente como uma forma de fugir aos impostos. Justifica-se, pois, a incidência do IPI no desembaraço aduaneiro na importação de produtos brasileiros. Salvo quando essa importação decorra de fatores alheios à vontade do exportador brasileiro – hipótese, aliás, em que a própria legislação estabelece a isenção do imposto (Decreto-lei 491, de 5.3.1969, art. 11).

4.5 Imposto sobre operações financeiras

4.5.1 A Constituição e a lei complementar

É conhecido como imposto sobre operações financeiras, ou pela sigla IOF, o imposto federal que incide sobre diversas operações mencionadas no dispositivo da Constituição Federal que atribui competência à União para instituir imposto *sobre operações de crédito, câmbio e seguro, ou relativas a títulos ou valores mobiliários* (art. 153, V). E o Código Tributário Nacional, no papel que a Constituição atribui à lei complementar, estabeleceu:

"Art. 63. O imposto, de competência da União, sobre operações de crédito, câmbio e seguro, e sobre operações relativas a títulos e valores mobiliários, tem como fato gerador: I – quanto às operações de crédito, a sua efetivação pela entrega total ou parcial do montante ou do valor que constitua o objeto da obrigação, ou sua colocação à disposição do interessado; II – quanto às operações de câmbio, a sua efetivação pela entrega de moeda nacional ou estrangeira, ou de documento que a represente, ou sua colocação à disposição do interessado, em montante equivalente à moeda estrangeira ou nacional entregue ou posta à disposição por este; III – quanto às operações de seguro, a sua efetivação pela emissão da apólice ou do documento equivalente, ou recebimento do prêmio, na forma da lei aplicável; IV – quanto às operações relativas a títulos e valores mobiliários, a emissão, transmissão, pagamento ou resgate destes, na forma da lei aplicável.

"Parágrafo único. A incidência definida no inciso I exclui a definida no inciso IV, e reciprocamente, quanto à emissão, ao pagamento ou resgate do título representativo de uma mesma operação de crédito."

Restou, assim, definido o âmbito constitucional do imposto sobre operações financeiras, com a divisão dessas operações em quatro espécies, a saber: (a) as operações financeiras em sentido estrito, ou operações de crédito; (b) as operações de câmbio; (c) as operações de seguro; e (d) as operações relativas a títulos e valores mobiliários.

Ao atribuir competência à União, aos Estados, ao Distrito Federal e aos Municípios para instituir tributos, a Constituição Federal refere-se a cada um deles, delimitando o respectivo âmbito, vale dizer, a matéria fática com a qual o legislador ordinário da pessoa jurídica tributante poderá trabalhar na definição de sua hipótese de incidência.

Tal como a Constituição Federal não cria tributo, o Código Tributário Nacional também não o faz. Primeiro, porque não resulta do exercício da competência para tributar, não sendo esta sua finalidade. Segundo, porque suas disposições por demais genéricas não "instituem" tributo algum, não se destinam a definir as hipóteses de incidência tributária, com indicação de todos os elementos desta.

A Constituição e o Código Tributário Nacional não são normas de tributação, que instituem tributos, mas normas sobre normas de tributação, que vinculam o legislador da entidade dotada de competência para tributar.

Tais afirmações contam com o apoio da melhor doutrina.

O mestre Aliomar Baleeiro,[26] com arrimo na jurisprudência do STF, ensina que:

> Embora definido no Código Tributário Nacional, ou em norma geral de direito financeiro, o tributo há de ser instituído ou decretado por lei ordinária da pessoa de direito constitucionalmente competente. Não basta decreto do Executivo dessa pessoa com apoio na norma geral federal.

A doutrina dos mais eminentes tributaristas, aliás, é pacífica a esse respeito.

26. Aliomar Baleeiro, *Direito Tributário Brasileiro*, 11ª ed., Rio de Janeiro, Forense, 1999, p. p. 49.

4.5.2 A função extrafiscal e as restrições a princípios constitucionais

O imposto sobre operações financeiras, não obstante produza receita significativa, não tem função fiscal. É típico imposto com função extrafiscal. Por isto mesmo, e para que possa ser eficaz e prontamente utilizado como instrumento de intervenção do Estado nas atividades que integram seu âmbito constitucional, esse imposto não se submete plenamente ao princípio da legalidade, nem se submete ao princípio da anterioridade anual, e nem ao menos ao princípio da anterioridade nonagesimal.

Realmente, a Constituição faculta ao Poder Executivo, atendidos as condições e os limites estabelecidos em lei, alterar suas alíquotas (art. 153, § 1º). Restringe, portanto, o princípio da legalidade, que não impede a alteração das alíquotas desse imposto. Já, princípio da anterioridade anual não se aplica a esse imposto (art. 150, § 1º, primeira parte). Nem o princípio da anterioridade nonagesimal (art. 150, § 1º, segunda parte).

4.5.3 Fundamentação do ato do Poder Executivo que altera o imposto

Registre-se que é absolutamente necessária a fundamentação do ato do Poder Executivo que altera alíquota do imposto em questão.

Exige-se a fundamentação, como condição de sua validade, precisamente porque é na fundamentação que a autoridade deve indicar a finalidade para a qual o ato está sendo praticado. Por isto mesmo, Celso Ribeiro Bastos[27] coloca a finalidade como um dos elementos ou requisitos de validade do ato administrativo, e a propósito do que se deve entender por "finalidade" ensina:

> É o objetivo a ser alcançado pelo ato. Tratando-se de ato administrativo, a finalidade visa, sempre, a atingir um interesse público ou social. Nunca a um interesse particular. Contudo, não basta que a finalidade seja de interesse público. É mister que o fim objetivado esteja em conformidade com a tipicidade do ato. A finalidade do ato administrativo só pode ser aquela indicada, explícita ou implicitamente, na lei.

Se o ato administrativo está desprovido de toda e qualquer fundamentação, ele é, indiscutivelmente, nulo. Não há disputa em torno de sua nulidade, porque a absoluta ausência de fundamentação é visível e, por

---

27. Celso Ribeiro Bastos, *Curso de Direito Administrativo*, São Paulo, Saraiva, 1994, p. 96.

isso mesmo, não depende de demonstração. E se o ato administrativo está fundamentado de modo inconsistente ele também é nulo. Só que neste caso a inconsistência da fundamentação pode ser questionada e há de ser demonstrada.

Aliás, coloca-se a fundamentação como condição de validade do ato administrativo exatamente para que essa fundamentação possa ser examinada. Para que, conhecidos os fundamentos do ato, seja possível questionar a consistência jurídica dos mesmos. Se os fundamentos do ato forem juridicamente consistentes, o ato será válido; e, se forem inconsistentes, o ato será nulo.

Há muito tempo temos sustentado a necessidade de fundamentação como condição de validade dos atos administrativos.[28] E mais à vontade ficamos, ainda, porque outra não é a orientação jurisprudencial das mais altas Cortes de Justiça do País. No STJ[29] tem-se firmado o entendimento segundo o qual:

> O ato administrativo nunca é totalmente revestido de poder discricionário. Sempre existe um quê vinculante. Cabia ao impetrado juntar o parecer da CPG ou, então, motivar diretamente seu ato. Em não o fazendo, tal decisão revestiu-se de arbitrariedade – Precedentes do STJ.

Também no colendo STF tem prevalecido a tese da exigência de motivação como condição para que se possa efetivar o princípio da legalidade. É o que se vê de modo induvidoso no seguinte julgado:[30]

> *Ementa:* O STF já firmou o entendimento de que o Conselho de Política Aduaneira, ao fixar pauta de valor mínimo nos termos dos arts. 9º e 22, "d", ambos da Lei n 3.244/57, deve motivar sua resolução editada para esse fim, por causa do princípio da legalidade, que domina a formação de qualquer ato administrativo, não podendo, assim, o referido órgão determinar aquela pauta sem fundamentar-se na intercadência ou no *dumping* a que se reporta a primeira norma supracitada.

É da maior evidência que os atos administrativos que afetam direitos ou interesses do particular não podem ser praticados sem motivação,

---

28. Hugo de Brito Machado, *Mandado de Segurança em Matéria Tributária*, 3ª ed., São Paulo, Dialética, 1998, pp. 244-245.
29. STJ, 3ª Seção, MS 3.500-2-DF, rel. Min. Adhemar Maciel, v.u., *RSTJ* 7(71)/81-89, julho/1995 (p. 84).
30. STF, RE 76.601, rel. Min. Antônio Neder, j. 12.9.1978, *DJU* 6.10.1978. No mesmo sentido são os RE 76.790-8, 77.221-9 e 77.264-2.

posto que sem esta não há como possa ser exercitado o controle jurisdicional. Mesmo assim, para afastar qualquer dúvida que ainda se pudesse suscitar, o legislador prescreveu a necessidade de motivação, em norma clara e insofismável.

Realmente, corporificando o entendimento sedimentado na doutrina e na jurisprudência, a lei estabeleceu que: "A Administração Pública obedecerá, dentre outros, aos princípios da legalidade, finalidade, *motivação*, razoabilidade, proporcionalidade, moralidade, ampla defesa, contraditório, segurança jurídica, interesse público e eficiência" (Lei 9.784, de 29.1.1999, art. 2º) (grifamos).

E, ainda, com clareza inexcedível, a lei explicitou que: "Os atos administrativos deverão ser *motivados, com indicação dos fatos e dos fundamentos jurídicos*, quando: I – neguem, limitem ou afetem direitos ou interesses; (...) VIII – importem anulação, revogação, suspensão ou convalidação de ato administrativo" (Lei 9.784/1999, art. 50, I e VIII) (grifamos).

E, mais, que: "A *motivação* deve ser explícita, clara e congruente, (...)" (Lei 9.784/1999, art. 50, § 1º).

A motivação dos atos administrativos em geral é, indiscutivelmente, um instrumento de controle. Seja do controle judicial, seja do controle diretamente democrático, configurando-se como elemento que vai permitir à opinião pública ter a certeza a respeito da legitimidade e racionalidade do exercício do poder pela Administração, na medida em que através dela os órgãos administrativos reconduzem seus atos a uma regra de Direito, prestando, assim, contas do uso de seus poderes e evitando que suas decisões apareçam como algo meramente voluntarista ou arbitrário.[31]

Para que exista efetivo controle, porém, é necessário que a motivação seja objetiva e específica. Não pode ficar perdida em conceitos vagos. Não pode ser motivação que se preste para tudo, pois, se a tudo serve, não serve a nada.

Assim é que, se a finalidade de um ato é indicada na própria Constituição – como acontece com os atos administrativos concernentes aos impostos ditos regulatórios, ou extrafiscais –, a motivação do ato é indispensável para o controle de constitucionalidade de sua prática.

---

31. Joaquín Álvarez Martínez, *La Motivación de los Actos Tributarios*, Madri/Barcelona, Marcial Pons, 1999, pp. 95-96.

No que diz respeito ao imposto sobre operações de crédito, câmbio e seguros, conhecido como imposto sobre operações financeiras, ou IOF, a Constituição Federal estabelece que a ele, como a outros impostos que expressamente menciona, não se aplica a exigência de anterioridade anual, nem de anterioridade de 90 dias (art. 150, § 1º). E, ainda, que o princípio da legalidade não se aplica a alterações de alíquotas desse imposto, facultando ao Poder Executivo, atendidas as condições e os limites estabelecidos em lei, alterar suas alíquotas (art. 153, § 1º).

O CTN, por seu turno, ao cuidar do IOF, estabelece: "Art. 65. O Poder Executivo pode, nas condições e nos limites estabelecidos em lei, alterar as alíquotas ou as bases de cálculo do imposto, *a fim de ajustá-lo aos objetivos da política monetária*" (grifamos).

Como se vê, o Código estabelece uma finalidade a ser alcançada com a alteração do IOF, que é o ajustamento desse imposto aos objetivos da política monetária. Indispensável, portanto, que o ato administrativo com o qual o Poder Executivo altera esse imposto não prescinda de motivação, pois com o exame desta é que se poderá exercer o controle de constitucionalidade desse ato administrativo.

Sobre a necessidade de motivação de aumentos do IOF, aliás, já escrevemos:[32]

> Embora na prática a exigência constitucional muita vez não seja atendida, é importante notar-se que a Constituição de 1988 é muito clara. O Poder Executivo pode alterar as alíquotas dos impostos flexíveis, vale dizer, impostos de função extrafiscal, entre eles o IOF, *atendidas as condições e os limites estabelecidos em lei*.[32-A] Assim, em primeiro lugar é preciso que exista lei estabelecendo: (a) em que condições é possível a alteração de alíquotas pelo Poder Executivo; e (b) dentro de quais limites a alteração está autorizada.
>
> Em cada caso é necessária motivação específica. Não basta que o ato do Poder Executivo repita o enunciado genérico do art. 65 do CTN, reportando-se à necessidade de ajustar o imposto aos objetivos da política monetária. É necessária a indicação do objetivo específico a ser alcançado com a alteração da alíquota.

Tratando-se de um decreto essa motivação geralmente é colocada sob a forma de "considerando". E no caso do aumento de alíquotas do

---

32. Hugo de Brito Machado, *Comentários ao Código Tributário Nacional*, 2ª ed., vol. I, São Paulo, Atlas, 2007, p. 640.

32-A. CF/1988, art. 153, § 1º.

IOF essa motivação, para que o ato seja válido, deve indicar qual é o objetivo da política monetária ao qual o imposto está sendo, com ele, ajustado. Não basta a indicação genérica, a dizer que o aumento de alíquotas está sendo feito para ajustar o imposto aos objetivos da política monetária, porque indicação assim, excessivamente genérica, não se presta como elemento de controle.

Os atos do Poder Executivo que, com fundamento no art. 153, § 1º, da vigente CF, alteram alíquotas do imposto sobre operações financeiras suscitam duas diferentes questões, uma relativa à forma e a outra relativa à finalidade. Quanto à forma, questiona-se a exigência de fundamentação como condição de validade. Entendemos que a fundamentação deve constar do próprio ato, vale dizer, deve ser com ele publicada. Assim, tratando-se de um decreto, a fundamentação deve figurar em seus "considerandos". Entretanto, reformando decisão do TRF-5ª Região que considerou nulo decreto que aumentara alíquotas do imposto de importação sem nenhuma motivação, decidiu o STF que a motivação do decreto "encontra-se no procedimento administrativo de sua formação, mesmo porque os motivos do decreto não vêm nele próprio".[33]

Essa decisão da Corte Maior, *data maxima venia*, foi extremamente infeliz. O processo administrativo do qual resultou a edição do decreto não é com ele publicado, de sorte que a falta ou a mudança da motivação, destinada a validar o decreto, poderá ser eventualmente suprida se houver impugnação de sua validade.

4.6 Imposto territorial rural

4.6.1 A Constituição e a lei complementar

A Constituição Federal atribui competência à União para instituir imposto sobre a propriedade territorial rural. E o CTN, no papel que hoje é próprio da lei complementar, estabelece: "Art. 29. O imposto, de competência da União, sobre a propriedade territorial rural tem como fato gerador a propriedade, o domínio útil ou a posse de imóvel por natureza, como definido na lei civil, localizado fora da zona urbana do Município".

Como se vê, a Constituição atribui competência à União para instituir imposto sobre a propriedade territorial rural. E como o Código

---

33. STF, RE 225.602-8-CE, rel. Min. Carlos Velloso, j. 25.11.1998, *Revista Dialética de Direito Tributário* 69/185-193, São Paulo, Dialética, junho/2001.

Tributário Nacional delimitou o âmbito constitucional do imposto referindo-se à propriedade, ao domínio útil e à posse, suscita-se a questão de saber se extrapolou, ou não, o alcance do dispositivo da Constituição, que se refere apenas à propriedade. Por outro lado, o Código refere-se a "imóvel por natureza, como definido na lei civil". E, assim, com o advento do Código Civil/2002 suscita-se a questão de saber qual é a lei civil que se deve invocar para a definição do que seja um *imóvel por natureza*.

Vamos, então, examinar essas duas importantes questões.

4.6.2 Propriedade, domínio útil e posse

Há quem sustente que o art. 29 do CTN é inconstitucional ao determinar a tributação da posse, pois a Constituição só autorizou a tributação, no caso, "sobre a propriedade territorial rural". O argumento é valioso no sentido de que realmente o legislador nada pode acrescentar aos fatos descritos na Constituição ao atribuir competência para a instituição de um imposto. No caso, porém, não nos parece ter havido, propriamente, acréscimo.

Referindo-se a Constituição a "propriedade", naturalmente abrangeu a posse, que nada mais é que um direito inerente à propriedade. A autorização constitucional é para tributar a propriedade, e o Código Tributário Nacional facultou à lei ordinária utilizar, para a definição do fato gerador do tributo, a propriedade, o domínio útil ou a posse, vale dizer, o direito pleno, total, que é a propriedade, ou um de seus elementos, o domínio útil ou, ainda, a posse. Estando a propriedade, com todos os seus elementos, reunida em poder de uma pessoa, o tributo recai sobre ela. Entretanto, se está fracionada, isto é, se ninguém é titular da propriedade plena, ou porque há enfiteuse, ou porque a posse está com pessoa diversa do proprietário, que é desconhecido ou imune ao tributo, ou isento, então, o tributo recai sobre o domínio útil ou sobre a posse.

Aliás, a Constituição Federal estabelece expressamente que a imunidade conferida ao patrimônio e à renda das entidades públicas não exonera o promitente comprador da obrigação de pagar imposto relativamente ao bem imóvel (art. 150, VI, "a", e § 3º, parte final). E isto se justifica para evitar que alguém faça um contrato de promessa de compra e venda de imóvel com uma entidade pública e, na condição de promitente comprador, estando na posse do imóvel, protele indefinidamente a celebração do contrato de compra e venda ou o competente registro no cartório de imóveis como forma de evitar a cobrança do imposto.

4.6.3 *A lei civil definidora do imóvel por natureza*

A propósito dos conceitos de imóvel utilizados pelo Código Tributário Nacional, já escrevemos:[34]

> Em face do Código Civil/2002 – Lei 10.406, de 10.1.2002 – suscita-se a questão de saber se a remissão feita pelo Código Tributário Nacional à lei civil, onde devem ser buscados os conceitos pertinentes aos bens imóveis, há de ser entendida como remissão à lei civil então vigente, ou à lei civil vigente na data da aplicação dos dispositivos do Código Tributário Nacional que albergam dita remissão.
>
> A nosso ver, a questão deve ser resolvida tendo-se em vista que os dispositivos da lei civil vigentes na data da edição do Código Tributário Nacional, aos quais este faz remissão, integraram-se em suas normas, que permanecem inalteradas em face da mudança havida na lei civil. Assim, não obstante o advento do Código Civil/2002, para os fins tributários os imóveis podem ser (a) por natureza; (b) por acessão física; (c) por acessão intelectual; (d) por disposição de lei. Esta é a classificação feita pela doutrina, em face dos arts. 43 e 44 do CC/1916, que em seu art. 43, I, indica os imóveis por natureza, a saber: "o solo com a sua superfície, os acessórios e adjacências naturais, compreendendo as árvores e frutos pendentes, o espaço aéreo e o subsolo". O art. 43, II, do CC/1916 indica os imóveis por acessão física, que compreendem "tudo quanto o homem incorporar permanentemente ao solo, como a semente lançada à terra, os edifícios e construções, de modo que se não possa retirar sem destruição, modificação, fratura ou dano". São imóveis por acessão intelectual os indicados no art. 43, III, do CC/1916, a saber, "tudo quanto no imóvel o proprietário mantiver, intencionalmente, empregado na sua exploração industrial, aformoseamento, ou comodidade". Finalmente, no art. 44 o CC/1916 define os imóveis por determinação legal, que são os direitos reais sobre imóveis, as apólices da dívida pública, quando inalienáveis, e o direito à sucessão aberta.
>
> Como se vê, quando entrou em vigor o Código Tributário Nacional da lei civil decorriam diferentes conceitos de imóvel, entre os quais – e no que interessa à questão aqui examinada – o *imóvel por natureza*, referido na definição do fato gerador do imposto sobre a propriedade territorial rural, e o *imóvel por acessão física*, referido na definição dos fatos

---

34. Hugo de Brito Machado, *Curso de Direito Tributário*, 35ª ed., São Paulo, Malheiros Editores, 2014, pp. 350-351.

geradores do imposto predial e territorial urbano e do imposto sobre a transmissão de bens imóveis.

O Código Civil/2002 (Lei 10.406, de 10.1.2002) diz: "Art. 79. São imóveis o solo e tudo quanto se lhe incorporar natural ou artificialmente". Mantém, é certo, o dispositivo que autoriza considerar-se como espécie os imóveis por definição legal. Não faz, todavia, aquele desdobramento existente no Código anterior, em face do qual a doutrina classificou os imóveis em imóveis por natureza, imóveis por acessão física e imóveis por acessão intelectual. Assim, coloca-se a questão de saber se a remissão feita pelo Código Tributário Nacional, nos dispositivos pertinentes aos impostos imobiliários, deve ser entendida como referência ao anterior ou ao atual Código Civil.

Alguém poderá sustentar que nos termos da lei civil já não é possível distinguir um imóvel por natureza, um imóvel por acessão física e um imóvel por acessão intelectual, de sorte que tais distinções, albergadas em conceitos utilizados pelo Código, já não subsistem. E, assim, o imposto territorial rural incidiria sobre os imóveis rurais tendo como base de cálculo o valor total do imóvel, e não mais o valor da terra nua e suas aderências naturais. O imposto sobre a propriedade territorial e predial urbana incidiria sobre o valor total dos imóveis urbanos, inclusive suas acessões intelectuais. E o imposto sobre transmissão de bens imóveis também incidiria sobre o valor total dos imóveis, inclusive suas acessões intelectuais.

Entendemos que, para a aplicação dos dispositivos do Código Tributário Nacional, subsistem os conceitos do Código Civil anterior.

As remissões feitas por um a outro dispositivo normativo podem ocorrer envolvendo normas de planos hierárquicos diversos e do mesmo plano hierárquico, e podem ter as mais diversas significações. Importa-nos, aqui, examinar apenas as remissões feitas por um dispositivo de norma hierarquicamente superior a um dispositivo de norma hierarquicamente inferior, pois o Código Tributário Nacional, tendo em vista o disposto no art. 146, III, da CF, há de ser tratado como lei complementar, na medida em que estabelece normas gerais sobre legislação tributária.

Remissões assim podem significar simplesmente a atração de elementos definidores de conceitos albergados pela norma em que são feitas e podem significar verdadeiras delegações de atribuições normativas. Quando a remissão é feita a dispositivo hierarquicamente inferior, a ser elaborado, certamente encerra delegação legislativa; e quando é feita a dispositivo hierarquicamente inferior já existente significa, em princípio, simples atração de elemento definidor de conceito albergado na norma em que é feita a remissão.

Pode ocorrer, porém, que uma remissão seja feita a dispositivo de hierarquia inferior já existente, e mesmo assim se tenha dúvida a respeito de seu significado, podendo ser a remissão considerada por alguns como simples atração de elementos definidores de conceitos albergados na norma em que é feita, e por outros como delegação de atribuições legislativas. Neste caso, para que se possa optar com segurança por uma dessas duas alternativas, tem-se de examinar se é válida a delegação que a remissão eventualmente pode consubstanciar.

No caso de que se cuida, as remissões feitas pelos dispositivos do Código Tributário Nacional à lei civil são, na verdade, simples formas de atração de elementos definidores de conceitos albergados por tais dispositivos.

Quando o art. 29 do CTN refere-se a propriedade, domínio útil ou a posse de imóvel por natureza, "como definido na lei civil", está simplesmente atraindo elementos definidores desses conceitos. O conceito de propriedade, o conceito de domínio útil, o conceito de posse e o conceito de *imóvel por natureza* devem ser definidos com elementos extraídos da lei civil. Não de uma lei civil futura, certamente, mas da lei civil vigente na data em que promulgado o Código Tributário Nacional.

O mesmo se pode dizer dos conceitos utilizados nos arts. 32 e 35, I, do CTN. Todos eles devem ser definidos a partir de elementos colhidos na lei civil anterior, atraídos já pela lei tributária e nesta integrados definitivamente.

Assim, mesmo que o Código Civil/2002 contivesse norma incompatível com os conceitos da lei civil anterior – o que já vimos não ocorrer –, ainda assim subsistiriam os conceitos elaborados à luz da lei civil anterior, posto que já definitivamente incorporados pelas normas do Código Tributário Nacional e da própria Constituição Federal de 1988.[35]

A tese que aqui sustentamos já foi adotada pelo STF em julgamento a respeito da alíquota do imposto sobre doações e heranças. Entendeu a Corte Maior que as remissões feitas pelas leis estaduais à alíquota máxima, fixada pelo Senado Federal, devem ser entendidas como dirigidas à

---

35. Com efeito, o art. 156, II, da CF/1988 albergou os conceitos de imóvel por natureza e por acessão física, de sorte que estes não podem ser alterados nem pela lei complementar, e muito menos pela lei ordinária.

então vigente resolução do Senado Federal, e não a uma futura resolução fixando alíquota diversa. Entendeu também o Supremo ser inadmissível a delegação, pelo legislador estadual, ao Senado Federal da competência para fixar alíquotas, por violação dos princípios da competência e da legalidade tributária.[36]

Admitindo-se, porém, que a remissão feita à lei civil pelos dispositivos do Código Tributário Nacional pode ser entendida como simples delegação de atribuições legislativas, ter-se-á de enfrentar a questão de saber se essa delegação seria possível em nosso sistema jurídico. E a solução dessa questão é negativa. Os dispositivos do Código Tributário Nacional nos quais é feita a remissão de que se cuida tratam de matéria privativa de lei complementar, por força do que estabelece o art. 146, III, da vigente CF, e isto inviabiliza inteiramente a suposta delegação.

Admitir-se possa uma lei complementar transferir para a lei ordinária o trato de matéria que lhe foi constitucionalmente atribuída seria admitir que a lei complementar pode alterar a própria Constituição. Quando a Constituição diz que a matéria será regulada por lei complementar, certamente proíbe seja tal matéria regulada por outra espécie normativa; o legislador complementar não pode contornar essa proibição.

Pela mesma razão por que a lei ordinária não pode transferir para o regulamento a disciplina da matéria que a Constituição lhe atribuiu, não pode a lei complementar transferir para a lei ordinária a disciplina da matéria que lhe foi constitucionalmente atribuída. Se a lei complementar pudesse dizer que determinado conceito nela albergado será definido pela lei ordinária, de nada valeria a norma da Constituição Federal que define o âmbito privativo da lei complementar.

4.6.4 Distinção entre imóvel rural e imóvel urbano

Na definição do âmbito de incidência do imposto territorial rural surge a questão da distinção entre um imóvel *rural* e um imóvel *urbano*. Questão de decisiva importância, porque suscita o conflito de competência entre a União, titular da competência para instituir e cobrar o imposto territorial rural/ITR (CF/1988, art. 153, VI), e o Município, titular da competência para instituir e cobrar o imposto sobre propriedade predial e territorial urbana/IPTU (CF/1988, art. 156, I).

---

36. STF, 2ª Turma, AI 236.436-PE, rel. Min. Celso de Mello, j. 30.5.2000, *RTJ* 174/684.

O Código Tributário Nacional não define *zona rural*. Em seu art. 32, porém, a propósito do imposto sobre a propriedade predial e territorial urbana, diz que *zona urbana* é a como tal definida em lei municipal e estabelece requisitos mínimos a serem observados pelo legislador municipal nessa definição.

O assunto tem sido objeto de controvérsias. Aqui, vamos colocar apenas as linhas gerais a serem seguidas para identificação de um imóvel como rural, cuja propriedade enseja a incidência do ITR, ou como urbano, cuja propriedade enseja a incidência do IPTU. Em outras palavras, vamos indicar os critérios a serem utilizados para identificação da zona urbana e da zona rural e indicar em que situação prevalece o critério da destinação do imóvel sobre o critério geográfico.

Zona urbana é aquela como tal definida em lei do Município e *zona rural* é aquela que fica fora dessa definição. Em outras palavras, a zona rural é definida por exclusão. Assim, o território de um Município pode ser qualificado, todo ele, como zona urbana, se todo ele preenche os requisitos exigidos pelo Código Tributário Nacional para ser como tal considerado. Neste caso, o Município não terá zona rural. E se parte do território do Município não preenche os mencionados requisitos, essa parte será qualificada como zona rural, de sorte que os imóveis nela situados ensejarão a incidência do ITR.

Uma vez definida, no Município, a zona urbana e, se for o caso, também a zona rural, ter-se-á definida a incidência tributária. Prevalecerá o critério geográfico. Os imóveis situados na zona urbana ensejam a incidência do IPTU e os situados na zona rural ensejam a incidência do ITR.

Em face de leis federais tratando do assunto, questionou-se a definição do imóvel como rural como decorrência de sua destinação a atividades típicas da zona rural. Depois desses questionamentos, prevaleceu o entendimento segundo o qual os imóveis situados na denominada zona rural ensejam a incidência do ITR, seja qual for a destinação que tiverem. E os imóveis situados na zona urbana ensejam, em regra, a incidência do IPTU mas, excepcionalmente, ensejarão a incidência do ITR se tiverem destinação a atividades típicas da zona rural.[37]

---

37. Cf. Hugo de Brito Machado, "Critérios geográfico e da destinação do imóvel para definir a incidência do IPTU ou do ITR", *Revista Dialética de Direito Tributário* 139/56-60, São Paulo, Dialética, abril/2007.

4.7 Imposto sobre grandes fortunas

4.7.1 O âmbito constitucional e a lei complementar

A Constituição Federal atribui à União competência para instituir imposto sobre "grandes fortunas, nos termos de lei complementar" (art. 153, VII). Assim, a definição do âmbito constitucional desse imposto ficou, indiscutivelmente, a depender de lei complementar que venha a definir o que devemos entender por *grande fortuna*.

É razoável entender que a própria criação do imposto, neste caso, há de ser feita por lei complementar. Entretanto, mesmo que se entenda que a criação do imposto pode ser feita por lei ordinária, a definição do que seja *grande fortuna* será matéria própria da lei complementar.

4.7.2 Competência tributária não exercitada

O imposto sobre grandes fortunas é um caso raríssimo de competência tributária não exercitada. Embora autorizada sua criação desde o advento da Constituição de 1988, o Congresso Nacional até agora não votou a lei complementar necessária para definir o que se deve entender como *grande fortuna*. O projeto neste sentido apresentado pelo então senador Fernando Henrique Cardoso está engavetado. Aliás, depois de praticamente inutilizado pelo Substitutivo apresentado pelo então deputado federal Roberto Campos, talvez seja melhor, mesmo, esquecê-lo.

Com a proposta de Reforma Tributária apresentada ao Congresso pelo então Presidente Lula surgiu uma esperança de que o imposto sobre grandes fortunas seria criado. Na citada proposta de emenda constitucional consta a alteração do art. 153, VII, da CF, que passaria a vigorar sem a expressão "nos termos de lei complementar". Nova redação com o objetivo de permitir a criação do imposto por lei ordinária. Em outras palavras, por maioria simples do Congresso Nacional.

4.7.3 Viabilidade técnica

Os que se opõem ao imposto sobre grandes fortunas dizem que ele é tecnicamente inviável ou, como dizem os menos radicais, ele é de baixo resultado fiscal, isto é, produz pequena arrecadação. As grandes fortunas tenderiam a migrar do País. Os grandes capitais fugiriam, em busca de tratamento tributário menos severo.

Tais argumentos são falaciosos. É certo que sem alterações legislativas capazes de restringir certas práticas evasivas – como é o caso da escandalosa utilização de empresas *off shore* – muita evasão poderá ocorrer. Entretanto, é perfeitamente possível, com alterações legislativas relativamente simples, colocar a possibilidade de evasão em limites toleráveis.

Alguns adversários do imposto sobre grandes fortunas dizem também que ele é um imposto injusto, na medida em que o titular de uma grande fortuna já pagou o imposto de renda quando ganhou os rendimentos com os quais construiu seu patrimônio, e segue pagando imposto de renda, porque os bens que possui geram rendimentos tributáveis.

Esse argumento também é falacioso para muitos casos. Na verdade, muitas riquezas foram acumuladas sem que fosse pago o imposto de renda e muitos patrimônios não geram rendas tributáveis, ou geram rendas que não são declaradas em sua totalidade. E há fórmula relativamente simples capaz de separar os casos nos quais aquela alegada injustiça poderia ocorrer daqueles outros nos quais ela não se apresenta.

Realmente, o imposto sobre grandes fortunas poderá ser instituído para funcionar em conexão com o imposto sobre a renda das pessoas físicas, de sorte que, a final, alcance simplesmente aquelas situações nas quais o cidadão é titular de grande fortuna mas não declara rendimentos tributáveis com esta compatíveis e, por isto, paga menos imposto de renda que um assalariado. A fórmula é muito simples. O imposto deve ser calculado sobre o patrimônio líquido da pessoa física, ou natural, nos termos de sua declaração anual de bens. E do valor apurado com a aplicação da alíquota correspondente será deduzido o valor do imposto de renda pago pelo contribuinte no exercício, de sorte que o saldo a ser pago corresponderá a um ajustamento que permitirá cobrar o imposto apenas daqueles que, embora sejam titulares de patrimônio significativo, não pagam imposto de renda.

Registre-se que a cobrança desse imposto pode ser posta em prática apenas com o instrumental do qual já dispõe a Receita Federal. Nenhum instrumento de controle a mais será necessário.

4.7.4 *Razão da não criação*

A verdadeira razão para a não criação do imposto sobre grandes fortunas não está relacionada a aspectos técnicos ou administrativos. É simplesmente uma questão política. Uma questão relacionada ao exercício do poder e à influência sobre quem o exerce. O poder é a aptidão de alguém para decidir e fazer valer sua vontade. A influência é a aptidão de alguém para obter de outrem a decisão do seu interesse. No Congresso Nacional estão as pessoas que decidem. Tais pessoas ou são titulares de poder, vale dizer, da aptidão para decidir e pôr em prática suas decisões, porque são titulares de grandes fortunas, ou, então, são pessoas que decidem sob a influência de titulares de grandes fortunas, que sobre elas exercem sua influência exatamente porque são titulares de grandes fortunas. Aliás, no mundo inteiro é assim. Por isto mesmo, onde foi criado o imposto sobre grandes fortunas, pouco tempo depois foi o mesmo revogado.

4.7.5 Deformação do imposto

O que há de pior neste assunto é a possibilidade de deformação do imposto.

Realmente, pode ocorrer que venha a ser criado um imposto que incidiria sobre grandes fortunas. Entretanto, a definição do que seja uma grande fortuna será feita de tal forma, que o imposto vai terminar sendo cobrado da classe média, que já suporta a maior parte da carga tributária do País.

Aliás, consta que existem projetos em tramitação no Congresso Nacional que prenunciam essa deformação, lamentável sob todos os aspectos.

4.8 Impostos da competência residual

A Constituição Federal atribui à União a denominada *competência residual*, isto é, a competência para instituir impostos diversos daqueles discriminados no dispositivo que lhe atribui competência para instituir os que enumera. Exige, todavia, que esses novos impostos sejam não cumulativos e não tenham fato gerador ou base de cálculo próprios dos impostos que discrimina; vale dizer, exige que o fato gerador e a base de cálculo desses impostos da denominada competência residual sejam essencialmente diferentes dos impostos que estão atribuídos a ela própria, ou aos Estados ou aos Municípios.

Sobre o assunto já escrevemos:[38]

> Tornou-se praxe a justificação de tributos criados sem fundamento constitucional, pela invocação da competência residual. Entre muitos, pode ser referido ocaso da contribuição para o *FINSOCIAL*, que o STF considerou constitucional invocando a competência residual da União, afirmando que a referida contribuição tinha a natureza jurídica de imposto e, porque não se comportava no âmbito constitucional de nenhum dos impostos arrolados pela Constituição então vigente na competência da União, teria sido criado com fundamento na competência residual.
>
> Tivemos na verdade uma decisão política, destinada a preservar a arrecadação de recursos que seriam destinados ao combate à pobreza. Talvez os Srs. Ministros tenham sido influenciados pelo apelo dramático do então Presidente João Baptista Figueiredo, que chegou às lágrimas em pronunciamento feito pela televisão em rede nacional, afirmando que os recursos do FINSOCIAL lhe permitiriam amparar os pobres de todo o País.

Conscientes da necessidade de fazer efetivas as limitações ao poder de tributar, os constituintes de 1988 introduziram limitações específicas à competência residual da União, e na verdade é muito difícil imaginar um novo imposto, além dos previstos na Constituição, que não tenha fato gerador ou base de cálculo próprio daqueles.

Por outro lado, deixaram a válvula de escape das contribuições. Alternativa vantajosa para o Governo Federal relativamente ao imposto da competência residual, por não ter de entregar 20% da arrecadação aos Estados e ao Distrito Federal, a que estes têm direito nos termos do art. 157, II, da CF.

4.9 Imposto extraordinário de guerra

A CF estabelece que: "Art. 154. A União poderá instituir: (...) II – na iminência ou no caso de guerra externa, impostos extraordinários, compreendidos ou não em sua competência tributária, os quais serão suprimidos, gradativamente, cessadas as causas de sua criação".

Desse imposto, ou desses impostos, trata o art. 76 do CTN, que tinha fundamento no art. 17 da EC 18, segundo o qual o imposto criado por motivo de guerra externa ou sua iminência deve ser suprimido gradativamente no prazo de cinco anos, cessada a causa de sua criação. Suscita-se, então, a questão de saber se o art. 76 do CTN continua em vi-

---

38. Hugo de Brito Machado, *Curso de Direito Tributário*, 35ª ed., São Paulo, Malheiros Editores, 2014, p. 362.

gor – e, assim, subsiste prazo de cinco anos nele estabelecido. Pensamos que sim, e esse entendimento está demonstrado exaustivamente em nosso livro *Comentários ao Código Tributário Nacional*,[39] onde referimos manifestações doutrinárias de juristas autorizados, em sentido contrário. Não nos parece que tenha sido revogado o art. 76 do CTN, embora tenha sido revogado o art. 17 da EC 18. Por isto, no livro acima referido escrevemos:[40]

> A hipótese de revogação concretizou-se, aí, sim, quanto à norma do art. 17 da EC 18, que reproduziu a norma do § 6º do art. 15 da CF/1946. Assim, no plano da Constituição não mais vigora a norma que obriga a União a extinguir os impostos extraordinários no prazo de cinco anos a partir do estabelecimento da paz. Com a Constituição de 1967 operou-se a revogação.
>
> Revogada como está a norma da Constituição, pode hoje o legislador complementar alterar a norma do Código Tributário Nacional, retirando dela a referência ao prazo para a extinção dos impostos extraordinários. E pode apenas afastar a sua incidência em situações peculiares nas quais o imposto extraordinário deva perdurar mais de cinco anos depois de cessada a causa de sua instituição. A avaliação e decisão ficam a cargo do legislador complementar. Não do ordinário, como ficariam se não existisse o art. 76 do CTN.

Seja como for, certo é que se trata de impostos realmente extraordinários, porque extraordinária é a causa que justifica a correspondente instituição. Extraordinária e de existência objetiva, que não pode ser apontada como presente quando realmente não exista.

5. Âmbito constitucional dos impostos estaduais

5.1 Imposto sobre heranças e doações

"Compete aos Estados e ao Distrito Federal instituir impostos sobre: I – transmissão *causa mortis* e doação, de quaisquer bens ou direitos" (CF/1988, art. 155, I). Sobre o âmbito constitucional desse imposto já escrevemos:[41]

---

39. Hugo de Brito Machado, *Comentários ao Código Tributário Nacional*, 2ª ed., vol. I, São Paulo, Atlas, 2007, pp. 730-739.
40. Hugo de Brito Machado, *Comentários ao Código Tributário Nacional*, 2ª ed., vol. I, São Paulo, Atlas, 2007, p. 739.
41. Hugo de Brito Machado, *Curso de Direito Tributário*, 35ª ed., São Paulo, Malheiros Editores, 2014, pp. 366-368.

Na definição do fato gerador do imposto sobre heranças e doações podem ser descritas a transmissão da propriedade de quaisquer bens ou direitos por causa da morte ou por doação. Dele se excluem apenas as transmissões de propriedade de bens por ato oneroso entre vivos.

A morte opera automaticamente a transmissão da propriedade de todos os bens que a pessoa natural possuía. Seja por força da lei, simplesmente, seja por força de ato de última vontade do autor da herança. A formalização dessa transmissão de propriedade ordinariamente ocorre mediante o processo de inventário, e no âmbito deste o imposto é lançado pela autoridade competente e pago pelos interessados. Tratando-se de imóveis, faz-se depois o registro necessário no cartório de imóveis. Necessário para formalizar a transmissão da propriedade, que se opera com a morte do proprietário anterior.

As leis de alguns Estados definem como hipótese de incidência a renúncia à herança. A Lei 11.527, de 30.12.1998, do Ceará, por exemplo, diz que, para os efeitos do imposto em referência, considera-se doação "a desistência ou renúncia de herança ou legado por ato de liberalidade que importe ou se resolva em transmissão de quaisquer bens ou direitos" (art. 2º, § 1º, I). Ocorre, entretanto, que, nos termos do vigente Código Civil, "aceita a herança, torna-se definitiva a sua transmissão ao herdeiro desde a abertura da sucessão" (art. 1.804). E ainda esclarece expressamente que "a transmissão tem-se por não verificada quando o herdeiro renuncia à herança" (art. 1.804, parágrafo único). Assim, realmente, a renúncia à herança, ao menos nos casos em que esta ocorre em favor do monte, não pode ser considerada como fato gerador do imposto sobre doações e heranças, porque apenas impede que se torne definitiva a transmissão que se havia operado com a morte do autor da herança. Ou, mais exatamente, apenas altera essa transmissão, retirando o renunciante da condição de herdeiro.

É possível que a renúncia ocorra em favor de determinada pessoa, que em consequência da mesma vem a receber o quinhão que pertenceria ao renunciante. Neste caso, a renúncia, além de não impedir que se torne definitiva a transmissão que decorreu da morte, implica verdadeira doação do quinhão hereditário – e, assim, pode ensejar a cobrança do imposto.

Sendo casado o autor da herança, é importante que se note a diferença entre *herança* e *meação*, porque esta não é objeto de transmissão de propriedade e, assim, não pode ser submetida a tributação. O tributo incide sobre a transmissão da propriedade em decorrência da morte. Não sobre a meação, pois esta já pertencia ao cônjuge sobrevivente. Na dissolução da sociedade conjugal por morte verificar-se-á a meação do cônjuge sobrevivente de conformidade com os dispositivos do Código Civil que regulam o regime de bens, definindo-se a herança aos herdeiros na forma também naquele Código estabelecida (CC – Lei 10.406, de 10.1.2002 –, art. 1.685).

Objeto da transmissão de propriedade é apenas a herança. Não a meação. Aberta a sucessão – diz a lei –, a *herança* transmite-se, desde logo, aos herdeiros legítimos e testamentários (CC – Lei 10.506, de 10.1.2002 –, art. 1.784). Herdeiros legítimos são aqueles aos quais a herança se transmite por força da lei, simplesmente. Legatários são aqueles aos quais o legado se transmite por força do testamento.

O imposto é sobre heranças e doações de quaisquer bens, e a competência para sua instituição é definida por critério que diz respeito à natureza do bem. Se imóvel, ou direito a este relativo, define-se a competência pela localização. Se o imóvel está localizado em mais de uma entidade unidade federativa, deve ser partilhado entre estas na proporção correspondente da área do imóvel. Tratando-se de bens de outra natureza o imposto cabe ao Estado onde se processar o inventário ou arrolamento, ou tiver domicílio o doador, ou ao Distrito Federal.

Como se vê, o âmbito constitucional desse imposto exige definição por lei complementar, porque podem existir situações nas quais seria inevitável o conflito de competências.

Certamente, o legislador da entidade que institui o imposto pode utilizar-se de todos ou apenas de parte desses fatos. O que não pode é fazer incidir o imposto sobre fatos que estejam foram do seu âmbito constitucional.

A competência deve ser definida em lei complementar em duas hipóteses: tratando-se de doação, se o doador tiver domicílio ou residência no exterior; tratando-se de herança, se o autor da herança era residente ou domiciliado no exterior, ou possuía bens no exterior, ou se o inventário for processado no exterior.

5.2 Imposto sobre operações relativas à circulação de mercadorias

5.2.1 A extrema complexidade

O imposto mais complexo do nosso sistema tributário é, sem nenhuma dúvida, o denominado ICMS, ou imposto sobre operações relativas à circulação de mercadorias e prestação de serviços de transporte interestadual e intermunicipal e de comunicação. Seu nome, aliás, já o demonstra.

O âmbito constitucional do ICMS é extremamente complexo. Bem o demonstra o exagerado número de dispositivos inseridos na Constituição Federal para sua definição, como a seguir se verá.

Dispõe a CF:

"Art. 155. Compete aos Estados e ao Distrito Federal instituir impostos sobre: (...) II – operações relativas à circulação de mercadorias e sobre prestações de serviços de transporte interestadual e intermunicipal e de comunicação, ainda que as operações e as prestações se iniciem no exterior; (...).

"(...).

"§ 2º. O imposto previsto no inciso II atenderá ao seguinte: I – será não cumulativo, compensando-se o que for devido em cada operação relativa à circulação de mercadorias ou prestação de serviços com o montante cobrado nas anteriores pelo mesmo ou outro Estado ou pelo Distrito Federal; II – a isenção ou não incidência, salvo determinação em contrário da legislação: a) não implicará crédito para compensação com o montante devido nas operações ou prestações seguintes; b) acarretará a anulação do crédito relativo às operações anteriores; III – poderá ser seletivo, em função da essencialidade das mercadorias e dos serviços; IV – resolução do Senado Federal, de iniciativa do Presidente da República ou de um terço dos senadores, aprovada pela maioria absoluta de seus membros, estabelecerá as alíquotas aplicáveis às operações e prestações, interestaduais e de exportação; V – é facultado ao Senado Federal: a) estabelecer alíquotas mínimas nas operações internas, mediante resolução de iniciativa de um terço e aprovada pela maioria absoluta de seus membros; b) fixar alíquotas máximas nas mesmas operações para resolver conflito específico que envolva interesse de Estados, mediante resolução de iniciativa da maioria absoluta e aprovada por dois terços dos seus membros; VI – salvo deliberação em contrário dos Estados e do Distrito Federal, nos termos do disposto no inciso XII, 'g', as alíquotas internas, nas operações relativas à circulação e nas prestações de serviços, não poderão ser inferiores às previstas para as operações interestaduais; VII – em relação às operações e prestações que destinem bens e serviços a consumidor final localizado em outro Estado, adotar-se-á: a) a alíquota interestadual, quando o destinatário for contribuinte do imposto; b) a alíquota interna, quando o destinatário não for contribuinte dele; VIII – na hipótese da alínea 'a' do inciso anterior, caberá ao Estado da localização do destinatário o imposto correspondente à diferença entre a alíquota interna e a interestadual; IX – incidirá também: a) sobre a entrada de bens ou mercadorias importadas do exterior por pessoa física ou jurídica, ainda que não seja contribuinte habitual do imposto, qualquer que seja a sua finalidade, assim como sobre o serviço prestado no exterior, cabendo o imposto ao Estado onde estiver situado o domicílio ou o estabelecimento destinatário da mercadoria, bem ou serviço; b) sobre o valor total da operação, quando mercadorias forem fornecidas com serviços não compreendidos na competência tributária dos Municípios; X – não incidirá: a) sobre operações que destinem mercadorias para o exterior, nem sobre serviços prestados a destinatários no exterior, assegurada a manutenção e o aproveitamento do montante do imposto cobrado nas operações e prestações anteriores; b) sobre operações que destinem a outros Estados petróleo, inclusive lubrificantes, combustíveis líquidos e gasosos dele derivados, e energia elétrica; c) sobre o ouro, nas hipóteses definidas no art. 153, § 5º; d) nas prestações de serviço de comunicação nas modalidades de radiodifusão sonora e de sons e imagens de recepção livre e gratuita; XI – não compreenderá, em sua base de cálculo, o montante do imposto sobre produtos industrializados, quando a operação, realizada entre contribuintes e relativa a produto destinado à industrialização ou à comercialização, configure fato gerador dos dois impostos; XII – cabe à lei complementar: a) definir seus contribuintes; b) dispor sobre substituição tributária; c) disciplinar o regime de compensação do imposto; d) fixar, para efeito de sua cobrança e definição do estabelecimento responsável, o local das operações relativas à circulação de mercadorias e das prestações de serviços; e) excluir da incidência do imposto, nas exportações para o exterior, serviços e outros produtos além dos mencionados no inciso X, 'a'; f) prever casos de manutenção de crédito, relativamente à remessa para outro Estado e exportação para o exterior, de serviços e de mercadorias; g) regular a forma como, mediante deliberação dos Estados e do Distrito Federal, isenções, incentivos e benefícios fiscais serão concedidos e revogados; h) definir os combustíveis e lubrificantes sobre os quais o imposto incidirá uma única vez, qualquer que seja a sua finalidade, hipótese em que não se aplicará o disposto no inciso X, 'b'; i) fixar a base de cálculo, de modo que o montante do imposto a integre, também na importação do exterior de bem, mercadoria ou serviço.

"§ 3º. À exceção dos impostos de que tratam o inciso II do *caput* deste artigo e o art. 153, I e II, nenhum outro imposto poderá incidir sobre operações relativas a energia elétrica, serviços de telecomunicações, derivados de petróleo, combustíveis e minerais do País.

"§ 4º. Na hipótese do inciso XII, 'h', observar-se-á o seguinte: I – nas operações com os lubrificantes e combustíveis derivados de petróleo, o imposto caberá ao Estado onde ocorrer o consumo; II – nas operações interestaduais, entre contribuintes, com gás natural e seus derivados, e lubrificantes e combustíveis não incluídos no inciso I deste parágrafo, o imposto será repartido entre os Estados de origem e de destino, mantendo-se a mesma proporcionalidade que ocorre nas operações com as demais mercadorias; III – nas operações interestaduais com gás natural e seus derivados, e lubrificantes e combustíveis não incluídos no inciso I deste parágrafo destinadas a não contribuinte, o imposto caberá ao Estado de origem; IV – as alíquotas do imposto serão definidas mediante deliberação dos Estados e Distrito Federal, nos termos do § 2º, XII, 'g', observando-se o seguinte: a) serão uniformes em todo o território nacional, podendo ser diferenciadas por produto; b) poderão ser específicas, por unidade de medida adotada, ou *ad valorem*, incidindo sobre o valor da operação ou sobre o preço que o produto ou seu similar alcançaria em uma venda em condições de livre concorrência; c) poderão ser reduzidas e restabelecidas, não se lhes aplicando o disposto no art. 150, III, 'b'.

"§ 5º. As regras necessárias à aplicação do disposto no § 4º, inclusive as relativas à apuração e à destinação do imposto, serão estabelecidas mediante deliberação dos Estados e do Distrito Federal, nos termos do § 2º, XII, 'g'."

Como se vê, a disciplina constitucional desse imposto é de extrema complexidade, que decorre de dois fatores, a saber: a introdução da técnica da não cumulatividade e o intenso conflito de interesses existente entre os Estados em sua arrecadação. Aqui vamos examinar apenas dois aspectos desse emaranhado de regras constitucionais. Um relativo à não cumulatividade do imposto, para destacarmos o anulamento completo da única vantagem efetiva dessa técnica. E o outro relativo à deformação desse imposto, em razão do interesse arrecadatório dos Estados.

5.2.2 *A não cumulatividade do ICMS*

A grande vantagem da técnica da não cumulatividade consistiria, segundo seus defensores, na distribuição do ônus do imposto na várias etapas da circulação das mercadorias, desde a produção até o consumo. Essa virtude, todavia, ficou muito cedo superada com a introdução da denominada *substituição tributária para a frente*, que, a rigor, não é substituição tributária, mas cobrança antecipada.

Realmente, com a introdução do § 7º no art. 150 da CF, pela Emenda Constitucional 3, de 17.3.1993, ficou o legislador autorizado a abolir a mencionada vantagem do ICMS, fazendo com que o mesmo passasse a onerar desde logo toda a cadeia produtiva. E – o que é mais grave – sem que a cobrança na operação inicial da cadeia circulatória implicasse simplificação dos mecanismos de controle, que se tornam a cada dia mais complicados.

Por outro lado, como o imposto deve ser calculado sobre operações que ainda irão acontecer, operações futuras, ressuscitou-se a antiga forma da pauta fiscal, há muito repelida pelo STF.

Sobre o tema sugerimos a leitura de nosso artigo "Virtudes e defeitos da não cumulatividade no sistema tributário brasileiro", que integra o livro de autoria coletiva *O Princípio da Não Cumulatividade*,[42] que contém textos debatidos em simpósio realizado no Centro de Estudos de Extensão Universitária sob a coordenação geral do professor Ives Gandra da Silva Martins.

5.2.3 *Deformação do ICMS*

Está hoje o ICMS inteiramente deformado. Pode ser, sem nenhum exagero, considerado o imposto mais problemático de nosso sistema tributário, com legislação dos diversos Estados a disciplinar, da forma mais estapafúrdia e complexa, sem nenhum apreço pelos dispositivos da Constituição Federal que a ele dizem respeito, as mais diversas hipóteses nas quais é cobrado.

O denominado *Protocolo 21*, firmado por alguns Estados em 1.4.2011, instituiu a cobrança do ICMS na entrada de bens adquiridos por não contribuinte, para uso ou consumo próprio, em outros Estados, violando dispositivo expresso e específico da vigente Constituição Federal, pertinente às operações de venda de bens a consumidor final, que certamente será invocado pelos Estados não signatários daquele Protocolo. Segundo esse dispositivo, "em relação às operações e prestações que destinem bens e serviços a consumidor final localizado em outro Estado, adotar-se-á: (...) b) a alíquota interna, quando o destinatário não for contribuinte" do ICMS (CF/1988, art. 155, § 2º, VII, "b"). E essa regra da Lei Maior não admite distinção entre compras presenciais e não presenciais, não sendo razoável, portanto, a distinção feita no questionado Protocolo. E o pior é que em muitos casos o valor do ICMS cobrado na entrada de bens adquiridos em outros Estados não justifica o pedido de proteção judicial, e termina sendo pago, embora flagrantemente indevido. Este, porém, é apenas um exemplo dos absurdos que vêm sendo perpetrados em matéria de ICMS, que nos autorizam a afirmar que a relação de tributação ainda é, infelizmente, muito mais uma relação de poder que uma relação jurídica.

---

42. Ives Gandra da Silva Martins (coord.), *O Princípio da Não Cumulatividade*, São Paulo, Centro de Estudos de Extensão Universitária/Ed. RT, 2004.

Os casos que destacamos para exame aqui, todavia, dizem respeito a deformações do próprio âmbito constitucional desse imposto. Um relativo à sua não cumulatividade. E o outro relativo à deformação desse imposto, em razão do interesse arrecadatório dos Estados, que chega a desconsiderar sua natureza jurídica de imposto sobre circulação de mercadorias.

Como o STF afirmou a inconstitucionalidade da cobrança do ICMS sobre importação de bens não destinados ao comércio feita por não comerciante, o Governo cuidou de conseguir emenda constitucional autorizando a cobrança pretendida. Sobre o assunto, depois de elogiar as decisões do STF, que menciona, escreve Roque Antônio Carrazza:[43]

> As coisas estavam neste pé – a nosso sentir correto e adequado –, quando sobreveio a Emenda Constitucional 33, de 11.12.2001, que, dando nova redação ao inciso IX, "a", em análise, passou a consignar que o ICMS incide também "sobre a entrada de *bem* ou mercadoria importados do exterior por *pessoa física* ou jurídica, *ainda que não seja contribuinte habitual do imposto, qualquer que seja a sua finalidade*, assim como sobre o serviço prestado no exterior, cabendo o imposto ao Estado onde estiver situado o *domicílio* ou o estabelecimento do destinatário da mercadoria, *bem* ou serviço".
>
> Com se vê, a EC 33/2001 abalou nosso ordenamento jurídico tributário, dando seguimento à paulatina e deplorável destruição das vigas-mestras da Carta Magna de 1988. De fato, tal emenda "abriu espaço" à criação de um novo modelo de ICMS, que nada tem a ver com as regras-matrizes constitucionais desta figura exacional. Não bastasse isso, "retirou-se" – o que, por óbvio, não poderia ter feito – direitos fundamentais dos contribuintes.
>
> A prevalecer a literalidade da "nova" redação, poderá ser compelida a recolher ICMS, desde que a legislação do Estado-membro (ou do Distrito Federal) assim o determine, a pessoa física que vier a importar bens para uso próprio, ainda que sem caráter de habitualidade e sem exercer o comércio. O mesmo podemos dizer da empresa não contribuinte (*v.g.*, prestadora de serviços) que importar máquina, equipamento ou insumo, para melhor levar avante suas atividades típicas.
>
> Com esta marota alteração, abateu-se, em pleno voo, jurisprudência que começava a seguir na traça da melhor doutrina.
>
> É a *velha política* do Governo, que sempre que perde uma questão, máxime na Suprema Corte, modifica a Constituição.

Como se vê, o ICMS é realmente um imposto com âmbito constitucional inteiramente deformado. É o imposto que tem gerado o maior nú-

---

43. Roque Antônio Carrazza, *ICMS*, 16ª ed., São Paulo, Malheiros Editores, 2012, pp. 89-90.

mero de conflitos, tanto na relação Fisco/contribuinte como nas relações entre os Estados, na disputa pelo direito de arrecadar.

5.2.4 Seletividade

A questão da seletividade do ICMS é um ponto no qual fica demonstrada de forma eloquente a sua deformação. Dispõe o art. 153, § 2º, inciso III, da Constituição Federal de 1988, que o imposto sobre operações relativas à circulação de mercadorias e sobre prestações de serviços de transporte interestadual e intermunicipal e de comunicação, poderá ser seletivo, em função da essencialidade das mercadorias e dos serviços.

Como se vê, o preceito constitucional estabelece para o ICMS a seletividade facultativa. Mas indica o critério a ser adotado no caso de o legislador exercitar a opção que lhe foi permitida.

Sobre o assunto já escrevemos:

> Questão importante envolvendo as alíquotas do ICMS diz respeito à seletividade do ICMS. Nos termos da vigente Constituição Federal esse imposto poderá ser seletivo em função da essencialidade das mercadorias. A seletividade é, assim, facultativa. Entretanto, se o legislador estadual resolver adotar a seletividade, terá esta de ser sempre em função da essencialidade da mercadoria. O critério da seletividade não pode ser outro. Há de ser sempre o da essencialidade, de sorte que a mercadoria considerada essencial há de ter alíquota mais baixa e a menos essencial, cuja gradação vai até aquela que se pode mesmo considerar supérflua, há de ter alíquotas mais elevadas. Sempre, evidentemente, observados os limites fixados pelo Senado Federal.[44]

Essa é também a opinião de Hugo de Brito Machado Segundo, assim expressa:

> A Constituição não asseverou que o imposto *poderá* ser seletivo, e que essa seletividade *poderá* ser de acordo com a essencialidade das mercadorias e serviços. Não. Se o tivesse feito, tratar-se-ia de ironia tola, porquanto todo imposto pode, em princípio, ser seletivo, de acordo com qualquer critério, inclusive a essencialidade do bem tributado.
>
> Na verdade, o ICMS *poderá* ser seletivo. Se o for, porém, essa seletividade *deverá* ocorrer de acordo com a essencialidade das mercadorias e serviços e não de acordo com critérios outros, principalmente se inteiramente contrários ao preconizado pela Carta Magna.

---

44. Hugo de Brito Machado, *Curso de Direito Tributário*, 35ª ed., São Paulo, Malheiros Editores, 2014, pp. 384 e 385.

Em outros termos, a Constituição facultou aos Estados a criação de um importo proporcional, que representaria ônus de percentual idêntico para todos os produtos e serviços por ele alcançados, *ou* a criação desse mesmo imposto com caráter seletivo, opção que, se adotada, deverá guiar-se obrigatoriamente pela essencialidade dos produtos e serviços tributados. A seletividade é facultativa. O critério da seletividade é obrigatório.[45]

Humberto Ávila também ensina:

Quanto mais essencial for o produto, a mercadoria ou o serviço, menor deverá ser a alíquota. "Essencial" significa que algo é de importância decisiva.[46]

Dúvida realmente não pode haver. Se o ICMS tiver alíquotas diferentes, a diferença há de ser estabelecida em função da essencialidade das mercadorias ou dos serviços. E não se venha dizer que a essencialidade, no contexto do princípio da seletividade em função da essencialidade, preconizado pela vigente Constituição Federal, é um critério político, a ser definido pelo legislador. Irreparável neste ponto é a lição de Bottallo:

Embora não se negue que o legislador ordinário possa atuar dentro de certa margem de discricionariedade na manipulação da seletividade em função da 'essencialidade dos produtos', o conteúdo mínimo desta expressão sempre possibilitará que se verifique, em concreto, se o princípio se fez presente.[47]

A margem de liberdade do legislador, no caso, é apenas aquela que geralmente existe no fenômeno da concreção jurídica. Não se trata de poder discricionário. Trata-se de liberdade que decorre simplesmente da vaguidade dos conceitos utilizados nas normas. Liberdade que está, sem dúvida, submetida ao controle judicial.

Essencialidade é a qualidade daquilo que é essencial. E essencial, no sentido em que se está aqui utilizando essa palavra, é o absoluta-

---

45. Hugo de Brito Machado Segundo, "A tributação da energia elétrica e a seletividade do ICMS", em *Revista Dialética de Direito Tributário* n. 62, São Paulo, Dialética, novembro de 2000, pp. 71-72.
46. Humberto Ávila, *Sistema Constitucional Tributário*, 2ª ed., São Paulo, Saraiva, 2006, p. 387.
47. Eduardo Domingos Bottallo, "O Imposto sobre Produtos Industrializados na Constituição", em Heleno Taveira Tôrres (Coord.), *Tratado de Direito Constitucional Tributário*, São Paulo, Saraiva, 2005, p. 633.

mente necessário, o indispensável.[48] Assim, muito fácil é concluirmos que o critério indicativo da essencialidade, para os fins da seletividade do ICMS, só pode ser o da necessidade ou indispensabilidade dessas mercadorias para as pessoas no contexto da vida atual em nosso País. Mercadoria essencial é aquela sem a qual se faz inviável a subsistência das pessoas, nas comunidades e nas condições de vida atualmente conhecidas entre nós.

Não obstante, o que se vê na prática é o estabelecimento de alíquotas mais elevadas para o ICMS incidente no fornecimento de energia elétrica e nos serviços de comunicação. Com certeza ninguém dirá que a energia elétrica não é essencial. Nem que o serviço de comunicações não é essencial.

5.2.5 *Produtos e serviços supérfluos*

Ainda a demonstrar que as autoridades do Fisco não têm nenhum apreço pelo Direito, e por isto mesmo deformam os conceitos utilizados em normas da Constituição atinentes aos tributos, temos o caso da instituição dos Fundos Estaduais de Combate e Erradicação da Pobreza.

Realmente, a Constituição Federal autorizou a criação de adicional de até dois pontos percentuais na alíquota do ICMS incidente sobre produtos e serviços supérfluos.[49] E por incrível que possa parecer, foram atingidos com o acréscimo de dois pontos percentuais na alíquota correspondente, entre os supérfluos, o serviço de comunicações, a energia elétrica e os combustíveis.

Com certeza ninguém dirá que a energia elétrica e os combustíveis são bens supérfluos. Nem que é supérfluo o serviço de comunicações. É indiscutível, assim, a deformação desses conceitos para fins tributários.

5.3 *Imposto sobre a propriedade de veículos automotores*

Antes desse imposto existiu a taxa rodoviária única. Talvez fosse o tributo mais adequado, porque, a rigor, o fato gerador do IPVA não é a propriedade do veículo. Se fosse, o imposto seria devido pelo fabricante, assim como pelo revendedor, relativamente aos veículos em estoque.

---

48. Aurélio Buarque de Holanda Ferreira, *Novo Aurélio*, Rio de Janeiro, Nova Fronteira, 1999, p. 825.
49. Art. 82, § 1º, do Ato das Disposições Constitucionais Transitárias, com redação dada pela Emenda Constitucional n. 31, de 14 de dezembro de 2000.

O fato gerador desse tributo é, a rigor, é o poder de polícia. O legislador utilizou-se de evidente artifício para estabelecer que o fato gerador é a propriedade do veículo.

Questionou-se a abrangência do âmbito constitucional desse imposto, bem como a impossibilidade de sua instituição até que fosse editada lei complementar que o definisse. O STF, todavia, decidiu ser desnecessária essa lei complementar.

A propósito do âmbito constitucional do IPVA, questionou-se o alcance da expressão "veículo automotor". Fazendas estaduais pretendiam ser mais amplo, abrangendo navios e aeronaves. O STF, todavia, rejeitou esse entendimento.

É possível dizer que o IPVA tem alíquotas fixas; mas, a rigor, em relação a esse imposto não existem alíquota nem base de cálculo. O imposto é estabelecido em valor fixo para cada tipo de veículo.

Com a Emenda Constitucional 42, de 19.12.2003, ficou estabelecido que o IPVA poderá ter alíquotas mínimas fixadas pelo Senado Federal e ter alíquotas diferenciadas em função do tipo e utilização do veículo. Com o estabelecimento de alíquotas mínimas pretende-se evitar a "guerra fiscal" entre os Estados, e com alíquotas diferenciadas se torna viável a seletividade que pode realizar o princípio da capacidade contributiva.

O STF fixou sua jurisprudência no sentido de que não podem ser admitidas alíquotas diversas em razão da origem do veículo, vedando, assim, tributação mais severa dos veículos importados.

6. Âmbito constitucional dos impostos municipais

6.1 Imposto sobre propriedade predial e territorial urbana

6.1.1 A Constituição e a lei complementar

Estabelece a CF: "Art. 156. Compete aos Municípios instituir impostos sobre: I – propriedade predial e territorial urbana; (...)".

E o CTN, no papel de lei complementar, assim dispõe sobre esse imposto:

"Art. 32. O imposto, de competência dos Municípios, sobre a propriedade predial e territorial urbana tem como fato gerador a propriedade, o domínio útil ou a posse de bem imóvel por natureza ou por acessão física, como definido na lei civil, localizado na zona urbana do Município.

"§ 1º. Para efeito deste imposto, entende-se como zona urbana a definida em lei municipal, observado o requisito mínimo da existência de melhoramentos indicados em pelo menos 2 (dois) dos incisos seguintes, construídos ou mantidos pelo Poder Público: I – meio-fio ou calçamento, com canalização de águas pluviais; II – abastecimento de água; III – sistema de esgotos sanitários; IV – rede de iluminação pública, com ou sem posteamento para distribuição domiciliar; V – escola primária ou posto de saúde a uma distância máxima de 3 (três) quilômetros do imóvel considerado.

"§ 2º. A lei municipal poderá considerar urbanas as áreas urbanizáveis, ou de expansão urbana, constantes de loteamentos aprovados pelos órgãos competentes, destinados à habitação, à indústria ou ao comércio, mesmo que localizados fora das zonas definidas nos termos do parágrafo anterior."

Como se vê, o Código Tributário Nacional estabelece critérios bastante rigorosos a serem observados pelos Municípios na definição de suas zonas urbanas. Mesmo assim, diversos questionamentos têm sido colocados por alguns Municípios no que concerne a esses critérios – como, por exemplo: (a) O meio-fio ou calçamento deve ser diretamente ligado ao imóvel, ou basta que esteja em suas proximidades? (b) A canalização de águas pluviais deve estar sendo utilizada pelos que estejam no imóvel? (c) O sistema de esgotos sanitários é apenas aquele que esteja sendo utilizado pelos ocupantes do imóvel? (d) A rede de iluminação pública a ser considerada deve ser somente aquela na qual existam lâmpadas em funcionamento?

Com certeza, cada um dos melhoramentos capazes de atender à exigência de requisito mínimo para que a área seja definida na lei municipal como zona urbana deve ser considerado em relação ao imóvel de cuja tributação se esteja cogitando. Assim, o meio-fio ou calçamento, com canalização de águas pluviais, devem estar junto ao imóvel. O abastecimento de água a ser considerado é somente aquele que possa ser utilizado por quem estiver no imóvel. O sistema de esgotos sanitários a ser levado em conta é somente aquele que sirva ou possa servir a quem esteja no imóvel em questão. A rede de iluminação pública, com ou sem posteamento para distribuição domiciliar, que o legislador municipal deve considerar para a definição da zona urbana é aquela que se presta para a iluminação pública junto ao imóvel em questão, isto é, a que fornece energia elétrica para iluminar as vias públicas em sua vizinhança.

Há quem afirme não ser necessária a existência de lâmpadas na rede de iluminação pública para que a presença desta funcione como um dos requisitos da definição da respectiva zona como urbana. Tal afirmação é desprovida de consistência jurídica, porque, embora fundada no elemento literal do dispositivo legal, não é compatível com o elemento finalístico ou teleológico. Rede de iluminação pública para quê? A lei já dispensa a existência de posteamento para distribuição domiciliar. Basta que se preste para a iluminação pública. Se considerarmos desnecessária a própria iluminação pública, então, essa rede será desprovida de toda e qualquer utilidade.

Em síntese, os melhoramentos referidos no art. 32, § 1º, do CTN, cuja presença de pelo menos dois constitui requisito para a definição da zona urbana, devem ser efetivos; vale dizer, devem estar efetivamente disponíveis para os ocupantes do imóvel. Podem não estar sendo efetivamente utilizados, mas devem estar disponíveis. Deve ser possível a utilização sempre que o ocupante do imóvel desejar.

A questão da prevalência do critério geográfico ou da destinação do imóvel para a qualificação deste como rural ou urbano já foi examinada quando tratamos do imposto, de competência da União, sobre a propriedade territorial rural.

6.2 Imposto sobre transmissão de bens imóveis

6.2.1 A Constituição e a lei complementar

A Constituição Federal atribui aos Municípios competência para instituir imposto sobre "transmissão *inter vivos*, a qualquer título, por ato oneroso, de bens imóveis, por natureza ou acessão física, e de direitos reais sobre imóveis, exceto os de garantia, bem como cessão de direitos à sua aquisição" (art. 156, II). Mas estabelece que esse imposto "não incide sobre a transmissão de bens ou direitos incorporados ao patrimônio de pessoa jurídica em realização de capital, nem sobre a transmissão de bens ou direitos decorrentes de fusão, incorporação, cisão ou extinção de pessoa jurídica, salvo se, nesses casos, a atividade preponderante do adquirente for a compra e venda desses bens ou direitos, locação de bens imóveis ou arrendamento mercantil" (art. 156, § 2º, I). E diz, ainda, que o imposto em questão "compete ao Município da situação do bem" (art. 156, § 2º, II).

Na vigência da Constituição anterior esse imposto era da competência dos Estados e do Distrito Federal, mas o constituinte de 1988 fez bem ao atribuí-lo aos Municípios. Sobre o assunto, aliás, já escrevemos:[50]

> Dispondo o Município do cadastro imobiliário, que se faz imprescindível à administração do IPTU, é razoável que a ele tenha sido atribuída a competência para instituir e cobrar o ITBI.
>
> Não se incluem no âmbito desse imposto as transmissões em virtude de doações ou heranças, que sofrem a incidência do imposto estadual. Neste ponto o constituinte de 1988 não foi feliz. Melhor seria, do ponto de vista da Administração Tributária, que também as transmissões de imóveis em virtude de doações e de heranças fossem tributadas pelos Municípios, pela razão acima indicada.

O Código Tributário Nacional, no papel de lei complementar, referia-se a esse imposto como de competência dos Estados e não restringia sua incidência às transferências por ato oneroso, vale dizer, não excluía do imposto as heranças e doações. Por isto mesmo, seu art. 35, que trata desse imposto, não subsiste. Subsistem, porém, seus arts. 36 e 37, nos quais dispõe a respeito da não incidência do imposto, nestes termos:

"Art. 36. Ressalvado o disposto no artigo seguinte, o imposto não incide sobre a transmissão dos bens ou direitos referidos no artigo anterior: I – quando efetuada para sua incorporação ao patrimônio de pessoa jurídica em pagamento de capital nela subscrito; II – quando decorrente da incorporação ou da fusão de uma pessoa jurídica por outra ou com outra.

"Parágrafo único. O imposto não incide sobre a transmissão aos mesmos alienantes dos bens e direitos adquiridos na forma do inciso I deste artigo, em decorrência da sua desincorporação do patrimônio da pessoa jurídica a que foram conferidos.

"Art. 37. O disposto no artigo anterior não se aplica quando a pessoa jurídica adquirente tenha como atividade preponderante a venda ou locação de propriedade imobiliária ou a cessão de direitos relativos à sua aquisição.

"§ 1º. Considera-se caracterizada a atividade preponderante referida neste artigo quando mais de 50% (cinquenta por cento) da receita

---

50. Hugo de Brito Machado, *Curso de Direito Tributário*, 35ª ed., São Paulo, Malheiros Editores, 2014, p. 406.

operacional da pessoa jurídica adquirente, nos 2 (dois) anos anteriores e nos 2 (dois) anos subsequentes à aquisição, decorrer de transações mencionadas neste artigo.

"§ 2º. Se a pessoa jurídica adquirente iniciar suas atividades após a aquisição, ou menos de 2 (dois) anos antes dela, apurar-se-á a preponderância referida no parágrafo anterior levando em conta os 3 (três) primeiros anos seguintes à data da aquisição.

"§ 3º. Verificada a preponderância referida neste artigo, tornar-se-á devido o imposto, nos termos da lei vigente à data da aquisição, sobre o valor do bem ou direito nessa data.

"§ 4º. O disposto neste artigo não se aplica à transmissão de bens ou direitos, quando realizada em conjunto com a da totalidade do patrimônio da pessoa jurídica alienante."

6.2.2 A imunidade e os dispositivos do Código Tributário Nacional

Os arts. 36 e 37 do CTN, acima transcritos, reproduzem dispositivo da vigente Constituição segundo o qual esse imposto "não incide sobre a transmissão de bens ou direitos incorporados ao patrimônio de pessoa jurídica em realização de capital, nem sobre a transmissão de bens ou direitos decorrentes de fusão, incorporação, cisão ou extinção de pessoa jurídica, salvo se, nesses casos, a atividade preponderante do adquirente for a compra e venda desses bens ou direitos, locação de bens imóveis ou arrendamento mercantil" (art. 156, § 2º, I).

Sobre as operações que transferem a propriedade mas não ensejam a incidência do imposto de que se cuida, em face da imunidade tributária, sugerimos a leitura dos comentários que fizemos aos mencionados dispositivos do Código Tributário Nacional.[51]

6.3 Imposto sobre serviços de qualquer natureza

6.3.1 O âmbito constitucional
e a delimitação feita pela lei complementar

A vigente CF estabelece: "Art. 156. Compete aos Municípios instituir impostos sobre: (...) III – serviços de qualquer natureza, não compreendidos no art. 155, II, definidos em lei complementar".

---

51. Hugo de Brito Machado, *Comentários ao Código Tributário Nacional*, 2ª ed., vol. II, São Paulo, Atlas, 2007, pp. 408-419.

A ressalva feita com a expressão "não compreendidos no art. 155, II", diz respeito às prestações de serviços de transporte interestadual e intermunicipal e de comunicação. Assim, podemos dizer que compete aos Municípios instituir imposto sobre os serviços de qualquer natureza, definidos em lei complementar, salvo aqueles serviços tributáveis pela União Federal, que são os de transportes interestaduais e intermunicipais e de comunicação.

Conforme expressamente estabelecido pela Constituição, cabe à lei complementar definir os serviços que, não incluídos na competência tributária da União, podem ser tributados pelos Municípios. E a Lei Complementar 116, de 31.7.2003, estabeleceu também outra importante limitação ao legislador municipal quando delimitou o âmbito constitucional desse imposto, dizendo qual é seu fato gerador.

Na verdade, quem define o fato gerador do imposto municipal é o legislador municipal. A lei complementar federal, a rigor, delimita o âmbito constitucional dos impostos, ainda quando, ao fazê-lo, se refira a *fato gerador*, incorrendo em impropriedade terminológica que tem sido, aliás, muito comum. Impropriedade que não produz graves consequências, pois todos sabem que o legislador complementar federal, na verdade, não institui imposto municipal. Apenas delimita os fatos que podem ser descritos pelo legislador municipal como hipótese de incidência dos tributos do Município.

Seja como for, certo é que a Lei Complementar 116/2003, ao estabelecer que o imposto sobre serviços de qualquer natureza tem como fato gerador a *prestação de serviços*, limitou a liberdade do legislador municipal, que, assim, não pode definir como hipótese de incidência desse imposto fatos como a contratação, ou o recebimento do preço do serviço ou outro fato ligado ao serviço, que não seja a própria *prestação* deste. E, assim, ofereceu valioso elemento para a solução de questões como a de saber a qual Município cabe o imposto, a de saber se o imposto é devido sem que tenha havido o recebimento do preço correspondente e a de saber como definir a incidência no caso de existir mais de um contrato relativo a um mesmo serviço.

É desnecessário definirmos em que consiste a *prestação* do serviço. Importante, porém, é que se tenha em mente a distinção entre *contratar* um serviço e *prestar* um serviço. Através da uma empreitada, por exemplo, contrata-se um serviço. Mas esse contrato não é o fato gerador do imposto em questão. Se não ocorrer a *prestação* do serviço, o imposto não será devido.

6.3.2 A questão das subempreitadas

A demonstrar como é importante a distinção entre o *prestar* o serviço – atividade que atende à necessidade do tomador do serviço – e o *contratar* o serviço – que é apenas o estabelecimento do vínculo jurídico destinado a regular a atividade de prestar o serviço – coloca-se a questão das subempreitadas.

A Lei Complementar 116/2003, com apoio nos arts. 146, III, e 156, III, da vigente CF, definiu o âmbito de incidência do ISS como a prestação dos serviços que indicou em extensa Lista que a acompanha. E, com isto, vinculou o legislador dos vários Municípios brasileiros, que não podem, portanto, definir como fato gerador do ISS outra coisa que não seja a prestação dos serviços naquela Lista mencionados.

A referida Lista inclui entre aqueles cuja prestação gera a obrigação de pagar ISS os "serviços relativos a Engenharia, Arquitetura, Geologia, Urbanismo, Construção Civil, Manutenção, Limpeza, Meio Ambiente, Saneamento e congêneres" (item 7). E entre estes especificou: "7.02 – Execução, por administração, empreitada ou subempreitada, de obras de construção civil, hidráulica ou elétrica e de outras obras semelhantes, inclusive sondagem, perfuração de poços, escavação, drenagem e irrigação, terraplanagem, pavimentação, concretagem e a instalação e montagem de produtos, peças e equipamentos (exceto o fornecimento de mercadorias produzidas pelo prestador de serviços fora do local da prestação dos serviços, que fica sujeito ao ICMS)".

A referência a "empreitada ou subempreitada" deve-se exclusivamente ao fato de serem mais comuns ditos contratos na prestação dos serviços ali descritos. É evidente, porém, que pode haver contrato de empreitada ou de subempreitada para a prestação de serviços outros, previstos ou não em outros itens da referida Lista. Entretanto, a natureza do contrato em virtude do qual o serviço é prestado não tem qualquer relevância para o nascimento, ou não, da obrigação de pagar o ISS. Tal obrigação nasce única e exclusivamente como resultado da ocorrência, no mundo fenomênico, da prestação do serviço descrito em lei municipal como hipótese de incidência desse imposto.

Assim, não importa se o serviço está sendo prestado em razão de uma empreitada ou de uma subempreitada. O contrato é irrelevante. Importa a prestação do serviço como fato. Ela é que consubstancia o fato gerador do ISS. Neste sentido, aliás, o STJ[52] já decidiu:

---

52. STJ, 1ª Turma, REsp 189.227-SP, rel. Min. Milton Luiz Pereira, j. 2.2.2002, *DJU* 24.6.2002, p. 189.

Tributário – ISS – Serviço realizado e não pago – Decreto-lei n. 406/1968, arts. 8º e 9º.

1. O fato gerador do ISS é a prestação do serviço, não importando para a incidência o surgimento de circunstâncias factuais dificultando ou impedindo o pagamento devido ao prestador dos serviços. Tais questões são estranhas à tributação dos serviços.

2. Recurso sem provimento.

Insistimos em que a empreitada não constitui fato gerador do ISS. Nem a subempreitada. Esses contratos não compõem o suporte fático da incidência desse imposto. Como simples atos ou negócios jurídicos, em si mesmos considerados, são irrelevantes do ponto de vista tributário. O que é relevante, quer na empreitada, quer na subempreitada, é a prestação do serviço. E dúvida não há de que numa subempreitada o serviço que é prestado é exatamente o mesmo que constitui objeto total ou parcial da empreitada.

Pode-se dizer que: (a) na subempreitada as partes contratantes são diversas daquelas que são partes na empreitada; (b) o tomador do serviço na subempreitada é o empreiteiro, que é o prestador do serviço na empreitada; e (c) há dois contratos e, assim, duas relações jurídicas distintas. Não obstante, o fato *prestação de serviços* é um só; e, em consequência, não se pode admitir a dupla tributação.

Na subempreitada opera-se simplesmente a cessão, do empreiteiro ao subempreiteiro, do próprio contrato de empreitada. É a lição de Maria Helena Diniz:[53]

> *Subempreitada.* Direito civil. Cessão total ou parcial do contrato de empreitada, desde que não seja *intuitu personae*, que se dará quando o empreiteiro contratar, sob sua responsabilidade, com outra pessoa, no todo ou em parte, a execução da obra de que se encarregar, com anuência do comitente.

Pedro Nunes,[54] por seu turno, registra:

> *Subempreitada.* Transmissão, a terceiro, de um contrato de empreitada. Nova empreitada, da mesma obra, feita pelo empreiteiro.

---

53. Maria Helena Diniz, *Dicionário Jurídico*, vol. 4, São Paulo, Saraiva, 1998, p. 432.
54. Pedro Nunes, *Dicionário de Tecnologia Jurídica*, 8ª ed., vol. II, Rio de Janeiro/São Paulo, Freitas Bastos, 1974, p. 1.150.

Como o serviço é rigorosamente o mesmo, é inadmissível a dupla tributação. A rigor, portanto, não se deveria falar de incidência do imposto nas subempreitadas. Entretanto, o legislador preferiu seguir caminho diferente para alcançar o mesmo resultado. E, assim, estabeleceu que o valor das subempreitadas seria deduzido na determinação da base de cálculo do imposto incidente na empreitada. E talvez seja esta, realmente, a fórmula mais condizente com a realidade, pois, a rigor, na subempreitada o empreiteiro apenas delega ao subempreiteiro o dever de prestar o serviço por ele contratado com o tomador ou dono da obra.

A prestação do serviço é, na verdade, uma só. Entretanto, a base de cálculo, ou preço do serviço, é maior na empreitada. Por isto adota-se a fórmula pela qual tributa-se a prestação do serviço pelo subempreiteiro, e no cálculo do imposto devido pelo empreiteiro deduz-se o valor do imposto pago pelo subempreiteiro. Considerando-se que a prestação do serviço é uma só, não se pode admitir duas incidências tributarias superpostas, a pretexto de que existem dois contratos.

Tributarista de destaque no País, Aires Fernandino Barreto afirmou que, em face das alterações havidas na legislação pertinente, e especialmente em face do veto, pelo Presidente da República, do inciso II do § 2º do art. 7º do projeto de lei que passou a estabelecer normas gerais sobre o ISS, não seria mais possível a dedução, no cálculo do imposto devido na empreitada, dos valores correspondentes às subempreitadas. Entretanto, modificou seu ponto de vista, afirmando:[55]

> Acolhendo as lições de Elizabeth Nazar Carrazza, de Clélio Chiesa e de Hugo de Brito Machado, hoje temos por certo que as subempreitadas são sempre dedutíveis. Não mercê de um enfoque a partir da base de cálculo, mas do próprio fato tributável. Se a prestação de serviço é só uma, se o fato é um só, a base também haverá de ser uma, ainda que sejam vários os prestadores de serviço.

Em síntese, o fato gerador do imposto é a prestação do serviço, e não sua contratação. Empreitada e subempreitada são contratos. Não são fatos geradores do ISS. A rigor, o imposto deveria ser pago somente por aquele que presta efetivamente o serviço, isto é, o subempreiteiro. Entretanto, isto poderia ensejar práticas fraudulentas, consistentes na contratação de subempreitada com preço inferior à realidade apenas para ensejar a redução do imposto. Assim, para evitar evasão tributária admite-se que

---

55. Aires Fernandino Barreto, *Curso de Direito Tributário Municipal*, São Paulo, Saraiva, 2009, p. 413.

o imposto seja calculado sobre o preço do serviço constante do contrato de empreitada, mas é imperiosa a dedução do valor das subempreitadas sempre que o serviço seja executado por subempreiteiro.

6.3.3 *O caráter taxativo da Lista de Serviços*

Na 1ª edição de seu notável *Direito Tributário Brasileiro* Aliomar Baleeiro afirmou não ser taxativa a Lista que acompanhava o Decreto-lei 834, de 8.9.1969.[56] Entretanto, já em sua 2ª edição escreveu:[57]

> Na opinião geral, a Lista a que se referem o art. 24, II, da CF e o art. 8º do Decreto-lei 834/1969 é taxativa; tributáveis serão só os serviços nela mencionados, embora cada item dessa Lista comporte interpretação ampla e analógica. Mas, em condições de normalidade constitucional, a Lista deverá constar de lei complementar e não de decreto-lei.

E em nota de rodapé esclareceu o eminente Mestre:[58]

> Modificamos a opinião manifestada na 1ª edição, e aceitamos a crítica do professor Novelli e do Dr. J. H. Gouveia Vieira, que apresentam bons argumentos em prol do caráter taxativo da Lista, mesmo por decreto-lei, como o de n. 834.

Como se vê, o professor Flávio Bauer Novelli conseguiu convencer Aliomar Baleeiro de que a Lista que arrola os serviços tributáveis pelos Municípios tem, sim, caráter taxativo. E nesse sentido firmou-se a doutrina dos tributaristas.

Sérgio Pinto Martins[59] justifica essa tese, ensinando:

> A expressão "definidos em lei complementar" tem o sentido de elencá-los, de arrolá-los, de decidir quais os serviços tributáveis pelo ISS. Não teria sentido, por impraticável, uma lei complementar tributária oferecendo definição doutrinária ou legal de serviços (Moraes, 1979:443), carreando para o bojo da lei definições de contratos de direito civil, ou de direito comercial. Em verdade não cabe ao legislador complementar tribu-

---

56. Aliomar Baleeiro, *Direito Tributário Brasileiro*, 1ª ed., Rio de Janeiro, Forense, 1970, pp. 264-265.
57. Aliomar Baleeiro, *Direito Tributário Brasileiro*, 2ª ed., Rio de Janeiro, Forense, 1970, p. 265.
58. Aliomar Baleeiro, *Direito Tributário Brasileiro*, 2ª ed., Rio de Janeiro, Forense, 1970, p. 265, nota de rodapé 1.
59. Sérgio Pinto Martins, *Manual do Imposto sobre Serviços*, 3ª ed., São Paulo, Atlas, 2000, p. 40.

tário oferecer conceitos ou definições, sempre aptos a provocar discussões doutrinárias.

"Definidos" vem de *definir* (de fins, dar os limites), e significa delimitar, fixar, enumerar, marcar, indicar, estabelecer etc. A lei complementar deve, pois, por missão constitucional, fixar quais os serviços objeto do ISS.

Outra utilidade da Lista consiste em resolver os conflitos de competência entre Estados e Municípios no que concerne às operações que envolvem a prestação de serviços e o fornecimento de mercadorias.

6.3.4 Interpretação dos itens da Lista

Como se vê do que transcrevemos no início do item precedente, Baleeiro modificou sua opinião para admitir o caráter taxativo da Lista de Serviços, mas admitiu expressamente o emprego da analogia na interpretação dos itens da referida Lista. Em suas palavras, *tributáveis serão só os serviços nela mencionados, embora cada item dessa Lista comporte interpretação ampla e analógica.*

A questão que se coloca, então, consiste em saber se a interpretação ampla e analógica a que se refere aquele Mestre implica negar a estrita legalidade do tributo, como limite à tributação por analogia. Questão que tem maior importância em face da regra existente no Código Tributário Nacional segundo a qual "o emprego da analogia não pode resultar na exigência de tributo não previsto em lei" (art. 108, § 1º).

A regra do art. 108, § 1º, do CTN, a dizer que o emprego da analogia não poderá resultar na exigência de tributo não previsto em lei, é, na verdade, uma forma de expressão do princípio da estrita legalidade do tributo, que não comporta a invocação de lacuna a justificar a integração por analogia.

A propósito do tema já escrevemos:

> Mesmo sem assumir a posição extremada dos que preconizam a interpretação literal das normas de tributação, não se pode deixar de rejeitar a integração analógica dessas normas, porque na verdade a aceitação da existência de lacunas na lei de tributação é inteiramente incompatível com o princípio da legalidade.

E mais adiante esclarecemos:[60]

---

60. Hugo de Brito Machado, *Comentários ao Código Tributário Nacional*, 2ª ed., vol. II, São Paulo, Atlas, 2007, p. 199.

É invocável, pois, neste ponto, a doutrina de Engisch, sustentando que a ausência de uma norma definidora de hipótese de incidência tributária deve corresponder a um *plano* do legislador, ou da lei, e então não representa uma "lacuna" que tenha de se apresentar sempre como uma "deficiência" que estamos autorizados a superar.[60-A]

O CTN acolheu essa doutrina e afastou a controvérsia estabelecendo expressamente, no § 1º do art. 108, que o emprego da analogia não pode resultar na exigência de tributo não previsto em lei. Assim, em nosso direito positivo não se admite a integração analógica da lei que define as hipóteses de incidência tributária.

Ocorre que nos diversos itens da Lista de Serviços tributáveis pelos Municípios não está propriamente a descrição de hipóteses de incidência tributária. Estão indicados – isto, sim – os diversos serviços cuja prestação pode constituir hipótese de incidência do imposto sobre serviços de qualquer natureza. Embora sutil, a diferença não pode ser ignorada, sobretudo porque o nome atribuído aos serviços deve ser realmente abrangente, de sorte a evitar práticas fraudulentas, que podem consistir na atribuição a determinado serviço de nome diverso daquele constante da Lista de Serviços tributáveis pelos Municípios.

Para a adequada compreensão do âmbito constitucional do imposto sobre serviços de qualquer natureza é essencial sabermos o que é serviço, enquanto atividade tributável. Essa compreensão se faz mais importante porque infelizmente o legislador complementar, ao definir os serviços tributáveis, incluiu na lista correspondente atividades que não consubstanciam serviços, porque dizem respeito ao dar, e não ao servir.

A propósito, no âmbito constitucional do imposto em tela, já escrevemos:

> O âmbito constitucional do ISS é o serviço de qualquer natureza. O servir enquanto *fazer*. Não o *dar*. Por isto o legislador complementar não pode validamente incluir na "Lista de Serviços" tributáveis pelos Municípios qualquer fato que não seja serviço, como fez com a Lei Complementar 116/2003. Nem o legislador municipal pode incluir na definição da hipótese de incidência do ISS atividade outra que não seja serviço, como é o caso da locação de bens, do arrendamento mercantil ou *leasing* e da franquia ou *franchising*.[61]

60-A. Karl Engisch, *Introdução ao Pensamento Jurídico*, 7ª ed., trad. de João Baptista Machado, Lisboa, Fundação Calouste Gulbenkian, 1996, p. 281.
61. Hugo de Brito Machado, *Curso de Direito Tributário*, 35ª ed., São Paulo, Malheiros Editores, 2014, p. 415.

Capítulo V
DISTRIBUIÇÃO DAS RENDAS TRIBUTÁRIAS

1. Sistema tributário e Federação: 1.1 Divisão dos Poderes – 1.2 Divisão dos recursos públicos – 1.3 Temática alheia ao direito tributário. 2. As técnicas de distribuição das rendas tributárias: 2.1 Atribuição de competência e divisão de receitas – 2.2 Dependência política – 2.3 Os conflitos entre as entidades tributantes – 2.4 Reforma e simplificação do sistema tributário nacional. 3. A repartição das receitas tributárias: 3.1 Repartição com os Estados – 3.2 Repartição com os Municípios – 3.3 Os fundos de participação – 3.4 Outras formas de participação. 4. Restrições relativas à repartição de recursos tributários: 4.1 Restrições à entrega de recursos – 4.2 Disciplina em lei complementar – 4.3 Divulgação obrigatória.

1. Sistema tributário e Federação

1.1 Divisão dos Poderes

A divisão dos Poderes do Estado pode ser entendida no sentido de repartição de suas funções, tradicionalmente feita em três blocos e entregue cada um deles a um dos denominados Poderes do Estado – a saber: o Legislativo, o Executivo e o Judiciário. Mas pode também ser entendida no sentido de repartição das competências entre as diversas pessoas jurídicas que integram a Federação. É neste último sentido que cuidamos do assunto nesta oportunidade, e o fazemos apenas no que se faz necessário para explicar a repartição das receitas tributárias entre a União, os Estados e o Distrito Federal e os Municípios.

Não há dúvida de que a organização do Estado sob a forma de Federação, com a atribuição de competências às entidades que a integram, é uma forma de divisão do poder estatal, que implica sua limitação. E esta é uma tarefa extremamente difícil, porque entre os governantes existem sempre interesses em conflito.

Em nosso País vem sendo adotada a forma federativa. Durante o governo dos militares, implantado nos anos 60 do século passado, a autonomia dos Estados e dos Municípios foi praticamente eliminada. Com a Constituição Federal de 1988, porém, foi restabelecida, de sorte que temos um sistema de repartição das competências governamentais nela definido. Sobre o assunto escreve José Afonso da Silva:[1]

> A nossa Constituição adota esse sistema complexo que busca realizar o equilíbrio federativo, por meio de uma repartição de competências que se fundamenta na técnica da *enumeração dos poderes da União* (arts. 21 e 22), com *poderes remanescentes para os Estados* (art. 25, § 1º) e *poderes definidos indicativamente para os Municípios* (art. 30), mas combina, com essa reserva de campos específicos (nem sempre exclusivos, mas apenas privativos), possibilidades de delegação (art. 22, parágrafo único), áreas comuns em que se preveem atuações paralelas da União, Estados, Distrito Federal e Municípios (art. 23) e setores concorrentes entre União e Estados em que a competência para estabelecer políticas gerais, diretrizes gerais ou normas gerais cabe à União, enquanto se defere aos Estados e até aos Municípios a competência suplementar.

Os Poderes da República Federativa do Brasil estão divididos entre a União, os Estados e os Municípios, pessoas jurídicas de direito público. A primeira pode ser vista como pessoa jurídica no plano internacional e também como pessoa jurídica de direito interno, e as demais são pessoas jurídicas de direito público interno.

1.2 Divisão dos recursos públicos

No exercício de suas atividades, as pessoas jurídicas acima indicadas necessitam de recursos financeiros, e estes são obtidos essencialmente através da tributação. Recursos públicos, portanto, que devem ser partilhados entre as várias pessoas jurídicas que desempenham atividade estatal.

A partilha dos recursos públicos é feita através de duas técnicas, que adiante vamos examinar: a divisão do poder de tributar e a repartição do produto da arrecadação. Partilha de recursos que implica partilha do poder estatal, que caracteriza o Estado descentralizado que se implantou

---

1. José Afonso da Silva, *Curso de Direito Constitucional Positivo*, 37ª ed., São Paulo, Malheiros Editores, 2014, p. 483.

depois do governo dos militares. Sobre o assunto escreve Sacha Calmon Navarro Coelho:[2]

> O sistema de repartição dos impostos e o sistema de repartição dos produtos quebraram o centralismo fiscal da União Federal, promovendo uma melhor distribuição de recursos entre as pessoas políticas da Federação e obrigando, de sobredobro, o Executivo federal a diminuir a sua ingerência no organismo federativo, que se agigantara durante os 21 anos da Ditadura Militar (1964 a 1985), a mais longa de nossa História e, queira Deus, a última.

Com o advento da Constituição Federal de 1988 a desconcentração do poder, pela descentralização dos recursos públicos, foi considerável. Infelizmente, porém, algumas emendas constitucionais já produziram significativo retrocesso, de sorte que hoje a maior parte dos recursos públicos – e, consequentemente, a maior parcela do poder político – pertence à União.

1.3 Temática alheia ao direito tributário

A temática concernente à distribuição ou repartição das rendas tributárias é alheia ao direito tributário, isto é, nada tem a ver com a relação Fisco/contribuinte. Neste sentido doutrina Sacha Calmon Navarro Coelho:[3]

> De observar que esta questão da repartição de receitas fiscais, ou, noutro giro, das participações das pessoas políticas no produto da arrecadação das outras, não tem absolutamente nenhum nexo com o direito tributário. Em verdade, são relações intergovernamentais, que de modo algum dizem respeito aos contribuintes. A inclusão da seção ou por outro lado do assunto por ela versado no capítulo do sistema tributário constitui evidente equívoco. Deveria ser aberto um capítulo para o Sistema Federal de Transferências Fiscais, de modo a dar melhor sistematização ao texto constitucional, ou então encartar o tema no Capítulo II do Título VI, que cuida das Finanças Públicas. Certo é que, por comodismo ou falta de senso sistemático, deixou-se o constituinte levar pela tradição atécnica e repetiu o erro já existente na Carta outorgada de 1967.

---

2. Sacha Calmon Navarro Coelho, *Comentários à Constituição de 1988*, 4ª ed., Rio de Janeiro, Forense, 1992, p. 415.
3. Sacha Calmon Navarro Coelho, *Comentários à Constituição de 1988*, 4ª ed., Rio de Janeiro, Forense, 1992, p. 410.

Realmente, desde que o direito tributário desmembrou-se do direito financeiro a temática concernente à repartição do produto da arrecadação entre as pessoas jurídicas de direito público integrantes da Federação já não o integra. Por isto mesmo, aliás, pensamos em não cuidar da mesma neste *Curso*. Entretanto, como a Constituição a coloca no capítulo em que trata do sistema tributário nacional, resolvemos incluí-la. E o fizemos, também, porque nos parece que o estudo dos dispositivos constitucionais disciplinadores da repartição dos recursos arrecadados, em certas situações, nos ajuda a compreender melhor algumas questões que eventualmente se instalam no âmbito das relações tributárias, isto é, relações ente o Fisco e os contribuintes.

2. As técnicas de distribuição das rendas tributárias

2.1 Atribuição de competência e divisão de receitas

No Brasil a discriminação constitucional das rendas tributárias é feita mediante duas técnicas, a saber: a atribuição de competência e a repartição ou distribuição de receitas.

A Constituição de 1988 adotou as duas formas ou fórmulas, estabelecendo um complicado sistema de transferências fiscais entre as pessoas políticas que convivem na Federação.[4]

Sobre o assunto já escrevemos:[5]

Discriminação constitucional de rendas é expressão genérica. Compreende a *atribuição de competência*, ou partilha do poder de tributar, e a *distribuição de receitas tributárias*.

Pela *atribuição de competência* divide-se o próprio poder de instituir e cobrar tributos. Entregam-se à União, aos Estados, ao Distrito Federal e aos Municípios parcelas do próprio *poder de tributar*. Os arts. 153 a 156 da CF tratam da atribuição de competências tributárias à União, aos Estados, ao Distrito Federal e aos Municípios.

A técnica de atribuição de competências é de grande importância porque tem a virtude de descentralizar o *poder político*, mas tem o inconveniente de não se prestar como instrumento para a minimização das desi-

---

4. Sacha Calmon Navarro Coelho, *Comentários à Constituição de 1988*, 4ª ed., Rio de Janeiro, Forense, 1992, p. 410.
5. Hugo de Brito Machado, *Curso de Direito Tributário*, 35ª ed., São Paulo, Malheiros Editores, 2014, pp. 29-30.

gualdades econômicas entre os Estados e entre os Municípios. Ao Estado pobre, em cujo território não é produzida, nem circula, riqueza significativa, de nada valeriam todos os tributos do sistema. Por isto é que se faz necessária também a distribuição de receitas tributárias.

Pela *distribuição de receitas* o que se divide entre as referidas entidades é o produto da arrecadação do tributo por uma delas instituído e cobrado.

Cada uma dessas técnicas tem vantagens e desvantagens, de sorte que as duas, de certa forma, se completam. Assim, ambas foram adotadas pela vigente Constituição Federal, que cuida da atribuição de competências em seus arts. 153 a 156 – assunto já examinado no Capítulo IV deste *Curso* – e da distribuição ou repartição de receitas, que estamos a examinar neste Capítulo V.

2.2 Dependência política

A técnica da atribuição da distribuição de receitas tributárias tem o grave inconveniente de manter os Estados e os Municípios na dependência política da União, porque nas mãos desta fica sempre a distribuição. Mesmo com o sistema de fundos de participação, o ato de entregar os recursos neles previstos é sempre um ato administrativo do órgão federal, que sempre tem algum pretexto para retardá-lo.

Além disto, como os recursos divididos no sistema de fundos são, geralmente, insuficientes, Estados e Municípios ficam sempre a depender financeiramente da União. Assim, para abolir essa dependência política imaginamos um sistema tributário no qual a divisão dos recursos financeiros ocorre automaticamente.

2.3 Os conflitos entre as entidades tributantes

A técnica da atribuição de competências tributárias tem a vantagem de conferir poder político aos Estados e aos Municípios mas, por outro lado, tem a desvantagem de ensejar conflitos intermináveis entre essas entidades.

Relativamente ao ICMS esses conflitos são incrementados pela malsinada técnica da não cumulatividade, ensejando uma total deformação desse imposto, que hoje é, com certeza, o mais complicado do sistema tributário brasileiro.

Existem também entre os Municípios conflitos no que concerne à cobrança do imposto sobre serviços de qualquer natureza, com situações nas quais mais de um Município se considera credor desse imposto.

E, por incrível que possa parecer, já surgiram conflitos entre Estado e Município. O primeiro pretendendo que determinado fato seja tributável por ele, com o ICMS, enquanto o segundo pretendendo que o mesmo fato esteja sujeito ao ISS. É o caso, por exemplo, dos programas para computador, ditos de prateleira, porque não são fabricados por encomenda de determinados usuários, mas expostos à venda em lojas especializadas.

2.4 Reforma e simplificação do sistema tributário nacional

A propósito da questão da dependência política dos Estados e dos Municípios e dos conflitos entre essas entidades, que a atribuição de competências tributárias acarreta, elaboramos uma proposta de reforma do nosso sistema tributário, que é objeto do último capítulo deste *Curso*.

3. A repartição das receitas tributárias

3.1 Repartição com os Estados

Ainda no capítulo em que trata do sistema tributário nacional a Constituição Federal cuida da repartição das receitas tributárias. Estabelece que pertence aos Estados "o produto da arrecadação do imposto da União sobre renda e proventos de qualquer natureza, incidente na fonte, sobre rendimentos pagos, a qualquer título, por eles, suas autarquias e pelas fundações que instituírem e mantiverem" (CF/1988, art. 157, I); e, ainda, "20% (vinte por cento) do produto da arrecadação do imposto que a União instituir" com base na competência residual (art. 157, II).

O fato de pertencer aos Estados o imposto de renda que retiverem como fonte pagadora de rendimentos pode suscitar problema, especialmente porque na maioria dos casos o imposto incidente na fonte é simples antecipação daquele que é devido anualmente, na declaração de rendimentos da pessoa física. Assim, se o Estado faz a retenção e a Fazenda Nacional considera ser esta indevida, a compensação feita pelo contribuinte em sua declaração anual é recusada.

Por outro lado, o fato de atribuir aos Estados 20% do produto da arrecadação do imposto de competência residual talvez tenha contribuído para sua não instituição pela União, que prefere criar falsas contribuições, de cuja arrecadação os Estados não participam.

3.2 Repartição com os Municípios

Aos Municípios a Constituição Federal atribui participação na arrecadação de dois impostos federais e dois estaduais. Diz que pertence aos Municípios "o produto da arrecadação do imposto da União sobre renda e proventos de qualquer natureza, incidente na fonte, sobre rendimentos pagos, a qualquer título, por eles, suas autarquias e pelas fundações instituírem e mantiverem" (art. 158, I); e "50% (cinquenta por cento) do produto da arrecadação do imposto da União sobre a propriedade territorial rural, relativamente aos imóveis neles situados", ou a totalidade desse imposto, se o Município optar por sua fiscalização e cobrança, desde que isto não implique "redução do imposto ou qualquer outra forma de renúncia fiscal" (arts. 158, II, e 153, § 4º, III).

Aos Municípios é atribuída, ainda, participação na arrecadação de impostos estaduais, a saber: (a) 50% da arrecadação do imposto do Estado sobre a propriedade de veículos automotores licenciados em seus territórios; e (b) 20% do produto da arrecadação do imposto do Estado sobre operações relativas à circulação de mercadorias e sobre prestações de serviços de transporte interestadual e intermunicipal e de comunicação. E diz a Constituição que as parcelas de receita do ICMS pertencentes aos Municípios serão a eles creditadas observando-se os seguintes critérios: "I – três quartos, no mínimo, na proporção do valor adicionado nas operações relativas à circulação de mercadorias e nas prestações de serviços, realizadas em seus territórios; II – até um quarto, de acordo com o que dispuser lei estadual ou, no caso dos Territórios, lei federal" (art. 158, parágrafo único).

A referência feita a "Territórios" deve ser desconsiderada, tendo-se em vista que eles não mais existem. Além disso, a definição desses critérios revela que os elaboradores da norma constitucional de que se cuida desconhecem inteiramente a realidade. Na generalidade dos casos é praticamente impossível determinar a margem de valor adicionado nas operações sujeitas ao ICMS, de sorte que a participação dos Municípios não pode levar em conta tal critério.

3.3 Os fundos de participação

Ao cuidar da repartição das receitas tributárias a Constituição estabelece, ainda, um sistema de fundos de participação, integrado pelo Fundo de Participação dos Estados e pelo Fundo de Participação dos Municípios, abastecidos especialmente por parcelas do imposto sobre renda e proventos de qualquer natureza e do imposto sobre produtos industrializados. E, ainda, por um Fundo para "Programas de Financiamento ao Setor Privado das Regiões Norte, Nordeste e Centro-Oeste, através de suas instituições financeiras de caráter regional, de acordo com os planos regionais de desenvolvimento, ficando assegurada ao Semiárido do Nordeste a metade dos recursos destinados à região, na forma que a lei estabelecer" (art. 159, I, "c").

Ao Fundo de Participação dos Estados e do Distrito Federal são destinados 21,5% (CF/1988, art. 159, I, "a"), enquanto ao Fundo de Participação dos Municípios são destinados 23,5% sendo 1%, que será entregue no primeiro decêndio do mês de dezembro e mais 1% que será entregue no primeiro decêndio do mês de julho de cada ano (art. 159, I, "d" e "e").

Ao Fundo para Programas de Financiamento ao Setor Privado das Regiões Norte, Nordeste e Centro-Oeste são destinados 3% do produto da arrecadação dos impostos sobre a renda e proventos de qualquer natureza e sobre produtos industrializados, perfazendo-se, desta forma, os 48% do produto da arrecadação desses impostos pela União (CF/1988, art. 159, I, "c").

Para o efeito do cálculo da parcela a ser entregue para os fundos de participação não será considerado o valor do imposto de renda na fonte arrecadado pelos Estados e pelos Municípios, que lhes pertence, nos termos dos arts. 157, I, e 158, I (CF/1988, art. 159, § 1º).

3.4 Outras formas de participação

A Constituição determina também que "do produto da arrecadação do imposto sobre produtos industrializados, 10% (dez por cento) são destinados aos Estados e ao Distrito Federal", na proporção das respectivas exportações de produtos industrializados (art. 159, II). Entretanto, dessa quantia destinada aos Estados, nenhum deles terá direito a mais de 20%. O excedente, eventualmente verificado, deve ser distribuído entre os demais Estados, de modo diretamente proporcional às suas exportações de produtos industrializados (art. 159, § 2º).

E, ainda, que do produto da arrecadação da contribuição de intervenção no domínio econômico relativa às atividades de importação ou comercialização de petróleo e seus derivados, gás natural e seus derivados e álcool combustível a União destinará 29%vinte e nove por cento para os Estados e o Distrito Federal, distribuídos na forma da lei, observada a destinação desses recursos ao financiamento de programas de infraestrutura de transportes (CF/1988, art. 159, III, c/c o art. 177, § 4º, e seu inciso II, "c").

Os Estados destinarão aos Municípios 25% dos recursos que receberem em decorrência da exportação de produtos industrializados, observados os critérios estabelecidos para a distribuição de parcela do ICMS (CF/1988, art. 159, § 3º).

Os Estados também destinarão a seus Municípios, nos termos da lei, 25% dos recursos que receberem da União, decorrentes da participação no produto da arrecadação da contribuição de intervenção no domínio econômico relativa às atividades de importação ou comercialização de petróleo e seus derivados, gás natural e seus derivados e álcool combustível (CF/1988, art. 159, § 4º).

4. Restrições relativas à repartição de recursos tributários

4.1 Restrições à entrega de recursos

A Constituição veda expressamente a retenção ou qualquer restrição à entrega e ao emprego dos recursos atribuídos, na parte em que trata da repartição das receitas tributárias aos Estados, ao Distrito Federal e aos Municípios, neles compreendidos adicionais e acréscimos relativos a impostos (art. 160).

Essa vedação, entretanto, sofre exceções. É permitido que a União e os Estados condicionem a entrega de recursos ao pagamento de seus créditos, inclusive de suas autarquias (CF/1988, art. 160, parágrafo único, I). E, ainda, é permitido que tais entidades condicionem a entrega de recursos ao cumprimento, pelos destinatários destes, das obrigações que a Constituição lhes impõe, relativamente à aplicação de recursos públicos (art. 160, parágrafo único, II).

4.2 Disciplina em lei complementar

Estabelece a Constituição que cabe à lei complementar: I – definir valor adicionado para fins de distribuição, pelos Estados aos Municípios, de parcela da arrecadação do ICMS; II – estabelecer normas sobre a entrega, pela União, dos recursos destinados a fundos de participação, sobre os critérios de partilha destes, objetivando promover o equilíbrio socioeconômico entre Estados e entre Municípios; III – dispor sobre o acompanhamento, pelos beneficiários, do cálculo das quotas e da liberação das participações dos Estados e dos Municípios (art. 161, I a III).

O Tribunal de Contas da União efetuará o cálculo das quotas referentes ao fundo de participação formado com parcelas do imposto sobre a renda e proventos de qualquer natureza e do imposto sobre produtos industrializados, a serem distribuídas com o objetivo de promover o equilíbrio socioeconômico entre Estados e entre Municípios (CF/1988, art. 161, parágrafo único).

4.3 Divulgação obrigatória

Finalmente, a Constituição Federal impõe às pessoas jurídicas de direito público a obrigação de tornarem de conhecimento público os elementos da respectiva gestão financeira, estabelecendo:

"Art. 162. A União, os Estados, o Distrito Federal e os Municípios divulgarão, até o último dia do mês subsequente ao da arrecadação, os montantes de cada um dos tributos arrecadados, os recursos recebidos, os valores de origem tributária entregues e a entregar e a expressão numérica dos critérios de rateio.

"Parágrafo único. Os dados divulgados pela União serão discriminados por Estado e por Município; os dos Estados, por Município."

Essa divulgação permitirá a qualquer interessado conferir se o que lhe foi entregue corresponde ao que lhe era realmente devido, nos termos da partilha constitucional dos recursos tributários. E tem ainda um objetivo maior, que é o de permitir a qualquer do povo um certo controle sobre os recursos públicos. É uma expressão, portanto, do regime democrático de governo.

Capítulo VI
REFORMA E SIMPLIFICAÇÃO DO SISTEMA TRIBUTÁRIO

> *1. Introdução. 2. Federalização dos impostos: 2.1 Uniformidade da legislação – 2.2 Procedimentos de fiscalização – 2.3 Conflitos na relação Fisco/contribuinte – 2.4 Partilha da arrecadação dos impostos – 2.5 Os impostos. 3. Outras espécies de tributos. 4. Repartição das rendas dos impostos: 4.1 Preservação da forma federativa – 4.2 Partilha automática dos impostos – 4.3 Os Conselhos de Representantes. 5. Os tributos: 5.1 Generalidades – 5.2 Impostos – 5.3 Taxas, contribuição de melhoria e empréstimos compulsórios – 5.4 Contribuições sociais – 5.5 Justiça tributária e impostos indiretos.*

1. **Introdução**

Muitos afirmam que nossa carga tributária é muito elevada. Na verdade, porém, a carga tributária de um País deve ser considerada em relação aos serviços públicos nele efetivamente prestados, de sorte que é muito difícil a comparação com outros Países sem um conhecimento seguro e completo dos tributos e dos serviços públicos. Seja como for, não é esta a questão que pretendemos abordar aqui, até porque a carga tributária depende muito mais do legislador ordinário que do legislador constituinte. É muito mais uma decorrência das alíquotas dos impostos que da quantidade destes e de outros aspectos tratados em regras da Constituição. E, sendo assim, um *Curso de Direito Constitucional* não nos parece local apropriado para a abordagem desse assunto.

No último capítulo deste nosso *Curso* vamos expor uma ideia que alimentamos já faz algum tempo, pertinente à reforma para simplificação do nosso sistema tributário. E nos parece clara a distinção – que devemos ter presente – entre a elevação da carga e a complexidade do sistema tributário, embora algumas das razões das quais decorre a complexidade do sistema sejam as mesmas das quais decorre, a final, a elevação da carga tributária. Seja como for, são questões distintas, e aqui nos limitaremos a expor uma ideia que alimentamos a respeito de uma possível simplificação.

Quando a atual Constituição Federal estava em elaboração no Congresso fizemos uma palestra na Subcomissão de Tributação na qual nos referimos à fórmula que preconizamos, e fomos aplaudidos pelos poucos parlamentares – três ou quatro – que estavam presentes. E a fórmula chegou a ser colocada no anteprojeto da referida Subcomissão, mas no caminho até a Comissão de Sistematização desapareceu do texto, sem uma única palavra a dizer das razões pelas quais foi suprimida.

Algum tempo depois perguntamos ao deputado que nos fizera o convite para aquela palestra a razão pela qual a fórmula que sugerimos foi retirada do texto do projeto de Constituição, e dele ouvimos a seguinte resposta: os colegas (dele) haviam chegado à conclusão de que eu havia sugerido uma fórmula que os desempregava a todos, deles retirando a oportunidade para o exercício da mais elevada de suas funções, que seria a de obter verbas para suas bases eleitorais.

A causa mais forte da complexidade do nosso sistema tributário é o conflito de interesses entre as diversas entidades tributantes. Conflito que é mais grave, nesse contexto, porque se instaura entre pessoas jurídicas dotadas de poder de legislar. E em razão desse conflito as diversas pessoas jurídicas utilizam-se das leis que produzem como instrumento da defesa de seus interesses.

Pode parecer que a simplificação do sistema tributário depende da eliminação da forma federativa de governo. Não há dúvida de que em um Estado Unitário seriam eliminados os conflitos entre as pessoas jurídicas produtoras de leis tributárias e, em consequência, seria, mesmo, possível um sistema tributário simplificado. Ocorre, porém, que estaríamos diante de um mal maior, que é a concentração do poder. Por isto é que imaginamos uma fórmula que elimina os conflitos entre as entidades federativas sem lhes retirar a autonomia, ao menos na medida em que se entenda estar esta preservada com a garantia de receitas próprias.

Na verdade, a fórmula que preconizamos elimina a disputa entre as entidades federativas e torna automática a distribuição dos recursos públicos entre elas. E, se isto implica abolir a principal função dos Srs. Parlamentares, realmente não temos motivos para acreditar no interesse dos mesmos pela fórmula. Apesar disto, vamos insistir em torná-la pública, porque um dia poderá ser diferente o pensamento da maioria dos políticos em nosso País. E como este *Curso* nos parece ser adequado para esse fim, resolvemos nele inserir este último capítulo, com este estudo de direito constituendo. Um estudo que, a rigor, pertence à política jurídica, e não ao direito constitucional tributário.

Para a reforma e simplificação do sistema tributário brasileiro impõe-se, ainda, a eliminação de uma espécie de tributo que vem sendo a válvula de escape do Governo Federal para fugir às limitações constitucionais ao poder de tributar. É a espécie denominada *contribuições sociais*, que, a rigor, tem apenas como elemento identificador a destinação dos recursos – contrariando, aliás, o que expressamente estabelece o Código Tributário Nacional.

Em síntese, nossa proposta de reforma e simplificação do sistema tributário envolve três partes distintas, a saber: (a) federalização dos impostos, que inclui a reforma da legislação, com a eliminação ou a substituição de impostos; (b) alterações relativas a outras espécies de tributos; e (c) repartição das rendas tributárias.

2. Federalização dos impostos

2.1 Uniformidade da legislação

A maior vantagem decorrente da federalização dos impostos consiste na uniformidade da legislação em todo o País. Embora possa existir imposto com alíquotas regionais menores, como incentivo para a redução das desigualdades econômicas, as regras a serem observadas pelos contribuintes no cumprimento de obrigações tributárias principais e acessórias serão as mesmas, o que é muito importante, especialmente para empresas que têm estabelecimentos em diversos pontos do território nacional.

Com a uniformidade da legislação fica afastada a possibilidade de obrigações acessórias diversas com um mesmo objetivo, o que hoje é muito frequente, em face da existência de legislação tributária municipal, estadual e federal.

2.2 Procedimentos de fiscalização

Toda a fiscalização dos contribuintes de impostos será exercida por órgãos federais, que poderão contar com a participação dos Estados e dos Municípios, mediante convênios, se isto for considerado adequado pela Administração Federal.

Os procedimentos de fiscalização poderão ser padronizados e poderão obedecer a programas com objetivos determinados, de sorte a melhorar a produtividade dos agentes fiscais e tornar mais efetivo o controle do cumprimento das obrigações tributárias.

2.3 Conflitos na relação Fisco/contribuinte

Os conflitos eventualmente surgidos na relação Fisco/contribuinte, no que diz respeito aos impostos, serão todos resolvidos por órgãos do Ministério da Fazenda, tal como atualmente ocorre com os conflitos surgidos na relação tributária quanto aos impostos federais.

Como a Administração Pública da União já dispõe de uma estrutura de órgãos no Ministério da Fazenda, que se ocupam da fiscalização tributária e da solução dos conflitos na relação Fisco/contribuinte, talvez seja necessário apenas pequena alteração quantitativa nessa estrutura, com o aproveitamento dos órgãos estaduais e municipais, que restariam inteiramente desocupados.

Ao legislador federal caberá regular essa matéria, que, de certa forma, ultrapassa o campo de nossa proposta de simplificação do sistema tributário.

2.4 Partilha da arrecadação dos impostos

Todos os contribuintes, situados em qualquer região do País, recolherão seus impostos indicando desde logo a parcela destinada à União, a parcela destinada aos Estados e a parcela destinada aos Municípios. A definição de tais parcelas certamente depende de um levantamento da situação e do acertamento que a esse respeito venha a ser realizado pelas entidades interessadas.

Este constitui, sem dúvida, um ponto de dificuldade na implantação da reforma que preconizamos, pois nele se concentra o conflito de interesses entre as entidades federativas. Entretanto, uma vez consumada a definição dos percentuais de participação, a distribuição das participações fluirá automaticamente, sem qualquer dependência dos Estados ou dos Municípios relativamente à União.

Outro ponto de dificuldade certamente reside na definição dos critérios de partilha dos recursos arrecadados, entre os Estados e entre os

Municípios. Entretanto, estabelecidos os critérios de partilha, cessará o conflito, e qualquer dificuldade na execução dessa distribuição será resolvida por órgãos criados especificamente para esse fim, que atuarão sem qualquer interferência da União Federal, como adiante será explicado.

2.5 *Os impostos*

A reforma tributária que imaginamos mantém sem alteração, nos respectivos âmbitos constitucionais, os impostos sobre: I – importação de produtos estrangeiros; II – exportação de produtos nacionais ou nacionalizados; III – renda e proventos de qualquer natureza; IV – operações de crédito, câmbio e seguro ou relativas a títulos e valores mobiliários.

E, em substituição a outros já existentes, inclusive os que atualmente são da competência dos Estados e dos Municípios, prevê os impostos sobre: V – produção e circulação de bens; VI – prestação de serviços de qualquer natureza; VII – patrimônio líquido das pessoas naturais; VIII – imposto extraordinário de guerra.

O imposto sobre a produção e circulação de bens substitui os atuais impostos: sobre produtos industrializados, da União (CF, art. 153, IV), sobre transmissão por causa da morte e doações de quaisquer bens ou direitos, dos Estados (CF, art. 155, I), sobre operações relativas à circulação de mercadorias e prestação de serviços de transporte interestadual e intermunicipal e de comunicação, dos Estados (CF, art. 155, II), na parte em que ele incide sobre a circulação de bens, e sobre transmissão entre vivos, a qualquer título, por ato oneroso, de bens imóveis por natureza ou acessão física, e de direitos reais sobre imóveis, exceto os de garantia, bem como cessão de direitos à sua aquisição (CF, art. 156, II).

Já, o imposto sobre prestação de serviços de qualquer natureza substitui o imposto sobre operações relativas à circulação de mercadorias e prestação de serviços de transporte interestadual e intermunicipal e de comunicação, dos Estados (CF, art. 155, II), na parte em que ele incide sobre a prestação de serviços, e o imposto sobre serviços de qualquer natureza, dos Municípios (CF, art. 156, III).

A mudança, como facilmente se pode ver, torna coerente a incidência de imposto sobre bens, de um lado, e sobre serviços, de outro, separando o que tem existência material (os bens) daquilo que não tem materialidade (os serviços). Fica, assim, facilitado o controle das operações com bens, em face da materialidade destes, que permite o controle da produção e dos estoques e de operações relativas à circulação dos bens. E afastada toda e qualquer disputa em torno da tributação dos serviços, porque todos eles ficam submetidos ao mesmo imposto.

O imposto sobre o patrimônio líquido das pessoas naturais substituirá o imposto sobre grandes fortunas, que constitui o único exemplo de competência tributária não exercitada, talvez pela enorme carga de preconceito ideológico que carrega. E substitui também outros impostos sobre parcelas do patrimônio, como são o imposto sobre veículos automotores/IPVA, dos Estados, o imposto sobre propriedade territorial rural/ITR, da União, o imposto sobre propriedade predial e territorial urbana/IPTU, dos Municípios.

Registre-se que a União Federal já dispõe dos instrumentos de controle que lhe permitem conhecer a evolução patrimonial das pessoas naturais: a declaração de bens que todas as pessoas naturais estão obrigadas a fazer anualmente, de sorte que o imposto sobre o patrimônio líquido das pessoas naturais pode ser implantado e administrado facilmente.

Esse imposto, por outro lado, com o formato que imaginamos, tem a virtude de atingir o patrimônio de pessoas que por opção pessoal decidem fazer aplicações em bens não produtivos, como obras de arte ou sítios suntuosos para o lazer pessoal de seus proprietários. Ele seria calculado sobre o patrimônio líquido, com alíquota expressiva, mas do valor então apurado seria deduzido o total do imposto de renda da pessoa física pago no período correspondente.

É mais fácil ocultar um rendimento do que ocultar um bem. Assim, o imposto que imaginamos permitirá a exigência do tributo daqueles que ocultam seus rendimentos, inclusive com a utilização de "paraísos fiscais".

3. *Outras espécies de tributos*

Quanto às outras espécies de tributos existentes em nosso sistema tributário, a reforma que imaginamos: (a) mantém inalteradas as taxas e as contribuições de melhoria, esclarecendo, quanto a estas últimas, a subsistência do limite individual, a valorização do imóvel, e do limite global, o custo da obra pública da qual decorre a valorização imobiliária, pois esses limites, na verdade, fazem parte da própria razão de ser dessa espécie tributária; e (b) extingue as contribuições, salvo aquelas destinadas à seguridade social e em razão das quais sejam devidos os benefícios correspondentes, que, a rigor, estão mais próximas do prêmio de seguro que do tributo.

Embora o empréstimo compulsório não seja propriamente um tributo, devemos a ele fazer referência para dizer que sua disciplina constitucional deve ser mentida. A limitação das situações que ensejam sua instituição (CF/1988, art. 148, I e II) e a vinculação dos recursos arrecadados à necessidade que justificou sua instituição devem permanecer como formas adequadas, que são, para evitar abusos.

4. Repartição das rendas dos impostos

4.1 Preservação da forma federativa

Não há dúvida de que a eliminação da autonomia dos governos locais, eliminando os conflitos entre as pessoas jurídicas de direito público interno na disputa por receitas, permite a simplificação do sistema tributário. Ocorre que a eliminação da forma federativa de governo pode ser um mal maior do que a complexidade do sistema tributário. Todo o poder estatal concentrado em um único governo com certeza não é compatível com o denominado Estado de Direito. É importante, portanto, a preservação da forma federativa, pelo menos naquilo que ela tem de essencial, que é a disponibilidade de recursos financeiros para financiar o gasto público.

A reforma tributária que preconizamos, ao mesmo tempo em que federaliza todos os impostos, adota uma forma de distribuição dos recursos arrecadados que evita deixar as unidades federativas – vale dizer, os Estados e os Municípios – a depender da União Federal, como a seguir se verá.

4.2 Partilha automática dos impostos

Conforme já explicado em item precedente, no ato do recolhimento de qualquer imposto o contribuinte, em qualquer parte do território nacional, indicará a parcela pertencente à União, a parcela pertencente aos Estados e a parcela pertencente aos Municípios, de sorte que a instituição financeira recebedora creditará imediatamente a parcela da União à conta do Tesouro Nacional e as parcelas destinadas aos Estados e aos Municípios aos respectivos Fundos de Participação.

A autonomia dos Estados e dos Municípios ficará preservada, porque as receitas de impostos, creditadas no Fundo de Participação dos Estados e no Fundo de Participação dos Municípios, serão creditadas a cada Estado e a cada Município, sem nenhuma interferência da União Federal. Esses Fundos serão administrados por entidades criadas especificamente para esse fim, como a seguir será explicado.

4.3 Os Conselhos de Representantes

A emenda constitucional com a qual for promovida a simplificação do sistema tributário criará dois órgãos, a saber, o Conselho de Representantes dos Estados e o Conselho de Representantes dos Municípios, sem qualquer vinculação ao Ministério da Fazenda.

O Conselho de Representantes dos Estados será composto pelos governadores, seus membros natos, e terá uma pequena secretaria executiva. A esse colegiado caberá, deliberando sempre por maioria absoluta de votos, superar eventuais divergências que os Estados vierem a suscitar quanto aos critérios com base nos quais se realiza a partilha dos recursos correspondentes.

O Conselho de Representantes dos Municípios será composto por prefeitos, em número igual ao de governadores. Os prefeitos dos Municípios de cada Estado elegerão aquele que no Conselho os representará. E a esse colegiado caberá, deliberando sempre por maioria absoluta de votos, superar eventuais divergências que os Municípios vierem a suscitar quanto aos critérios com base nos quais se realiza a partilha dos recursos correspondentes.

5. Os tributos

5.1 Generalidades

A rigor, a alteração mais importante em nossa proposta de simplificação do sistema tributário nacional consiste na federalização dos impostos e na definição da forma de partilha das receitas correspondentes. Entretanto, em razão dessa federalização, algumas alterações são recomendáveis, especialmente em relação a alguns impostos.

Por outro lado, a redução da carga tributária não decorre simplesmente da simplificação do sistema. Ela depende, em primeiro lugar, do controle do gasto público. Atualmente existem significativos desvios de recursos públicos nos mais diversos setores do Poder Público, nos planos federal, estadual e municipal. O que a imprensa tem divulgado em relação ao Senado Federal é apenas uma pequena amostra da enorme "sangria" que o Erário sofre todos os dias. Na verdade, todo o dinheiro do mundo não seria suficiente, porque não temos consciência fiscal, isto é, não temos a compreensão de que a coisa pública deve ser preservada como patrimônio, que é, de todo o povo. Infelizmente, ainda prevalece a ideia de que o dinheiro público não é de ninguém, e por isto mesmo pode ser gasto à vontade, sem qualquer controle.

Para a formação da consciência fiscal – pressuposto mais importante para a redução da carga tributária – preconizamos a obrigatoriedade da indicação, onde quer que se publique o preço de um bem ou serviço, do valor dos tributos que entram na formação desse preço, de sorte a que todos tomem conhecimento de quanto nos custa a manutenção do Estado.

5.2 Impostos

A rigor, os impostos incidem sobre a produção e a circulação das riquezas e sobre o patrimônio e a renda. Nada justifica a multiplicidade de impostos, muitos dos quais incidem sobre a mesma realidade econômica, como acontece, por exemplo, com os impostos sobre importação, produtos industrializados e ICMS, além de contribuições cobradas na importação. Por isso, entendemos que a União Federal deve cobrar impostos apenas sobre: I – importação de produtos estrangeiros; II – exportação, para o exterior, de produtos nacionais ou nacionalizados; III – produtos industrializados; IV – operações de crédito, câmbio e seguro, ou relativas a títulos ou valores mobiliários; V – operações com bens e prestação de serviços de qualquer natureza; VI – renda e proventos de qualquer natureza; VII – patrimônio líquido das pessoas físicas ou naturais.

Os impostos sobre o comércio exterior e sobre operações de crédito, referidos nos itens I, II e IV, acima, justificam-se muito mais pela função extrafiscal que desempenham do que na condição de fonte de receita. Mesmo assim, a arrecadação gerada pelos mesmos não é desprezível.

O imposto sobre produtos industrializados, referido no item III, embora nos pareça atualmente relegado pelo Governo Federal a um plano secundário, tem excelente potencial arrecadatório, além de poder ser utilizado como instrumento de justiça fiscal, na medida em que se faça mais efetiva sua seletividade em razão da essencialidade dos produtos.

O imposto sobre operações com bens e prestação de serviços de qualquer natureza, por seu turno, tem âmbito constitucional de amplitude suficiente para abranger os fatos atualmente sujeitos ao ICMS, ao ISS, ao imposto sobre transmissão de bens imóveis e ao imposto sobre heranças e doações, de sorte que todos esses impostos podem ser eliminados do sistema, sem qualquer prejuízo da arrecadação.

O imposto sobre o patrimônio líquido das pessoas físicas, por sua vez, substitui perfeitamente os impostos que atualmente incidem sobre a propriedade – a saber: o imposto territorial rural, o imposto sobre a propriedade predial de territorial urbana e o imposto sobre a propriedade de veículos automotores –, justificando-se, desta forma, a extinção destes. Pode e deve funcionar como um complemento do imposto de renda, destinado a desestimular a manutenção de patrimônio improdutivo e, especialmente, a prática de fraude destinada a evitar a incidência do imposto de renda.

Por outro lado, a Secretaria da Receita Federal já dispõe do instrumento adequado para o controle desse imposto, que é a declaração de bens das pessoas físicas. Administrado com alguns cuidados, esse instrumento permitirá a utilização do imposto sobre o patrimônio líquido das pessoas físicas como excelente complemento do imposto de renda e proventos de qualquer natureza, de sorte a fazer com que os titulares de patrimônios improdutivos (que não geram renda tributável), seja porque de fato são improdutivos, seja porque a renda produzida não é corretamente declarada, paguem a final um tributo justo.

Realmente, o sistema jurídico deve assegurar a todos o direito de utilizar seus bens para fins egoísticos ou individualistas, como acontece com proprietários de ilhas paradisíacas para seu deleite pessoal. Esses proprietários, todavia, devem contribuir para os cofres públicos, e a melhor forma de se fazer com que isto aconteça é tributar o patrimônio, colocando os contribuintes em igualdade de condições com aqueles que declaram renda. Assim, preconizamos um imposto calculado sobre o valor do patrimônio líquido, deduzindo-se do valor correspondente o valor pago no período a título de imposto de renda da pessoa física.

Com os impostos acima arrolados a União poderá tributar todo e qualquer acontecimento economicamente relevante. Será desnecessária, portanto, a denominada competência residual. E para as situações excepcionais e imprevisíveis disporá dos empréstimos compulsórios.

5.3 Taxas, contribuição de melhoria e empréstimos compulsórios

As taxas e a contribuição de melhoria podem ser mantidas no sistema sem alteração, cabendo apenas explicitar: (a) quanto às taxas, a distinção entre a taxa devida pela prestação de serviços públicos e a tarifa ou preço público. Distinção que reside no caráter compulsório da utilização dos serviços, para a taxa, e no caráter contratual, para a tarifa ou preço público; e, (b) no que concerne à contribuição de melhoria, explicitar a subsistência de seus limites global e individual.

Dizemos explicitar porque, a rigor, em face da vigente Constituição já existe a diferença entre taxa e tarifa ou preço público, e quanto à contribuição de melhoria os limites decorrem do próprio conceito de contribuição de melhoria.[1]

Quanto aos empréstimos compulsórios a vigente Constituição já adota um regime jurídico adequado. Na verdade, os empréstimos compulsórios não são tributos, porque não constituem receita pública. Devem ter, como têm, regime jurídico próprio.[2] Aliás, esse regime jurídico próprio estabelecido na vigente Constituição Federal para os empréstimos compulsórios fez com que o Governo Federal deixasse de abusar deles. Por isto preconizamos a manutenção pura e simples dos dispositivos constitucionais que a eles dizem respeito.

5.4 Contribuições sociais

Em nosso atual sistema tributário a válvula de escape do Governo Federal tem sido as contribuições sociais, especialmente em face da interpretação do art. 149 da CF, segundo a qual esse dispositivo permitiria a instituição de quatro espécies de contribuições sociais, a saber: (1) as gerais, ou simplesmente contribuições sociais; (2) as de intervenção no domínio econômico; (3) as de interesse de categorias profissionais ou econômicas; e (4) as de seguridade social. Essas quatro espécies existiriam além das contribuições autorizadas em dispositivos constitucionais específicos, como é o caso dos arts. 212, § 5º, e 239, que se referem à contribuição denominada salário-educação e à contribuição para o Programa de Integração Social/PIS, respectivamente.

---

1. Hugo de Brito Machado, *Comentários ao Código Tributário Nacional*, 2ª ed., vol. I, São Paulo, Atlas, 2007, pp. 804-815.

2. Hugo de Brito Machado, *Comentários ao Código Tributário Nacional*, 2ª ed., vol. I, São Paulo, Atlas, 2007, pp. 243-251.

Outro ponto que neste assunto merece atenção é a contribuição de iluminação pública, que, em momento de rara infelicidade, e para contornar a decisão do STF que considerou inconstitucional a taxa de iluminação pública, foi autorizada pelo Congresso Nacional com a Emenda Constitucional 39, de 19.12.2002, que inseriu na CF o art. 149-A e seu parágrafo único.[3]

O serviço de iluminação pública, como acertadamente decidiu o STF, não é uma atividade estatal específica relativa ao contribuinte. É um serviço de natureza geral, que não enseja a cobrança de taxa, e deve ser custeado com recursos provenientes dos impostos.

Assim, preconizamos a completa eliminação das contribuições sociais como espécie de tributos, subsistindo apenas a contribuição para a seguridade social, vinculada ao benefício do segurado, que, a rigor – repita-se –, é muito mais um prêmio de seguro que propriamente um tributo.

5.5 Justiça tributária e impostos indiretos

Além da simplificação do sistema tributário, preconizamos também alterações destinadas a torná-lo mais justo, vale dizer, mais compatível com o princípio da capacidade contributiva. Para esse fim impõe-se o incremento dos impostos sobre o patrimônio e a renda, vale dizer, impostos diretos, e a redução dos impostos indiretos, na medida do possível.

Nas últimas décadas observa-se o incremento dos impostos indiretos. Essa tendência talvez decorra da inexistência de reação a esses aumentos, posto que o contribuinte de fato não tem consciência do ônus tributário que fica embutido nos preços dos bens e serviços. Daí por que preconizamos a instituição em lei da obrigatoriedade de indicação desse ônus na publicação de todo e qualquer preço de bem ou serviço. Lei que estabelecerá os critérios para a determinação do ônus tributário, o que se faz necessário tendo-se em vista que alguns tributos não são calculados diretamente sobre esses preços.

---

3. Hugo de Brito Machado, *Comentários ao Código Tributário Nacional*, vol. III, São Paulo, Atlas, 2005, pp. 971-978.

APÊNDICE

CONSTITUIÇÃO FEDERAL

Título VI – **Da Tributação e do Orçamento**

Capítulo I – **Do Sistema Tributário Nacional**

Seção I – Dos Princípios Gerais

Art. 145. A União, os Estados, o Distrito Federal e os Municípios poderão instituir os seguintes tributos:

I – impostos;

II – taxas, em razão do exercício do poder de polícia ou pela utilização, efetiva ou potencial, de serviços públicos específicos e divisíveis, prestados ao contribuinte ou postos à sua disposição;

III – contribuição de melhoria, decorrente de obras públicas.

§ 1º. Sempre que possível, os impostos terão caráter pessoal e serão graduados segundo a capacidade econômica do contribuinte, facultado à Administração Tributária, especialmente para conferir efetividade a esses objetivos, identificar, respeitados os direitos individuais e nos termos da lei, o patrimônio, os rendimentos e as atividades econômicas do contribuinte.

§ 2º. As taxas não poderão ter base de cálculo própria de impostos.

Art. 146. Cabe à lei complementar:

I – dispor sobre conflitos de competência, em matéria tributária, entre a União, os Estados, o Distrito Federal e os Municípios;

II – regular as limitações constitucionais ao poder de tributar;

III – estabelecer normas gerais em matéria de legislação tributária, especialmente sobre:

a) definição de tributos e de suas espécies, bem como, em relação aos impostos discriminados nesta Constituição, a dos respectivos fatos geradores, bases de cálculo e contribuintes;

b) obrigação, lançamento, crédito, prescrição e decadência tributários;

c) adequado tratamento tributário ao ato cooperativo praticado pelas sociedades cooperativas;

d) definição de tratamento diferenciado e favorecido para as microempresas e para as empresas de pequeno porte, inclusive regimes especiais ou simplificados no caso do imposto previsto no art. 155, II, das contribuições previstas no art. 195, I, e §§ 12 e 13, e da contribuição a que se refere o art. 239. [*Incluído pela EC 42/2003*]

Parágrafo único. A lei complementar de que trata o inciso III, "d", também poderá instituir um regime único de arrecadação dos impostos e contribuições da União, dos Estados, do Distrito Federal e dos Municípios, observado que: [*Incluído pela EC 42/2003*]

I – será opcional para o contribuinte; [*Incluído pela EC 42/2003*]

II – poderão ser estabelecidas condições de enquadramento diferenciadas por Estado; [*Incluído pela EC 42/2003*]

III – o recolhimento será unificado e centralizado e a distribuição da parcela de recursos pertencentes aos respectivos entes federados será imediata, vedada qualquer retenção ou condicionamento; [*Incluído pela EC 42/2003*]

IV – a arrecadação, a fiscalização e a cobrança poderão ser compartilhadas pelos entes federados, adotado cadastro nacional único de contribuintes. [*Incluído pela EC 42/2003*]

Art. 146-A. Lei complementar poderá estabelecer critérios especiais de tributação, com o objetivo de prevenir desequilíbrios da concorrência, sem prejuízo da competência de a União, por lei, estabelecer normas de igual objetivo. [*Incluído pela EC 42/2003*]

Art. 147. Competem à União, em Território Federal, os impostos estaduais e, se o Território não for dividido em Municípios, cumulativamente, os impostos municipais; ao Distrito Federal cabem os impostos municipais.

Art. 148. A União, mediante lei complementar, poderá instituir empréstimos compulsórios:

I – para atender a despesas extraordinárias, decorrentes de calamidade pública, de guerra externa ou sua iminência;

II – no caso de investimento público de caráter urgente e de relevante interesse nacional, observado o disposto no art. 150, III, "b".

Parágrafo único. A aplicação dos recursos provenientes de empréstimo compulsório será vinculada à despesa que fundamentou sua instituição.

Art. 149. Compete exclusivamente à União instituir contribuições sociais, de intervenção no domínio econômico e de interesse das categorias profissionais ou econômicas, como instrumento de sua atuação nas respectivas áreas, observado o disposto nos arts. 146, III, e 150, I e III, e sem prejuízo do previsto no art. 195, § 6º, relativamente às contribuições a que alude o dispositivo.

§ 1º. Os Estados, o Distrito Federal e os Municípios instituirão contribuição, cobrada de seus servidores, para o custeio, em benefício destes, do regime previdenciário de que trata o art. 40, cuja alíquota não será inferior à da contribuição dos servidores titulares de cargos efetivos da União. [*Redação dada pela EC 41/2003*]

§ 2º. As contribuições sociais e de intervenção no domínio econômico de que trata o *caput* deste artigo: [*Incluído pela EC 33/2001*]

I – não incidirão sobre as receitas decorrentes de exportação; [*Incluído pela EC 33/2001*]

II – incidirão também sobre a importação de produtos estrangeiros ou serviços; [*Redação dada pela EC 42/2003*]

III – poderão ter alíquotas: [*Incluído pela EC 33/2001*]

a) *ad valorem*, tendo por base o faturamento, a receita bruta ou o valor da operação e, no caso de importação, o valor aduaneiro; [*Incluído pela EC 33/2001*]

b) específica, tendo por base a unidade de medida adotada. [*Incluído pela EC 33/2001*]

§ 3º. A pessoa natural destinatária das operações de importação poderá ser equiparada a pessoa jurídica, na forma da lei. [*Incluído pela EC 33/2001*]

§ 4º. A lei definirá as hipóteses em que as contribuições incidirão uma única vez. [*Incluído pela EC 33/2001*]

Art. 149-A. Os Municípios e o Distrito Federal poderão instituir contribuição, na forma das respectivas leis, para o custeio do serviço de iluminação pública, observado o disposto no art. 150, I e III. [*Incluído pela EC 39/2002*]

Parágrafo único. É facultada a cobrança da contribuição a que se refere o *caput*, na fatura de consumo de energia elétrica. [*Incluído pela EC 39/2002*]

Seção II – Das Limitações do Poder de Tributar

Art. 150. Sem prejuízo de outras garantias asseguradas ao contribuinte, é vedado à União, aos Estados, ao Distrito Federal e aos Municípios:

I – exigir ou aumentar tributo sem lei que o estabeleça;

II – instituir tratamento desigual entre contribuintes que se encontrem em situação equivalente, proibida qualquer distinção em razão de ocupação profissional ou função por eles exercida, independentemente da denominação jurídica dos rendimentos, títulos ou direitos;

III – cobrar tributos:

a) em relação a fatos geradores ocorridos antes do início da vigência da lei que os houver instituído ou aumentado;

b) no mesmo exercício financeiro em que haja sido publicada a lei que os instituiu ou aumentou;

c) antes de decorridos 90 (noventa) dias da data em que haja sido publicada a lei que os instituiu ou aumentou, observado o disposto na alínea "b"; [*Incluído pela EC 42/2003*]

IV – utilizar tributo com efeito de confisco;

V – estabelecer limitações ao tráfego de pessoas ou bens, por meio de tributos interestaduais ou intermunicipais, ressalvada a cobrança de pedágio pela utilização de vias conservadas pelo Poder Público;

VI – instituir impostos sobre:

a) patrimônio, renda ou serviços, uns dos outros;

b) templos de qualquer culto;

c) patrimônio, renda ou serviços dos partidos políticos, inclusive suas fundações, das entidades sindicais dos trabalhadores, das instituições de educação e de assistência social, sem fins lucrativos, atendidos os requisitos da lei;

d) livros, jornais, periódicos e o papel destinado a sua impressão.

e) fonogramas e videofonogramas musicais produzidos no Brasil contendo obras musicais ou literomusicais de autores brasileiros e/ou obras em geral interpretadas por artistas brasileiros bem como os suportes materiais ou arquivos digitais que os contenham, salvo na etapa de replicação industrial de mídias ópticas de leitura a laser. [*Incluída pela EC 75/2013*]

§ 1º. A vedação do inciso III, "b", não se aplica aos tributos previstos nos arts. 148, I, 153, I, II, IV e V; e 154, II; e a vedação do inciso III, "c", não se aplica aos tributos previstos nos arts. 148, I, 153, I, II, III e V; e 154, II, nem à fixação da base de cálculo dos impostos previstos nos arts. 155, III, e 156, I. [*Redação dada pela EC 42/2003*]

§ 2º. A vedação do inciso VI, "a", é extensiva às autarquias e às fundações instituídas e mantidas pelo Poder Público, no que se refere ao patrimônio, à renda e aos serviços, vinculados a suas finalidades essenciais ou às delas decorrentes.

§ 3º. As vedações do inciso VI, "a", e do parágrafo anterior não se aplicam ao patrimônio, à renda e aos serviços, relacionados com exploração de atividades econômicas regidas pelas normas aplicáveis a empreendimentos privados, ou em que haja contraprestação ou pagamento de preços ou tarifas pelo usuário, nem exonera o promitente comprador da obrigação de pagar imposto relativamente ao bem imóvel.

§ 4º. As vedações expressas no inciso VI, alíneas "b" e "c", compreendem somente o patrimônio, a renda e os serviços, relacionados com as finalidades essenciais das entidades nelas mencionadas.

§ 5º. A lei determinará medidas para que os consumidores sejam esclarecidos acerca dos impostos que incidam sobre mercadorias e serviços.

§ 6º. Qualquer subsídio ou isenção, redução de base de cálculo, concessão de crédito presumido, anistia ou remissão, relativos a impostos, taxas ou contribuições, só poderá ser concedido mediante lei específica, federal, estadual ou municipal, que regule exclusivamente as matérias acima enumeradas ou o correspondente tributo ou contribuição, sem prejuízo do disposto no art. 155, § 2º, XII, "g". [*Redação dada pela EC 3/1993*]

§ 7º. A lei poderá atribuir a sujeito passivo de obrigação tributária a condição de responsável pelo pagamento de imposto ou contribuição, cujo fato gerador deva ocorrer posteriormente, assegurada a imediata e preferencial restituição da quantia paga, caso não se realize o fato gerador presumido. [*Incluído pela EC 3/1993*]

Art. 151. É vedado à União:

I – instituir tributo que não seja uniforme em todo o território nacional ou que implique distinção ou preferência em relação a Estado, ao Distrito Federal ou a Município, em detrimento de outro, admitida a concessão de incentivos fiscais destinados a promover o equilíbrio do desenvolvimento socioeconômico entre as diferentes regiões do País;

II – tributar a renda das obrigações da dívida pública dos Estados, do Distrito Federal e dos Municípios, bem como a remuneração e os proventos dos respectivos agentes públicos, em níveis superiores aos que fixar para suas obrigações e para seus agentes;

III – instituir isenções de tributos da competência dos Estados, do Distrito Federal ou dos Municípios.

Art. 152. É vedado aos Estados, ao Distrito Federal e aos Municípios estabelecer diferença tributária entre bens e serviços, de qualquer natureza, em razão de sua procedência ou destino.

Seção III – Dos Impostos da União

Art. 153. Compete à União instituir impostos sobre:

I – importação de produtos estrangeiros;

II – exportação, para o exterior, de produtos nacionais ou nacionalizados;

III – renda e proventos de qualquer natureza;

IV – produtos industrializados;

V – operações de crédito, câmbio e seguro, ou relativas a títulos ou valores mobiliários;

VI – propriedade territorial rural;

VII – grandes fortunas, nos termos de lei complementar.

§ 1º. É facultado ao Poder Executivo, atendidas as condições e os limites estabelecidos em lei, alterar as alíquotas dos impostos enumerados nos incisos I, II, IV e V.

§ 2º. O imposto previsto no inciso III:

I – será informado pelos critérios da generalidade, da universalidade e da progressividade, na forma da lei;

II – [*Revogado pela EC 20/1998*]

§ 3º. O imposto previsto no inciso IV:

I – será seletivo, em função da essencialidade do produto;

II – será não cumulativo, compensando-se o que for devido em cada operação com o montante cobrado nas anteriores;

III – não incidirá sobre produtos industrializados destinados ao exterior;

IV – terá reduzido seu impacto sobre a aquisição de bens de capital pelo contribuinte do imposto, na forma da lei. [*Incluído pela EC 42/2003*]

§ 4º. O imposto previsto no inciso VI do *caput*: [*Redação dada pela EC 42/2003*]

I – será progressivo e terá suas alíquotas fixadas de forma a desestimular a manutenção de propriedades improdutivas; [*Incluído pela EC 42/2003*]

II – não incidirá sobre pequenas glebas rurais, definidas em lei, quando as explore o proprietário que não possua outro imóvel; [*Incluído pela EC 42/2003*]

III – será fiscalizado e cobrado pelos Municípios que assim optarem, na forma da lei, desde que não implique redução do imposto ou qualquer outra forma de renúncia fiscal. [*Incluído pela EC 42/2003*]

§ 5º. O ouro, quando definido em lei como ativo financeiro ou instrumento cambial, sujeita-se exclusivamente à incidência do imposto de que trata o inciso V do *caput* deste artigo, devido na operação de origem; a alíquota mínima será de 1% (um por cento), assegurada a transferência do montante da arrecadação nos seguintes termos:

I – 30% (trinta por cento) para o Estado, o Distrito Federal ou o Território, conforme a origem;

II – 70% (setenta por cento) para o Município de origem.

Art. 154. A União poderá instituir:

I – mediante lei complementar, impostos não previstos no artigo anterior, desde que sejam não cumulativos e não tenham fato gerador ou base de cálculo próprios dos discriminados nesta Constituição;

II – na iminência ou no caso de guerra externa, impostos extraordinários, compreendidos ou não em sua competência tributária, os quais serão suprimidos, gradativamente, cessadas as causas de sua criação.

Seção IV – Dos Impostos dos Estados e do Distrito Federal

Art. 155. Compete aos Estados e ao Distrito Federal instituir impostos sobre: [*Redação dada pela EC 3/1993*]

I – transmissão *causa mortis* e doação, de quaisquer bens ou direitos; [*Redação dada pela EC 3/1993*]

II – operações relativas à circulação de mercadorias e sobre prestações de serviços de transporte interestadual e intermunicipal e de comunicação, ainda que as operações e as prestações se iniciem no exterior; [*Redação dada pela EC 3/1993*]

III – propriedade de veículos automotores. [*Redação dada pela EC 3/1993*]

§ 1º. O imposto previsto no inciso I: [*Redação dada pela EC 3/1993*]

I – relativamente a bens imóveis e respectivos direitos, compete ao Estado da situação do bem, ou ao Distrito Federal;

II – relativamente a bens móveis, títulos e créditos, compete ao Estado onde se processar o inventário ou arrolamento, ou tiver domicílio o doador, ou ao Distrito Federal;

III – terá competência para sua instituição regulada por lei complementar:

a) se o doador tiver domicilio ou residência no exterior;

b) se o *de cujus* possuía bens, era residente ou domiciliado ou teve o seu inventário processado no exterior;

IV – terá suas alíquotas máximas fixadas pelo Senado Federal;

§ 2º. O imposto previsto no inciso II atenderá ao seguinte: [*Redação dada pela EC 3/1993*]

I – será não cumulativo, compensando-se o que for devido em cada operação relativa à circulação de mercadorias ou prestação de serviços com o montante cobrado nas anteriores pelo mesmo ou outro Estado ou pelo Distrito Federal;

II – a isenção ou não incidência, salvo determinação em contrário da legislação:

a) não implicará crédito para compensação com o montante devido nas operações ou prestações seguintes;

b) acarretará a anulação do crédito relativo às operações anteriores;

III – poderá ser seletivo, em função da essencialidade das mercadorias e dos serviços;

IV – resolução do Senado Federal, de iniciativa do Presidente da República ou de um terço dos senadores, aprovada pela maioria absoluta de seus membros, estabelecerá as alíquotas aplicáveis às operações e prestações, interestaduais e de exportação;

V – é facultado ao Senado Federal:

a) estabelecer alíquotas mínimas nas operações internas, mediante resolução de iniciativa de um terço e aprovada pela maioria absoluta de seus membros;

b) fixar alíquotas máximas nas mesmas operações para resolver conflito específico que envolva interesse de Estados, mediante resolução de iniciativa da maioria absoluta e aprovada por dois terços de seus membros;

VI – salvo deliberação em contrário dos Estados e do Distrito Federal, nos termos do disposto no inciso XII, "g", as alíquotas internas, nas operações relativas à circulação de mercadorias e nas prestações de serviços, não poderão ser inferiores às previstas para as operações interestaduais;

VII – em relação às operações e prestações que destinem bens e serviços a consumidor final localizado em outro Estado, adotar-se-á:

a) a alíquota interestadual, quando o destinatário for contribuinte do imposto;

b) a alíquota interna, quando o destinatário não for contribuinte dele;

VIII – na hipótese da alínea "a" do inciso anterior, caberá ao Estado da localização do destinatário o imposto correspondente à diferença entre a alíquota interna e a interestadual;

IX – incidirá também:

a) sobre a entrada de bem ou mercadoria importados do exterior por pessoa física ou jurídica, ainda que não seja contribuinte habitual do imposto, qualquer que seja a sua finalidade, assim como sobre o serviço prestado no exterior, cabendo o imposto ao Estado onde estiver situado o domicílio ou o estabelecimento do destinatário da mercadoria, bem ou serviço; [*Redação dada pela EC 33/2001*]

b) sobre o valor total da operação, quando mercadorias forem fornecidas com serviços não compreendidos na competência tributária dos Municípios;

X – não incidirá:

a) sobre operações que destinem mercadorias para o exterior, nem sobre serviços prestados a destinatários no exterior, assegurada a manutenção e o aproveitamento do montante do imposto cobrado nas operações e prestações anteriores; [*Redação dada pela EC 42/2003*]

b) sobre operações que destinem a outros Estados petróleo, inclusive lubrificantes, combustíveis líquidos e gasosos dele derivados, e energia elétrica;

c) sobre o ouro, nas hipóteses definidas no art. 153, § 5º;

d) nas prestações de serviço de comunicação nas modalidades de radiodifusão sonora e de sons e imagens de recepção livre e gratuita; [*Incluído pela EC 42/2003*]

XI – não compreenderá, em sua base de cálculo, o montante do imposto sobre produtos industrializados, quando a operação, realizada entre contribuintes e relativa a produto destinado à industrialização ou à comercialização, configure fato gerador dos dois impostos;

XII – cabe à lei complementar:

a) definir seus contribuintes;

b) dispor sobre substituição tributária;

c) disciplinar o regime de compensação do imposto;

d) fixar, para efeito de sua cobrança e definição do estabelecimento responsável, o local das operações relativas à circulação de mercadorias e das prestações de serviços;

e) excluir da incidência do imposto, nas exportações para o exterior, serviços e outros produtos além dos mencionados no inciso X, "a";

f) prever casos de manutenção de crédito, relativamente à remessa para outro Estado e exportação para o exterior, de serviços e de mercadorias;

g) regular a forma como, mediante deliberação dos Estados e do Distrito Federal, isenções, incentivos e benefícios fiscais serão concedidos e revogados;

h) definir os combustíveis e lubrificantes sobre os quais o imposto incidirá uma única vez, qualquer que seja a sua finalidade, hipótese em que não se aplicará o disposto no inciso X, "b"; [*Incluída pela EC 33/2001*]

i) fixar a base de cálculo, de modo que o montante do imposto a integre, também na importação do exterior de bem, mercadoria ou serviço. [*Incluída pela EC 33/2001*]

§ 3º. À exceção dos impostos de que tratam o inciso II do *caput* deste artigo e o art. 153, I e II, nenhum outro imposto poderá incidir sobre operações relativas a energia elétrica, serviços de telecomunicações, derivados de petróleo, combustíveis e minerais do País. [*Redação dada pela EC 33/2001*]

§ 4º. Na hipótese do inciso XII, "h", observar-se-á o seguinte: [*Incluído pela EC 33/2001*]

I – nas operações com os lubrificantes e combustíveis derivados de petróleo, o imposto caberá ao Estado onde ocorrer o consumo; [*Incluído pela EC 33/2001*]

II – nas operações interestaduais, entre contribuintes, com gás natural e seus derivados, e lubrificantes e combustíveis não incluídos no inciso I deste parágrafo, o imposto será repartido entre os Estados de origem e de destino, mantendo-se a mesma proporcionalidade que ocorre nas operações com as demais mercadorias; [*Incluído pela EC 33/2001*]

III – nas operações interestaduais com gás natural e seus derivados, e lubrificantes e combustíveis não incluídos no inciso I deste parágrafo, destinadas a não contribuinte, o imposto caberá ao Estado de origem; [*Incluído pela EC 33/2001*]

IV – as alíquotas do imposto serão definidas mediante deliberação dos Estados e Distrito Federal, nos termos do § 2º, XII, "g", observando-se o seguinte: [*Incluído pela EC 33/2001*]

a) serão uniformes em todo o território nacional, podendo ser diferenciadas por produto; [*Incluído pela EC 33/2001*]

b) poderão ser específicas, por unidade de medida adotada, ou *ad valorem*, incidindo sobre o valor da operação ou sobre o preço que o produto ou seu similar alcançaria em uma venda em condições de livre concorrência; [*Incluído pela EC 33/2001*]

c) poderão ser reduzidas e restabelecidas, não se lhes aplicando o disposto no art. 150, III, "b". [*Incluído pela EC 33/2001*]

§ 5º. As regras necessárias à aplicação do disposto no § 4º, inclusive as relativas à apuração e à destinação do imposto, serão estabelecidas mediante deliberação dos Estados e do Distrito Federal, nos termos do § 2º, XII, "g". [*Incluído pela EC 33/2001*]

§ 6º. O imposto previsto no inciso III: [*Incluído pela EC 42/2003*]

I – terá alíquotas mínimas fixadas pelo Senado Federal; [*Incluído pela EC 42/2003*]

II – poderá ter alíquotas diferenciadas em função do tipo e utilização. [*Incluído pela EC 42/2003*]

Seção V – Dos Impostos dos Municípios

Art. 156. Compete aos Municípios instituir impostos sobre:

I – propriedade predial e territorial urbana;

II – transmissão *inter vivos*, a qualquer título, por ato oneroso, de bens imóveis, por natureza ou acessão física, e de direitos reais sobre imóveis, exceto os de garantia, bem como cessão de direitos à sua aquisição;

III – serviços de qualquer natureza, não compreendidos no art. 155, II, definidos em lei complementar. [*Redação dada pela EC 3/1993*]

IV – [*Revogado pela EC 3/1993*]

§ 1º. Sem prejuízo da progressividade no tempo a que se refere o art. 182, § 4º, inciso II, o imposto previsto no inciso I poderá: [*Redação dada pela EC 29/2000*]

I – ser progressivo em razão do valor do imóvel; e [*Incluído pela EC 29/2000*]

II – ter alíquotas diferentes de acordo com a localização e o uso do imóvel. [*Incluído pela EC 29/2000*]

§ 2º. O imposto previsto no inciso II:

I – não incide sobre a transmissão de bens ou direitos incorporados ao patrimônio de pessoa jurídica em realização de capital, nem sobre a transmissão de bens ou direitos decorrente de fusão, incorporação, cisão ou extinção de pessoa jurídica, salvo se, nesses casos, a atividade preponderante do adquirente for a compra e venda desses bens ou direitos, locação de bens imóveis ou arrendamento mercantil;

II – compete ao Município da situação do bem.

§ 3º. Em relação ao imposto previsto no inciso III do *caput* deste artigo, cabe à lei complementar: [*Redação dada pela EC 37/2002*]

I – fixar as suas alíquotas máximas e mínimas; [*Redação dada pela EC 37/2002*]

II – excluir da sua incidência exportações de serviços para o exterior; [*Incluído pela EC 3/1993*]

III – regular a forma e as condições como isenções, incentivos e benefícios fiscais serão concedidos e revogados. [*Incluído pela EC 37/2002*]

§ 4º. [*Revogado pela EC 3/1993*]

Seção VI – Da Repartição das Receitas Tributárias

Art. 157. Pertencem aos Estados e ao Distrito Federal:

I – o produto da arrecadação do imposto da União sobre renda e proventos de qualquer natureza, incidente na fonte, sobre rendimentos pagos, a qualquer título, por eles, suas autarquias e pelas fundações que instituírem e mantiverem;

II – 20% (vinte por cento) do produto da arrecadação do imposto que a União instituir no exercício da competência que lhe é atribuída pelo art. 154, I.

Art. 158. Pertencem aos Municípios:

I – o produto da arrecadação do imposto da União sobre renda e proventos de qualquer natureza, incidente na fonte, sobre rendimentos pagos, a qualquer título, por eles, suas autarquias e pelas fundações que instituírem e mantiverem;

II – 50% (cinquenta por cento) do produto da arrecadação do imposto da União sobre a propriedade territorial rural, relativamente aos imóveis neles situados, cabendo a totalidade na hipótese da opção a que se refere o art. 153, § 4º, III; [Redação dada pela EC 42/2003]

III – 50% (cinquenta por cento) do produto da arrecadação do imposto do Estado sobre a propriedade de veículos automotores licenciados em seus territórios;

IV – 25% (vinte e cinco por cento) do produto da arrecadação do imposto do Estado sobre operações relativas à circulação de mercadorias e sobre prestações de serviços de transporte interestadual e intermunicipal e de comunicação.

Parágrafo único. As parcelas de receita pertencentes aos Municípios, mencionadas no inciso IV, serão creditadas conforme os seguintes critérios:

I – três quartos, no mínimo, na proporção do valor adicionado nas operações relativas à circulação de mercadorias e nas prestações de serviços, realizadas em seus territórios;

II – até um quarto, de acordo com o que dispuser lei estadual ou, no caso dos Territórios, lei federal.

Art. 159. A União entregará:

I – do produto da arrecadação dos impostos sobre renda e proventos de qualquer natureza e sobre produtos industrializados, 49% (quarenta e nove por cento), na seguinte forma: [Redação dada pela EC 84/2014]

a) vinte e um inteiros e cinco décimos por cento ao Fundo de Participação dos Estados e do Distrito Federal;

b) vinte e dois inteiros e cinco décimos por cento ao Fundo de Participação dos Municípios;

c) 3% (três por cento), para aplicação em programas de financiamento ao setor produtivo das Regiões Norte, Nordeste e Centro-Oeste, através de suas instituições financeiras de caráter regional, de acordo com os planos regionais de desenvolvimento, ficando assegurada ao Semiárido do Nordeste a metade dos recursos destinados à Região, na forma que a lei estabelecer;

d) 1% (um por cento) ao Fundo de Participação dos Municípios, que será entregue no primeiro decêndio do mês de dezembro de cada ano; [Incluído pela EC 55/2007]

e) 1% (um por cento) ao Fundo de Participação dos Municípios, que será entregue no primeiro decêndio do mês de julho de cada ano. (acrescentado pela EC 84/2014)

II – do produto da arrecadação do imposto sobre produtos industrializados, dez por cento aos Estados e ao Distrito Federal, proporcionalmente ao valor das respectivas exportações de produtos industrializados.

III – do produto da arrecadação da contribuição de intervenção no domínio econômico prevista no art. 177, § 4º, 29% (vinte e nove por cento) para os Estados e o Distrito Federal, distribuídos na forma da lei, observada a destinação a que se refere o inciso II, "c", do referido parágrafo. [Redação dada pela EC 44/2004]

§ 1º. Para efeito de cálculo da entrega a ser efetuada de acordo com o previsto no inciso I, excluir-se-á a parcela da arrecadação do imposto de renda e proventos de qualquer natureza pertencente aos Estados, ao Distrito Federal e aos Municípios, nos termos do disposto nos arts. 157, I, e 158, I.

§ 2º. A nenhuma unidade federada poderá ser destinada parcela superior a 20% (vinte por cento) do montante a que se refere o inciso II, devendo o eventual excedente ser distribuído entre os demais participantes, mantido, em relação a esses, o critério de partilha nele estabelecido.

§ 3º. Os Estados entregarão aos respectivos Municípios 25% (vinte e cinco por cento) dos recursos que receberem nos termos do inciso II, observados os critérios estabelecidos no art. 158, parágrafo único, I e II.

§ 4º. Do montante de recursos de que trata o inciso III que cabe a cada Estado, 25% (vinte e cinco por cento) serão destinados aos seus Municípios, na forma da lei a que se refere o mencionado inciso. [Incluído pela EC 42/2003)

Art. 160. É vedada a retenção ou qualquer restrição à entrega e ao emprego dos recursos atribuídos, nesta Seção, aos Estados, ao Distrito Federal e aos Municípios, neles compreendidos adicionais e acréscimos relativos a impostos.

Parágrafo único. A vedação prevista neste artigo não impede a União e os Estados de condicionarem a entrega de recursos: [Redação dada pela EC 29/2000)

I – ao pagamento de seus créditos, inclusive de suas autarquias; [Incluído pela EC 29/2000]

II – ao cumprimento do disposto no art. 198, § 2º, incisos II e III. [Incluído pela EC 29/2000]

Art. 161. Cabe à lei complementar:

I – definir valor adicionado para fins do disposto no art. 158, parágrafo único, I;

II – estabelecer normas sobre a entrega dos recursos de que trata o art. 159, especialmente sobre os critérios de rateio dos fundos previstos em seu inciso I, objetivando promover o equilíbrio socioeconômico entre Estados e entre Municípios;

III – dispor sobre o acompanhamento, pelos beneficiários, do cálculo das quotas e da liberação das participações previstas nos arts. 157, 158 e 159.

Parágrafo único. O Tribunal de Contas da União efetuará o cálculo das quotas referentes aos fundos de participação a que alude o inciso II.

Art. 162. A União, os Estados, o Distrito Federal e os Municípios divulgarão, até o último dia do mês subsequente ao da arrecadação, os montantes de cada um dos tributos arrecadados, os recursos recebidos, os valores de origem tributária entregues e a entregar e a expressão numérica dos critérios de rateio.

Parágrafo único. Os dados divulgados pela União serão discriminados por Estado e por Município; os dos Estados, por Município.

(...).

BIBLIOGRAFIA

Nacional

AGRA, Walber de Moura, BONAVIDES, Paulo, e MIRANDA, Jorge (coords.). *Comentários à Constituição Federal de 1988*. Rio de Janeiro, GEN/Forense, 2009.

AMARAL, Antônio Carlos Rodrigues do. "Lei complementar". In: MARTINS, Ives Gandra da Silva (coord.). *Curso de Direito Tributário*. 11ª ed. São Paulo, Saraiva, 2009.

AMARO, Luciano da Silva. *Direito Tributário Brasileiro*. 12ª ed. São Paulo, Saraiva, 2006; 17ª ed. São Paulo, Saraiva, 2011.

ANDRADE, Alberto Guimarães. "A ética e a advocacia pública". *Revista Jurídica da Procuradoria-Geral da Fazenda Estadual* (de Minas Gerais) 39/66-69. Minas Gerais, julho-setembro/2000.

ATALIBA, Geraldo. *Apontamentos de Ciência das Finanças, Direito Financeiro e Tributário*. São Paulo, Ed. RT, 1969.

_____. *Hipótese de Incidência Tributária*. 6ª ed., 15ª tir. São Paulo, Malheiros Editores, 2014.

_____. *Natureza Jurídica da Contribuição de Melhoria*. São Paulo, Ed. RT, 1964.

ÁVILA, Humberto. *Sistema Constitucional Tributário*. São Paulo, Saraiva, 2004.

BALEEIRO, Aliomar *Direito Tributário Brasileiro*. 1ª e 2ª ed. Rio de Janeiro, Forense, 1970; 10ª ed. Rio de Janeiro, Forense, 1981; 11ª ed. Rio de Janeiro, Forense, 1999.

_____. *Limitações Constitucionais ao Poder de Tributar*. 7ª ed. Rio de Janeiro, Forense, 1997.

_____. *Uma Introdução à Ciência das Finanças*. vol. I. Rio de Janeiro, Forense, 1955; 13ª ed. Rio de Janeiro, Forense, 1981; 14ª ed. Rio de Janeiro, Forense, 1987.

BANDEIRA DE MELLO, Celso Antônio. *Curso de Direito Administrativo*. 31ª ed. São Paulo, Malheiros Editores, 2014.

BARBOSA, Rui. *Oração aos Moços*. Rio de Janeiro, Casa de Rui Barbosa, 1949.

BARRETO, Aires Fernandino. *Curso de Direito Tributário Municipal*. São Paulo, Saraiva, 2009.

_____. *ISS na Constituição e na Lei*. São Paulo, Dialética, 2003.

_____. "Princípio da legalidade e mapas de valores". *Caderno de Pesquisas Tributárias*. São Paulo, CEEU/Resenha Tributária, 1981.

BASTOS, Celso Ribeiro. *Curso de Direito Administrativo*. São Paulo, Saraiva, 1994.

_____. *Curso de Direito Constitucional*. 22ª ed. São Paulo, Malheiros Editores, 2010.

_____. *Curso de Direito Financeiro e de Direito Tributário*. São Paulo, Saraiva, 1991.

_____. "Imunidade dos templos". *RDTributário* 5/221-224. São Paulo, Ed. RT, julho-setembro/1978.

BECKER, Alfredo Augusto. *Teoria Geral do Direito Tributário*. São Paulo, Saraiva, 1963 e 1964.

BONAVIDES, Paulo. *Curso de Direito Constitucional*. 29ª ed. São Paulo, Malheiros Editores, 2014.

_____, AGRA, Walber de Moura, e MIRANDA, Jorge (coords.). *Comentários à Constituição Federal de 1988*. Rio de Janeiro, GEN/Forense, 2009.

BOTTALLO, Eduardo Domingos, e CARRAZZA, Roque Antônio. "A não incidência do IPI nas operações internas com mercadorias importadas por comerciantes (um falso caso de equiparação legal)". *Revista Dialética de Direito Tributário* 140. São Paulo, Dialética, maio/2007.

BRANCO, Paulo Gustavo Gonet, COELHO, Inocêncio Mártires, e MENDES, Gilmar Ferreira. *Curso de Direito Constitucional*. São Paulo, Saraiva, 2007.

BRITO, Edvaldo Pereira de. "Comentário aos arts. 145 a 149-A". In: AGRA, Walber de Moura, BONAVIDES, Paulo, e MIRANDA, Jorge (coords.). *Comentários à Constituição Federal de 1988*. Rio de Janeiro, GEN/Forense, 2009.

_____. In: MARTINS, Ives Gandra da Silva (coord.). *Comentários ao Código Tributário Nacional*. vol. 1. São Paulo, Saraiva, 1998.

CAMPOS, Dejalma de. "O princípio da legalidade no direito tributário". *Caderno de Pesquisas Tributárias*. São Paulo, CEEU/Resenha Tributária, 1981.

CANTO, Gilberto de Ulhôa. "Lei complementar". In: MARTINS, Ives Gandra da Silva (coord.). *Lei Complementar Tributária*. São Paulo, CEEU/Resenha Tributária, 1990.

CAPEZ, Fernando, CHIMENTI, Ricardo Cunha, ROSA, Márcio Fernando Elias, e SANTOS, Marisa Ferreira dos. *Curso de Direito Constitucional*. 2ª ed. São Paulo, Saraiva, 2005.

CARDOSO, Newton. *Tributação do Ato Ilícito*. Recife, Regis, 1966.

CARNEIRO, Erymá. *Lei 4.506 – A Nova Lei do Imposto de Renda*. Rio de Janeiro, Edições Financeiras, 1965.

CARRAZZA, Roque Antônio. *Curso de Direito Constitucional Tributário*, 29ª ed. São Paulo, Malheiros Editores, 2013.

_____. *ICMS*. 16ª ed. São Paulo, Malheiros Editores, 2012.

_____. *O Regulamento no Direito Tributário Brasileiro*. São Paulo, Ed. RT, 1981.

_____, e BOTTALLO, Eduardo Domingos. "A não incidência do IPI nas operações internas com mercadorias importadas por comerciantes (um falso caso de equiparação legal)". *Revista Dialética de Direito Tributário* 140. São Paulo, Dialética, maio/2007.

CARVALHO, Paulo de Barros. *Curso de Direito Tributário*. São Paulo, Saraiva, 1985; 3ª ed. São Paulo, Saraiva, 1988; 7ª ed. São Paulo, Saraiva, 1995; 11ª ed.

São Paulo, Saraiva, 1999; 15ª ed. São Paulo, Saraiva; 18ª ed. São Paulo, Saraiva, 2007.

_____. *Teoria da Norma Tributária*. 2ª ed. São Paulo, Ed. RT, 1981.

CASSONE, Vittorio. *Interpretação no Direito Tributário – Teoria e Prática*. São Paulo, Atlas, 2004.

CHIMENTI, Ricardo Cunha, CAPEZ, Fernando, ROSA, Márcio Fernando Elias, e SANTOS, Marisa Ferreira dos. *Curso de Direito Constitucional*. 2ª ed. São Paulo, Saraiva, 2005.

COELHO, Inocêncio Mártires, BRANCO, Paulo Gustavo Gonet, e MENDES, Gilmar Ferreira. *Curso de Direito Constitucional*. São Paulo, Saraiva, 2007.

COELHO, Sacha Calmon Navarro. *Comentários à Constituição de 1988*. 4ª ed., Rio de Janeiro, Forense, 1992; 7ª ed. 1998.

_____. *Teoria e Prática das Multas Tributárias*. Rio de Janeiro, Forense, 1992.

Constituição do Brasil e Constituições Estrangeiras. Brasília, Senado Federal/Subsecretaria de Edições Técnicas, 1987.

CORRÊA, Oscar Dias. *A Crise da Constituição, a Constituinte e o Supremo Tribunal Federal*. São Paulo, Ed. RT, 1986.

COSTA, Adriano Soares da. "Breves notas sobre a Lei Complementar 116/2003 e as cláusulas gerais: os limites da taxatividade". In: MARTINS, Ives Gandra da Silva, e PEIXOTO, Marcelo Magalhães (coords.). *ISS – Lei Complementar 116/2003 à Luz da Doutrina e da Jurisprudência*. 2ª ed. São Paulo, MP Editora, 2008.

COSTA, Regina Helena. *Curso de Direito Tributário*. São Paulo, Saraiva, 2009.

DENARI, Zelmo. *Curso de Direito Tributário*. 6ª ed. Rio de Janeiro, Forense, 1998.

DERZI, Misabel. "Notas de Atualização" da obra de Aliomar Baleeiro, *Limitações Constitucionais ao Poder de Tributar*. 7ª ed. Rio de Janeiro, Forense, 1997.

DINIZ, Maria Helena. *Dicionário Jurídico*. vols. 2 e 4. São Paulo, Saraiva, 1998.

FALCÃO, Amílcar de Araújo. *O Fato Gerador da Obrigação Tributária*. 2ª ed. São Paulo, Ed. RT, 1971.

FANUCCHI, Fábio. *Curso de Direito Tributário Brasileiro*. 4ª ed., vol. I. São Paulo, IBET/Resenha Tributária, 1986.

FERREIRA, Pinto. *Comentários à Constituição Brasileira*. vols. I e III. São Paulo, Saraiva, 1989 e 1992.

FERREIRA FILHO, Manoel Gonçalves. *Do Processo Legislativo*. 6ª ed. São Paulo, Saraiva, 2009.

FREITAS, Vladimir Passos de (coord.). *Código Tributário Nacional Comentado*. São Paulo, Ed. RT, 1999.

GASPARINI, Diógenes. *Direito Administrativo*. 8ª ed. São Paulo, Saraiva, 2003.

GIARDINO, Kleber. "A propósito da teoria da tributação penal". *RDTributário* 6. São Paulo, Ed. RT..

GRAU, Eros Roberto. *Direito, Conceitos e Normas Jurídicas*. São Paulo, Ed. RT, 1988.

GRECO, Marco Aurélio. *Contribuições (Uma Figura Sui Generis)*. São Paulo, Dialética, 2000.

_____ (coord.). *Contribuições de Intervenção no Domínio Econômico*. São Paulo, Dialética, 2001.

GUSMÃO, Daniela Ribeiro de. "A concessão pela União de isenções relativas a tributos estaduais e municipais – Possibilidade no âmbito dos tratados internacionais". *Revista Trimestral de Jurisprudência dos Estados* 168. São Paulo, Jurid Vellenich, janeiro-fevereiro/1999.

GUTIERREZ, Miguel Delgado. "Da renda imputada". *Revista Direito Tributário Atual* 23. São Paulo, IBDT/Dialética, 2009.

HARADA, Kiyoshi. *Compêndio de Direito Financeiro*. São Paulo, Resenha Tributária, 1994

_____. "Contribuição para custeio da iluminação pública". *Repertório de Jurisprudência IOB* 6-I. São Paulo, IOB, 2ª quinzena de março/2003.

ICHIHARA, Yoshiaki. *Imunidades Tributárias*. São Paulo, Atlas, 2000.

JANCZESKI, Célio Armando (coord.). *Constituição Federal Comentada*. Curitiba, Juruá, 2010.

JARDIM, Eduardo Marcial Ferreira. *Dicionário Jurídico Tributário*. São Paulo, Saraiva, 1995.

LACOMBE, Américo Masset. *Obrigação Tributária*. São Paulo, Ed. RT, 1977.

LEAL, Victor Nunes. "Leis complementares da Constituição". *RDA* VII. Rio de Janeiro, FGV, janeiro-março/1947.

MACHADO, Hugo de Brito. "A importância dos conceitos jurídicos na hierarquia normativa – Natureza meramente didática do art. 110 do CTN". *Revista Dialética de Direito Tributário* 98. São Paulo, Dialética, novembro/2003.

_____. "A questão da lei interpretativa na Lei Complementar 118/2005: prazo para repetição do indébito". *Revista Dialética de Direito Tributário* 116. São Paulo, Dialética, maio/2006.

_____. *Comentários ao Código Tributário Nacional*. vol. I. São Paulo, Atlas, 2003; vol. III. São Paulo, Atlas, 2005; 2ª ed., vols. I e II. São Paulo, Atlas, 2007.

_____. "Critérios geográfico e da destinação do imóvel para definir a incidência do IPTU ou do ITR". *Revista Dialética de Direito Tributário* 139. São Paulo, Dialética, abril/2007.

_____. *Curso de Direito Tributário*. 1ª ed. São Paulo, Resenha Tributária, 1979; 16ª ed. São Paulo, Malheiros Editores, 1999; 36ª ed. São Paulo, Malheiros Editores, 2015.

_____. *Direito Tributário Aplicado*. Rio de Janeiro, Forense, 2008.

_____. *Direitos Fundamentais do Contribuinte e a Efetividade da Jurisdição*. São Paulo, Atlas, 2009.

_____. *Imposto de Circulação de Mercadorias – ICM*. São Paulo, Sugestões Literárias, 1971.

_____. *Introdução ao Estudo do Direito*. 2ª ed. São Paulo, Atlas, 2004.

_____. *Lei Complementar Tributária*. São Paulo, Malheiros Editores, 2010.

_____. *Mandado de Segurança em Matéria Tributária*. 3ª ed. São Paulo, Dialética, 1998.

_____. *O Conceito de Tributo no Direito Brasileiro*. Rio de Janeiro, Forense, 1987.

_____. *Os Princípios Jurídicos da Tributação na Constituição de 1988*. 3ª ed., São Paulo, Ed. RT, 1994; 5ª ed. São Paulo, Dialética, 2004.

_____. "Posição hierárquica da lei complementar". *Revista Dialética de Direito Tributário* 14. São Paulo, Dialética, novembro/1996.

_____. "Segurança jurídica e lei complementar". *Revista Dialética de Direito Tributário* 152. São Paulo, Dialética, maio/2008.

_____. "Virtudes e defeitos da não cumulatividade do tributo no sistema tributário brasileiro". In: MARTINS, Ives Gandra da Silva (coord.). *O Princípio da Não Cumulatividade*. São Paulo, CEEU/Ed. RT, 2004.

MACHADO, Hugo de Brito (coord.). *As Contribuições no Sistema Tributário Brasileiro*. São Paulo/Fortaleza, Dialética/ICET, 2003.

MACHADO, Hugo de Brito, e MACHADO, Schubert de Farias. *Dicionário de Direito Tributário*. São Paulo, Atlas, 2011.

MACHADO, Hugo de Brito, e MACHADO SEGUNDO, Hugo de Brito. "A segurança jurídica e a identidade específica da lei complementar na Constituição Federal de 1988". *Revista Dialética de Direito Tributário* 133. São Paulo, Dialética, outubro/2006.

MACHADO, Raquel Cavalcanti Ramos, e MACHADO SEGUNDO, Hugo de Brito. "As contribuições no sistema tributário brasileiro". In: MACHADO, Hugo de Brito (coord.). *As Contribuições no Sistema Tributário Brasileiro*. São Paulo/Fortaleza, Dialética/ICET, 2003.

_____. "O imposto de renda das pessoas jurídicas e os resultados verificados no exterior". In: ROCHA, Valdir de Oliveira (coord.). *Grandes Questões Atuais do Direito Tributário*. 7º vol. São Paulo, Dialética, 2003.

MACHADO, Schubert de Farias. "O princípio da proporcionalidade e as multas fiscais do art. 44 da Lei 9.430/1996". *Revista Dialética de Direito Tributário* 107. São Paulo, Dialética, agosto/2004.

MACHADO, Schubert de Farias, e MACHADO, Hugo de Brito. *Dicionário de Direito Tributário*. São Paulo, Atlas, 2011.

MACHADO SEGUNDO, Hugo de Brito. "A 'contribuição' dos inativos". *Revista Estudos Tributários* 38. Porto Alegre/São Paulo, IET/Síntese, julho-agosto/2004.

_____. *Código Tributário Nacional*. 2ª ed. São Paulo, Atlas, 2009.

_____. "Perfil constitucional das contribuições de intervenção no domínio econômico". In: GRECO, Marco Aurélio (coord.). *Contribuições de Intervenção no Domínio Econômico*. São Paulo, Dialética, 2001.

_____. *Repetição do Tributo Indireto: Incoerências e Contradições*. São Paulo, Malheiros Editores, 2011.

MACHADO SEGUNDO, Hugo de Brito, e MACHADO, Hugo de Brito. "A segurança jurídica e a identidade específica da lei complementar na Constituição Federal de 1988". *Revista Dialética de Direito Tributário* 133. São Paulo, Dialética, outubro/2006.

MACHADO SEGUNDO, Hugo de Brito, e MACHADO, Raquel Cavalcanti Ramos. "As contribuições no sistema tributário brasileiro". In: MACHADO, Hugo de Brito (coord.). *As Contribuições no Sistema Tributário Brasileiro*. São Paulo/Fortaleza, Dialética/ICET, 2003.

_____. "O imposto de renda das pessoas jurídicas e os resultados verificados no exterior". In: ROCHA, Valdir de Oliveira (coord.). *Grandes Questões Atuais do Direito Tributário.* 7º vol. São Paulo, Dialética, 2003.

MACHADO SEGUNDO, Hugo de Brito, MAMEDE, Gledston, MARTINS, Sérgio Pinto, e NOHARA, Irene Patrícia. *Comentários ao Estatuto Nacional da Microempresa e da Empresa de Pequeno Porte.* São Paulo, Atlas, 2007.

MAIA, José Motta, e TENÓRIO, Igor. *Dicionário de Direito Tributário.* 2ª ed. Rio de Janeiro, Forense, 1996.

MAIA FILHO, Napoleão Nunes. *Estudos Temáticos de Direito Constitucional.* Fortaleza, UFCE, 2000.

MALUF, Sahid. *Teoria Geral do Estado.* 26ª ed. São Paulo, Saraiva, 2003..

MAMEDE, Gledston, MACHADO SEGUNDO, Hugo de Brito, MARTINS, Sérgio Pinto, e NOHARA, Irene Patrícia. *Comentários ao Estatuto Nacional da Microempresa e da Empresa de Pequeno Porte.* São Paulo, Atlas, 2007.

MARTINS, Ives Gandra da Silva. "O princípio da legalidade no direito tributário brasileiro". *Caderno de Pesquisas Tributárias.* São Paulo, CEEU/Resenha Tributária, 1981.

_____. *Sistema Tributário na Constituição de 1988.* 3ª ed. São Paulo, Saraiva, 1991.

_____ (coord.). *Comentários ao Código Tributário Nacional.* vol. 1. São Paulo, Saraiva, 1998.

_____. *Curso de Direito Tributário.* São Paulo, Saraiva, 1982; 7ª ed. São Paulo, Saraiva, 2000.

_____. *Lei Complementar Tributária.* São Paulo, CEEU/Resenha Tributária, 1990.

_____. *O Princípio da Não Cumulatividade.* São Paulo, CEEU/Ed. RT, 2004.

MARTINS, Ives Gandra da Silva, e PEIXOTO, Marcelo Magalhães (coords.). *ISS – Lei Complementar 116/2003 à Luz da Doutrina e da Jurisprudência.* 2ª ed. São Paulo, MP Editora, 2008.

MARTINS, Sérgio Pinto. *Manual do Imposto sobre Serviços.* 3ª ed. São Paulo, Atlas, 2000.

_____, MACHADO SEGUNDO, Hugo de Brito, MAMEDE, Gledston, e NOHARA, Irene Patrícia. *Comentários ao Estatuto Nacional da Microempresa e da Empresa de Pequeno Porte.* São Paulo, Atlas, 2007.

MAZZUOLI, Valério de Oliveira. *Curso de Direito Internacional Público.* 2ª ed. São Paulo, Ed. RT, 2007.

MENDES, Gilmar Ferreira, BRANCO, Paulo Gustavo Gonet, e COELHO, Inocêncio Mártires. *Curso de Direito Constitucional.* São Paulo, Saraiva, 2007.

MIRANDA, Jorge, AGRA, Walber de Moura, e BONAVIDES, Paulo (coords.). *Comentários à Constituição Federal de 1988.* Rio de Janeiro, GEN/Forense, 2009.

MORAES, Bernardo Ribeiro de. *Compêndio de Direito Tributário.* Rio de Janeiro, Forense, 1984.

_____. "Tributação das atividades ilícitas". In: *Interpretação no Direito Tributário.* São Paulo, EDUC/Saraiva, 1975.

MOURA, Frederico Araújo Seabra de. *Lei Complementar Tributária.* São Paulo, Quartier Latin, 2009.

NOGUEIRA, Ruy Barbosa. *Curso de Direito Tributário*. São Paulo, Saraiva, 1985; 6ª ed. São Paulo, Saraiva, 1986.

NOHARA, Irene Patrícia, MACHADO SEGUNDO, Hugo de Brito, MAMEDE, Gledston, e MARTINS, Sérgio Pinto. *Comentários ao Estatuto Nacional da Microempresa e da Empresa de Pequeno Porte*. São Paulo, Atlas, 2007.

NOUR, Ricardo Abdul. In: MARTINS, Ives Gandra da Silva (coord.). *Comentários ao Código Tributário Nacional*. 2ª ed., vol. 2. São Paulo, Saraiva, 2002.

NUNES, Castro. "Problemas da partilha tributária". *RDA* I. Rio de Janeiro, FGV, janeiro/1945.

NUNES, Pedro. *Dicionário de Tecnologia Jurídica*. 8ª ed., vol. I. Rio de Janeiro/São Paulo, Freitas Bastos, 1974.

OLIVEIRA, José Jayme de Macedo. *Código Tributário Nacional*. São Paulo, Saraiva, 1998.

OLIVEIRA, Maria Alessandra Brasileiro de. "As contribuições no sistema tributário brasileiro". In: MACHADO, Hugo de Brito (coord.). *As Contribuições no Sistema Tributário Brasileiro*. São Paulo/Fortaleza, Dialética/ICET, 2003.

OLIVEIRA, Yonne Dolácio de. "Legislação tributária, tipo legal tributário". In: *Comentários ao Código Tributário Nacional*. São Paulo, José Bushatsky Editor, 1976.

PACHECO, Cláudio. *Tratado das Constituições Brasileiras*. vols. III e XI. Rio de Janeiro, Freitas Bastos, 1965.

PEIXOTO, Marcelo Magalhães, e MARTINS, Ives Gandra da Silva (coords.). *ISS – Lei Complementar 116/2003 à Luz da Doutrina e da Jurisprudência*. 2ª ed. São Paulo, MP Editora, 2008.

PLÁCIDO E SILVA, De. *Vocabulário Jurídico*. vols. I e II. Rio de Janeiro, Forense, 1987.

QUEIROZ, Mary Elbe. *Imposto sobre a Renda e Proventos de Qualquer Natureza*. Barueri/SP, Manole, 2004.

REALE, Miguel. *Lições Preliminares de Direito*. 10ª ed. São Paulo, Saraiva, 1983; 13ª ed. São Paulo, Saraiva, 1986.

RIBEIRO, Fávila. *Determinantes Constitucionais sôbre as Execuções Contra o Estado*. Fortaleza, Imprensa Universitária do Ceará, 1961.

RIBEIRO, Maria de Fátima. *A Natureza Jurídica do Empréstimo Compulsório no Sistema Tributário Nacional*. Rio de Janeiro, Forense, 1985.

ROCHA, José de Albuquerque. *Teoria Geral do Processo*. 6ª ed. São Paulo, Malheiros Editores, 2002.

ROCHA, Valdir de Oliveira. *Determinação do Montante do Tributo*. 2ª ed. São Paulo, Dialética, 1995.

_____. "Os empréstimos compulsórios e a Constituição de 1988". *Revista de Informação Legislativa* 113. Brasília, Senado Federal, janeiro-março/1992.

_____. "Tratados internacionais e vigência das isenções por eles concedidas, em face da Constituição de 1988". *Repertório IOB de Jurisprudência* 5. São Paulo, IOB.

_____ (coord.). *Grandes Questões Atuais do Direito Tributário*. 7º vol. São Paulo, Dialética, 2003.

RODRIGUES, Denise Lucena. *A Imunidade como Limitação à Competência Impositiva*. São Paulo, Malheiros Editores, 1995.

RODRIGUES, Marilene Talarico Martins. "Imposto de renda-pessoa física". In: MARTINS, Ives Gandra da Silva (coord.). *Curso de Direito Tributário*. São Paulo, Saraiva, 1982.

ROSA, Márcio Fernando Elias, CAPEZ, Fernando, CHIMENTI, Ricardo Cunha, e SANTOS, Marisa Ferreira dos. *Curso de Direito Constitucional*. 2ª ed. São Paulo, Saraiva, 2005.

SALDANHA, Nelson. *O Estado Moderno e a Separação de Poderes*. 2ª ed. São Paulo, Quartier Latin, 2010.

SAMPAIO, Nelson de Sousa. *O Processo Legislativo*. São Paulo, Saraiva, 1968.

SANTOS, Marisa Ferreira dos, CAPEZ, Fernando, CHIMENTI, Ricardo Cunha, e ROSA, Márcio Fernando Elias. *Curso de Direito Constitucional*. 2ª ed. São Paulo, Saraiva, 2005.

SILVA, Edgard Neves da. "Tratados e convenções internacionais – Outorga de isenção – Imposto municipal sobre serviços – Inconstitucionalidade". *Revista da Faculdade de Direito de São Bernardo do Campo* 5.

SILVA, José Afonso da. *Curso de Direito Constitucional Positivo*. 38ª ed. São Paulo, Malheiros Editores, 2015.

SILVA, Juary G. *Elementos de Direito Penal Tributário*. São Paulo, Saraiva, 1998.

SOUSA, Rubens Gomes de. "A evolução do conceito de rendimento tributável". *RDP* 14. São Paulo, Ed. RT, 1970.

_____. *Compêndio de Legislação Tributária*. 4ª ed. Rio de Janeiro, Edições Financeiras, 1964.

_____. "Curso de Introdução ao Direito Tributário", 5ª Aula, "A Relação Jurídica Tributária". *Revista de Estudos Fiscais* 12. São Paulo, Centro de Estudos dos Agentes Fiscais do Imposto de Consumo em São Paulo, dezembro/1948.

SOUTO MAIOR BORGES, José. "Eficácia e hierarquia da lei complementar". *RDP* 25. São Paulo, Ed. RT, julho-setembro/1973.

_____. *Lançamento Tributário*. 4º vol. da coleção "Tratado de Direito Tributário". Rio de Janeiro, Forense, 1981.

_____. *Lei Complementar Tributária*. São Paulo, Ed. RT, 1975.

_____. *Teoria Geral da Isenção Tributária*. 3ª ed., 3ª tir. São Paulo, Malheiros Editores, 2011.

SOUZA, Hamilton Dias de. "Contribuições especiais". In: MARTINS, Ives Gandra da Silva (coord.). *Curso de Direito Tributário*. 7ª ed. São Paulo, Saraiva, 2000.

SOUZA, Maria Helena Rau de. In: FREITAS, Vladimir Passos de (coord.). *Código Tributário Nacional Comentado*. São Paulo, Ed. RT, 1999.

SPISSO, Rodolfo R. *Derecho Constitucional Tributario*. Buenos Aires, Depalma, 1993.

TABOSA, Agerson. *Teoria Geral do Estado*. Fortaleza, Imprensa Universitária, 2002.

TENÓRIO, Igor, e MAIA, José Motta. *Dicionário de Direito Tributário*. 2ª ed. Rio de Janeiro, Forense, 1996.

TILBERY, Henry. "Reflexões sobre a tributação do patrimônio". In: *Princípios Tributários no Direito Brasileiro e Comparado*. Rio de Janeiro, Forense, 1988.

THEODORO JR., Humberto. *O Cumprimento da Sentença*. 2ª ed. Belo Horizonte, Mandamentos, 2006.

UCKMAR, Victor. *Os Princípios Comuns de Direito Constitucional Tributário*. São Paulo, Ed. RT, 1976.

VASCONCELOS, Arnaldo. *Teoria da Norma Jurídica*. 6ª ed. São Paulo, Malheiros Editores, 2006.

VIEIRA, José Roberto. *IPI – Regra-Matriz de Incidência*. Curitiba, Juruá, 1993.

XAVIER, Alberto. *Os Princípios da Legalidade e da Tipicidade da Tributação*. São Paulo, Ed. RT, 1978.

Estrangeira

ASOREY, Rubén O. "Protección constitucional de los contribuyentes frente a la arbitrariedad de las Administraciones Tributarias". In: ASOREY, Rubén O. (dir.). *Protección Constitucional de los Contribuyentes*. Madri/Barcelona (Espanha), Educa/Marcial Pons, 2000.

BACHOF, Otto. *Normas Constitucionais Inconstitucionais?*. Trad. de José Manuel M. Cardoso da Costa. Coimbra, Atlântica, 1977.

BECERRIL, Miguel Pérez de Ayala, e PÉREZ DE AYALA, José Luís. *Fundamentos de Derecho Tributario*. 3ª ed. Madri, Edersa, 1999.

BERLIRI, Antonio. *Principios de Derecho Tributario*. vol. I, trad. de Fernando Vicente-Arche Domingo. Madri, Editorial de Derecho Financiero, 1964; vol. 2. Madri, Editorial de Derecho Financiero, 1971.

BIELSA, Rafael. *Los Conceptos Jurídicos y su Terminología*. 3ª ed. Buenos Aires, Depalma, 1987.

BOBBIO, Norberto, MATTEUCCI, Nicola, e PASQUINO, Gianfranco. *Dicionário de Política*. 7ª ed., vol. 2, trad. de Carmen C. Varrialle e outros. Brasília, Ed. UnB.

CADAVID, Alberto Fernández. *La Contribución de Valorización en Colombia*. 2ª ed. Bogotá, Temis, 1981.

CAMPOS, Diogo Leite de. *Direito Tributário*, 2ª ed. Belo Horizonte, Del Rey, 2001.

CANOTILHO, José Joaquim Gomes. *Direito Constitucional*. 6ª ed. Coimbra, Livraria Almedina, 1996.

CARNELUTTI, Francesco. *Teoria Geral do Direito*. São Paulo, Lejus, 1999.

CARRIÓ, Genaro. *Algunas Palabras sobre las Palabras de la Ley*, Buenos Aires, Abeledo-Perrot, 1971.

CASALTA NABAIS, José. *O Dever Fundamental de Pagar Impostos*. Coimbra, Livraria Almedina, 1998.

COSTA, José Manuel M. Cardoso da. *Curso de Direito Fiscal*. Coimbra, Livraria Almedina, 1972.

DAHRENDORF, Ralf. *Ley y Orden*. Trad. de Luís María Díez-Picazo. Madri, Civitas, 1994.

DUGUIT, Léon. *Fundamentos do Direito*. 2ª ed. São Paulo, Ícone, 2006.

DUGUIT, Léon. *Traité de Droit Constitutionnel*. 3ª ed., vol. II. Paris, Fontemoing, 1928; 30ª ed., vols. II e III. Paris, Fontemoing, 1930.

ESTEVAN, Juan Manuel Barquero. *La Función del Tributo en el Estado Social y Democrático de Derecho*. Madri, Centro de Estudios Políticos y Constitucionales, 2002.

ENGISCH, Karl. *Introdução ao Pensamento Jurídico*. 7ª ed., trad. de J. Baptista Machado. Lisboa, Fundação Calouste Gulbenkian, 1996.

FONROUGE C. M. Giuliani e NAVARRINE Suzana Camila. *Procedimiento* Tributário. Buenos Aires, Depalma.

GARCÍA, Eusebio González. "Principio de legalidad tributaria en la Constitución de 1978". In: *Seis Estudios sobre Derecho Constitucional e Internacional Tributario*. Madri, Editorial de Derecho Financiero, 1980.

GARCÍA BELSUNCE, Horacio A. *El Concepto de Crédito en la Doctrina y en el Derecho Tributario*. Buenos Aires, Depalma, 1967.

GIANNINI, A. D. *Istituzioni di Diritto Tributario*. Milão, Dott. A. Giuffrè Editore, 1948.

GOMES, Nuno de Sá. *Manual de Direito Fiscal*. vol. 1. Lisboa, Centro de Estudos Fiscais, 1993; Lisboa, Rei dos Livros, março/1998.

JARACH, Dino. *Curso Superior de Derecho Tributario*. Buenos Aires, Liceo Profesional Cima, 1969.

_____. *Finanzas Públicas y Derecho Tributario*. 2ª ed. Buenos Aires, Abeledo-Perrot, 1996.

JARAMILLO, José Vicente Troya. "Finanzas públicas y derecho constitucional". *Revista Latinoamericana de Derecho Tributario* 5. 1998.

KELSEN, Hans. *Teoria Pura do Direito*. 3ª ed., trad. de João Baptista Machado. Coimbra, Arménio Amado Editor, 1974.

LEGAZ Y LACAMBRA, Luís. *Filosofía del Derecho*. Barcelona, Bosch, 1961.

LINARES QUINTANA, Segundo V. *Tratado de Interpretación Constitucional*. Buenos Aires, Abeledo-Perrot, 1998.

MAFFEZZONI, Federico. *Il Principio di Capacità Contributiva nel Diritto Finanziario*. Turim, UTET, 1970.

MARTÍNEZ, Joaquín Álvarez. *La Motivación de los Actos Tributarios*. Madri/Barcelona, Marcial Pons, 1999.

MARTÍNEZ, Soares. *Direito Fiscal*. 7ª ed. Coimbra, Livraria Almedina, 1995.

MATTEUCCI, Nicola, BOBBIO, Norberto, e PASQUINO, Gianfranco. *Dicionário de Política*. 7ª ed., vol. 2, trad. de Carmen C. Varrialle e outros. Brasília, Ed. UnB.
MICHELI, Gian Antonio. *Curso de Direito Tributário*. Trad. de Marco Aurélio Greco e Pedro Luciano Marrey Jr. São Paulo, Ed. RT, 1978.
MIRANDA, Jorge. *Manual de Direito Constitucional*. 2ª ed., t. III. Coimbra, Coimbra Editora, 1988.
MOSCHETTI, Francesco. *El Principio de Capacidad Contributiva*. Madri, Instituto de Estudios Fiscales, 1980.

NAVARRINE Suzana Camila e FONROUGE C. M. Giuliani. *Procedimiento* Tributário. Buenos Aires, Depalma.

PASQUINO, Gianfranco, BOBBIO, Norberto, e MATTEUCCI, Nicola. *Dicionário de Política*. 7ª ed., vol. 2, trad. de Carmen C. Varrialle e outros. Brasília, Ed. UnB.
PÉREZ DE AYALA, José Luís. *Montesquieu y el Derecho Tributario Moderno*. Madri, Dykinson, 2001.
_____, e BECERRIL, Miguel Pérez de Ayala. *Fundamentos de Derecho Tributario*. 3ª ed. Madri, Edersa, 1999.
PÉREZ ROYO, Fernando. *Derecho Financiero y Tributario – Parte General*. 7ª ed. Madri, Civitas, 1997.
PIÇARRA, Nuno. *A Separação dos Poderes como Doutrina e Princípio Constitucional: um Contributo para o Estudo das suas Origens e Evolução*. Coimbra, Coimbra Editora, 1989.

RADBRUCH, Gustav. *Filosofia do Direito*. 5ª ed., trad. de L. Cabral de Moncada. Coimbra, Arménio Amado Editor, 1974.
RECASÉNS SICHES, Luís. *Introducción al Estudio del Derecho*. México, Editorial Porrúa, 2000.
ROSEMBUJ, Tulio. *Elementos de Derecho Tributario*. Barcelona, Editorial Bleme, 1982.

SCHMÖLDERS, Günter. *Teoría General del Impuesto*. Trad. de Luís A. Martín Merino. Madri, Editorial de Derecho Financiero, 1962.
SERRANO, Luís Sánchez. *Tratado de Derecho Financiero y Tributario Constitucional*. Madri, Marcial Pons, 1997.

VALDÉS COSTA, Ramón. *Curso de Derecho Tributario*. Buenos Aires/Santa Fé de Bogotá/Madri, Depalma/Temis/Marcial Pons, 1996.
_____. *Instituciones de Derecho Tributario*. Buenos Aires, Depalma, 1992.
VASQUES, Sérgio. *Eça e os Impostos*. Coimbra, Livraria Almedina, 2000.
VILLEGAS, Héctor B. *Curso de Direito Tributário*. Trad. de Roque Antônio Carrazza. São Paulo, Ed. RT, 1980.
_____. *Curso de Finanzas, Derecho Financiero y Tributario*. 3ª ed., t. I. Buenos Aires, Depalma, 1979.

* * *